# Virtualización con VMware vSphere 8

## Fundamentos

Luc Breton

ISBN: 978-2-409-04684-1
Edición original: 978-2-409-04187-7

Ediciones ENI es una marca comercial registrada de Ediciones Software.

**Ediciones ENI**

Pº Ferrocarriles Catalanes, 97-117, 2a pl. of. 18
08940 - Cornellà de Llobregat (Barcelona)

Tel: 934 246 401
Fax: 934 231 576

e-mail: info@ediciones-eni.com
http://www.ediciones-eni.com

Autor: Luc BRETON
Edición española: Angel Mª SÁNCHEZ CONEJO
y Guillermo GONZÁLEZ RICO
Colección **Expert IT** dirigida por Émilie VILLETORTE

# Contenido

## Prólogo



## Capítulo 1
## Introducción a los conceptos de la virtualización

## Capítulo 2
## Los diferentes tipos de virtualización

## Capítulo 3
## Desplegar un hipervisor VMware ESXi 8



## Capítulo 4
## Entender los hipervisores

## Capítulo 5
## Desplegar una máquina virtual

**Capítulo 6**
## Entender las máquinas virtuales

## Capítulo 7
## Despliegar un servidor VMware vCenter

## Capítulo 8
# Descubrir la plataforma VMware vSphere 8

## Capítulo 9
## Planificar un proyecto de virtualización

## Capítulo 10
## Alta disponibilidad y seguridad

## Capítulo 11
## Virtualización y cloud computing

# Prólogo

## 1. Presentación del libro

Desde principios de la década de 2000, la virtualización de servidores ha marcado un punto de inflexión decisivo en las tecnologías de la información.

Con la llegada de la virtualización y la cloud computing, se ha introducido un nuevo enfoque "moderno" relativo a la provisión de recursos informáticos. El enfoque "tradicional", caracterizado en particular por la proliferación de infraestructuras físicas costosas y complejas de mantener, ha dado paso a prácticas más ágiles de consolidación y convergencia tecnológica, que son posibles gracias a la virtualización.

La cuestión de si utilizar o no la virtualización ya no se plantea, dado el punto hasta el que se ha convertido en parte integrante de la forma en que se asignan los recursos de procesamiento. En 2020, la consultora Spiceworks calcula que el 92% de las empresas utilizarán la virtualización de servidores. Y este crecimiento va a continuar con el movimiento masivo de las organizaciones hacia plataformas de cloud computing, que se basan en gran medida en tecnologías de virtualización.

En torno a 2005, las soluciones de virtualización de servidores como ESXi de VMware, habían alcanzado un nivel de madurez suficiente para que las empresas se embarcaran en un intenso periodo de consolidación de servidores físicos. Esta fase de transformación permitió a las organizaciones reducir el tamaño de sus infraestructuras físicas de procesamiento y conseguir un ahorro real de costes. La consolidación también ha permitido simplificar la gestión y el mantenimiento de los servidores, implantar soluciones más seguras y lograr mejoras de productividad.

En la década de 2010, empezamos a ver la aparición de soluciones de centros de datos definidos por software (*software-defined data center* ou SDDC), basadas en la virtualización aplicada al almacenamiento, las redes y los servidores. Estas mismas tecnologías están ahora presentes en las soluciones de cloud computing, que no son ni más ni menos que amplias plataformas de virtualización distribuidas por todo el mundo, que ofrecen servicios a la carta.

Por tanto, es esencial entender cómo funciona la virtualización y lo que está en juego, si queremos encontrar nuestro camino en el panorama actual de la informática, donde el hardware y el software se ven cada vez menos como entidades separadas, sino más bien como un único paquete de software. Este cambio de percepción ha contribuido al desarrollo de una nueva cultura informática, DevOps, que pretende conciliar las operaciones y el desarrollo, un cambio de paradigma que no habría sido posible sin la virtualización.

Este libro está dedicado a la virtualización de servidores, pero pronto veremos que la virtualización de servidores no es independiente y que su funcionamiento depende de otros tipos de virtualización, aplicados en particular a los recursos de procesamiento, la memoria, el almacenamiento y la red. En otras palabras, con la virtualización, la administración de sistemas se define más por la polivalencia que por una especialización puramente orientada al servidor. Y eso es lo mejor, porque hoy en día se valora especialmente en el mercado laboral y en el mundo de DevOps, un perfil que combine la experiencia del lado del servidor con un buen conocimiento transversal de las tecnologías.

Con el fin de ofrecer una mejor comprensión del campo de conocimiento "horizontal" que supone la virtualización, este libro intenta combinar un enfoque teórico y práctico con numerosos ejemplos: puesta en escenario, ilustraciones y diagramas explicativos.

Para la parte práctica del libro, hemos optado por utilizar como ejemplo la plataforma vSphere de VMware en su versión 8, la más reciente y mejor diseñada en el momento de escribir este libro para la integración con las tecnologías de cloud computing y de contenedores de aplicaciones. El producto estrella de VMware, vSphere, sigue siendo la solución de virtualización de servidores más utilizada en la empresa. Por tanto, parecía ideal para una primera aproximación al tema.

Además de ilustrar nuestro punto de vista con la instalación de vSphere, los conceptos que se tratan en este libro también serán objeto de cuestionarios al final del capítulo, lo que permitirá a los lectores medir su aprendizaje.

## 2. ¿A quién va dirigido este libro?

Este libro está dirigido tanto a principiantes como a cualquier persona que desee mejorar sus conocimientos sobre virtualización o que quiera adentrarse en la virtualización o la cloud computing.

Los profesionales informáticos también encontrarán aspectos interesantes, aunque sólo sea para refrescar sus conocimientos o aprender sobre VMware vSphere, si aún no lo han hecho.

Para sacar el máximo partido a este libro, se recomienda tener conocimientos básicos de sistemas operativos, dispositivos de almacenamiento y redes informáticas. También debería disponer de un PC para instalar software de virtualización, en este caso VMware ESXi y vCenter. La parte práctica de este libro no es obligatoria, pero es muy recomendable para comprender mejor el contenido teórico.

Después de leer este libro, entenderá correctamente los principales conceptos de la virtualización de servidores y estará mejor preparado para planificar e implantar una infraestructura de virtualización. También podrá crear máquinas virtuales para las que habrá aprendido a configurar la conectividad de red y a asignar recursos de procesamiento y almacenamiento.

# Capítulo 1
# Introducción a los conceptos de la virtualización

## 1. Introducción

En este capítulo, empezaremos dando una definición general de virtualización, seguida de una breve historia de la tecnología para entender mejor los problemas que llevaron a su desarrollo. Dado que el término "virtualización" se utiliza en contextos muy diversos y tiene muchos significados diferentes, esta retrospectiva nos ayudará a situarnos mejor en los distintos ámbitos de aplicación de la virtualización.

Después de preparar el terreno, presentaremos los principales tipos de virtualización que existen hoy en día y mostraremos en qué se diferencian de la virtualización de servidores, que es el tema específico de este libro.

Dado que el hipervisor y las máquinas virtuales son los dos componentes principales de la virtualización de servidores, empezaremos dando una definición inicial de ellos, pero serán objeto de capítulos dedicados que nos permitirán profundizar en su instalación en un entorno VMware.

Antes de dar una primera definición de virtualización, veamos el principio en el que se basa esta tecnología.

## 2. El principio de la virtualización

### De la realidad virtual a la virtualización

Para entender el principio de la virtualización empecemos con una analogía que, sin duda, le resultará familiar. Todos estamos familiarizados con la realidad virtual, ya sea por haber visto una representación ficticia de ella en una película o por haberla experimentado con auriculares de RV.

La realidad virtual hace referencia a todas las tecnologías que sumergen a los usuarios en un mundo artificial creado por software. En otras palabras, la realidad virtual "hace creer" al usuario que está en un mundo real.

También podríamos llamar "virtualización de la realidad" a las técnicas que permiten simular la presencia física de un usuario en un entorno digital.

En una película como *Matrix*, por ejemplo, la simulación es tal que resulta casi imposible distinguir entre la realidad y su forma virtual.

El mismo principio se aplica a la virtualización de servidores, pero esta vez se trata de crear un entorno de hardware artificial -una máquina virtual- para que un sistema operativo funcione igual que en un ordenador físico.

**Observación**

*A modo de recordatorio, un sistema operativo (ou OS pour Operating System) es un paquete de software compuesto por un conjunto de programas que ejecutan aplicaciones y gestiona el uso de los recursos físicos de un ordenador (memoria, procesador, almacenamiento, etc.).*

En el contexto de la virtualización, el componente de software que "engaña" al sistema operativo para que funcione como si estuviera realmente instalado en un servidor físico, se denomina "hipervisor".

Como veremos más adelante en este libro, el hipervisor debe utilizar todos los recursos a su alcance para "engañar" al sistema operativo, haciéndole creer que controla sus propios recursos de hardware.

# 3. Definir la virtualización

## 3.1 ¿Qué es la virtualización?

En informática, la virtualización consiste en abstraer un componente físico en forma de software. La capa de abstracción resultante libera al componente de sus dependencias de hardware y oculta su complejidad.

**Observación**

*La noción de abstracción tiene muchos significados en informática, pero en el contexto de la virtualización se refiere a una representación abstracta de objetos que unifica y simplifica su manejo.*

Virtualizar un recurso informático permite optimizar su utilización y dotarlo de nuevas funciones, que se definen utilizando software. Por ejemplo, la virtualización aplicada a la memoria RAM, la red o el almacenamiento, simplifica la gestión de estos recursos y permite ponerlos en común y compartirlos. Volveremos sobre estos conceptos más adelante, cuando hablemos de los hipervisores.

## 3.2 Tres ejemplos de virtualización

Para ilustrar el concepto de virtualización, veamos tres ejemplos de uso común:

- la memoria virtual
- laVLAN
- la tecnología RAID

### 3.2.1 Memoria virtual

La memoria virtual es una (*virtual memory*) técnica que permite a un sistema operativo utilizar una parte de un medio de almacenamiento masivo, como un disco duro, como si fuera memoria física (*Random Access Memory* o RAM). El espacio extra resultante se denomina espacio de intercambio (*swap space*) o simplemente swap.

La memoria virtual agrega dos tipos de medios físicos para crear un espacio de direcciones de memoria virtual. El espacio de intercambio está representado por un archivo (Windows) o una partición (sistemas de la familia Unix, como Linux).

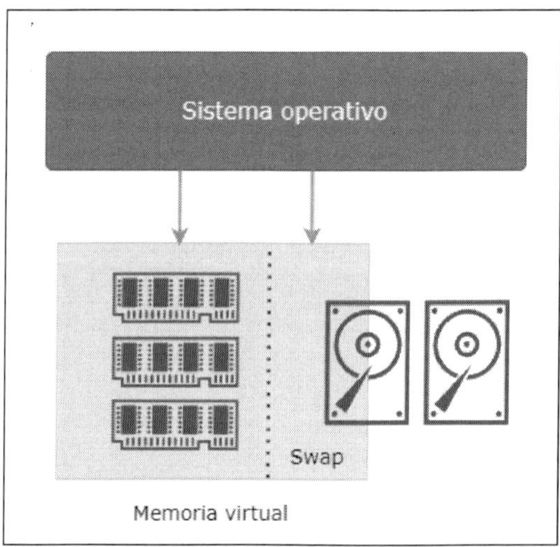


*Memoria virtual*

Esto tiene una serie de ventajas: en particular, permite a un sistema operativo compensar en caso de escasez de RAM, y permite realizar varias tareas en paralelo.

Al utilizar una serie de direcciones virtuales proporcionadas por el procesador, la memoria virtual "engaña" al sistema operativo haciéndole creer que dispone de un espacio de memoria contiguo más grande que el asignado por la RAM.

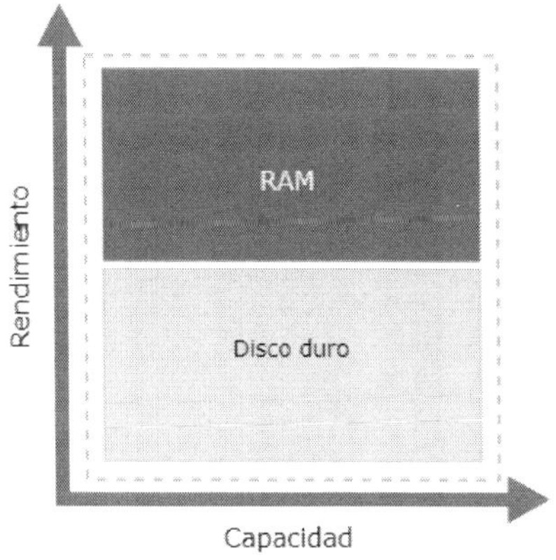


*El valor añadido de la memoria virtual*

Las direcciones se convierten mediante un proceso conocido como traducción de direcciones (*address translation*), que permite al sistema operativo determinar si la dirección se refiere a la memoria física o a su homóloga virtual, sin percibir ninguna diferencia entre ambas. Las correspondencias entre direcciones se almacenan en una tabla de páginas (*page tables*).

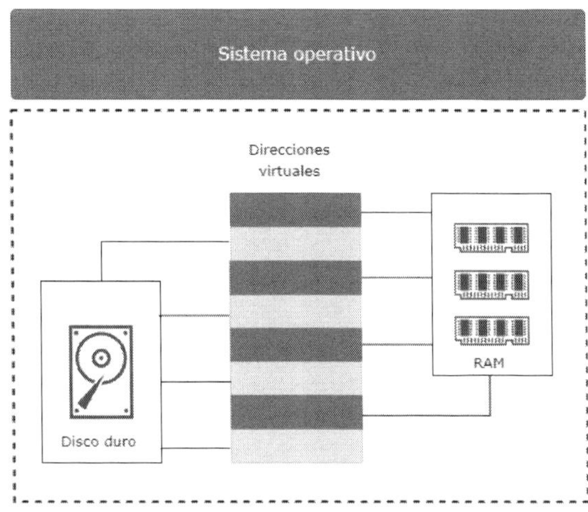


*Direcciones virtuales*

### 3.2.2 VLAN

Otro ejemplo habitual de virtualización de un recurso informático es VLAN (*Virtual Local Area Network*). Se trata de una red lógica definida a nivel de conmutador (*switch*) en función de determinados criterios, la mayoría de las veces aislando una serie de puertos del equipo.

Las VLAN permiten gestionar mejor las redes y mejorar su seguridad, ya que permiten segmentar los flujos creando grupos lógicos aislados. El ejemplo clásico de utilización de una VLAN es subdividir los puertos de un switch por tipo de aplicación: puestos de trabajo, impresoras, teléfonos IP, servidores, etc.

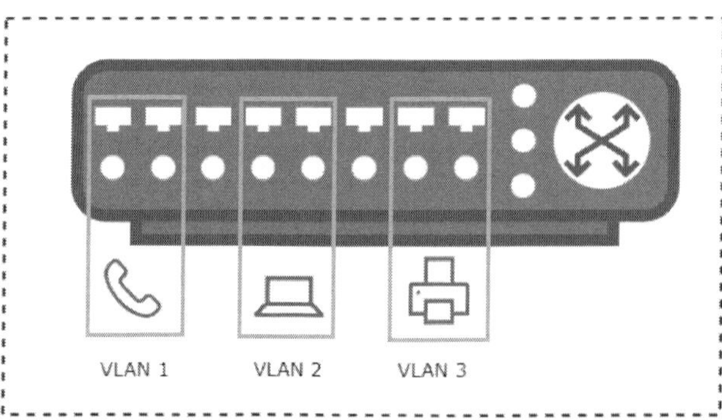


*VLAN o red de área local virtual*

Con esta subdivisión, cada VLAN se comporta como un switch virtual con sus propios puertos dentro de un switch físico.

### 3.2.3 Tecnología RAID

La tecnología RAID (Redundant Array of Independent Disks*o Redundant Array of Inexpensive Disks*) es una forma de virtualización del almacenamiento desarrollada en 1987 en la Universidad de California en Berkeley.

Un RAID permite agregar un conjunto de discos duros y crear un volumen lógico (virtual), ya sea para mejorar el rendimiento o para crear una solución tolerante a fallos.

Estos son los principales tipos de RAID:

- RAID 0 o volumen en franjas (*striping*) permite acelerar las operaciones de lectura y escritura al tener varios discos duros trabajando en paralelo.
- RAID 1 o RAID *mirroring* permite operaciones simultáneas de lectura y escritura en dos discos, de forma que su contenido es siempre idéntico.

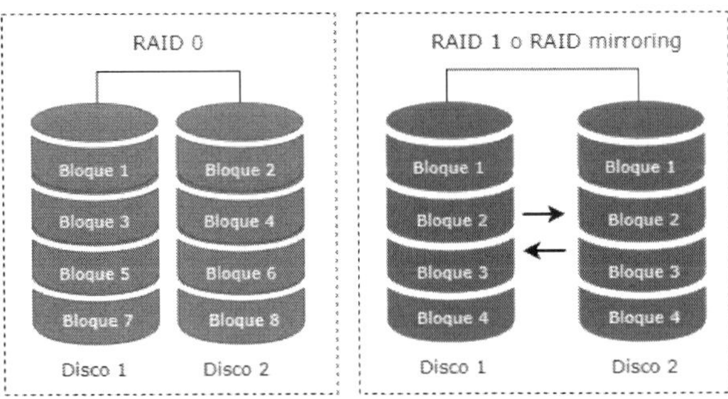


*RAID 0 y RAID 1 (espejo)*

- RAID 5 crea un volumen en franjas (RAID 1) con paridad distribuida entre todos los discos de la matriz. En caso de fallo de uno de los discos, el contenido puede recalcularse utilizando los otros bloques de paridad. Esto permite reconstruir el disco de sustitución utilizando la información de los bloques de paridad de los otros discos.

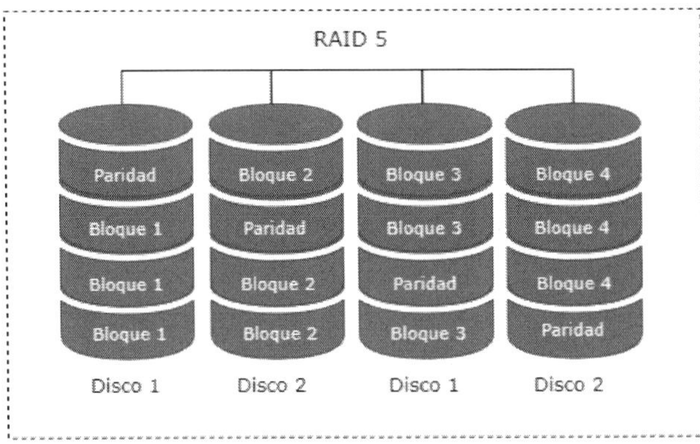


*RAID 5*

Los otros tipos de RAID más utilizados son variaciones de estas tres formas principales. Por ejemplo, RAID 6 permite la pérdida de dos discos en lugar de sólo uno en RAID 5 y RAID 10 (o RAID 1 +0) crea un RAID 0 (*striping*) con grupos de dos discos en RAID 1 (mirroring).

La memoria virtual, las VLAN y los RAID son buenos ejemplos de cómo se puede utilizar la virtualización para crear una representación lógica de un recurso informático. La entidad para la que se configuran estos recursos virtuales (sistema operativo o switch) los percibe como si fueran recursos físicos. Estos ejemplos muestran también cómo la virtualización permite optimizar los recursos y añadirles nuevas funcionalidades.

## 4. Virtualización de servidores

Antes de adentrarnos en la virtualización de servidores, vamos a definir qué es un servidor en el contexto de este libro. Un servidor es un ordenador (físico o virtual) que proporciona servicios a uno o varios clientes. Estos clientes pueden ser otros ordenadores o servidores, tabletas, teléfonos inteligentes o cualquier otro dispositivo con capacidad de red.

Un servidor ejecuta una o varias aplicaciones para las que recibe peticiones de los clientes, que puede procesar él mismo o delegar en otros servidores. Una vez atendidas estas peticiones, el servidor devuelve la respuesta o los recursos adecuados de los clientes.

Este modo de transacción se denomina "cliente-servidor". En su forma más simple, este modo consiste simplemente en que un equipo que actúa como "servidor" espera las peticiones de una entidad que actúa como "cliente" y responde a ellas. Para llevar a cabo sus tareas, el servidor suele disponer de mayores recursos de procesamiento que los clientes.

En el contexto de la virtualización, la noción de servidor se aplica a dos entidades que en breve describiremos con más detalle: las máquinas virtuales y el hipervisor.

## 4.1 Representación informática de un servidor físico

La virtualización de servidores se refiere al conjunto de tecnologías utilizadas para crear una representación de software (o abstracción) de los recursos de hardware de un servidor físico (procesador, memoria, almacenamiento, red), para permitir que varias máquinas virtuales (*Virtual Machine* ou VM) funcionen simultáneamente en el mismo servidor físico.

Por tanto, una máquina virtual es, una representación por software de un ordenador físico y sus componentes.

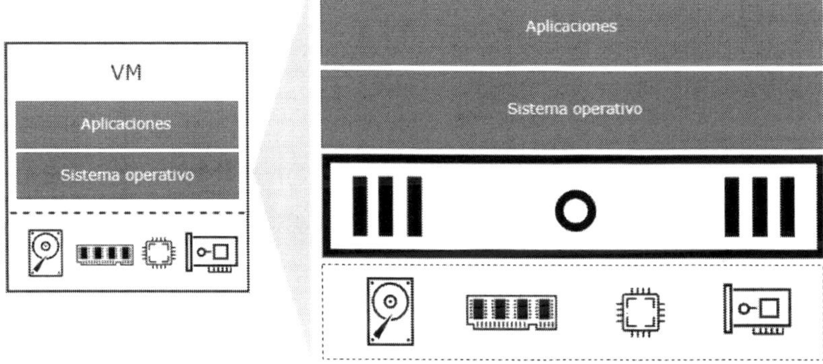


*Representación informática de un servidor físico*

En el contexto de la virtualización de servidores, el sistema operativo y las aplicaciones de una máquina virtual operan en un entorno, que se les presenta como si fuera el hardware nativo de un servidor físico. En realidad, los recursos de hardware no están controlados por los sistemas operativos, sino por una capa de software (hipervisor) que gestiona el acceso a estos recursos y se encarga de su asignación.

Las operaciones del hipervisor son transparentes para el sistema operativo de la máquina virtual, que cree controlar el procesador, la RAM, el almacenamiento y los recursos de red del servidor físico que la aloja.

Del mismo modo, el sistema operativo de una máquina virtual no es consciente de que está compartiendo los recursos de hardware del mismo servidor con otros sistemas operativos. Se comporta exactamente igual que un servidor físico, por lo que las aplicaciones en una máquina virtual se pueden ejecutar sin cambios.

La virtualización de servidores consiste literalmente en crear varios ordenadores aislados en un único ordenador. En este sentido, una máquina virtual es un ordenador encapsulado en un contenedor de software, que ejecuta su propio sistema operativo.

**Observación**

*Observe que el término "contenedor" no se refiere aquí a tecnologías de contenedores de aplicaciones como Docker. Nos ocuparemos de los contenedores en el último capítulo de este libro.*

Como veremos con más detalle en un capítulo posterior (véase el capítulo Entender las máquinas virtuales), una máquina virtual está formada por un conjunto de archivos almacenados en un directorio. Esta propiedad le confiere una gran flexibilidad en comparación con una máquina física.

## 4.2 El host y los huéspedes

En el contexto de la virtualización de servidores, un host o máquina host (*host machine*) es el servidor físico que ejecuta un software de virtualización -un hipervisor- que le permite alojar varias máquinas virtuales o huéspedes (*guests o guest VMs*) y distribuir sus propios recursos entre ellas.

El host es la máquina física que contiene los recursos de hardware, como espacio en disco, memoria de acceso aleatorio (RAM), procesador (CPU) o tarjetas de red, que el hipervisor asignará, de forma virtualizada, a las máquinas virtuales o huéspedes.

Cuando hablamos de máquinas virtuales, nos referimos más concretamente a sistemas operativos invitados (*guest operating* o *system guest* OS).

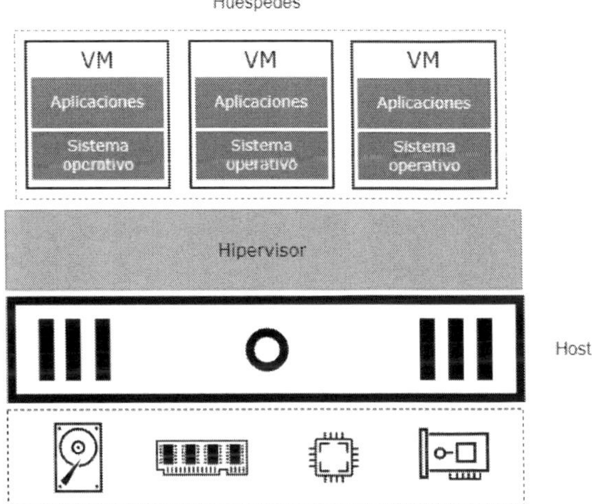


*El host y los huéspedes*

Por supuesto, los recursos del host pueden proceder de otros dispositivos. El uso de dispositivos de almacenamiento en red del tipo NAS (*Network Attached Storage*) o SAN (*Storage Area Network*) es una práctica habitual en la virtualización de servidores. Volveremos sobre estas tecnologías cuando analicemos la virtualización del almacenamiento (véase el capítulo Los distintos tipos de virtualización).

En pocas palabras, la virtualización permite abstraer los recursos de hardware de un host físico para hacer funcionar simultáneamente varias máquinas huésped, que pueden ejecutar distintos sistemas operativos en el mismo host, estando aisladas unas de otras. Esta cohabitación de máquinas huésped es gestionada por el software de virtualización o hipervisor.

## 4.3 Software de virtualización

Un hipervisor (a veces denominado *Virtual Machine Monitor* o VMM) es una fina capa de software instalada en una máquina host (o sistema operativo host) que abstrae los recursos de hardware y los presenta a los sistemas operativos invitados de forma virtualizada.

**Observación**

*Existen dos tipos de hipervisores, a los que volveremos con más detalle en un capítulo posterior (véase el capítulo Entender los hipervisores"). Por el momento, los hipervisores de tipo 1 se instalan directamente en un servidor físico y están diseñados para cargas de trabajo empresariales, mientras que los hipervisores de tipo 2 se instalan en un sistema operativo y se utilizan generalmente en contextos de desarrollo en estaciones de trabajo.*

Como capa de virtualización, el hipervisor actúa como intermediario entre los recursos hardware de un servidor físico y las máquinas virtuales alojadas en él.

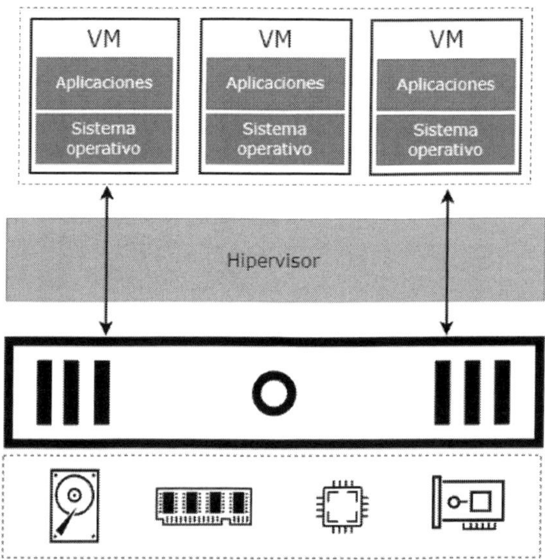


*El hipervisor: intermediario entre el host y los huéspedes*

La virtualización de los componentes físicos de un servidor por parte del hipervisor, significa que cada máquina virtual puede compartir los recursos de hardware del host de forma individual, sin saber que, al mismo tiempo, están siendo utilizados por otros huéspedes. Esto es esencial, porque un sistema operativo está diseñado para tener un control total sobre el hardware de un ordenador.

Por tanto, el hipervisor debe garantizar que el sistema operativo que ejecuta una máquina virtual perciba y controle un conjunto coherente de recursos, como si estuviera instalado directamente en un ordenador.

**Observación**

*Más adelante veremos las distintas técnicas utilizadas por las soluciones de virtualización para evitar modificar el sistema operativo y adaptarlo al entorno de una máquina virtual. El reto de la virtualización es ofrecer una "experiencia de servidor" transparente para usuarios y aplicaciones. Debe permitir que un sistema operativo funcione tal cual, sin que el usuario perciba que está instalado en una máquina virtual.*

En un host de virtualización, el hipervisor es la capa de software con mayores privilegios de ejecución. Actúa al mismo tiempo como sistema de control de los recursos de hardware y como sistema de traducción de las peticiones de los sistemas operativos huéspedes, para acceder a esos mismos recursos. El hipervisor actúa como regulador y dispatcher de recursos hacia y desde las máquinas virtuales que soporta.

Estas funciones del hipervisor, en particular las de ESXi de VMware, se describirán en detalle en un capítulo posterior (véase el capítulo sobre Entender los hipervisores). También describiremos cómo funciona la agrupación (*pooling*) de recursos del host y cómo el hipervisor asigna o aprovisiona (*provisioning*) estos recursos a las diferentes máquinas virtuales que ejecuta.

## 4.4 Infraestructura de virtualización

Además de asignar recursos a las máquinas virtuales, el hipervisor proporciona herramientas de gestión para administrar el entorno de virtualización, crear máquinas virtuales y agrupar y compartir recursos de host. Estas herramientas suelen estar disponibles a través de una consola web.

Antes hemos mencionado que un hipervisor también se denomina *Virtual Machine Monitor*. En el caso de una plataforma o infraestructura de virtualización, a veces se utiliza el término VMM, pero en esta ocasión las siglas significan *Virtual Machine Manager*.

La mayoría de las soluciones de virtualización ofrecen software que permite configurar una interfaz de gestión centralizada, para todos los componentes de un entorno de virtualización. Estos productos suelen incluir funciones avanzadas, como la posibilidad de configurar *clústeres* (agrupaciones de servidores host) o aplicar estrategias de alta disponibilidad. Por lo general, estas soluciones también incluyen herramientas de supervisión, análisis del rendimiento y gestión de la capacidad.

En un entorno VMware, el despliegue de un vCenter Server proporciona acceso a una consola de gestión centralizada denominada vSphere Web Client, desde la que un administrador puede ver y gestionar los distintos objetos que componen el entorno de virtualización.

Como veremos con más detalle a continuación, el conjunto de software que al menos incluye un hipervisor ESXi y un vCenter Server, se denomina vSphere. Ha sido el producto estrella de VMware desde su introducción en 2009.

Desde hace algunos años, vSphere ya no se define únicamente como una plataforma de virtualización, sino como una infraestructura de nube híbrida. Veremos más de cerca las diferentes ofertas de servicios de cloud computing. También veremos que, en su forma de *software-defined data center* (centro de datos virtualizado), un entorno vSphere también se puede alojar en una o más plataformas en la nube, en parte o en su totalidad.

## 5. Historia de la virtualización de servidores

Antes de describir los principales tipos de virtualización, una mirada al pasado nos permitirá comprender mejor los problemas que condujeron al desarrollo de esta tecnología.

## 5.1 Desde finales de los 50 hasta los 70

### 5.1.1 Mainframes y memoria virtual

Las tecnologías de virtualización empezaron a surgir a finales de los años 50 para resolver una serie de problemas causados por la falta de flexibilidad de los superordenadores y, sobre todo, de los mainframes, que dominaron el mercado en los años 60 y 70.

Los *mainframes*, ordenadores centrales raros y caros, se instalaban principalmente en universidades, centros de investigación e instalaciones militares.

Los *mainframes* tenían dos grandes inconvenientes: además de tener una capacidad de procesamiento extremadamente limitada (al menos para los estándares actuales), estaban infrautilizados. Debido a su arquitectura centralizada, eran muy restrictivos y planteaban retos complejos cuando se utilizaban en un entorno multiusuario, en el que había que realizar múltiples tareas simultáneamente.

La necesidad de desarrollar soluciones multiusuario y multitarea, está en la base del pensamiento que condujo a la invención de la virtualización.

### 5.1.2 Mainframes monotarea

Para situarse en el contexto de la época, imagínese por un momento a principios de los años 60 en un instituto científico, con cientos de empleados y un solo mainframe para procesar los programas de todos los investigadores.

**Observación**

*No olvidemos que los PC a los que estamos acostumbrados, no estarían disponibles hasta veinte años después. Como ordenadores individuales con sus propios recursos de procesamiento, los PC (Personal Computers) fueron revolucionarios en una época en la que la informática se basaba en un modelo centralizado, en el que había que compartir los recursos de un ordenador central.*

Para ejecutar un programa, primero había que escribirlo entero y segmentarlo en función de la memoria del ordenador. A continuación, estos segmentos de código se transponían a tarjetas perforadas y se entregaban a un operador, que tiene la tediosa tarea de cargarlos manualmente en un dispositivo de entrada, para que pudieran ser procesados por el ordenador.

La invención de la memoria virtual a finales de los años 50, permitió aligerar el proceso de carga de programas. Como ya se ha dicho, esta primera forma de virtualización permitía utilizar el almacenamiento secundario como si fuera la memoria principal del sistema.

*Panel de control de un mainframe IBM System/360 lanzado en 1964 y fabricado hasta 1978.*

La memoria virtual se está convirtiendo rápidamente en un concepto central de los sistemas operativos. Con esta técnica, se pueden ejecutar varias tareas en paralelo utilizando direcciones virtuales contiguas, que el procesador traduce después en direcciones físicas. De este modo, el procesador puede acceder directamente a las direcciones de memoria virtual, independientemente de su ubicación o tipo.

### 5.1.3 Concepto de tiempo compartido

Con el auge de los terminales en los años 60, los problemas planteados por la arquitectura centralizada del *mainframe* se hicieron más acuciantes. La cuestión era cómo compartir los recursos de un ordenador centralizado, entre varios usuarios.

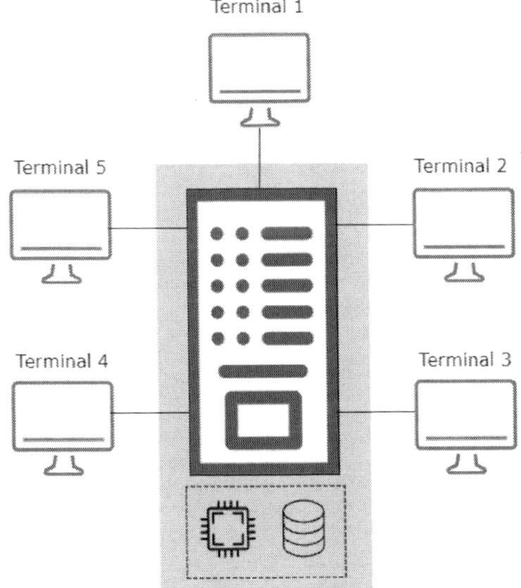


*Terminales conectados a un ordenador central*

En este contexto se introdujo la noción de tiempo compartido (*time-sharing*) para permitir que varias personas utilizaran el mainframe. Este concepto implica que los recursos de procesamiento se comparten entre varios usuarios.

Inicialmente, esta idea de tiempo compartido se implementó de tal forma que el procesador del mainframe podía cambiar de una tarea a otra, es decir, de un usuario a otro, sólo cuando se requerían operaciones de entrada-salida.

**Observación**

*Las operaciones de entrada-salida (E/S) son intercambios entre el procesador y los dispositivos de entrada (teclado, ratón, disco, red, etc.) o de salida (pantalla, impresora, disco, red, etc.).*

En otras palabras, en el contexto del *time-sharing*, el procesamiento de datos se lleva a cabo por turnos y a cada usuario se le asigna una cantidad igual de tiempo de ejecución. Una vez transcurrido este tiempo, el estado de procesamiento del programa se conserva en memoria hasta la siguiente ronda. Esta técnica provoca la ilusión de que cada programa ejecutado por un usuario tiene su propio sistema operativo dedicado.

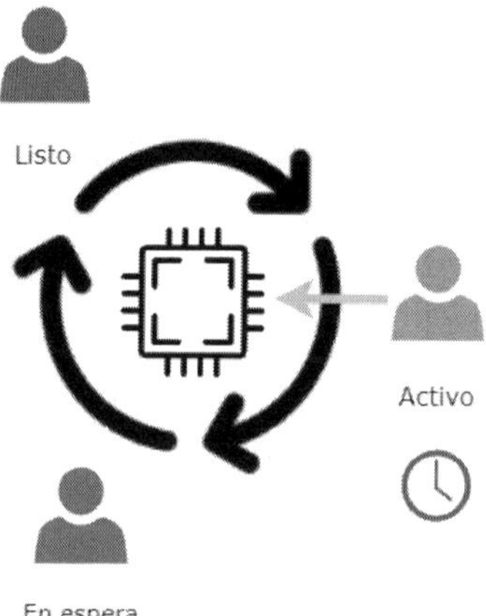


*Tiempo compartido*

La noción de tiempo compartido aportó una mejora en la utilización de los recursos de procesamiento, pero tuvo el inconveniente de introducir un tiempo de latencia que puso en entredicho la eficacia de esta solución. No obstante, el principio de compartición de recursos que rige este enfoque se retomará en la reflexión sobre la virtualización.

### 5.1.4 La noción de conmutación de contexto

Al mismo tiempo, apareció otra técnica importante: al conmutación de contexto (*context switching*). Esta técnica está en el origen de los sistemas operativos multitarea, antes mencionados.

La conmutación de contexto funciona guardando y restaurando rápidamente un estado del proceso en ejecución. Esta alternancia suspensión/ejecución la gestiona un componente de la CPU llamado "planificador", que distribuye el tiempo de ejecución entre cada proceso.

**Observación**

*Como recordatorio, un proceso es una instancia de un programa que se ejecuta a través de una o más unidades de procesamiento (o threads). Los procesos permiten al procesador ejecutar secuencias de instrucciones de programa.*

Con este enfoque, los usuarios ya no esperan a que se agote el tiempo de procesamiento (modelo de tiempo compartido), sino que el procesador puede alternar la ejecución de los procesos de varios programas a los que se asigna una parte del tiempo de procesamiento.

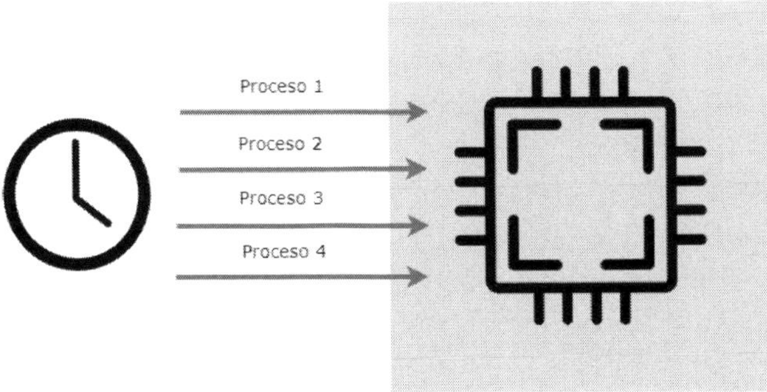


*Conmutación de contexto*

La conmutación de contexto se realizaba muy rápidamente, por lo que era transparente para el usuario, que tenía la impresión de estar utilizando la máquina solo desde su terminal.

Con la memoria virtual, el tiempo compartido y la conmutación de contexto, los sistemas operativos mainframe disponen de las principales tecnologías que permitirán la aparición de las primeras máquinas virtuales.

### 5.1.5 IBM y las primeras máquinas virtuales

En 1967, IBM y un equipo de investigadores de Cambridge desarrollaron el primer sistema operativo capaz de virtualizar otros sistemas operativos.

CP/CMS (*Control Program/Cambridge Monitor System*) es el primer sistema para el que hablaremos de "máquinas virtuales". Incluye un hipervisor llamado Control Program, que permite crear un entorno de máquinas virtuales en un *mainframe* con un único procesador.

En los sistemas CP/CMS, la tarea del programa de control era gestionar el ordenador "real" y proporcionar múltiples copias de sí mismo, para permitir que varios usuarios trabajaran como si cada uno tuviera su propia máquina.

En otras palabras, esta forma de virtualización se basaba en la emulación de la arquitectura del mainframe, lo que permitía ejecutar un sistema operativo de forma transparente en un hardware de mainframe emulado por software.

**Observación**

*En informática, la emulación consiste en imitar el comportamiento de un recurso de hardware o de un equipo, mediante software. Por ejemplo, hoy en día existen varios emuladores de terminal que imitan el funcionamiento de los terminales mainframe físicos.*

Cada copia (VM) del *mainframe* estaba controlada por un sistema llamado CMS (*Console Monitor System o Conversational Monitor System*). Estas máquinas virtuales ejecutaban un sistema operativo y programas en un espacio de direcciones de memoria reservado, dando a los usuarios la impresión de acceder a su propio sistema operativo.

El CMS no era un sistema operativo como tal, sino un "sistema operativo de máquina virtual" que permitía acceder a un ordenador virtual desde un terminal.

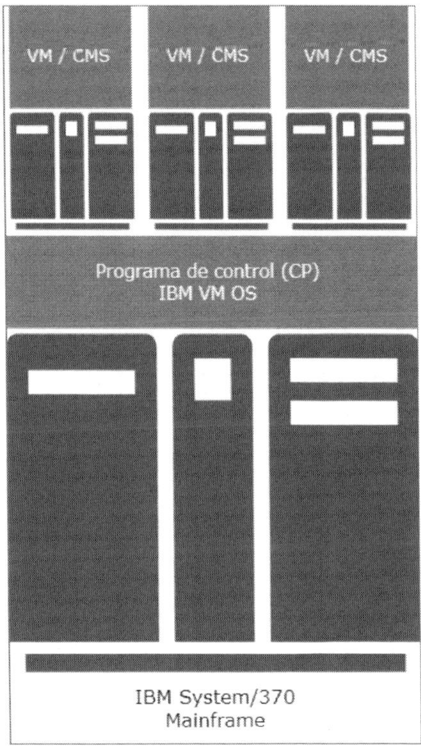


*Primeras máquinas virtuales en un mainframe IBM*

El sucesor del CP/CMS, el VM/370 OS (*Virtual Machine Operating System*), fue el primer sistema operativo disponible comercialmente que ofrecía funcionalidades de virtualización. Este SO funcionaba en *los mainframes* de la serie System/370 fabricados entre 1970 y 1988.

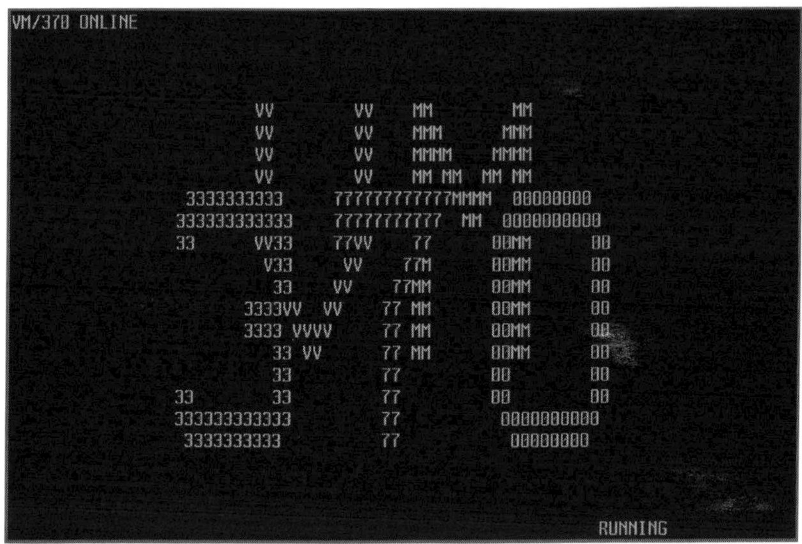


*Pantalla de bienvenida del sistema IBM VM/370 OS*

https://commons.wikimedia.org/wiki/Category:IBM_System/370#/media/File:VM370_Rel_6_default_login_screen.png

Aunque este sistema ofrecía la posibilidad de crear máquinas virtuales individuales, tenía ciertas desventajas, ya que las máquinas virtuales no estaban completamente aisladas. Desde su terminal, los usuarios podían ver si se estaban ejecutando otras máquinas virtuales y también se podían comunicar entre sí a través de archivos virtuales compartidos.

No se trataba de una virtualización completa tal y como la conocemos hoy, sino más bien de una forma de emulación de mainframe. Las máquinas virtuales no eran entidades de software con sus propios recursos de hardware virtualizados.

### 5.1.6 Los inicios de la virtualización completa de los recursos de hardware

En los años 70, la virtualización se implantó principalmente en plataformas IBM. La mayoría de los sistemas de la época no soportaban esta tecnología. Un artículo original titulado *Formal Requirements for Virtualizable Third Generation Architectures* (Requisitos formales para arquitecturas virtualizables de tercera generación), de los investigadores estadounidenses Gerald J. Popek y Robert P. Goldberg, publicado en 1974, proponía una definición formal de la virtualización.

Formal Requirements for Virtualizable Third Generation Architectures

Gerald J. Popek
University of California, Los Angeles
and
Robert P. Goldberg
Honeywell Information Systems and
Harvard University

**Virtual machine systems have been implemented on a limited number of third generation computer systems, e.g. CP-67 on the IBM 360/67. From previous empirical studies, it is known that certain third generation computer systems, e.g. the DEC PDP-10, cannot support a virtual machine system. In this paper, model of a third-generation-like computer system is developed. Formal techniques are used to derive precise sufficient conditions to test whether such an architecture can support virtual machines.**

**Key Words and Phrases: operating system, third generation architecture, sensitive instruction, formal requirements, abstract model, proof, virtual machine, virtual memory, hypervisor, virtual machine monitor**

**CR Categories: 4.32, 4.35, 5.21, 5.22**

Copyright © 1974, Association for Computing Machinery, Inc.

*Extracto de la página introductoria del artículo de Popek y Goldberg (1974)*

http://www.cs.cornell.edu/courses/cs6411/2018sp/papers/popek-goldberg.pdf

En esta contribución, las máquinas virtuales se definen como contenedores formados por recursos de hardware, completamente virtualizados por un hipervisor instalado directamente en el hardware host.

El trabajo de Popek y Goldberg sentó las bases de la virtualización tal y como la conocemos hoy, pero quedó eclipsado durante varios años por las nuevas tecnologías informáticas, que se fueron introduciendo a partir de finales de la década de 1970.

Con este enfoque, hablamos ahora de virtualización "moderna", que se refiere al proceso de desacoplar el hardware y el sistema operativo en una máquina física.

## 5.2 Innovaciones informáticas de los años 80 y 90

### 5.2.1 La revolución del PC y la informática en red

La revolución de los ordenadores personales de los años ochenta relegó la virtualización a un segundo plano, hasta los años noventa. Durante este periodo, los avances tecnológicos en redes informáticas hicieron que las empresas estuvieran cada vez más interconectadas. Con el auge de nuevas soluciones informáticas, como los sistemas de gestión de bases de datos (SGBD), las organizaciones pasaron a depender cada vez más de los sistemas de información para prestar sus servicios.

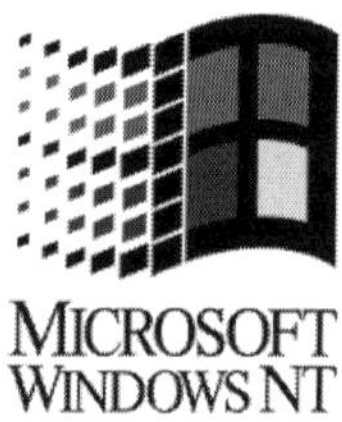


*Logotipo de Microsoft Windows NT*

https://commons.wikimedia.org/wiki/File:Microsoft_Windows_NT_3.1_logo_with_wordmark.svg

Estos años también fueron testigos de la llegada de los primeros sistemas operativos de servidor Microsoft Windows NT, que cosecharon un gran éxito. Cada vez más, las empresas abandonaban los ordenadores centrales en favor de los servidores físicos, menos costosos y más flexibles. En 1991, el acceso público a la World Wide Web y la creación del núcleo Linux, también contribuyeron al crecimiento de los servidores en las empresas.

### 5.2.2 La proliferación de servidores

En pocos años, estas innovaciones dieron lugar a una proliferación de servidores, que coincidió además con la burbuja de las puntocom (*dot-com bubble*). Sin embargo, la mayoría de estos servidores estaban infrautilizados porque la consigna de la época era "un servidor, una aplicación".

Como los servidores no eran tan robustos y de alto rendimiento como ahora, era más prudente desplegar una aplicación por servidor, aunque sólo utilizara una fracción de los recursos de hardware disponibles. Con las tecnologías de la época, no había garantías de que los servidores pudieran funcionar 24 horas al día, 365 días al año.

*Servidores Compaq AlphaStation DS10 (introducidos en 1999)*

https://commons.wikimedia.org/wiki/File:BSC-Beowulf-cluster.JPG

Con el planteamiento "un servidor, una aplicación", la pérdida de un servidor sólo afectaba a un servicio, pero había que desplegar uno para cada aplicación (directorio, mensajería, base de datos, servicio de archivos, etc.), lo que lastraba considerablemente la infraestructura.

**Observación**

*Había al menos otras dos razones para desplegar una aplicación por servidor. La primera es que una organización depende a menudo de varios sistemas operativos, por ejemplo, un servidor Windows para el correo electrónico y sistemas Linux para los servicios web. La segunda razón es la seguridad: si un servidor se ve comprometido, los demás servicios no se ven afectados inmediatamente porque están en otros servidores. En seguridad informática, esta práctica se denomina "sandboxing", y consiste en aislar las aplicaciones en servidores separados. Esta técnica es siempre válida para las máquinas virtuales.*

Fue entonces cuando empezaron a proliferar los centros de datos (*data centers*). Las empresas tenían que dedicar locales o incluso almacenes enteros, para albergar sus servidores y equipos de red. Estas ubicaciones tenían que contar con equipos redundantes, aire acondicionado y sistemas de control de incendios. También se necesitan generadores y sistemas de alimentación ininterrumpida (*Uninterruptible Power Supply*, UPS) para la tolerancia a fallos.

*Oficinas en un centro de datos*

https://commons.wikimedia.org/w/index.php?search=data+center&title=Special:MediaSearch&go=Go&type=image

Los crecientes costes de mantenimiento de los servidores y las engorrosas infraestructuras estaban afectando a la productividad y las empresas buscaban soluciones para hacer frente a esta ineficacia y al despilfarro de recursos.

### 5.2.3 Máquina virtual Java

En 1994, otro tipo de máquina virtual hizo su aparición en el mundo de la programación: la máquina virtual Java (*Java Virtual Machine* ou JVM). Estas máquinas virtuales no forman parte de la virtualización del hardware, pero merecen una breve mención para distinguirlas de otros tipos de virtualización.

Estas máquinas virtuales instaladas en un sistema operativo simulan un entorno de ejecución para programas escritos en Java. La principal ventaja de estas máquinas virtuales es su portabilidad: es posible ejecutar código Java con una JVM en cualquier plataforma compatible. En 1998, Microsoft propuso una tecnología similar denominada *Common Language Runtime* (CLR).

Con JVM y CLR, se trata más bien de virtualizar un entorno de programación o *Runtime Virtualization*.

## 5.3 La década de 2000 y la consolidación de servidores

### 5.3.1 El resurgimiento de la virtualización

El problema que plantea la proliferación de servidores está impulsando a los investigadores a reexaminar la virtualización y desarrollar soluciones que puedan comercializarse a un coste asequible.

En 1999, una nueva empresa llamada VMware Inc. comercializó su primer hipervisor, Worsktation, que sigue existiendo hoy en día. Esto marcó el inicio de un importante punto de inflexión en el mundo de los servidores y la informática en general: pronto íbamos a liberarnos de las limitaciones del hardware.

*Primer logotipo de VMware Inc*

https://www.vmware.com/timeline.html

A pesar de las innovaciones ofrecidas por VMware, seguía habiendo una serie de limitaciones relacionadas con el procesador para desarrollar una solución de virtualización de nivel empresarial para servidores.

**Observación**

*A modo de recordatorio, el procesador o Unidad Central de Proceso (Central Processing Unit, CPU) es el componente de un ordenador que ejecuta las instrucciones de un programa informático. Cuando se ejecuta un programa, el lenguaje de programación que lo compone se traduce a código máquina (el lenguaje nativo de un procesador) y la CPU lo interpreta en forma de secuencia de bits.*

De hecho, a principios de la década de 2000, los proveedores de hardware se enfrentaron a grandes complicaciones porque la arquitectura de procesadores x86 utilizada habitualmente en PC y servidores no había sido diseñada para la virtualización, sino para ordenadores con un único sistema operativo.

**Observación**

*"x86" hace referencia a una familia de procesadores Intel compatibles con los conjuntos de instrucciones 8086. Introducida en 1978, esta arquitectura ha pasado por varias generaciones y sigue existiendo en la actualidad. La "x" se utiliza para indicar que existen varios valores del conjunto de instrucciones 8086 original, como 80286, 80386, etc.*

Como el objetivo era ejecutar varios sistemas operativos simultáneamente en la misma plataforma, se desarrollaron soluciones alternativas para superar las limitaciones de la arquitectura x86 de la época.

## 5.3.2 Virtualización asistida por software

Los editores de soluciones de virtualización han intentado resolver el problema que plantean los procesadores con una capa de software.

Este enfoque, denominado *software-only* (o *software-based*), consistía en modificar los sistemas operativos para que se pudieran virtualizar. Para ello, a principios de la década de 2000 se desarrollaron una serie de técnicas como la paravirtualización, la traducción de código (*binary tranlation*) y el enfoque "*trap-and-emulate*" (para hacer posible la virtualización a nivel de software. Describiremos el funcionamiento de estas técnicas de virtualización en un capítulo posterior (véase Entender los hipervisores).

En 2001, VMware lanzó ESX, el primer hipervisor moderno de tipo 1 basado en diversas soluciones de tipo *software-only*. Este enfoque se abandonó pronto en favor de técnicas de virtualización basadas en hardware.

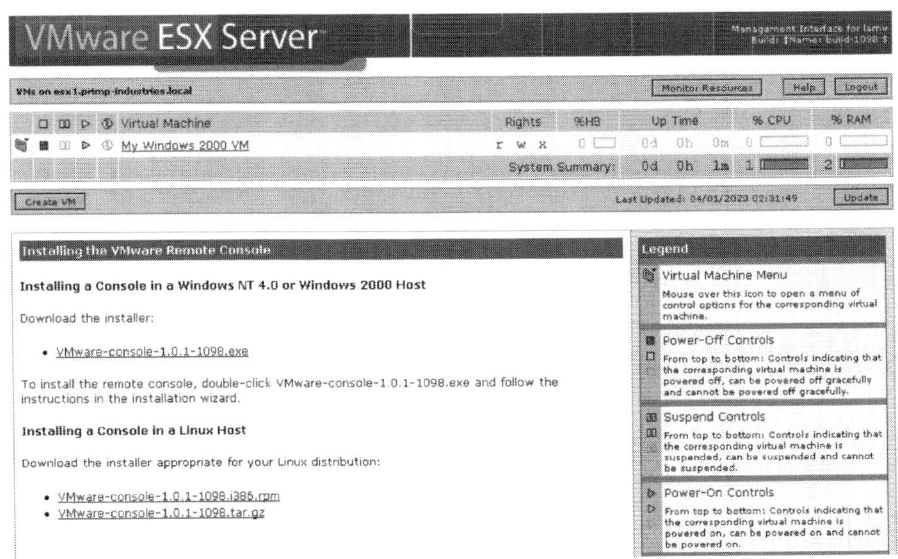


*Primera interfaz de gestión de ESX Server*

https://www.vmware.com/timeline.html

### 5.3.3 Virtualización asistida por hardware

El éxito inmediato de ESX de VMware impulsó a los fabricantes de procesadores a mejorar la arquitectura x86 para que un hipervisor pudiera tener control sobre el hardware. Este nuevo enfoque se denomina virtualización asistida por hardware o *Hardware-assisted virtualization*.

En 2003, Intel propuso la tecnología Intel VT, que introducía un nuevo conjunto de instrucciones que permitía ejecutar varios sistemas operativos en un único procesador. AMD no tardó en hacer lo propio con una solución equivalente denominada AMD-V.

**Observación**

*Un conjunto de instrucciones es el conjunto de operaciones básicas que puede realizar un procesador. Las operaciones aritméticas y lógicas son algunas de las operaciones o instrucciones de máquina más conocidas.*

En resumen, la tecnología VT permite modificar los niveles de permiso de un procesador. Tradicionalmente, el sistema operativo tiene el nivel más alto de privilegios en una CPU, mientras que las aplicaciones sólo tienen acceso a un nivel inferior. Los nuevos procesadores x86 compatibles con la virtualización, disponen de un nivel de permisos adicional reservado al hipervisor.

*Primer procesador Pentium 4 con tecnología VT*

Volveremos sobre estas nuevas arquitecturas de procesador, que se han convertido en el estándar para la virtualización de servidores (véase el capítulo "Entender los hipervisores").

### 5.3.4 Hipervisores para empresas

El concepto de virtualización de servidores se introdujo con VMware ESX, el primer hipervisor dedicado a las cargas de trabajo empresariales. El software de VMware revolucionó el mundo de los servidores y la virtualización se convirtió rápidamente en un elemento imprescindible para todas las organizaciones.

Siguiendo la estela de ESX y las mejoras introducidas en las arquitecturas x86, están apareciendo en el mercado varios hipervisores de nivel empresarial.

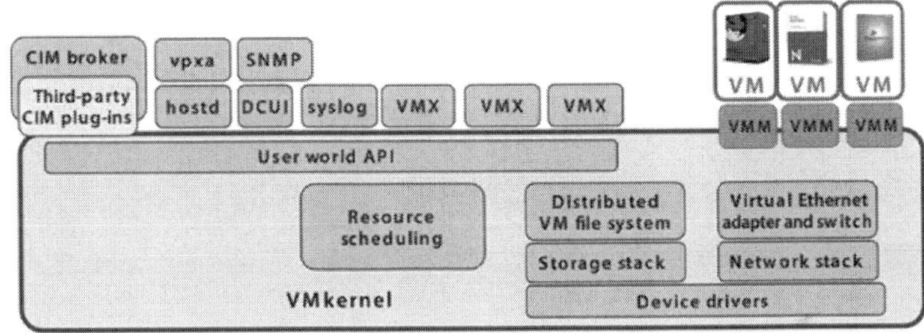


*Arquitectura ESX de 2007*

https://www.vmware.com/content/dam/digitalmarketing/vmware/en/pdf/techpaper/ESXi_architecture.pdf

En 2006, el hipervisor KVM (*Kernel-based Virtual Machine*) se integró en el núcleo de Linux y Citrix adquirió el hipervisor de código abierto Xen, que se comercializó con el nombre de XenServer. En 2008, aparecieron dos soluciones basadas en KVM: *Red Hat Enterprise Virtualization* (RHEV) y *Proxmox Virtual Environment* (PVE).

Cuatro años antes, Microsoft había intentado dar un paso adelante con el hipervisor Virtual Server tras adquirir el software de Connectix, pero el producto aún no estaba maduro y se tuvo que complementar con otras soluciones como Xen o ESX. Virtual Server dejó de utilizarse en 2007 en favor de Hyper V, que se ofrece como componente instalable en Windows Server 2008.

Tras la adquisición de Sun Microsystems en 2007, Oracle se hizo con un hipervisor llamado Logical Domains (LDOM), que se comercializó en 2010 con el nombre de Oracle VM Server. Durante la década de 2000, IBM siguió activa en la virtualización, pero las soluciones que ofrecía estaban diseñadas para plataformas exclusivas del fabricante, como los *mainframes* y los sistemas Power.

### 5.3.5 Plataformas de virtualización

Además de introducir y popularizar la virtualización de servidores, VMware también desarrolló las primeras plataformas de virtualización que incluían herramientas de gestión centralizada. Virtual Center Server (más tarde rebautizado vCenter) se lanzó en 2003. Funciones como vMotion (intercambio en caliente de máquinas virtuales entre dos hosts) y Storage vMotion (migración completa de una máquina virtual y su almacenamiento a otro host) fueron algunas de las primeras que ofreció vCenter.

https://www.vmware.com/content/dam/digitalmarketing/vmware/en/pdf/techpaper/ESXi_architecture.pdf

En 2006, la suite VMware Infrastructure entró en el mercado. Incluye varios productos para gestionar un entorno de virtualización, en particular para gestionar el almacenamiento y la red, así como funciones de alta disponibilidad y copia de seguridad. En 2009, VMware Infrastructure pasó a llamarse vSphere, que en el momento de escribir estas líneas ya va por su octava versión.

Uno de los principales competidores de vSphere es XenCenter de Citrix. Este producto también permite gestionar hipervisores y máquinas virtuales desde una única consola.

Por su parte, Microsoft ofrece Hyper-V Server, un hipervisor basado en Windows Server 2008 en versión "core" (sólo interfaz de línea de comandos) con un número limitado de servicios Windows. Se puede gestionar mediante una MMC (*Microsoft Management Console*) o con SCVMM (*System Center Virtual Machine Manager*), una solución diseñada para administrar grandes entornos virtuales.

*Logotipo de SCVMM para la versión 2012 R2*

https://social.technet.microsoft.com/

Nutanix, un nuevo actor en el mercado de la virtualización desde 2010 que se ha hecho un hueco rápidamente, ofrece una consola de gestión centralizada comparable a vSphere, llamada Prism. También existen varios productos similares de código abierto, como Xen Cloud Platform (XCP), Proxmox VE y RedHat's oVirt.

### 5.3.6 Consolidación de servidores

Los centros de datos han experimentado una serie de transformaciones desde la década de 2000. Como ya hemos dicho, antes de la virtualización, los centros de datos funcionaban según el modelo "una aplicación, un servidor", lo que dio lugar a una proliferación de servidores físicos.

Con la llegada de ESX de VMware en 2001, la virtualización ganó aceptación rápidamente y su adopción dio lugar a una era de consolidación.

**Observación**

*En términos generales, consolidar significa reunir varias entidades en una sola, generalmente para optimizar la gestión o reducir los costes de explotación. En el contexto de la virtualización, la consolidación se refiere a la conversión de servidores físicos en máquinas virtuales en uno o varios hosts físicos.*

Dado que las máquinas virtuales ofrecen un rendimiento comparable al de sus homólogas físicas y permiten ahorrar sustancialmente en costes de adquisición y administración, las organizaciones se decantaron rápidamente por la virtualización. Fue durante este periodo cuando se estableció la distinción entre un "servidor físico" y un "servidor virtual".

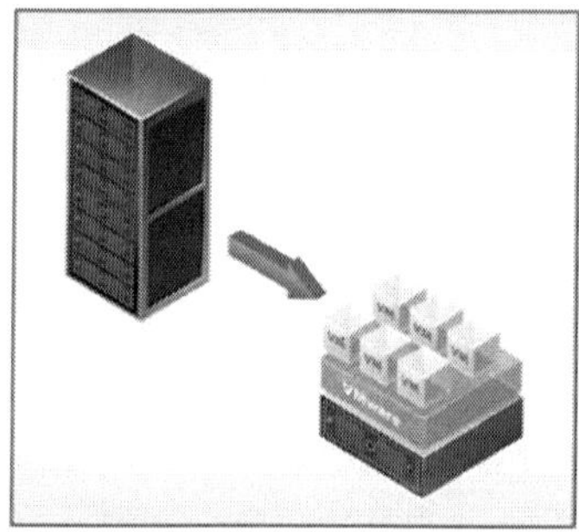

*Representación VMware de la consolidación de servidores*

https://www.vmware.com/solutions/consolidation.html

En pocos años, el hipervisor se ha convertido en el eje de los centros de datos y, a partir de la década de 2010, el despliegue de servidores físicos pasará a ser la excepción y no la regla. Las máquinas virtuales están sustituyendo a los servidores físicos como unidad de procesamiento en un centro de datos.

Los ratios de consolidación han aumentado considerablemente con el tiempo, debido al mayor rendimiento de los procesadores y la memoria. Hoy en día, un solo servidor físico puede albergar docenas o incluso cientos de máquinas virtuales. Los centros de datos han recuperado gran parte del espacio que perdían antes de la virtualización y han podido reducir la cantidad de equipos de refrigeración y tolerancia a fallos.

### 5.3.7 Migración P2V

La era de la consolidación ha dado lugar al desarrollo de diversas herramientas P2V (*Physical to Virtual*) que permiten migrar un servidor físico a una máquina virtual. La solución P2V más conocida es, sin duda, VMware Converter (ahora llamada vCenter Converter), disponible gratuitamente. Este producto ha avanzado mucho desde la década de 2000 y puede convertir un servidor físico en una máquina virtual sin interrumpir el servicio.

*Convertidor VMware vCenter autónomo*

Otros programas similares, como PlateSpin Migrate de Micro Focus, uno de los más antiguos y maduros, ofrece muchas funciones adicionales y compatibilidad con un gran número de plataformas.

La mayoría de estas herramientas también ofrecen V2V (*Virtual to Virtual*) para migrar máquinas virtuales a un entorno en la nube. Por ejemplo, Microsoft ofrece la solución Azure Migrate para migrar máquinas virtuales Hyper-V o VMware y convertirlas para la plataforma de virtualización Azure.

## 5.4 La década de 2010 y la modernización de las infraestructuras

A medida que la virtualización se ha ido imponiendo en los centros de datos, la adquisición de nuevos servidores físicos ha disminuido, de modo que las infraestructuras de procesamiento actuales están formadas principalmente por hosts de virtualización.

Tras la ola de consolidación de los servidores físicos, la noción de consolidación se ha extendido a las infraestructuras con el fin de reducir el número de dispositivos desplegados y simplificar las redes y el acceso al almacenamiento. Han empezado a surgir nuevos enfoques de gestión de los centros de datos destinados a hacer converger en un único dispositivo, todos los recursos necesarios para la virtualización de los servidores.

### 5.4.1 Infraestructura tradicional o no convergente

En una arquitectura no convergente, los componentes de hardware se compran por separado y el cliente los integra o bien consultores contratados por él. Los hipervisores se suelen instalar en servidores físicos estándares con su propio cableado de red y acceso al almacenamiento. Los equipos, que suelen proceder de distintos proveedores, se configuran y conectan individualmente.

Como este modelo ahora tiene el hipervisor como componente central, es menos costoso que el enfoque "un servidor, una aplicación". Sin embargo, los recursos de hardware de la infraestructura tradicional tienen el inconveniente de estar en silos separados, por lo que su gestión requiere varios equipos de especialistas.

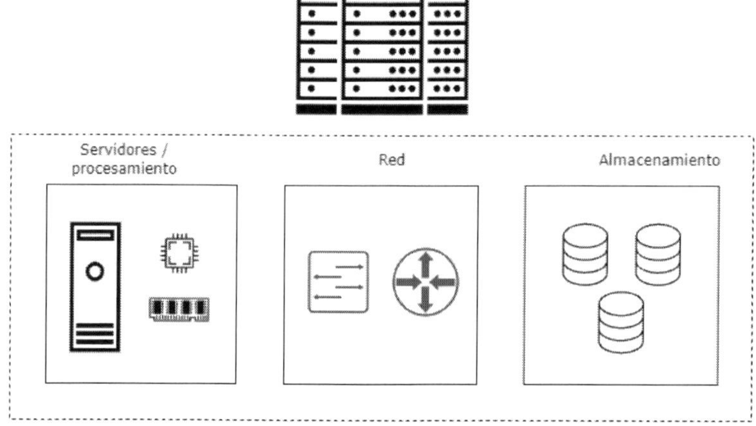


*Infraestructura tradicional (no convergente)*

Aunque la virtualización es el núcleo del enfoque no convergente, lo cierto es que los recursos del host (CPU, RAM) se deben sobredimensionar para poder reaccionar ante los picos de uso.

Lo que es importante destacar de una infraestructura tradicional o no convergente es que está formada por equipos separados, lo que requiere más gestión y mantenimiento.

Los recursos de hardware necesarios para hacer funcionar una infraestructura tradicional son los mismos que para las infraestructuras convergentes, con la diferencia de que estas últimas se componen de equipos cuyo procesamiento, almacenamiento y conectividad de red están preintegrados por el fabricante.

Aunque la tendencia actual en la gestión de centros de datos se inclina cada vez más hacia los sistemas hiperconvergentes, que describiremos en breve, este enfoque no es necesariamente el que hay que favorecer. De hecho, las pequeñas empresas con pocas cargas de trabajo pueden funcionar muy bien con un modo de gestión tradicional, que les resultará mucho menos costoso que utilizar soluciones hiperconvergentes.

### 5.4.2 Infraestructura convergente

La Infraestructura Convergente (*Converged Infrastructure*, CI) mejora la forma tradicional de gestionar los centros de datos combinando componentes como matrices de almacenamiento, servidores, hipervisores, conmutadores de red y virtualización en una única SKU (*single SKU*).

**Observación**

*Una SKU (Stock Keeping Unit) es un código de referencia de producto único utilizado en la gestión de inventarios. Las soluciones convergentes o hiperconvergentes se suelen denominar " single SKU", ya que combinan varios componentes en un único equipo.*

En una infraestructura convergente, un proveedor es el encargado de diseñar e integrar los recursos de hardware. Se agrupan para formar un conjunto discreto de opciones preconfiguradas. En lugar de tener que adquirir los distintos componentes por separado y resolver manualmente los problemas de compatibilidad e integración, una infraestructura convergente combina componentes de hardware preintegrados con software, para orquestar y suministrar estos recursos a través de un sistema unificado.

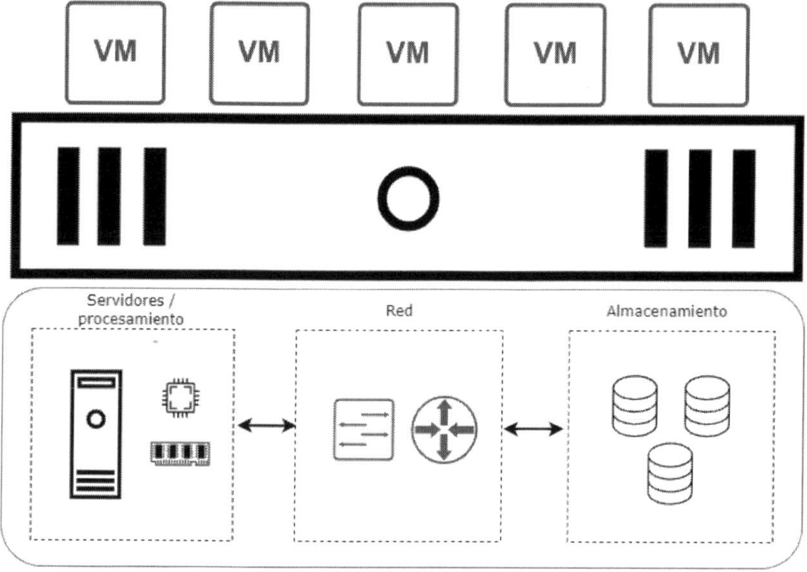


*Infraestructura convergente*

A diferencia del modelo hiperconvergente, que será objeto del siguiente apartado, la gestión de una infraestructura convergente suele ser independiente para cada servicio y el equipamiento de una única SKU no es modular y difícilmente se puede modificar.

Muchas organizaciones han adoptado una infraestructura convergente por el tiempo y los gastos que conllevan el despliegue, la configuración y el mantenimiento del hardware. En comparación con una infraestructura tradicional por niveles, la arquitectura convergente reduce la complejidad asociada a la gestión del centro de datos. Su facilidad de despliegue resulta atractiva para las organizaciones que buscan reducir el tiempo y los recursos dedicados a integrar y desplegar componentes de infraestructura.

### 5.4.3 Infraestructura hiperconvergente

La infraestructura hiperconvergente (*Hyperconverged Infrastructure*, HCI) es la evolución natural de los sistemas convergentes. Al igual que los sistemas convergentes, integra recursos de procesamiento, virtualización, almacenamiento y conectividad de red, pero se basa en un hipervisor para permitir que todos los recursos se gestionen como software.

Más concretamente, una solución hiperconvergente es un sistema distribuido y unificado que combina grupos de recursos de procesamiento y almacenamiento en una solución totalmente definida por software, que sustituye a todos los componentes separados de la infraestructura tradicional. Es un centro de datos concentrado en un único equipo modular que incluye herramientas de gestión comunes.

Las soluciones HCI creadas para VMware integran tres componentes para crear un centro de datos definido por software (*software-defined data center*, SDDC): vSphere para gestionar el entorno de virtualización, vSAN para el almacenamiento y NSX-T para las redes. Las dos últimas son soluciones de "almacenamiento definido por software" (*Software-Defined Storage*, SDS) y "redes definidas por software" (*software-defined networking*, SDN), respectivamente. Veremos más adelante (ver capítulo Los diferentes tipos de virtualización) en qué consisten estos diferentes enfoques definidos por software, pero de momento recordemos que los sistemas HCI están allanando el camino para estas tecnologías, cada vez más extendidas en la actualidad.

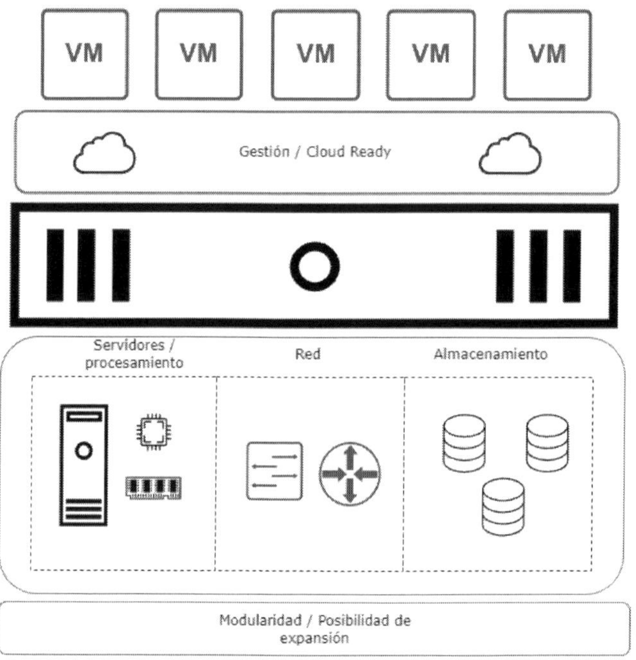


*Infraestructura hiperconvergente*

Otro punto que diferencia a las soluciones hiperconvergentes es que están "listas para la nube", lo que significa que ya están preconfiguradas para interactuar con plataformas de computación en la nube pública como Microsoft Azure, Amazon Web Services (AWS) o Google Cloud Platform (GCP).

Más adelante veremos los distintos modelos de despliegue del cloud computing (véase el capítulo sobre virtualización y cloud computing), pero una infraestructura HCI se utiliza muy a menudo para desplegar una nube privada, con el fin de ofrecer recursos y aplicaciones "como servicio" (otro concepto que veremos con más detalle en el capítulo sobre virtualización y cloud computing).

En los últimos años, las soluciones HCI han crecido en popularidad, con una tasa de crecimiento anual compuesto (TCAC) de casi el 25% para 2028, según GlobeNewswire. VMware ostenta actualmente la mayor cuota del mercado de sistemas hiperconvergentes en asociación con diversos fabricantes de hardware como Dell Hitachi, Fujitsu Fujitsu, HPE y Lenovo. Al proveedor de ESXi le sigue de cerca Nutanix, el segundo mayor proveedor de soluciones HCI, ofrecidas casi siempre en modo SDDC bajo VMware (vSphere, vSAN y NSX-T).

### 5.4.4 Virtualización y Cloud computing

Hoy en día, la Cloud computing es omnipresente y su adopción es similar a la fiebre de Internet de finales de los noventa. A partir de la década de 2000, las empresas que se iban a convertir en los gigantes de la Red, como Amazon Google y Microsoft, desplegaron numerosos centros de datos por todo el mundo. Con tanta capacidad de procesamiento y unas prestaciones de red y hardware cada vez mejores, no tardó en hacerse realidad la idea de ofrecer servicios informáticos en línea y a la carta.

*Centro de datos de Google en Iowa, Estados Unidos*

https://commons.wikimedia.org/wiki/File:Google_Data_Center,_Council_Bluffs_Iowa_(49062863796).jpg

Esta evolución tiene muchos puntos en común con la producción y el suministro de electricidad. Antes de que el mercado estuviera dominado por las grandes centrales hidroeléctricas o térmicas, y antes de que todos los territorios estuvieran electrificados, una serie de pequeñas instalaciones suministraban energía a pequeña escala. Con el paso de los años, estos pequeños proveedores han sido suplantados gradualmente por actores industriales con recursos para construir presas y centrales capaces de abastecer de electricidad a países enteros.

Lo mismo ocurre hoy con la expansión de las grandes plataformas de nube pública, como Amazon Web Services Google Cloud Platform, Microsoft Azure, Alibaba Cloud, Oracle Cloud, IBM Cloud u OVHCloud.

En 2002, Amazon se convirtió en la primera empresa en ofrecer servicios informáticos basados en la web. En aquel momento, AWS aún no disponía de soluciones de virtualización y almacenamiento en línea. No fue hasta 2006, con el lanzamiento de Amazon Elastic Compute Cloud (EC2) y Amazon Simple Storage Service (S3) para ofrecer los principales servicios de cloud computing, que permiten a las organizaciones alojar sus infraestructuras remotas en modo de alquiler, sin tener que preocuparse de adquirir, mantener o reparar el hardware.

*Icono de Amazon Elastic Compute Cloud (EC2)*

https://commons.wikimedia.org/wiki/File:AWS_Simple_Icons_Compute_Amazon_EC2_Instances.svg

Microsoft y Google llegaron tarde al mercado de la cloud computing: en 2008 con Azure y GCP, mientras que Alibaba Cloud se lanzó en 2009.

Más adelante (véase el capítulo Virtualización y cloud computing) propondremos una definición de cloud computing y examinaremos más de cerca los modelos de despliegue y los tipos de servicios que ofrecen estas plataformas. Pero en este capítulo nos centraremos en el papel y el lugar de la virtualización en esta nueva forma de prestar servicios informáticos.

La virtualización es literalmente la fuerza motriz de la cloud computing. Transforma un centro de datos en un conjunto de recursos autogestionado, altamente escalable y de gran disponibilidad. La virtualización y, por extensión, la cloud computing, ofrecen mayores oportunidades de automatización, reducen los costes administrativos y aumentan la capacidad de una empresa para desplegar soluciones de forma dinámica. Al poder abstraer los recursos de hardware de centros de datos enteros, no es exagerado decir que los proveedores de nubes públicas son, en realidad, vastas plataformas de virtualización repartidas geográficamente por todo el planeta.

Virtual machines

*Icono del servicio de máquinas virtuales de Microsoft Azure*

Si volvemos a la analogía antes mencionada, la nube proporciona recursos en función de las necesidades, más o menos como una compañía eléctrica proporciona energía. En resumen, la cloud computing simplifica enormemente la entrega de nuevas aplicaciones y permite a las empresas acelerar sus despliegues sin sacrificar la escalabilidad, la resistencia o la disponibilidad.

## 5.5 Ventajas e inconvenientes de la virtualización de servidores

Ahora que conocemos mejor la historia de la virtualización de servidores, desde los *mainframes* hasta la cloud computing, veamos sus ventajas e inconvenientes. Algunas ventajas ya se han mencionado en las páginas anteriores, y otras se tratarán con más detalle en capítulos posteriores, pero una lista resumida te dará una mejor idea de su alcance.

La siguiente lista no es exhaustiva, pero ofrece una buena panorámica de los aspectos positivos y negativos de la virtualización de servidores.

### 5.5.1 Beneficios

- La virtualización permite un uso más eficiente de los recursos de hardware, al consolidar varios servidores físicos infrautilizados en un número menor de servidores virtualizados.
- Las máquinas virtuales facilitan la gestión física de los servidores porque ya no es necesario, por ejemplo, añadir manualmente RAM o discos.
- Con la virtualización, la complejidad de la administración de servidores se reduce considerablemente porque las máquinas virtuales son independientes del entorno físico que las aloja.
- La virtualización permite ejecutar simultáneamente varios sistemas operativos diferentes en el mismo host físico.
- Con la virtualización, el despliegue de servicios es mucho más rápido que con una infraestructura tradicional.
- La virtualización reduce los costes de funcionamiento de la infraestructura, los costes operativos, el coste del espacio utilizado o alquilado y los costes de consumo de energía.
- Con la virtualización, cualquier incompatibilidad de microcódigo (*firmware*) o controlador (*driver*) que encuentren los hosts físicos, no afecta al hardware virtualizado que se presenta a las máquinas virtuales.
- Un entorno de virtualización sigue siendo el mismo, independientemente de la plataforma física subyacente: los hosts pueden ser servidores HPE, IBM o Dell, o de todas estas marcas a la vez, sin que ello afecte a las máquinas virtuales.

### 5.5.2 Desventajas

- Si no se implanta una solución de alta disponibilidad, el fallo de un host hará que las máquinas virtuales no estén disponibles.

  La asignación de recursos debe estar bien planificada para evitar la infrautilización y, a la inversa, permitir la escalabilidad del entorno de virtualización.
- La facilidad de despliegue puede conducir a una acumulación innecesaria de máquinas virtuales (*Virtual Machine Sprawl*), lo que supone un derroche de recursos.
- La gestión de licencias de software puede ser más compleja en un entorno de virtualización que en un servidor físico dedicado.
- La virtualización puede plantear problemas de interoperabilidad en el formato de los archivos de las máquinas virtuales, lo que dificulta el cambio de plataforma o la migración a la nube.
- Una infraestructura de virtualización tiene muchos componentes individuales que actualizar.

## 6. Conclusión

La virtualización de servidores es una tecnología disruptiva que ha redefinido la forma en que se prestan los servicios informáticos, desde hace varias décadas. El hipervisor se ha convertido en el componente central de los centros de datos corporativos, así como en la fuerza motriz de la computación en nube.

Hasta ahora nos hemos limitado a la virtualización de servidores, pero ya hemos visto hasta qué punto su funcionamiento depende o implica otras formas de virtualización. Éstas se han desarrollado a raíz de la virtualización de servidores, que nos proponemos examinar en el capítulo Los distintos tipos de virtualización.

# Capítulo 2
# Los diferentes tipos de virtualización

## 1. Introducción

Desde la aparición de la virtualización de servidores, otros ámbitos han utilizado la virtualización para aprovechar el principio que consiste en hacer abstracción de los recursos de hardware, para crear una capa de software libre de limitaciones físicas. Infraestructuras de virtualización de servidores como vSphere aprovecharon muy pronto otros tipos de virtualización para ofrecer un paquete de software completo. Los equipos de red y almacenamiento se virtualizaron rápidamente y se integraron en las plataformas de virtualización de servidores.

Sin embargo, estos tipos de virtualización, que giran en torno al mundo de los servidores, no dan una imagen exhaustiva de las diferentes formas de virtualización disponibles en el mercado. Hoy en día, existen innumerables aplicaciones que utilizan la virtualización y muchas de ellas las utilizamos a diario sin darnos cuenta.

En este capítulo presentamos los tipos de virtualización más utilizados en la actualidad. Veremos los componentes y daremos una visión general de las ventajas e inconvenientes de cada solución.

## Un modelo de virtualización de siete capas

En la década de 2000, el grupo de investigación Kusnetzky introdujo un modelo de siete capas para comprender mejor los distintos tipos de virtualización. Aunque este modelo presenta una serie de deficiencias a la hora de describir las distintas formas de virtualización que han surgido desde su publicación, constituye un buen punto de partida para explorar las diferentes facetas de esta tecnología.

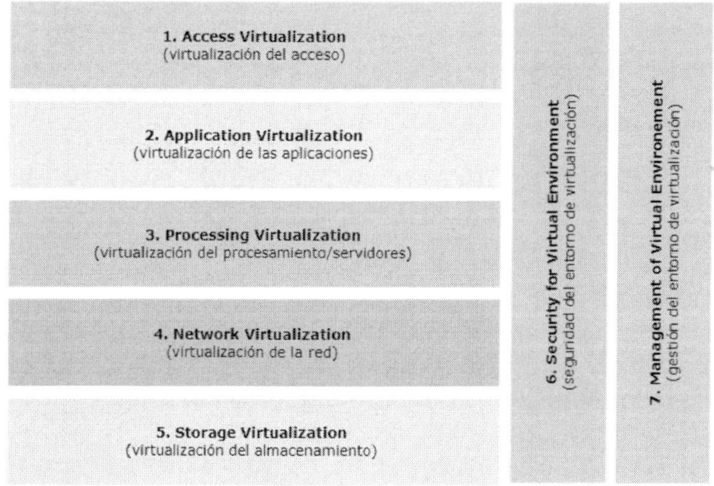


*Modelo de virtualización Kusnetzky de siete capas*

Adaptación de Dan Kuznetzky, *Virtualization: A Manager's Guide*, O'Reilly, 2011.

Completaremos nuestro recorrido examinando las soluciones de tipo *software-defined networking* y *software-defined storage*, que se centran en las funciones de software que permiten gestionar la capa de virtualización de la red o del almacenamiento. Tras examinar estas dos soluciones, veremos que pueden coexistir en un centro de datos definido por software (*software-defined data center*), con la adición de una plataforma de virtualización de servidores.

Como ya hemos hablado de la virtualización de procesos o servidores (*processing virtualization*), que es el tema de este libro, en este capítulo no vamos a abordar la capa 3.

Las capas 6 y 7 no tratan de la virtualización como tal, sino de la funcionalidad de una plataforma de virtualización (seguridad y gestión). Estos temas se tratarán en capítulos posteriores, sobre todo cuando analicemos más a fondo vCenter de VMware y la consola vSphere (véase el capítulo Descubrir la plataforma VMware vSphere 8).

# 2. Principales tipos de virtualización

## 2.1 Virtualización de accesos o puestos de trabajo

La virtualización no sólo ha redefinido la forma de asignar los recursos de procesamiento de los servidores, sino que también ha revolucionado el mundo de los ordenadores de sobremesa. Esta incursión en la virtualización del lado del cliente no es de extrañar, dado que la gestión de los puestos de trabajo de escritorio en la empresa, suele ser costosa e ineficiente.

En la mayoría de las organizaciones, hay un equipo que se dedica a instalar, desplegar parches y actualizar el software en los puestos de trabajo. A estas tareas hay que añadir la asistencia técnica y el soporte de hardware que hay que proporcionar a los usuarios. Aquí es donde entran en juego las soluciones de virtualización de sesiones.

El término "virtualización del acceso" nunca ha cuajado como tal. Es más común referirse a ella como "virtualización de puestos de trabajo", "virtualización de escritorios" o "infraestructura de escritorios virtuales" (*Virtual Desktop Infrastructure* o VDI).

La virtualización de escritorios hace referencia a todas las tecnologías de hardware y software que permiten a un ordenador o dispositivo móvil acceder en remoto a un escritorio virtual (principalmente Windows), alojado en un servidor remoto. Esta tecnología desvincula el puesto de trabajo de su sistema operativo.

Este tipo de virtualización utiliza máquinas virtuales que ejecutan un sistema operativo cliente como Windows 10 u 11, para proporcionar acceso a un escritorio virtual y a las aplicaciones.

**Observación**

*El usuario de un escritorio virtual no tiene acceso al sistema operativo completo de una máquina virtual. No tiene acceso a funciones del sistema como el Panel de control o la Configuración de Windows. En su lugar, se les presenta un escritorio virtual con iconos para sus aplicaciones y directorios para almacenar sus documentos.*

El modelo VDI permite delegar en servidores la ejecución de escritorios virtuales y sus aplicaciones, reduciendo así la carga de procesamiento de las estaciones de trabajo. Lo único que necesita el cliente es un acceso a la red desde el que pueda conectarse a un escritorio virtual, normalmente a través de un portal web. Para conectarse a los escritorios se utilizan diversos protocolos de conexión, como RDP (*Remote Desktop Protocol*) de Microsoft, PCoIP (PC-over-IP) de VMware o HDX de Citrix.

Dependiendo del tipo de conexión, un sistema VDI puede ofrecer una experiencia de usuario casi idéntica a la de un escritorio u ordenador físico. Una vez creado un perfil de usuario, con las preferencias, aplicaciones y documentos asociados, se pueden almacenar en servidores remotos para que, cada vez que se realice una conexión, el perfil se cargue en el estado en que se dejó.

### 2.1.1 Tipos de conexiones VDI

Existen dos tipos de conexiones VDI:

- **VDI persistente (*persistent VDI*)**: los usuarios se conectan siempre al mismo escritorio virtual y pueden personalizarlo, ya que los cambios se guardan después de cada sesión. En otras palabras, una conexión VDI persistente proporciona un escritorio permanente como si fuera una estación de trabajo física.
- **VDI no persistente (*non persistent VDI*)**: el usuario se conecta a un escritorio aleatorio y los cambios realizados en el escritorio no se conservan. Este tipo de VDI es adecuado para organizaciones en las que los usuarios solo realizan tareas sencillas y repetitivas que no requieren personalización.

### 2.1.2 Los componentes de una solución VDI

Una solución VDI consta de una serie de componentes que pueden variar en función de la implantación, pero los principales son:

- servidores host con un hipervisor para la virtualización y el alojamiento de escritorios
- un equilibrador de carga (*load balancer*) para distribuir las conexiones uniformemente entre los hosts
- un broker de conexiones (*connection broker*), que gestiona un pool de conexiones para escritorios virtuales y actúa como intermediario entre el usuario y el servidor
- una pasarela (*gateway*) para conexiones externas, en caso necesario
- un servicio de directorio (normalmente Active Directory) para la autenticación
- un servidor de licencias para asignar una licencia cada vez que se asigna un escritorio virtual
- un servidor de base de datos para almacenar la configuración de la infraestructura, el estado de las conexiones y la personalización de los escritorios, por parte de los usuarios
- un servidor web para proporcionar acceso a las oficinas virtuales y un software cliente compatible con el protocolo de conexión utilizado.

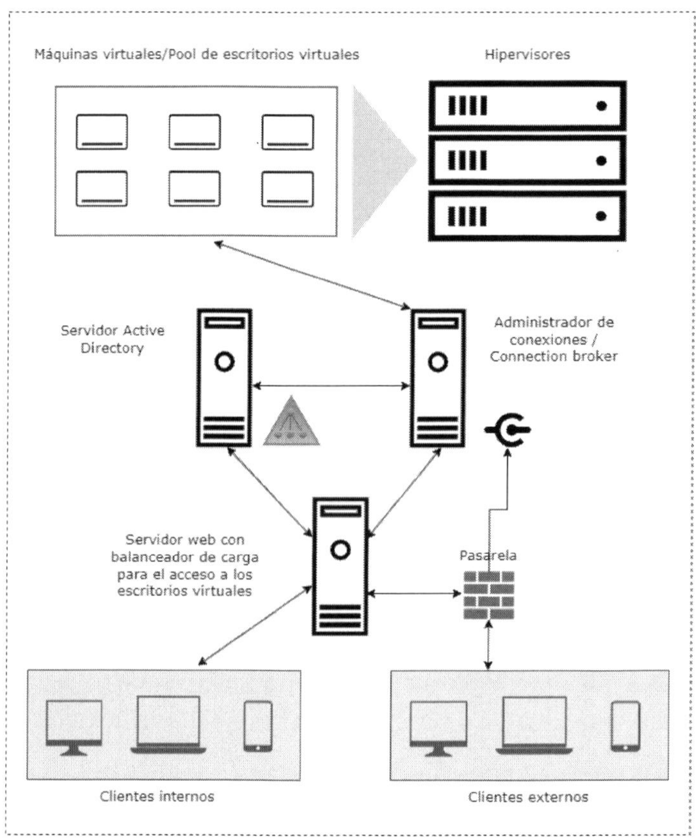


*Infraestructura de escritorio virtual (VDI)*

La complejidad de estos múltiples componentes hace que la creación de una infraestructura de escritorios virtuales no esté al alcance de todos. Para remediar este problema, han surgido una serie de soluciones VDI fáciles de implantar.

Estas soluciones denominadas *Desktop as a Service* (DaaS) se ofrecen en plataformas en la nube mediante suscripción de pago por uso o in situ en modo de nube privada. En este modelo, la responsabilidad se delega en el proveedor, que se encarga de gestionar y mantener la solución.

### 2.1.3 Las principales soluciones VDI del mercado

Citrix tiene una gran cuota del mercado de soluciones VDI/SaaS, con Citrix Virtual Desktops (antes conocido como XenDesktop) y Citrix DaaS, disponibles para la mayoría de las plataformas de nube pública. Microsoft ha ofrecido durante mucho tiempo una solución llamada VDI, pero se abandonó en 2021 en favor de Azure Virtual Desktop, que funciona únicamente en modo cloud.

VMware también tiene una gran cuota de mercado con su solución Horizon (antes Horizon View), que se puede instalar en un centro de datos privado utilizando el modelo tradicional o en un entorno cloud. Por ejemplo, VMware Horizon Cloud on Microsoft Azure y VMware Horizon Cloud on AWS son soluciones desarrolladas para plataformas de nube pública.

*Logotipo de VMware Horizon*

AWS también ofrece una solución llamada Amazon Workspaces, que está creciendo rápidamente con el movimiento masivo de las organizaciones hacia las plataformas en la nube.

### 2.1.4 Ventajas e inconvenientes de las soluciones VDI

#### Beneficios

- La arquitectura centralizada de VDI simplifica los procesos de actualización de estaciones de trabajo y despliegue de aplicaciones, que suelen ser tediosos y consumen recursos de red.
- Almacenar los datos de los usuarios a distancia facilita la realización de copias de seguridad de los datos y la protección de los mismos.

– Las organizaciones pueden ahorrar dinero utilizando estaciones de trabajo de tipo cliente ligero (*thin client*), que son más baratas y tienen un ciclo de vida más largo.

*Cliente ligero Dell OptiPlex 3000*

– Los usuarios se pueden beneficiar del denominado acceso *Anywhere, Anytime, Any Device* (en cualquier lugar, en cualquier momento y desde cualquier dispositivo).

– VDI fomenta las prácticas de tipo BYOD (*Bring Your Own Device*), por lo que es una solución ideal para campus y escuelas en general.

**Desventajas**

– La centralización de los recursos ofrece a los usuarios menos posibilidades de personalización.

– Las aplicaciones multimedia funcionan peor en un entorno VDI que en un PC equipado con tarjeta gráfica (GPU).

– El mal funcionamiento de un host de virtualización repercutirá en los escritorios alojados en él.

– Un fallo en la red significa que ya no se puede acceder a los escritorios virtuales.

## 2.2 Virtualización de aplicaciones

Al igual que ocurre con la virtualización de servidores y escritorios, existen varias soluciones para virtualizar aplicaciones, ya sea en un centro de datos privado o en modo cloud.

*Primer logotipo de Citrix XenApp*

La virtualización de aplicaciones se refiere a todas las tecnologías que permiten que las aplicaciones se ejecuten sin tener en cuenta el sistema operativo. La idea es "hacer creer" a la aplicación que se ejecuta como si estuviera instalada en un sistema operativo, cuando en realidad se interpone un hipervisor entre la aplicación y el SO. Esta capa forma parte del entorno de ejecución (*runtime*) proporcionado por el sistema operativo, que reúne todas las dependencias y archivos de la aplicación en un único ejecutable.

En este modelo, una aplicación está encapsulada y no requiere instalación. Puede ejecutarse localmente sin interactuar con otras aplicaciones ni con el propio sistema operativo. Esta técnica permite utilizar software desarrollado para otras plataformas sin causar problemas de compatibilidad.

Por ejemplo, el software escrito para Windows 7 se podría ejecutar en una edición más reciente de Windows o en otro sistema operativo como macOS o Linux.

Las soluciones de virtualización de aplicaciones se pueden ofrecer como servicio a los usuarios, desde una interfaz web o a través de una aplicación de escritorio que ofrece una selección de software para ejecutar. Los usuarios pueden lanzar aplicaciones virtuales desde su escritorio e interactuar con ellas como si estuvieran instaladas localmente.

La virtualización de aplicaciones se utiliza muy a menudo junto con las infraestructuras de escritorios virtuales. Al igual que éstas, se alojan en servidores remotos.

### 2.2.1 Los componentes de una solución de virtualización de aplicaciones

Al igual que ocurre con la virtualización de escritorios, existen varias implementaciones de soluciones de virtualización de aplicaciones. Los principales componentes son los siguientes:

- Un servidor virtualizado de gestión de aplicaciones, responsable de la transmisión de aplicaciones, la publicación de accesos directos para acceder a ellas y la asignación de licencias.
- Un servidor web que proporciona acceso a las aplicaciones y gestiona las solicitudes de lectura y escritura.
- Servidor de base de datos encargado de almacenar toda la información de la infraestructura de virtualización de aplicaciones.
- Un servidor de difusión (*streaming*) que aloja paquetes de aplicaciones virtualizadas para su transmisión a los clientes.
- Un cliente de virtualización de aplicaciones que gestiona la caché de paquetesde aplicaciones distribuidas y las interacciones entre el cliente y los servidores de virtualización de aplicaciones.

### 2.2.2 Las principales soluciones de virtualización de aplicaciones

Citrix es uno de los principales proveedores de soluciones de virtualización de aplicaciones con XenApp, que ahora se llama Citrix Virtual Apps. Otros como ThinApp de VMware y App-V de Microsoft también tienen una gran cuota de mercado.

*Logotipo de VMware ThinApp*

También están disponibles varias ofertas en modo cloud de tipo *Software As a Service* (SaaS), como AWS AppZero y Azure Virtual Desktop (que, como su nombre indica, también permite la virtualización de escritorios). Microsoft ha anunciado que App-V dejará de utilizarse en 2026 en favor de Azure Virtual Desktop.

### 2.2.3 Ventajas e inconvenientes de las soluciones de virtualización de aplicaciones

#### Beneficios

- La virtualización de aplicaciones elimina los conflictos entre aplicaciones en un sistema operativo, ya que se "empaquetan" con sus dependencias.
- Este tipo de virtualización también elimina los problemas de compatibilidad de las aplicaciones con los sistemas operativos.
- Estas soluciones permiten gestionar y actualizar las aplicaciones de forma centralizada.
- La virtualización de aplicaciones permite una implantación rápida y a gran escala.
- Estas soluciones simplifican la tarea del personal de soporte informático (helpdesk), que tiene menos problemas con las aplicaciones de los que ocuparse.

#### Desventajas

- Un fallo de la red impedirá el acceso a las aplicaciones virtualizadas.
- El fallo de un servidor de infraestructura puede hacer que las aplicaciones no estén disponibles.
- Estas soluciones no siempre son adecuadas para aplicaciones que requieren un buen rendimiento gráfico.
- Estas soluciones no se aplican a las aplicaciones (como los antivirus) que se deben instalar directamente en un sistema operativo.
- El uso de determinados periféricos, como una impresora, no siempre es posible con la virtualización de aplicaciones.

## 2.3 Virtualización de redes

La virtualización de redes (*Network Virtualization*, NV) tiene muchos significados, pero en el contexto de la virtualización de servidores, se refiere a todas las tecnologías que permiten crear y gestionar redes lógicas (es decir, virtuales), utilizando la red física como medio de distribución de paquetes.

Este enfoque difiere de las técnicas de virtualización, que crean funcionalidades de red específicas como:

- las redes de área local virtuales o VLAN que hemos mencionado antes;
- el protocolo de redundancia de red virtual o VRRP (*Virtual Redundancy Routing Protocol*), que permite crear redundancia de pasarelas mediante una dirección IP virtual compartida entre una o varias interfaces de rúter;
- el VRF (*Virtual Routing and Forwarding*), que crea varias instancias de enrutador virtual dentro de un dispositivo de enrutamiento. Estas instancias tienen su propia tabla de enrutamiento, sus propias interfaces y utilizan protocolos dinámicos independientes.

La virtualización de redes se utiliza principalmente junto con la virtualización de servidores. Al igual que la virtualización de servidores, disocia los recursos de red tradicionalmente proporcionados por hardware (como switch y tarjetas de red) para que puedan ser proporcionados por software.

Por ejemplo, en una infraestructura de virtualización como vSphere, es posible combinar varias redes físicas en una única red virtual basada en software o dividir una red física en redes virtuales separadas e independientes.

La virtualización de redes utiliza tarjetas de red de host para crear una capa de red virtual independiente sobre la misma red física. Esta nueva red superpuesta (*overlay network*) proporciona recursos de red a las máquinas virtuales de forma tan transparente como si fueran servidores físicos.

### 2.3.1 Conmutación virtual

El concepto de switch virtual (*Virtual Switch*) fue introducido en la década de 2000 por VMware para proporcionar a las máquinas virtuales conectividad de red a la red física.

Este dispositivo de interconexión virtual se define a nivel del hipervisor. Se trata de una abstracción de software que emula el funcionamiento de un conmutador Ethernet físico. El primer dispositivo virtual de este tipo de VMware se denomina *Standard vSwitch* (vSS). Va de la mano de los adaptadores de red virtuales o interfaces de red virtuales (*Virtual Network Adapter, Virtual Network Interface Card* o vNIC) que se asignan a las máquinas virtuales.

Un switch virtual utiliza la tarjeta de red física de un host como enlace ascendente (*uplink*), es decir, un enlace utilizado para conectarse a otro dispositivo de red que, en el caso de la virtualización de servidores, es un dispositivo físico.

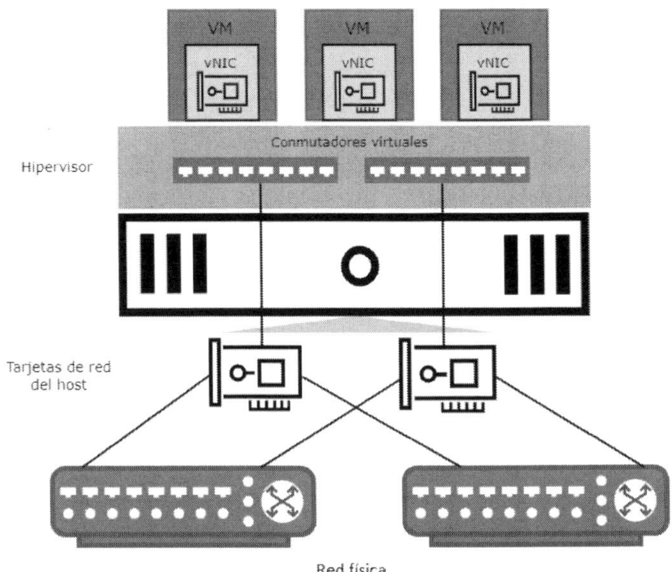


*Virtualización de redes*

Existen dos tipos de switch virtuales en un entorno VMware (vSwitch Standard y Distributed vSwitch) que se definirán con más detalle en un capítulo posterior (ver el capítulo Descubrir la plataforma VMware vSphere 8).

### 2.3.2 El hipervisor y las redes virtuales

Los servicios de conmutación virtual son compatibles con los hipervisores, que se pueden utilizar para definir subredes y segmentarlas en VLAN. A continuación, estos segmentos se pueden asignar a los adaptadores de red de las máquinas virtuales, que heredan la configuración y las políticas de seguridad definidas a nivel del conmutador virtual.

Del mismo modo que una máquina virtual es un contenedor que proporciona servicios de procesamiento a una aplicación, una red virtual es un contenedor de software que proporciona una red a las máquinas virtuales con los principales servicios asociados a ella: conmutación, enrutamiento, equilibrio de carga, etc.

Estos servicios de red los proporciona por software el hipervisor, que transfiere paquetes IP a través de la red física si se requiere comunicación externa. Las máquinas virtuales que comparten el mismo entorno de virtualización, se pueden comunicar entre sí de manera lógica sin necesidad de un rúter físico.

Una máquina virtual conectada a una red lógica funciona exactamente igual que si estuviera conectada a una red física tradicional. Esto se debe a que el hipervisor permite a las máquinas virtuales ver el mismo número de capas de red que en un entorno físico. A la inversa, la red física percibe una red virtual como si fuera una red física con los mismos componentes y funcionalidad.

### 2.3.3 Virtualización de los equipos de seguridad de la red

Los equipos de seguridad de red, como cortafuegos (firewall) y soluciones antivirus, se virtualizan cada vez más. Se suministran en forma de appliances (máquinas virtuales preconfiguradas), que sustituyen a los equipos físicos tradicionales.

**Observación**

*Como recordatorio, un cortafuegos de red es un equipo que protege una red de área local (LAN), de los accesos no autorizados. La función del cortafuegos es crear una zona segura separada de otra menos segura, para controlar el tráfico entre ambas. Sin este equipo, cualquier dispositivo con una dirección IP pública que lo haga accesible fuera de la red está expuesto al riesgo de sufrir un ataque.*

En la mayoría de los casos, estas soluciones de seguridad virtualizadas ofrecen funciones adicionales, como el equilibrio de la carga o el cifrado del tráfico, que son posibles gracias a las ventajas de la virtualización. Están diseñadas para responder a las necesidades específicas de seguridad de un entorno virtualizado tradicional o de un entorno de cloud computing. En este último caso, los equipos pueden gestionar el tráfico de red para todos los servicios de una plataforma en la nube, no sólo para las máquinas virtuales.

Otro equipo de este tipo que se suele virtualizar es el cortafuegos de aplicaciones web o WAF (*Web Application Firewall*).

**Observación**

*Mientras que un cortafuegos de red estándar se utiliza para controlar el tráfico entrante y saliente en el perímetro de la red, un WAF se utiliza a nivel de la aplicación web. Su función es garantizar la seguridad de los servidores web analizando todas las comunicaciones HTTP (HyperText Transfer Protocol). Un WAF permite bloquear los ataques dirigidos a las aplicaciones web, como la denegación de servicio distribuido (DDoS), las inyecciones SQL u otras inyecciones de código malicioso como Cross-Site Scripting (XSS).*

La seguridad basada en equipos virtualizados se puede implantar como una aplicación directamente en un hipervisor de tipo 1 (posición que puede aprovechar para ofrecer una supervisión eficaz de las aplicaciones) o como un servicio alojado en una máquina virtual. En ambos casos, los equipos de seguridad virtualizados se pueden desplegarse rápidamente donde sean más eficaces, a diferencia de los equipos de seguridad físicos, que no tienen la misma flexibilidad al estar atados a un dispositivo específico.

### 2.3.4 Las principales soluciones de virtualización de redes

Todos los hipervisores ofrecen funciones de virtualización de red que proporcionan una conectividad de red mínima a las máquinas virtuales. Volveremos sobre este tema más adelante, cuando hablemos de los hipervisores (véase el capítulo Entender los hipervisores).

La capacidad de crear conmutadores virtuales, segmentar una red lógica y acceder a opciones avanzadas de gestión del tráfico, se ofrece en plataformas de virtualización como vSphere, Citrix XenServer o Nutanix Prism.

Estas soluciones integradas de virtualización de redes coexisten ahora con plataformas de tipo SDN que ofrecen una gama completa de servicios de red y seguridad en un solo producto. En la siguiente sección, presentamos NSX-T de VMware, una de las soluciones SDN con mayor cuota de mercado.

### 2.3.5 Ventajas e inconvenientes de la virtualización de redes

Veamos ahora las principales ventajas e inconvenientes de la virtualización de redes:

#### Beneficios

- La virtualización de las redes permite crear varias redes virtuales en la misma infraestructura física, lo que permite aprovechar mejor los recursos de red.
- Las redes virtuales se pueden crear, modificar y ampliar fácilmente, sin necesidad de modificar la infraestructura física subyacente.
- Este tipo de virtualización permite suministrar servicios de red con rapidez y adaptarlos a las necesidades cambiantes de la empresa.

- Las redes virtuales favorecen la segmentación de los flujos, facilitando el aislamiento de las máquinas virtuales entre sí y garantizando al mismo tiempo que su tráfico permanezca separado y seguro.
- La virtualización de redes incluye funciones avanzadas de gestión del tráfico y permite aplicar políticas de seguridad granulares a las redes virtuales.
- Este tipo de virtualización centraliza la gestión de la red, lo que facilita la configuración, supervisión y resolución de problemas de las redes virtuales desde una única interfaz de gestión.

Desventajas

- La virtualización de redes requiere cierto conocimiento de la plataforma de virtualización en la que se implanta.
- La implantación de capas de red virtuales puede añadir complejidad a la infraestructura y se debe planificar bien.
- La virtualización de redes sigue dependiendo de la infraestructura física y la solución se puede ver afectada si un equipo funciona mal.

## 2.4 El software-defined networking

Las redes definidas por software o SDN son un enfoque arquitectónico de la gestión y el control de redes. Para entender cómo funciona SDN, tenemos que echar un breve vistazo a la arquitectura de red en tres dimensiones.

Tradicionalmente, las comunicaciones de red se pueden representar en tres planos o planos de red (*planes* o *traffic planes*), definidos según las funciones que desempeñan dentro de una red:

- **Plan de gestión (*management plane*)** : plan que incluye los componentes que permiten acceder a las herramientas de configuración, supervisión y vigilancia de la red para todas las capas de la pila de red (modelo OSI).
- **Plano de control (*control plane*)**: plano que incluye los procesos responsables de los protocolos de red que definen cómo se enruta el tráfico.
- **Plano de datos (*data plane*)** : plano que gestiona el tráfico que circula por los equipos de la red según las configuraciones proporcionadas por el plano de control.

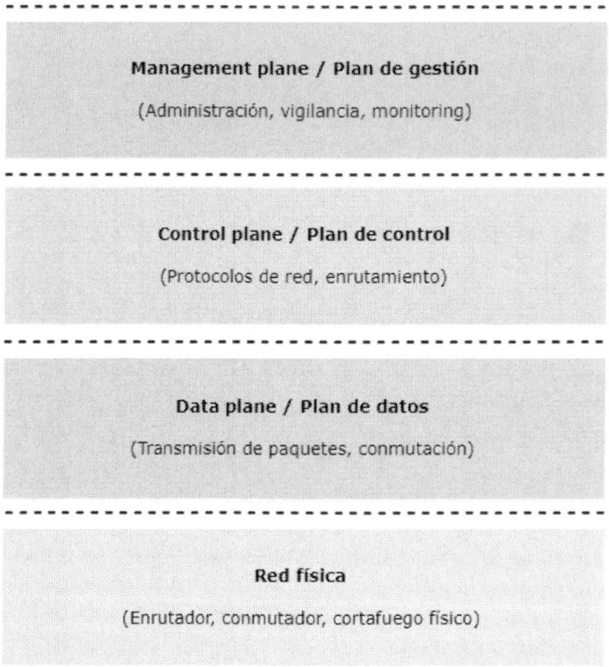

| |
|---|
| **Management plane / Plan de gestión**<br>(Administración, vigilancia, monitoring) |
| **Control plane / Plan de control**<br>(Protocolos de red, enrutamiento) |
| **Data plane / Plan de datos**<br>(Transmisión de paquetes, conmutación) |
| **Red física**<br>(Enrutador, conmutador, cortafuego físico) |

*Los tres planes de tráfico de la red*

En la arquitectura de red tradicional, el plano de control y el plano de datos están integrados en dispositivos de red como conmutadores y enrutadores, lo que hace que la gestión de la red sea compleja e inflexible. Los dispositivos funcionan de forma autónoma y cualquier cambio en el sistema depende de la configuración, los protocolos y el software que soportan individualmente.

A diferencia del enfoque tradicional, la SDN separa el plano de control del plano de datos e integra de forma centralizada la lógica de la red en un controlador de software. Este actúa como punto único de control para toda la red y se comunica con los periféricos mediante un protocolo estandarizado como OpenFlow. Al desacoplar el plano de control del plano de datos, la SDN permite una gestión de la red basada en políticas y despliegues programables a través de APIs.

A menudo se utiliza un lenguaje de programación como Python para interactuar con un controlador SDN. Lo mismo ocurre con otras herramientas de tipo *Infrastructure as Code*, como Terraform o Ansible, que permiten automatizar o configurar componentes de infraestructura.

### 2.4.1 Las principales soluciones de tipo Software-defined networking

La solución SDN más adecuada para entornos de virtualización y VMware es NSX. Este producto se ofreció primero como versión integrada con vSphere (NSX-V), pero se ha dejado de comercializar en favor de NSX-T, que está disponible en modo multicloud. NSX-T también se puede desplegar para gestionar un centro de datos en una plataforma distinta de vSphere, como un servidor Windows o Linux.

Entre los principales fabricantes de equipos de red, Cisco ofrece una serie de soluciones, como Meraki, que se gestiona íntegramente en modo nube, y Cisco ACI, un producto más orientado a los centros de datos. Juniper ofrece Cloud-Native Contrail Networking, un producto especializado para infraestructuras de virtualización en plataformas cloud y aplicaciones en contenedores.

### 2.4.2 Ventajas y desventajas de las redes definidas por software

Beneficios

- Con un controlador centralizado, los administradores de red pueden supervisar toda la red desde una única interfaz, lo que simplifica la supervisión, la configuración y la resolución de problemas.
- La SDN permite un aprovisionamiento rápido y automatizado de la red, lo que facilita su ampliación.
- La SDN favorece la escalabilidad de la red al abstraer los servicios y políticas de red del hardware subyacente.
- Con un controlador centralizado, la SDN ofrece mejor visibilidad y control del tráfico de red, lo que permite establecer políticas de seguridad granulares.
- SDN fomenta la automatización y la innovación al permitir el desarrollo de aplicaciones y servicios de red personalizados que pueden interactuar con las API del controlador.

Desventajas

- SDN añade una capa de complejidad y requiere un buen conocimiento de la solución.
- SDN es un producto independiente que puede resultar caro en comparación con la solución de red nativa en un entorno de virtualización.

### 2.4.3 El ejemplo de VMware NSX-T

Debido a la diversidad de equipos de red y a las complejas topologías de las infraestructuras de interconexión en los centros de datos, la virtualización de redes nunca ha sido objeto de una plataforma unificada comparable a vSphere para servidores.

Para resolver este problema, VMware desarrolló inicialmente una nueva arquitectura de centro de datos, el SDDC (*Software-defined data center*), que permite integrar servicios de virtualización de servidores, redes y almacenamiento. Como veremos a continuación, el SDDC de VMware permite crear un centro de datos virtual compuesto por las tres plataformas siguientes: vSphere para los servidores, NSX-T para la red y vSAN para el almacenamiento.

*Logotipo de VMware NSX-T*

NSX-T es una plataforma de virtualización para redes de tipo *Software-defined networking*. Además de permitir el despliegue de varias redes virtuales, NSX permite implantar servicios como la conmutación lógica, el enrutamiento lógico y el equilibrio de carga. Esta plataforma cuenta con numerosas funciones de seguridad, incluido un cortafuegos y está diseñada para la segmentación de redes.

**Observación**

*La segmentación de redes es un enfoque arquitectónico que divide una red en varios segmentos o subredes, cada uno de los cuales actúa como una red autónoma. Esta práctica permite a los administradores controlar el tráfico entre subredes mediante políticas granulares que proporcionan una mayor seguridad a la red.*

Con NSX, las redes virtuales se pueden aprovisionar, modificar y eliminar con la misma facilidad que una máquina virtual. Deben tener conectividad con todos los dispositivos conectados a la red física (enrutadores, conmutadores, cortafuegos).

Repasemos los tres planos utilizados para representar las comunicaciones de red para obtener una visión general de la arquitectura de NSX.

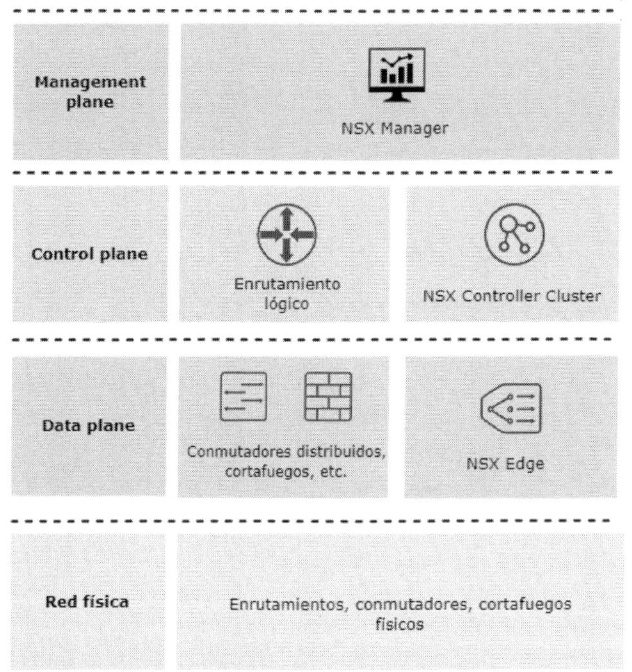


*Principales componentes del NSX-T*

- **Plano de gestión (*management plane*)** : es el punto central de gestión y su componente principal se denomina NSX Manager. Este módulo se utiliza para supervisar la red mediante una interfaz gráfica de usuario (GUI) o una interfaz de programación de aplicaciones (API).

  NSX Manager proporciona un único punto de configuración para NSX y se ejecuta en una máquina virtual dedicada.

- **Plano de control (*control plane*)** : este plano está formado por el clúster NSX Controller, cuya función principal es gestionar todas las redes lógicas de un despliegue NSX mediante un enrutador lógico.

Como el NSX Controller se despliega con alta disponibilidad y almacena toda esta información sobre la infraestructura NSX en caso de fallo de un miembro del clúster. Estos controladores son las *appliances* virtuales (máquinas virtuales preconfiguradas) aprovisionados por el componente NSX Manager cuando se instala NSX.

Dado que SDN desacopla el plano de control del plano de datos, NSX Controller es un elemento que pertenece exclusivamente al plano de control.

- **Plano de datos (*data plane*)** : el plano de datos gestiona el envío y la recepción de datos. En NSX, este plano está representado por un vSwitch NSX basado en la tecnología vSphere Distributed vSwitch, que veremos con más detalle en un capítulo posterior (véase el capítulo Descubrir la plataforma VMware vSphere 8).

  Se pueden añadir otros componentes al switch NSX, como un rúter lógico o una pasarela (NSX Edge) que ofrezca cortafuegos, equilibrio de carga y otros servicios como DHCP o VPN.

## 2.5 Virtualización del almacenamiento

La virtualización del almacenamiento consiste en crear una representación lógica de un conjunto de dispositivos de almacenamiento y agrupar estos recursos físicos. En la mayoría de los casos, una aplicación centralizada de gestión del almacenamiento virtualizado permite agrupar el almacenamiento físico y segmentarlo en volúmenes para asignarlos a los servidores. Esta aplicación presenta una visión lógica de los recursos de almacenamiento a un host.

**Observación**

*En almacenamiento en red, cualquier entidad que consuma almacenamiento -la mayoría de las veces servidores- se denomina "host". Un host de virtualización también puede ser un host desde el punto de vista del equipo de almacenamiento al que accede.*

El almacenamiento virtual presentado a un host aparece y se comporta como el almacenamiento físico conectado directamente a ese mismo host.

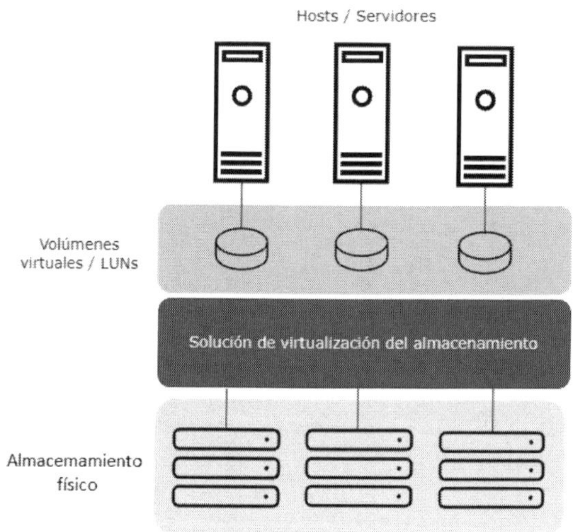


*Virtualización del almacenamiento*

Este tipo de virtualización permite a los servidores acceder al espacio de almacenamiento sin tener que saber dónde se encuentran los datos ni a qué tipo de dispositivo están conectados.

### 2.5.1 Los tres métodos de acceso al almacenamiento

Para entender el funcionamiento de la virtualización del almacenamiento, es necesario examinar brevemente los tres métodos principales de acceso al almacenamiento.

- ***Direct Attached Storage*** **(DAS)** : el "almacenamiento directamente conectado" a un servidor, es el enfoque tradicional que implica la comunicación directa entre los dispositivos de almacenamiento y un servidor. La conectividad entre ambos se realiza a través de una ruta de acceso (*path*) dedicada, sin necesidad de una interconexión de red.

Se accede al almacenamiento a través de un controlador utilizado exclusivamente por el servidor "conectado directamente". En la mayoría de los casos, los discos duros se instalan en el propio servidor, que puede disponer de varias ubicaciones (*drive slots*) con este fin. Si la cantidad de almacenamiento necesaria supera la capacidad del factor de forma (*form factor*), se pueden conectar bahías de almacenamiento dedicadas directamente al servidor mediante un cable SAS, por ejemplo.

- ***Storage Area Network*** **(SAN)** : una "red de área de almacenamiento" es una tecnología de almacenamiento en modo bloque, es decir, proporciona acceso a bloques específicos de datos a un dispositivo de almacenamiento, en lugar de a un archivo (compuesto a su vez por varios bloques).

Una SAN es una red dedicada al almacenamiento que (en la mayoría de los casos) funciona con una topología de tipo "Fabric", formada por conmutadores Fibre Channel que interconectan dispositivos de almacenamiento y hosts, normalmente mediante fibra óptica.

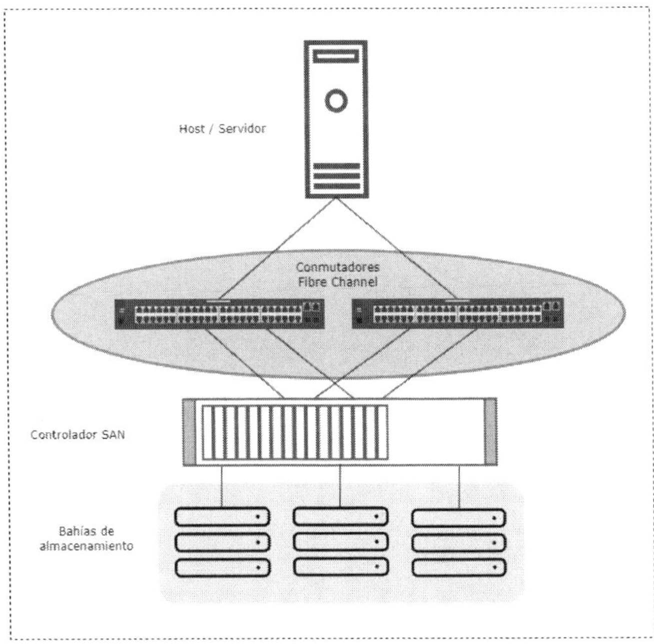


*Topología de tipo "Fabric" con switch FC*

**Observación**

*Fibre Channel es un protocolo de transmisión de datos a alta velocidad que se utiliza a menudo en redes de área de almacenamiento (SAN). Utilizado principalmente en modo "Fabric", Fibre Channel también se puede transmitir a través de una red Ethernet mediante el protocolo FCoE (Fibre Channel over Ethernet) utilizando los llamados adaptadores de red convergentes (CNA).*

Una SAN consta de una o varias unidades de almacenamiento (bahías de disco duro) gestionadas por un controlador que permite presentar el espacio de disco a los servidores en forma de volúmenes o LUN.

**Observación**

*Un LUN (Logical Unit Number) se refiere al número de unidad lógica de un espacio de almacenamiento definido en un dispositivo SCSI (protocolo de transmisión). Por extensión, el acrónimo LUN se refiere al espacio de almacenamiento en sí o "volumen" presentado a uno o más hosts.*

- ***Network Attached Storage* (NAS)** : el "almacenamiento conectado a la red" es una tecnología de almacenamiento a nivel de archivos (*file-level storage*) que funciona con un dispositivo de almacenamiento conectado a una LAN, que actúa como servidor de archivos.

  Este método permite a varios servidores que tengan acceso directo a un sistema de almacenamiento en una red IP que implementa un protocolo de compartición de archivos como NFS (*Network File System*), SMB (*Server Message Block*) o CIFS (*Common Internet File System*). En este método de almacenamiento, el dispositivo NAS actúa como controlador de acceso a los archivos y gestiona la seguridad y el tráfico de red.

Los modos de acceso al almacenamiento SAN y NAS permiten aplicar dos tipos de virtualización. Estos son, respectivamente:

- virtualización del almacenamiento por bloques ;
- virtualización del almacenamiento a nivel de archivos.

Veamos brevemente estas tecnologías, que se utilizan muy a menudo junto con infraestructuras de virtualización de servidores como vSphere.

## 2.5.2 Virtualización del almacenamiento a nivel de bloques

La virtualización del almacenamiento a nivel de bloque crea una capa de abstracción que se traduce entre los hosts (servidores) y las matrices de almacenamiento. Esta capa de abstracción permite crear uno o varios pools a partir de los cuales pueden definirse volúmenes (LUN).

Un controlador SAN con un motor de virtualización, garantiza que se presenten a los hosts LUN virtualizados en lugar de dirigirlos a LUN en matrices de almacenamiento individuales. Cuando un host accede al almacenamiento, la capa de virtualización asigna los LUN virtuales a los LUN físicos o volúmenes creados.

Cada espacio de almacenamiento asignado a un host le aparece como un único dispositivo de destino, mientras que los LUN pueden estar distribuidos o incluso repartidos en varias bahías.

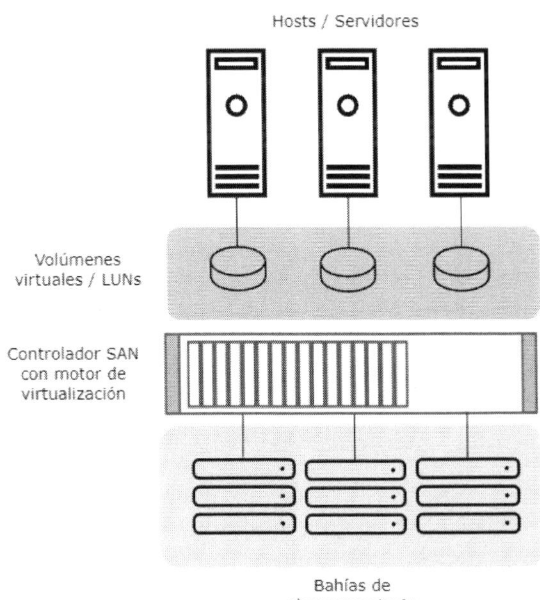


*Controlador SAN y bahías de almacenamiento*

Con una solución de tipo DAS, la migración de LUNs de una matriz a otra requiere un largo tiempo de transferencia y el host no puede estar operativo hasta que los datos se han copiado completamente en el dispositivo de destino.

La migración de datos mediante un controlador SAN con un motor de virtualización tiene lugar en segundo plano, lo que permite que los hosts sigan teniendo acceso a los LUN durante el traslado. No es necesaria ninguna intervención física, ya que el host siempre apunta a los mismos objetivos virtuales en el dispositivo de virtualización.

Un controlador SAN también se puede utilizar para clasificar los datos por niveles (*tiering*), es decir, distribuirlos en función de la frecuencia de acceso a matrices de alto rendimiento (hot tiers) o a matrices de bajo rendimiento (*cold tiers*).

### 2.5.3 Las principales soluciones de virtualización a nivel de bloque

En cuanto a la virtualización a nivel de bloque, es decir, los controladores SAN, los principales fabricantes que se reparten el mercado actualmente son IBM, Dell y NetApp.

IBM ofrece unidades de la gama FlashSystem, que a partir de 2020 sustituirán a las unidades históricas de las familias Storwize y XIV Storage System.

*Controlador SAN con almacenamiento SSD Dell PowerStore X*

Dell ofrece productos similares como PowerStore, PowerMax y Unity. Las principales familias de controladores de almacenamiento de NetApp son AFF, SolideFire y EF-Series. Las soluciones SAN abandonan cada vez más los discos mecánicos en favor del almacenamiento totalmente Flash (SSD), para garantizar un mejor rendimiento.

### 2.5.4 Virtualización del almacenamiento a nivel de archivos

La virtualización a nivel de archivos responde a los retos del NAS (también conocido como servidor de archivos o *filer*) eliminando las dependencias entre los datos accesibles en modo archivo y la ubicación donde se almacenan físicamente los archivos. Esta solución permite optimizar la utilización del almacenamiento y consolidar los servidores para realizar migraciones de archivos sin interrupciones.

Antes de la virtualización, cada dispositivo NAS era física y lógicamente independiente. Cada host sabía exactamente dónde estaban sus recursos, es decir, en qué dispositivo se encontraban los archivos. La desventaja de este enfoque era la infrautilización de los recursos de almacenamiento y los posibles problemas de capacidad, ya que los archivos se guardaban en un NAS.

En un entorno tradicional, es necesario mover los archivos de una unidad a otra cuando se agota el almacenamiento o cuando se necesita un mejor rendimiento. Mover archivos es una tarea tediosa que requiere apagar las unidades NAS. Además, los hosts y las aplicaciones se deben reconfigurar con la nueva ruta, lo que complica la tarea de los administradores de almacenamiento y compromete los niveles de servicio esperados.

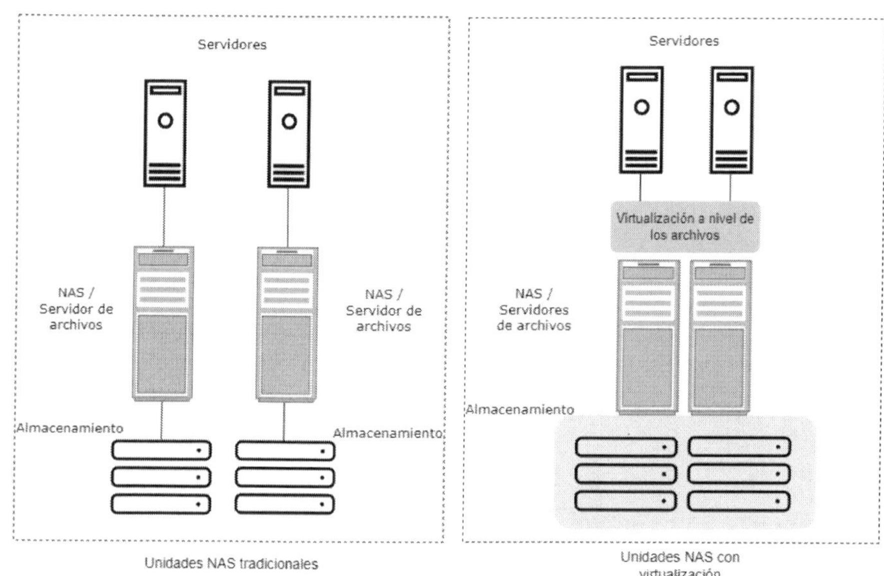


*Comparación de los tipos de unidades NAS*

La virtualización a nivel de archivo fomenta la movilidad de los archivos y significa que el usuario o la aplicación no dependen de dónde estén almacenados los archivos. El motor de virtualización crea un pool lógico de almacenamiento, lo que permite a los usuarios o aplicaciones disponer de una ruta lógica, en lugar de física, para acceder a los archivos.

Al trasladar los archivos, los clientes pueden acceder a ellos sin interrupción. Pueden seguir leyendo y escribiendo en sus archivos sin darse cuenta de que la ubicación física ha cambiado.

### 2.5.5 Principales soluciones de virtualización de ficheros

Dell EMC es uno de los fabricantes más antiguos de unidades NAS de clase empresarial con la gama de productos Isilon, ahora conocida como PowerScale.

Entre otros fabricantes de este tipo de equipos, Hitachi Vantara ofrece las familias HNAS y VSP. Por su parte, Synology ofrece tanto soluciones de nivel empresarial como las series FS, HD y SA, pero su mayor cuota de mercado está en las unidades NAS domésticas con la familia DiskStation.

*Unidad de almacenamiento NAS/SAN híbrida Hitachi VSP E790*

### 2.5.6 Ventajas e inconvenientes de la virtualización del almacenamiento

#### Beneficios

- La virtualización del almacenamiento permite utilizarlo de forma más eficiente.
- Con esta tecnología, se pueden añadir o eliminar dispositivos de almacenamiento sin que ello afecte a la disponibilidad de una aplicación.
- La virtualización del almacenamiento permite migrar los datos sin interrupción, lo que significa que se puede acceder a los archivos y al almacenamiento mientras la migración está en curso.
- La virtualización del almacenamiento a nivel de bloque permite ampliar los volúmenes (LUN) a medida que se utilizan, lo que facilita el escalado de las aplicaciones.
- La mayoría de las soluciones de virtualización del almacenamiento son modulares, lo que facilita la adición de almacenamiento adicional.
- Algunas soluciones de virtualización del almacenamiento permiten consolidar matrices de almacenamiento heterogéneas, es decir, de distintos proveedores.

**Desventajas**

- Las soluciones de virtualización del almacenamiento son caras y no se adaptan a todas las organizaciones.
- Algunas de estas soluciones requieren competencias transversales para su despliegue, como la gestión de switch Fibre Channel.

### 2.5.7 El Software-defined storage

El almacenamiento definido por software (SDS) es un enfoque que separa el almacenamiento físico del software que lo controla, lo que permite virtualizarlo y gestionarlo. Más concretamente, el SDS se refiere a funcionalidades de software como la creación de políticas de almacenamiento y las posibilidades de automatización, que ofrece una interfaz de gestión centralizada.

En este sentido, la mayoría de las soluciones de virtualización del almacenamiento también son de tipo *software-defined*, pero SDS se refiere más a una solución de software independiente capaz de soportar almacenamiento físico de varias fuentes o diferentes proveedores.

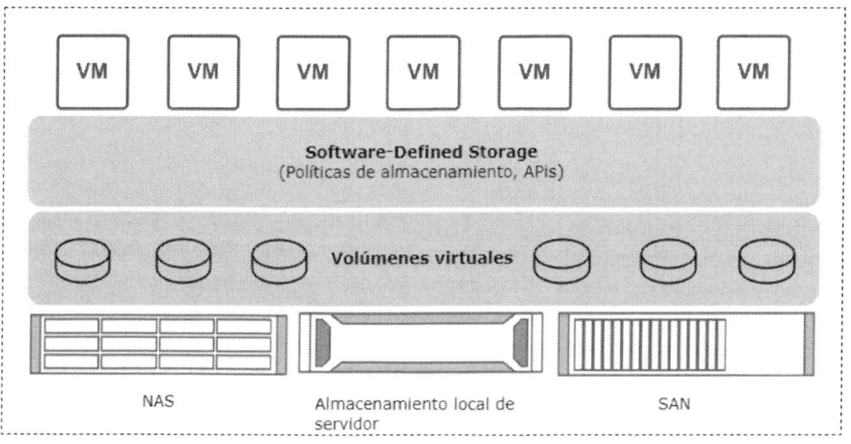


*Software-defined storage*

El SDS difiere de los sistemas de almacenamiento tradicionales, en los que el hardware de almacenamiento y el software de gestión están integrados en el mismo dispositivo, lo que dificulta el escalado, la gestión y la integración de distintas tecnologías de almacenamiento. Una solución SDS desvincula el software de almacenamiento del hardware, lo que permite a las organizaciones utilizar hardware básico y dar soporte a los recursos de almacenamiento de forma más eficiente, mediante la creación de una plataforma unificada.

### 2.5.8 Ventajas e inconvenientes del Software-defined storage

#### Beneficios

- Con una solución SDS, las empresas pueden actualizar fácilmente su infraestructura de almacenamiento añadiendo o eliminando componentes básicos de hardware.
- SDS proporciona una interfaz de gestión centralizada que permite a los administradores gestionar y controlar la infraestructura de almacenamiento desde un único punto, simplificando tareas como el aprovisionamiento, la supervisión y la protección de datos.
- El SDS permite abstraer los recursos de almacenamiento y presentarlos como un pool de almacenamiento virtualizado que se puede asignar, aprovisionar y gestionar dinámicamente.
- Una solución SDS automatiza las tareas de gestión del almacenamiento mediante políticas definidas por software.
- El SDS optimiza el uso de los recursos de almacenamiento y simplifica la accesibilidad a los datos.
- Las soluciones SDS suelen ser compatibles con una amplia gama de protocolos de almacenamiento y se pueden integrar con la infraestructura de almacenamiento existente, lo que facilita su adopción e integración con distintas tecnologías de almacenamiento.

**Desventajas**

- El SDS introduce una capa adicional de abstracción de software entre la aplicación y los dispositivos físicos de almacenamiento, lo que puede provocar una caída del rendimiento en comparación con el acceso directo al hardware.
- La implantación y gestión de una solución SDS es compleja y requiere experiencia, tanto en tecnologías de almacenamiento como en redes definidas por software.
- Una solución SDS depende de la infraestructura de red subyacente para el movimiento de datos y se puede ver afectada por la latencia, el ancho de banda y la estabilidad de la red.
- Las soluciones SDS a menudo se basan en software propietario o en características únicas, que pueden no ser compatibles con productos de otros proveedores.

### 2.5.9 El ejemplo de VMware vSAN

VMware vSAN es una solución de almacenamiento empresarial definida por software compatible con sistemas de infraestructura hiperconvergente (HCI) y totalmente integrada con la plataforma de virtualización vSphere. vSAN permite agrupar dispositivos de almacenamiento de datos locales o de conexión directa, para crear un único pool de almacenamiento compartido por todos los hosts de un clúster vSAN.

La gestión del almacenamiento con vSAN se consigue definiendo políticas (*Storage Policy-Based Management*, SBPM). Estas políticas permiten a los administradores crear perfiles de almacenamiento que proporcionan un control preciso sobre los servicios de almacenamiento para máquinas virtuales, basándose en criterios como el rendimiento o la disponibilidad. Estos requisitos dictan cómo se almacenan las máquinas virtuales.

*Logotipo de VMware vSAN*

vSAN proporciona un conjunto de APIs que permiten la integración y automatización de la funcionalidad de vSAN. Estas API permiten que el software de terceros u otras herramientas de gestión interactúen con vSAN para realizar diversas operaciones, como el aprovisionamiento, la supervisión y la generación de informes.

Una solución vSAN se despliega en modo clúster y consta de varios hosts ESXi que forman colectivamente un pool de recursos de almacenamiento. Cada host ofrece sus dispositivos de almacenamiento locales (como discos duros o SSD), para crear un pool de almacenamiento distribuido.

En cada host ESXi, uno o más discos locales se agrupan para formar un grupo de discos (*disk group*). Este suele constar de un dispositivo de almacenamiento de mayor rendimiento para el almacenamiento en caché (por ejemplo, un SSD NVme) y varios discos o SSD para la retención de datos. El dispositivo de almacenamiento en caché acelera las operaciones de lectura y escritura, mientras que los demás dispositivos almacenan los datos reales.

Una *appliance* virtual denominado vSAN Witness proporciona funciones de gestión y coordinación de todo el clúster. Este servicio se encarga de tareas como la supervisión del estado del clúster, la gestión de la ubicación de los datos, la aplicación de las políticas de almacenamiento y la verificación de la integridad de los datos. Una vSAN puede formar parte de un objeto de un clúster extendido (*stretched cluster*) en dos emplazamientos geográficos para proporcionar una solución de recuperación ante desastres (*disaster recovery*). En este tipo de configuración, un componente llamado vSAN Witness supervisa ambos sitios y puede realizar la conmutación por error en caso de fallo de un sitio.

## 2.6 El Software-defined data center

Hoy en día, las organizaciones utilizan cada vez más servicios de nube pública para determinadas aplicaciones, pero los centros de datos empresariales siguen desempeñando un papel importante en el panorama informático. En cambio, la tendencia actual es obtener lo mejor de ambos mundos, es decir, disponer de un centro de datos híbrido que combine tanto recursos de procesamiento in situ como determinadas soluciones alojadas en plataformas en la nube.

Por ejemplo, los datos pueden estar sujetos a estrictas normas de cumplimiento y ciertas aplicaciones críticas requieren más control y seguridad, por lo que no pueden salir del centro de datos de una organización. También puede haber cargas de trabajo que requieran importantes recursos de procesamiento que resultarían demasiado costosos en modo cloud.

Este es el contexto que ha dado lugar al desarrollo de soluciones informáticas con modelos orientados a los servicios que explotan plataformas cloud tanto privadas como públicas. Las soluciones de tipo SDDC que hemos mencionado anteriormente se diseñaron para este modo de gestión de centros de datos híbridos. En los últimos años, el SDDC ha experimentado un crecimiento muy fuerte, especialmente en el contexto de las infraestructuras hiperconvergentes.

SDDC es un concepto introducido originalmente por VMware en 2012, pero en aquel momento era un término de marketing para una solución ideal para el centro de datos moderno. La idea empezó a tomar forma ese mismo año con la adquisición de la solución de *software-defined networing* Nicira, rebautizada NSX, y el lanzamiento de vSAN en 2014.

### 2.6.1 Una solución de nube híbrida

En un SDDC, los servicios de procesamiento (servidores), almacenamiento y redes se desvinculan de la infraestructura de hardware y se transforman en conjuntos lógicos de recursos que pueden aprovisionarse de forma más flexible, con un plan de gestión integrado. En particular, este concepto se ha puesto en práctica con las infraestructuras hiperconvergentes, que reúnen los componentes clave de un SDDC en un único dispositivo o SKU. El resultado es literalmente una infraestructura de cloud empresarial lista para usar, que se puede ampliar fácilmente porque la solución es modular.

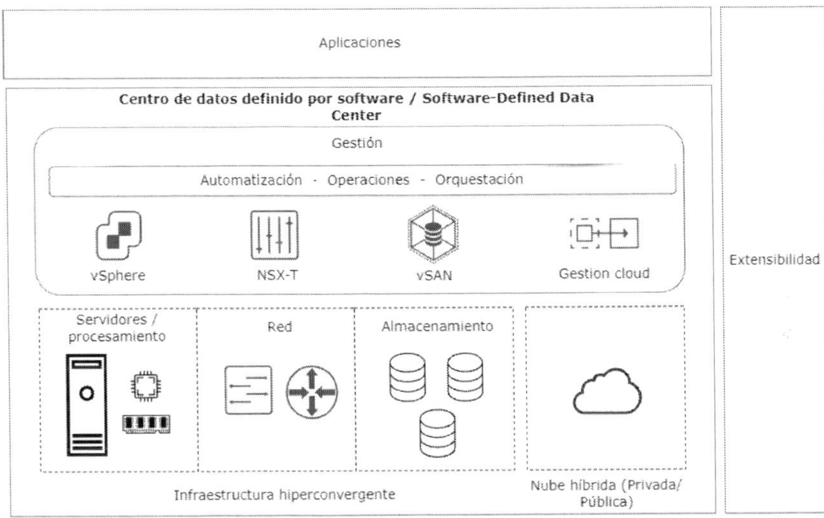


Además de esta oferta, algunas veces denominada "*SDDC in a box*", VMware ofrece otra solución denominada VMware Cloud Foundation (VCF), que proporciona una plataforma SDDC unificada para la nube híbrida. VCF proporciona componentes de software integrados de forma nativa que se pueden utilizar in situ para la implantación de nubes privadas o ejecutarse como un servicio en una plataforma de nube pública.

VMware Cloud Foundation™

*Logotipo de VMware Cloud Foundation*

En este caso, se trata del SDDC como servicio, que ofrecen la mayoría de los principales proveedores de cloud, como AWS, Microsoft Azure, IBM Cloud u Oracle Cloud Infrastructure (OCI). El SDDC como servicio, transporta un centro de datos totalmente virtualizado desde una nube empresarial privada a una plataforma de nube pública.

El SDDC como servicio se puede adoptar como parte de una solución de nube híbrida, en la que una empresa combina sus capacidades locales (nube privada) con las de una nube pública. En estos casos, el uso de una plataforma de virtualización común permite una integración perfecta de los entornos de nube privada y pública. Los administradores pueden utilizar un conjunto común de herramientas para gestionar los recursos de ambos entornos desde un punto centralizado.

### 2.6.2 Ventajas e inconvenientes del Software-defined data center

#### Beneficios

- Una solución SDDC ofrece una plataforma de virtualización unificada para servidores, red y almacenamiento, así como un punto de gestión centralizado.
- El SDDC permite aprovisionar y gestionar recursos de forma rápida y sencilla, gracias a la automatización y orquestación de software.
- Una solución SDDC puede ahorrar costes optimizando la utilización de recursos y reduciendo la dependencia del hardware.
- Con un SDDC, los recursos se pueden aprovisionar dinámicamente y ampliarse o reducirse en función de la demanda, sin interrumpir las aplicaciones ni a los usuarios.
- El SDDC ofrece una mayor seguridad y capacidad de recuperación ante fallos catastróficos, en comparación con los centros de datos tradicionales.
- La virtualización y las redes definidas por software permiten aplicar políticas de seguridad granular y microsegmentación, aislar las cargas de trabajo y aumentar la seguridad.
- Un SDDC simplifica la implementación de soluciones de recuperación ante fallos catastróficos, aprovechando la replicación basada en software y la conmutación por error automatizada para simplificar la recuperación ante este tipo de fallos.
- Las soluciones SDDC facilitan la implantación de estrategias de nube híbrida al disponer ya de la funcionalidad de software necesaria para extenderse a plataformas de nube pública.

**Desventajas**

- La implantación de un SDDC entraña un importante nivel de complejidad y requiere conocimientos especializados en tecnologías de almacenamiento y redes definidas por software (SDN y SDS), así como en virtualización de servidores.
- La transición a un SDDC a menudo requiere una inversión inicial significativa, en particular para la adquisición de una solución hiperconvergente.
- Los SDDC se basan en gran medida en la gestión de software y la infraestructura virtualizada, lo que introduce nuevos retos de seguridad.
- La implementación de un SDDC a menudo implica el uso de productos y soluciones de proveedores específicos, lo que puede conducir a la dependencia frente a los proveedores (*vendor lock-in*), lo que dificulta el cambio a tecnologías o proveedores alternativos.
- Una solución SDDC allana el camino para un entorno multicloud, que puede ser complejo de gestionar e implantar.

## 3. Conclusión

El modelo de siete capas de Kuznetsky nos proporcionó un buen punto de partida para explorar los principales tipos de virtualización: acceso, aplicaciones, red y almacenamiento.

Este recorrido nos ha dado la oportunidad de observar que estas tecnologías tienden cada vez más a consolidarse en una solución única o a ser objeto de ofertas en el cloud de tipo SaaS. El SDDC es el mejor ejemplo de esta consolidación de los distintos tipos de virtualización y de la fuerte tendencia actual a utilizar los servicios de plataformas de nube pública con funcionalidades *cloud ready*.

La virtualización de redes y almacenamiento ha dado un giro hacia *Software-defined*, ofreciendo una gama más completa de funcionalidades de software y múltiples opciones de automatización, gracias a las numerosas API a disposición de los administradores.

Ahora que conocemos mejor los distintos tipos de virtualización, el capítulo Desplegar un hipervisor VMware ESXi 8 nos permitirá ilustrar los conceptos que acabamos de explorar, mediante el despliegue de un hipervisor VMware ESXi 8.

# Capítulo 3
# Desplegar un hipervisor VMware ESXi 8

## 1. Introducción

Ahora que conocemos mejor las tecnologías de virtualización, vamos a instalar VMware ESXi para ilustrar algunos de los conceptos que hemos tratado anteriormente. Este ejercicio práctico inicial, nos permitirá configurar una sandbox desde al que podremos trabajar para desplegar máquinas virtuales y crear una pequeña infraestructura de virtualización bajo vSphere 8.

Por ello, en este capítulo se propone una instalación interactiva de ESXi con el fin de disponer de un ejemplo concreto para comprender mejor los conceptos relacionados con los hipervisores, que veremos en el capítulo Entender los hipervisores.

### 1.1 Implantación de una solución de virtualización anidada

Como no todo el mundo se puede permitir un servidor físico para instalar un hipervisor, aquí proponemos crear una pequeña sandbox de VMware en una estación de trabajo, utilizando un enfoque que aún no hemos tratado: la virtualización anidada (*nested virtualization*).

**Observación**

*Si dispone de un servidor u otra estación de trabajo, puede instalar ESXi directamente en el ordenador en modo bare-metal. Para ello, deberá grabar el archivo .ISO de las fuentes de instalación en un CD o en una llave USB de arranque. En este último caso, puede descargar la utilidad Rufus en la siguiente dirección: https://rufus.ie/es/. Para este tipo de despliegue, puede ir a la sección Crear cuenta y registrar el producto para descargar ESXi y, a continuación, a la sección Instalación del software ESXi 8 para instalar el software.*

Este tipo de virtualización nos permite desplegar un servidor ESXi como máquina virtual, dentro de un entorno de virtualización. Esta técnica puede parecer compleja al principio, pero en realidad es muy sencilla y se utiliza a menudo para probar productos de VMware.

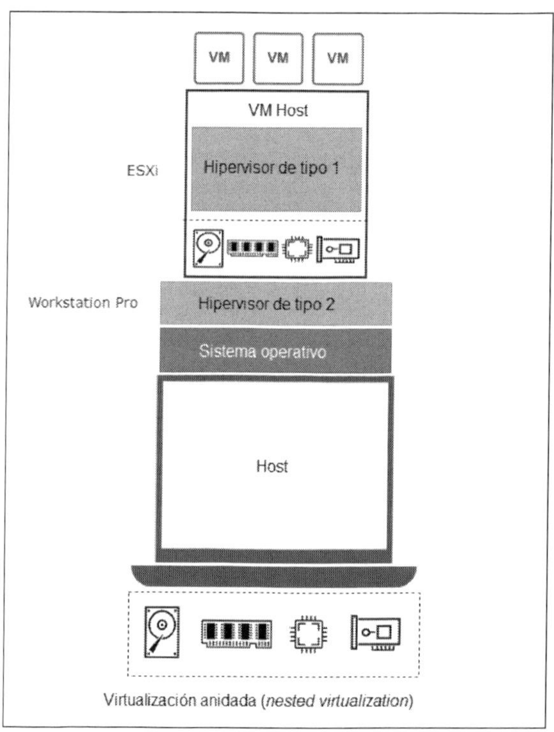


*Virtualización anidada*

Este enfoque requiere la instalación de un hipervisor de tipo 2, en este caso VMware Workstation Pro 17 (las ediciones 15 y 16 también son adecuadas). Desde hace varias versiones de este hipervisor, VMware ofrece de forma nativa la opción de instalar ESXi anidado, con fines educativos. Desplegar Workstation Pro y ESXi también nos permitirá ver dos tipos de hipervisor en acción (1 y 2), que veremos con más detalle en el capítulo Entender los Hipervisores.

Aquí sugerimos la instalación en un sistema Windows, pero también se pueden seguir los mismos pasos en un Mac con VMware Fusion, que es muy similar a Workstation Pro.

**Observación**

*Tenga en cuenta que VMware no ofrece soporte para una instalación anidada de ESXi. Este enfoque es sólo para fines de prueba y no se puede utilizar en un entorno de producción.*

## 1.2 Instalar VMware Workstation Pro

### 1.2.1 Requisitos previos para instalar Workstation Pro

La instalación de VMware Workstation 17 en Windows 10 u 11 requiere las siguientes especificaciones:

- Un procesador x86/AMD64 de 64 bits del 2011 o posterior, con núcleos de 1,3 GHz o más.
- 2 GB de RAM como mínimo, aunque se recomiendan 4 GB o más.

VMware Fusion 13 se ejecuta en plataformas Intel o Apple Silicon compatibles con macOS 12 Monterey y macOS 13 Ventura.

### 1.2.2 Descargar las fuentes de la instalación

VMware ofrece una prueba de 30 días para su hipervisor de tipo 1. Para Windows 10 u 11, las fuentes de instalación están disponibles en el sitio web de Workstation Pro17:

https://www.vmware.com/ca/products/workstation-pro/workstation-pro-evaluation.html

- Una vez en esta página, vaya al siguiente enlace de descarga:

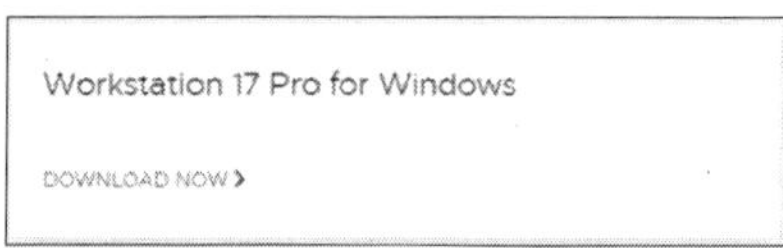


Para macOS, tendrá que obtener las fuentes de instalación del sitio web de VMware Fusion:

https://www.vmware.com/ca/products/fusion/fusion-evaluation.html

Encontrará el siguiente enlace de descarga:

Fusion 13 Pro for macOS 12+

DOWNLOAD NOW >

### 1.2.3 Desactivación de Hyper-V

Antes de instalar la Estación de Trabajo 17 Pro en Windows, debe asegurarse de que el hipervisor Windows Hyper-V no está habilitado. Estos son los pasos que debe seguir para hacerlo:

- Abra el panel de control **Programas y características** y pulse **Activar o desactivar características de Windows**.

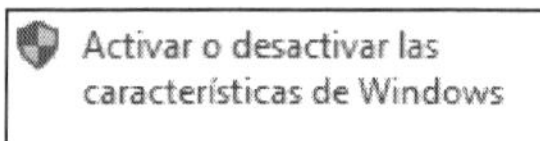

- En la ventana **Características de Windows**, asegúrese de que la casilla **Hyper-V** no está marcada. Si lo está, desactívela y pulse **Aceptar**. Windows desinstalará la característica y le pedirá que reinicie el sistema.

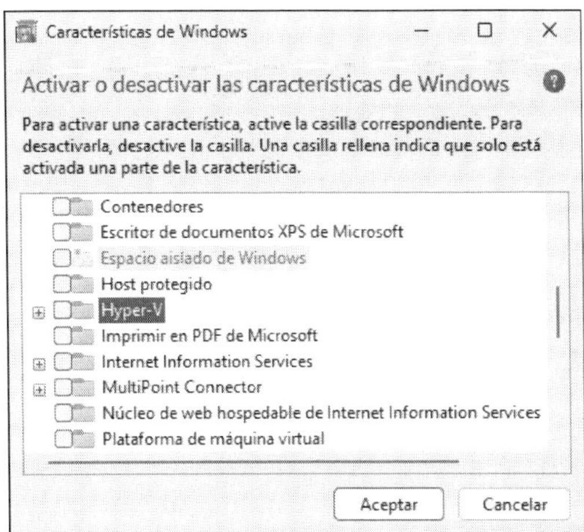


Puede ocurrir que otras dependencias de Hyper-V sigan activas después de eliminar la funcionalidad. Al instalar Workstation Pro, si recibe una advertencia de que los componentes de Hyper-V siguen presentes en Windows, siga los pasos indicados en la siguiente entrada del blog:

https://www.nakivo.com/blog/virtualization-applications-with-hyper-v-device-guard-and-credential-guard/

### 1.2.4 El asistente de instalación de Workstation Pro

Una vez descargadas las fuentes de Workstation Pro, podemos proceder a instalar el hipervisor. Tenga en cuenta que el asistente de instalación sólo está en inglés.

- Desde el directorio en el que descargó las fuentes de instalación, haga clic con el botón derecho del ratón y ejecute Workstation 17 como administrador.

◘Se iniciará el asistente de instalación, pulse **Next**.

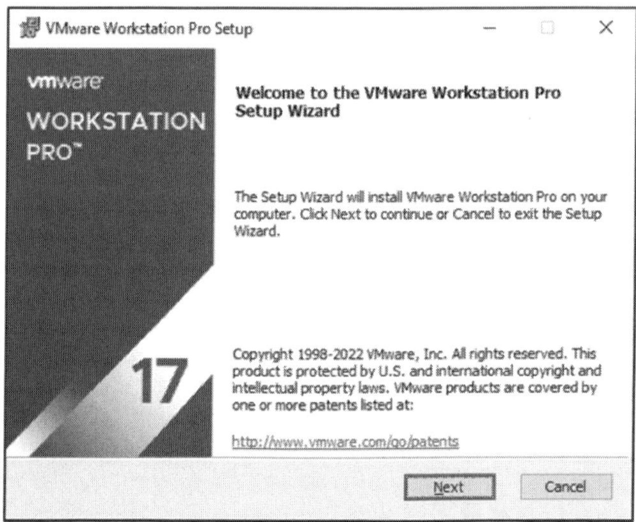


◘Marque la casilla **I accept the terms in the License Agreement** para aceptar los términos del acuerdo de licencia del software.

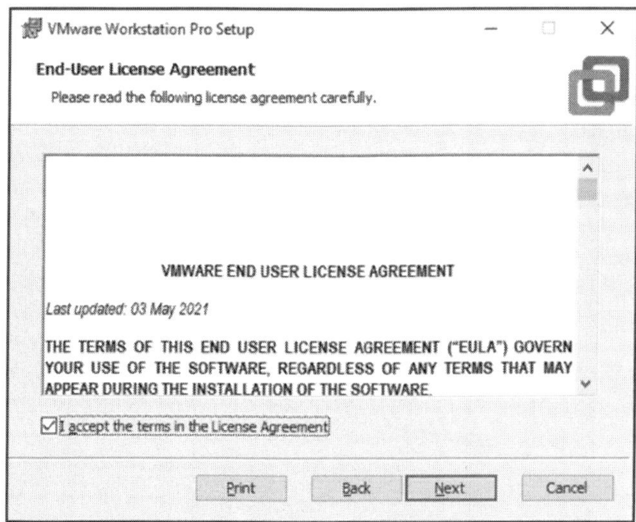


◘Cambie el lugar de instalación si es necesario.

- Si desea instalar el controlador que permite una mejor integración del teclado, marque la primera opción y pulse **Next**.

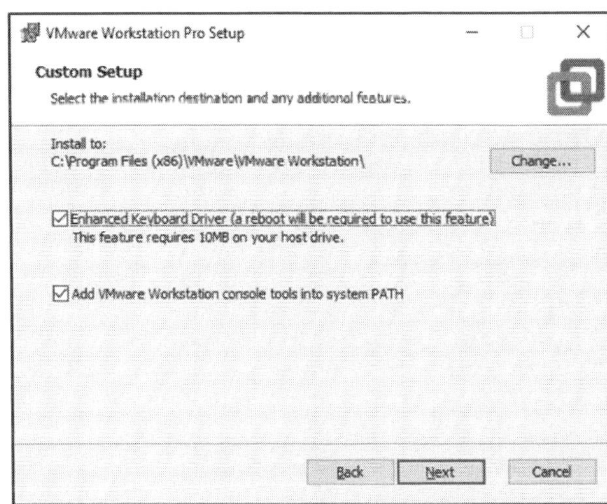


- Marque la primera casilla si desea buscar actualizaciones de Workstation Pro cuando se inicie la aplicación.
- Desmarque la opción para mejorar la experiencia del usuario y pulse **Next**.

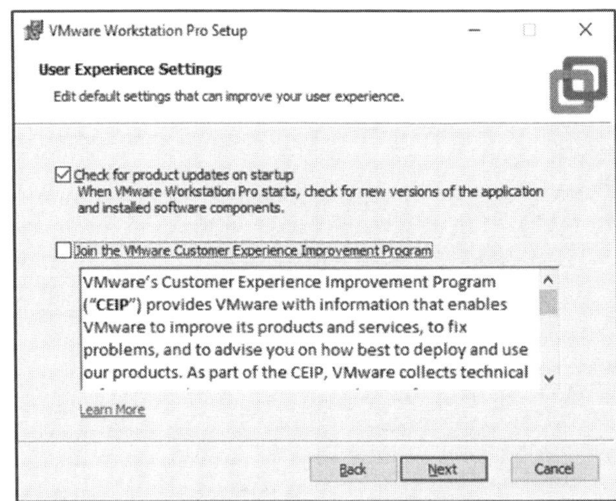

- Si es necesario, marque las ubicaciones en las que desea tener un acceso directo para la aplicación y pulse **Next**.

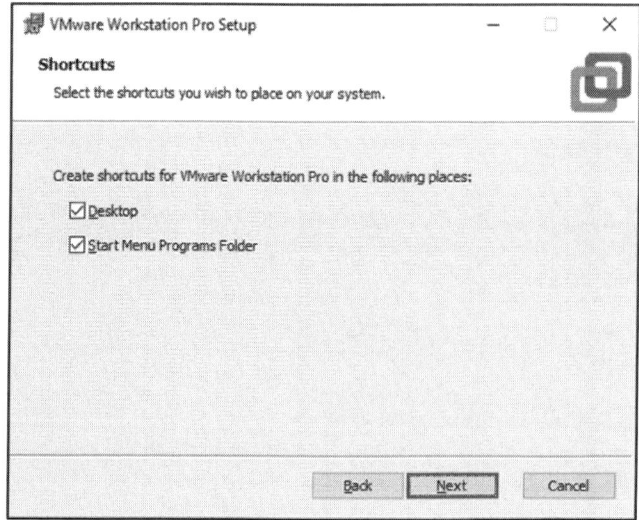


- Pulse **Install**.

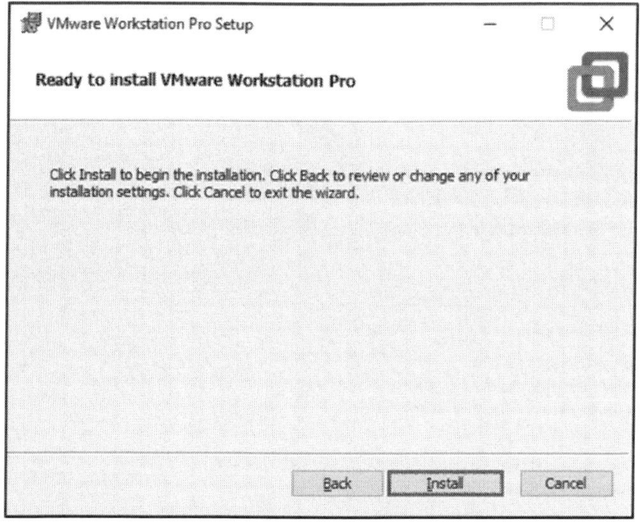

▶Workstation Pro se ha instalado correctamente, pulse **Finish**.

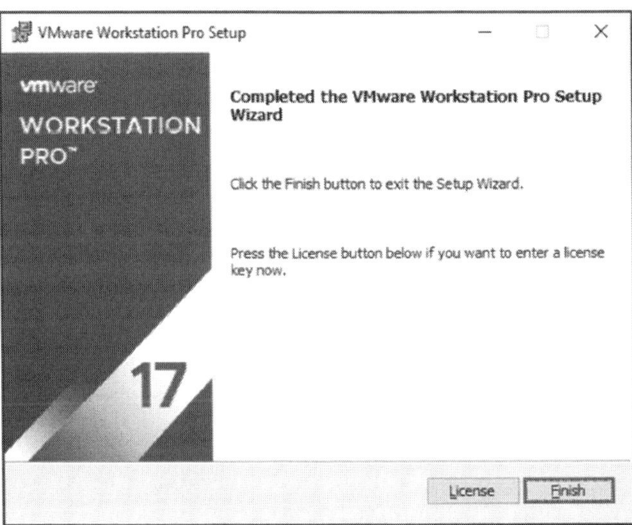


**Observación**

*Si ha optado por instalar el controlador de integración del teclado, se le pedirá que reinicie el ordenador.*

# 2. Desplegar una máquina virtual ESXi utilizando Workstation Pro

## 2.1 Crear una cuenta y registrar productos

Para obtener el archivo .iso para la instalación, debe crear una cuenta para registrar el producto, que luego podrá descargar.

▶Visite el Centro de evaluación de productos para VMware vSphere 8: https://customerconnect.vmware.com/en/evalcenter?p=vsphere-eval-8

▶Pulse **Create an Account**.

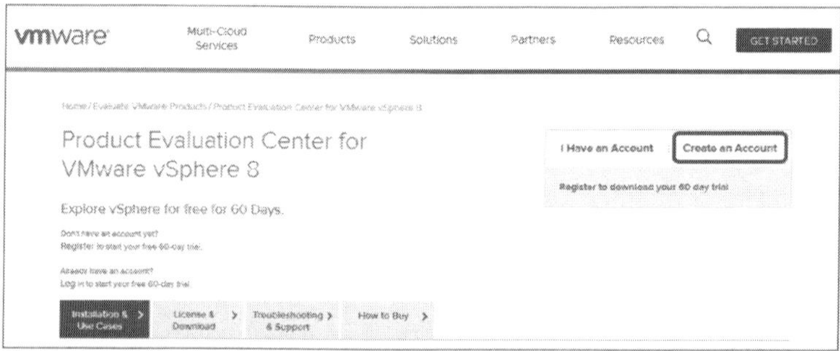


◘Introduzca los datos de registro, acepte las condiciones de uso y pulse **REGISTER** al final de la página.

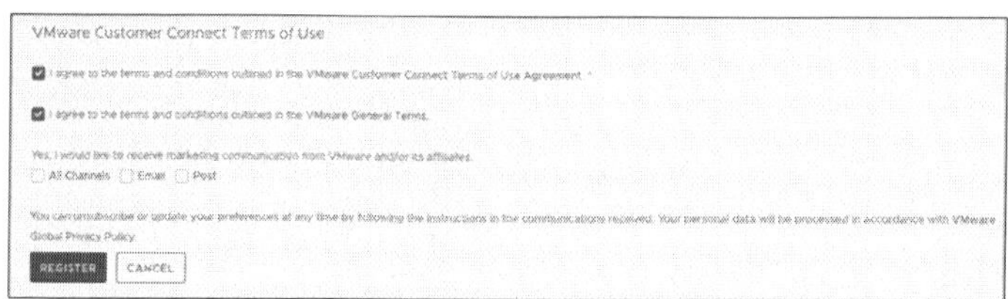


Compruebe su correo electrónico para recuperar el código de activación de seis dígitos, introdúzcalo en el espacio previsto y pulse **VERIFY CODE**.

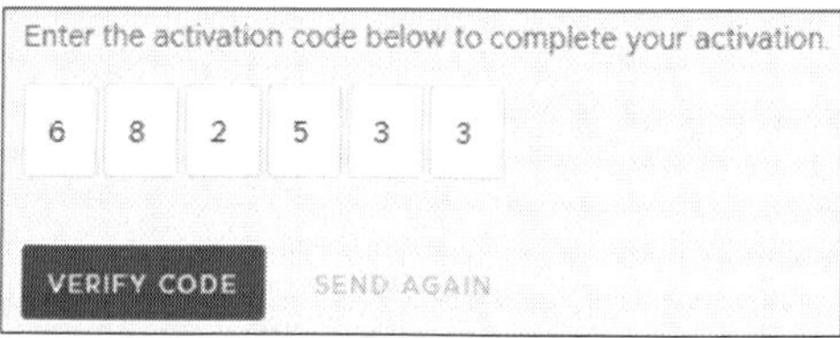


◘Su perfil se ha activado correctamente. Pulse **CONTINUE TO VMWARE CUSTOMER CONNECT**.

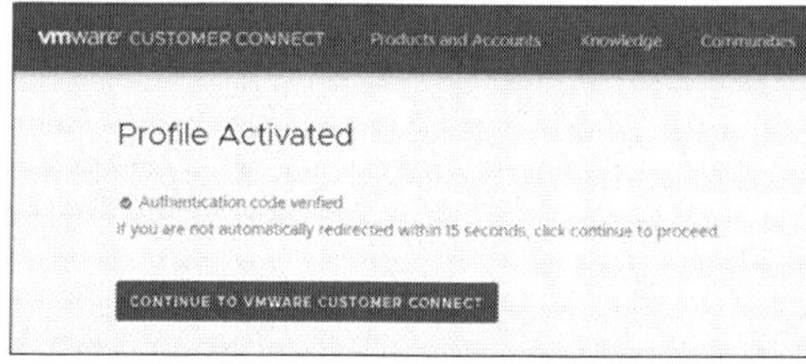

- En la página **Welcome to Customer Connect**, introduzca sus datos de acceso y pulse **SIGN IN**.

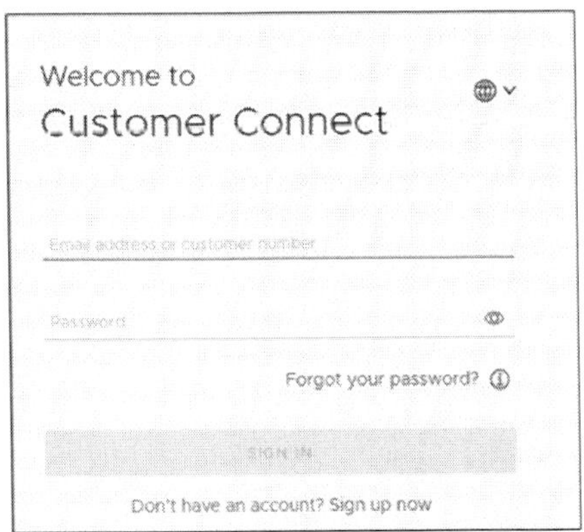


- Se le redirigirá a la página del **Product Evaluation Center for VMware vSphere 8**.

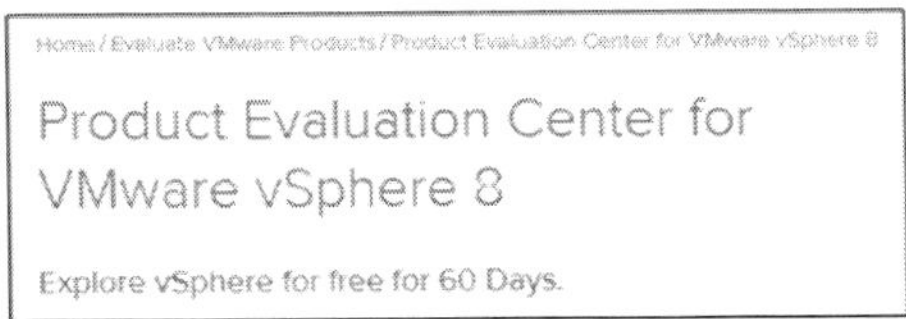


- Vaya a la opción **Download the hypervisor (vSphere ESXi installable)** y pulse **Manually Download**.

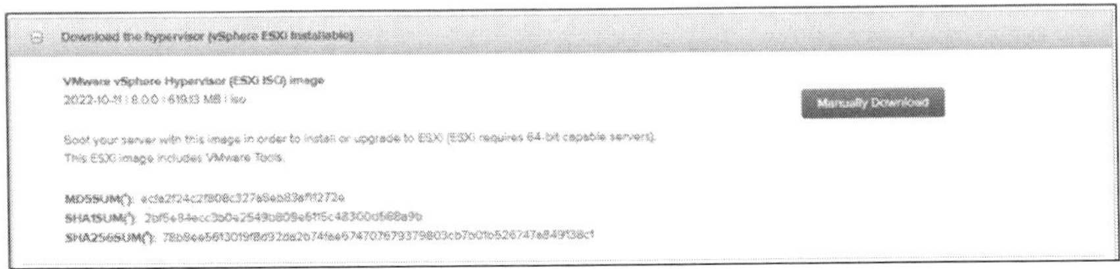

## 2.2 Crear una máquina virtual VMware ESXi

Ahora que tenemos el archivo .iso de ESXi, podemos instalar el hipervisor en una máquina virtual en Workstation Pro.

▶Haga doble clic en el acceso directo Workstation Pro 1.

▶En la pestaña **Home**, haga clic en **Create a New Virtual Machine**.

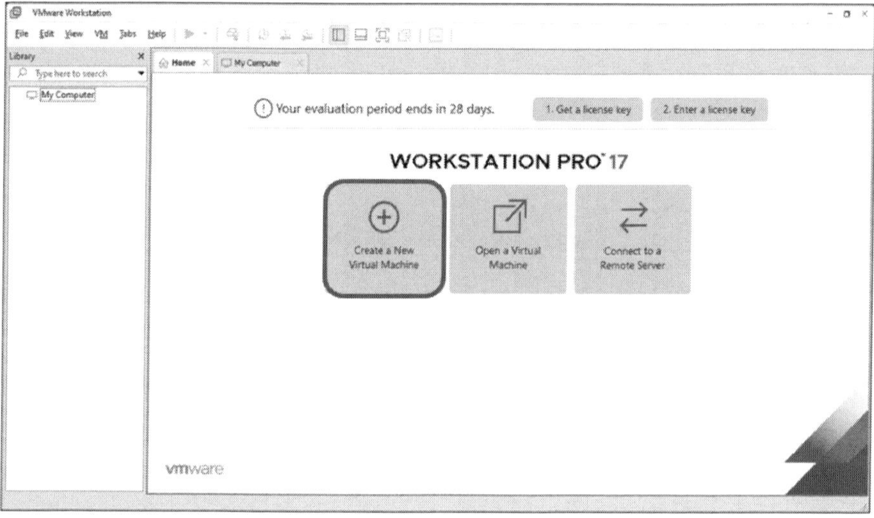


Se inicia el asistente de creación de máquinas virtuales.

- Marque la opción **Custom (advanced)** y pulse **Next**.

- En el menú desplegable **Virtual machine hardware compatibility**, seleccione **ESXi 7.0** y pulse **Next**. La versión 8 es compatible con versiones anteriores.

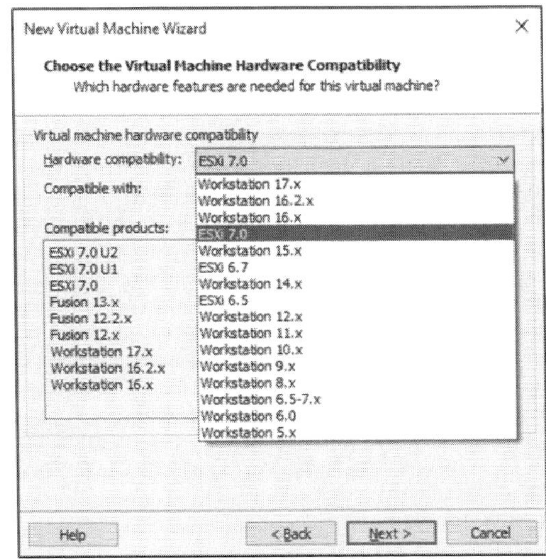

- Marque la opción **Installer disc image file (iso)**. Pulse **Browse** para seleccionar el archivo .iso de ESXi descargado previamente y pulse **Next**.

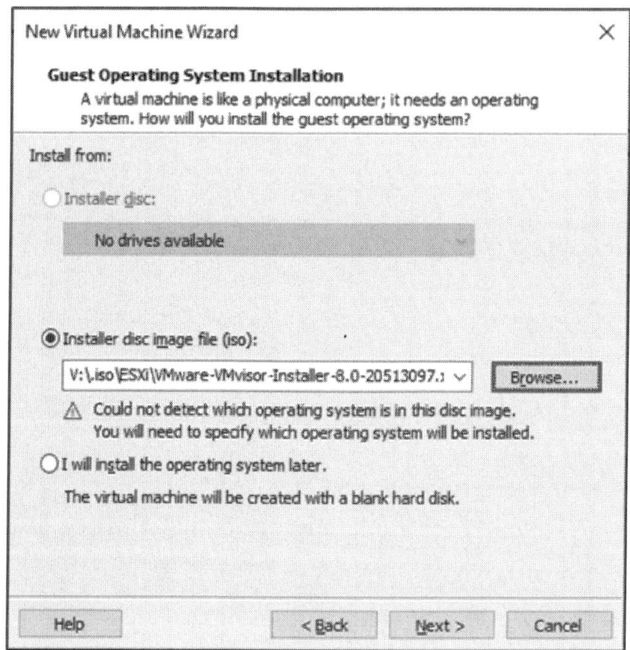

- Marque **VMware ESX** como **Guest operating system**. Asegúrese de que la versión 7 está seleccionada y pulse **Next**.

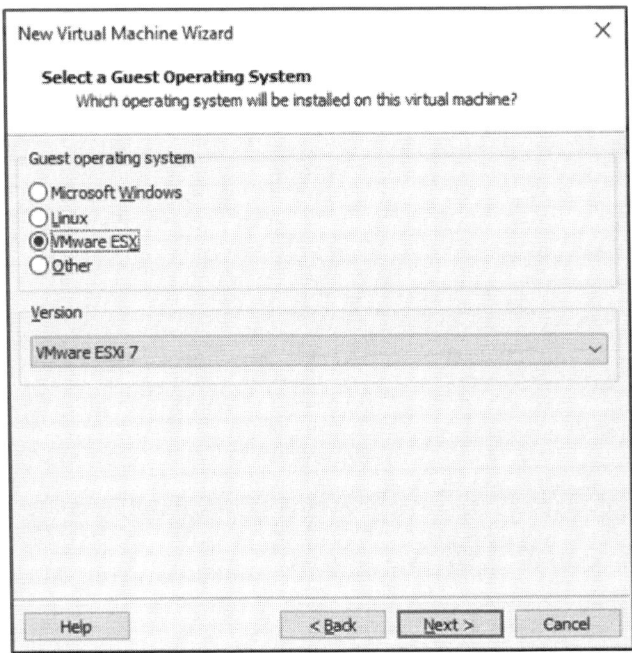

- Dé un nombre a su máquina virtual y, si es necesario, cambie la ubicación donde se almacenarán sus archivos. Pulse **Next**.

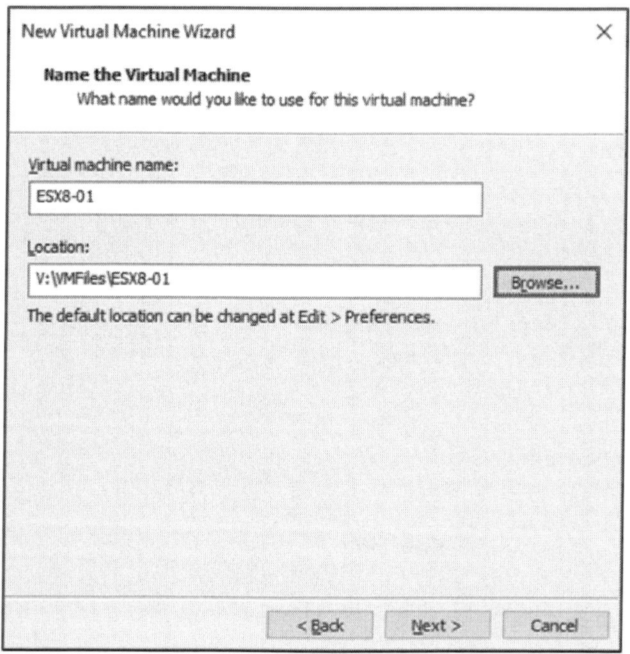

◘ Deje el número predeterminado de procesadores y núcleos y pulse **Next**.

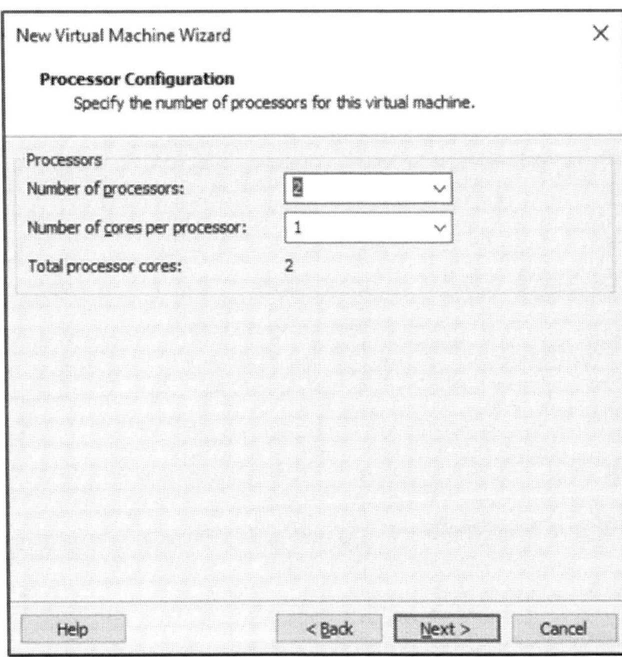

▶La cantidad de RAM por defecto es de 4 GB. Si usted puede permitirse 8 GB, no dude en aumentar la cantidad, de lo contrario pulse **Next**.

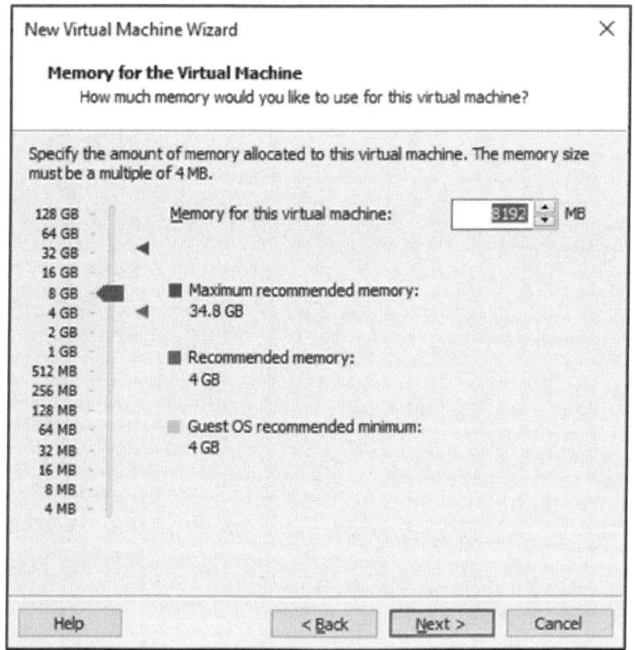

◘Deje el valor por defecto en **Use network address traslation (NAT)** y pulse **Next**.

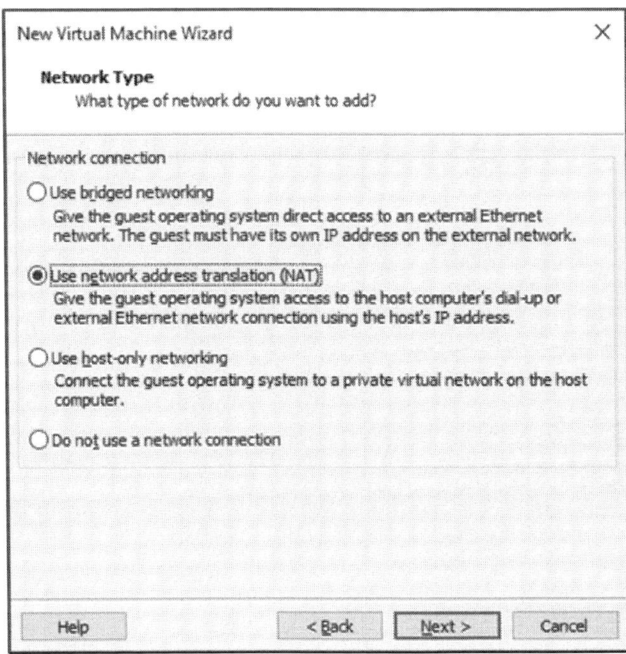

▶ Deje el valor por defecto **Paravirtualized SCSI** y pulse **Next**.

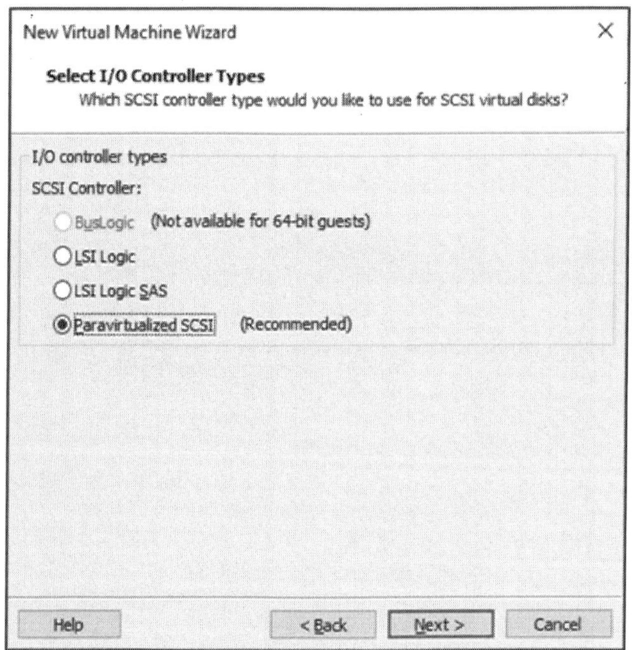

◘Deje el valor **SCSI** por defecto y pulse **Next**.

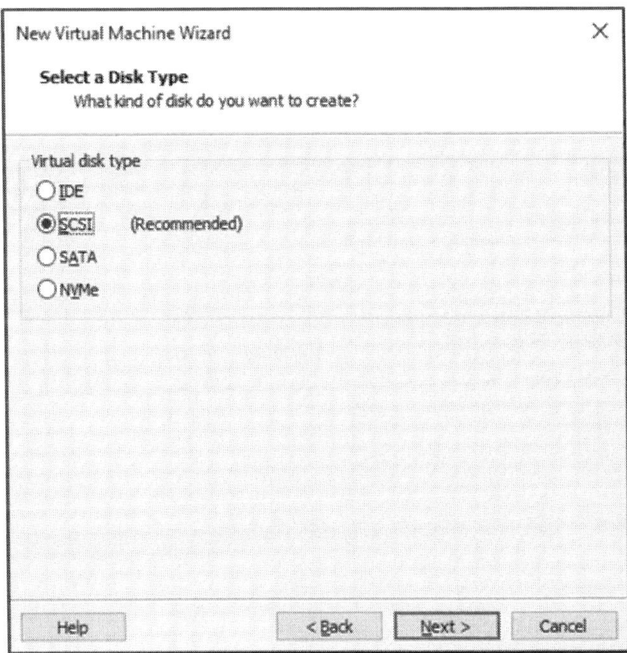

◘ Marque **Create a new virtual disk** y pulse **Next**.

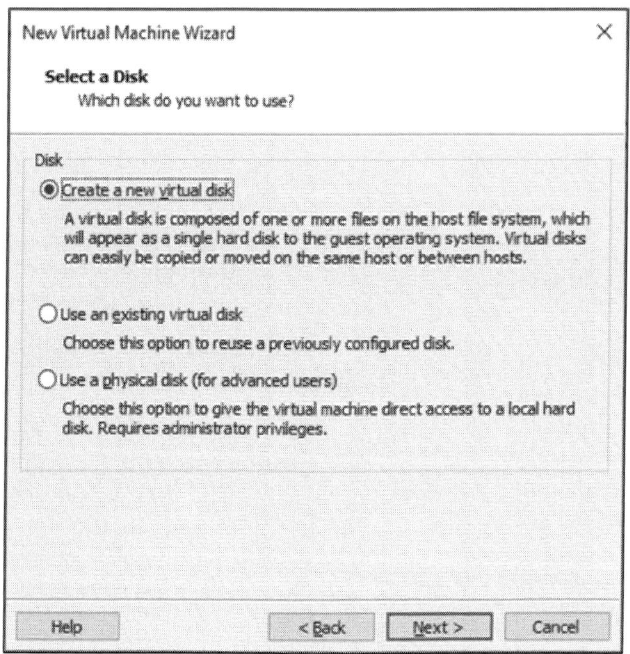

- Asigne un mínimo de 5 GB al disco que se utilizará para instalar ESXi.
- Desmarque **Allocate all disk space now** y marque **Store virtual disk as a single file** para obtener el mejor rendimiento. Pulse **Next**.

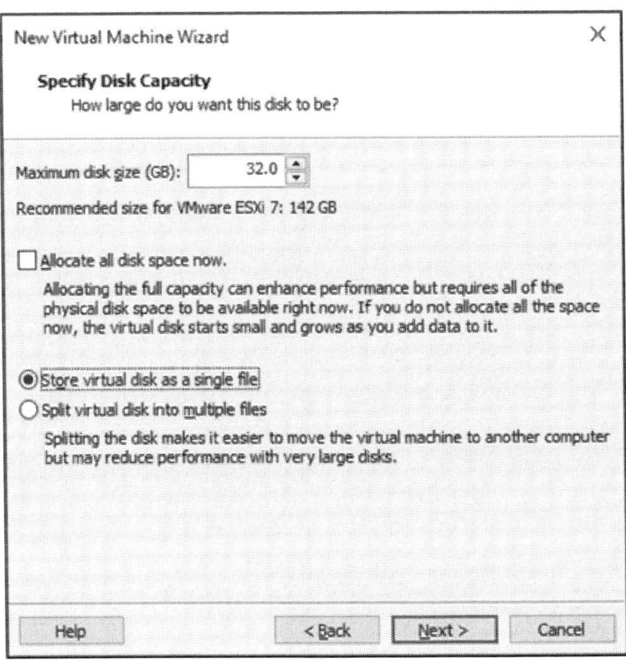

▶ Cambie la ubicación del archivo del disco virtual (.vmdk) si es necesario y pulse **Next**.

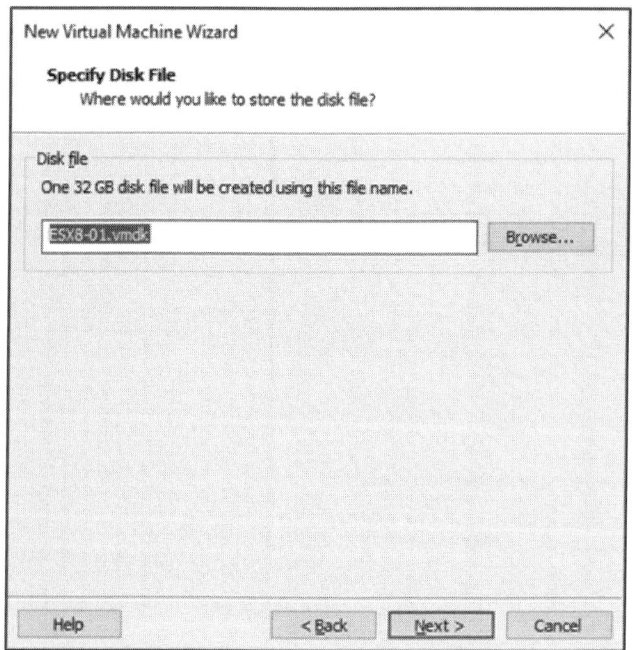

▪ Confirme la información de creación de la máquina virtual y pulse **Finish**.

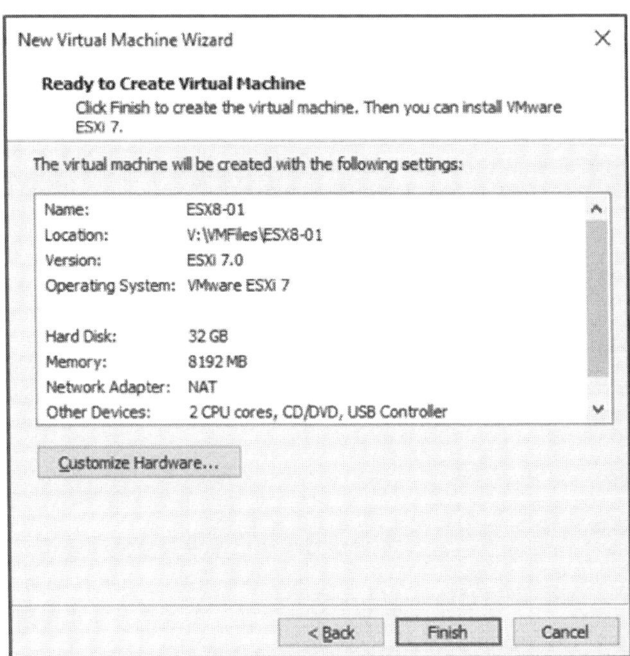


## 2.2.1 Activación del motor de virtualización

En el contexto de la virtualización anidada, es necesario "hacer creer" al hipervisor que tiene acceso a procesadores que le permiten realizar la virtualización, como si estuviera instalado en un host físico. Para ello, Workstation Pro ofrece opciones para que el motor de virtualización utilice las tecnologías Intel VT-x/EPT o AMD-V/RVI que describimos en el capítulo Los diferentes tipos de virtualización.

▪ En la pestaña **Home** de Workstation Pro, haga clic en su nueva máquina virtual ESXi en la columna **Library** y pulse **Settings**.

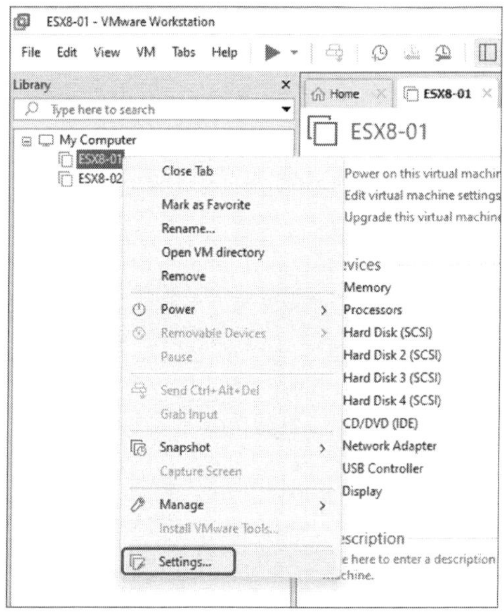

◘En la ventana **Virtual Machine Settings**, marque **Virtualize Intel VT-x/EPT or AMD-V/RVI** en la sección **Virtualization engine** y pulse **OK**.

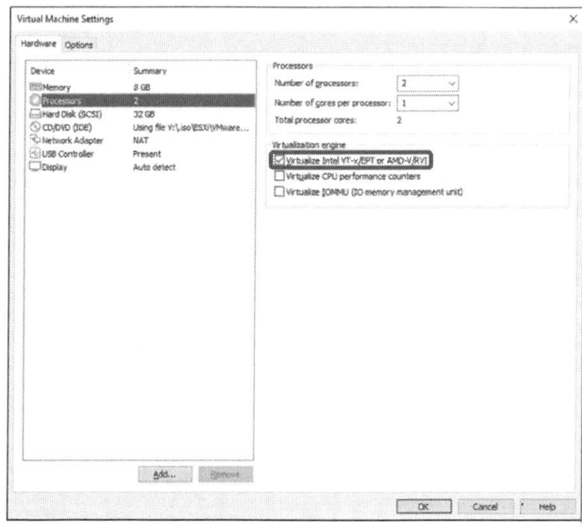

## 2.2.2 Añadir un disco duro a una máquina virtual ESXi

Antes de instalar ESXi, crearemos otro disco que se utilizará para asignar espacio de almacenamiento a las máquinas virtuales. Esto nos permitirá crear un *datastore*, es decir, un contenedor lógico de recursos de almacenamiento compartidos.

- En la pestaña **Home** de Workstation Pro, haga clic en su nueva máquina virtual en la columna **Library** y pulse **Settings** como en la subsección anterior.
- En la ventana **Virtual Machine Settings**, seleccione **Hard Disk (SCSI)** en la pestaña **Hardware** y pulse **Add**.

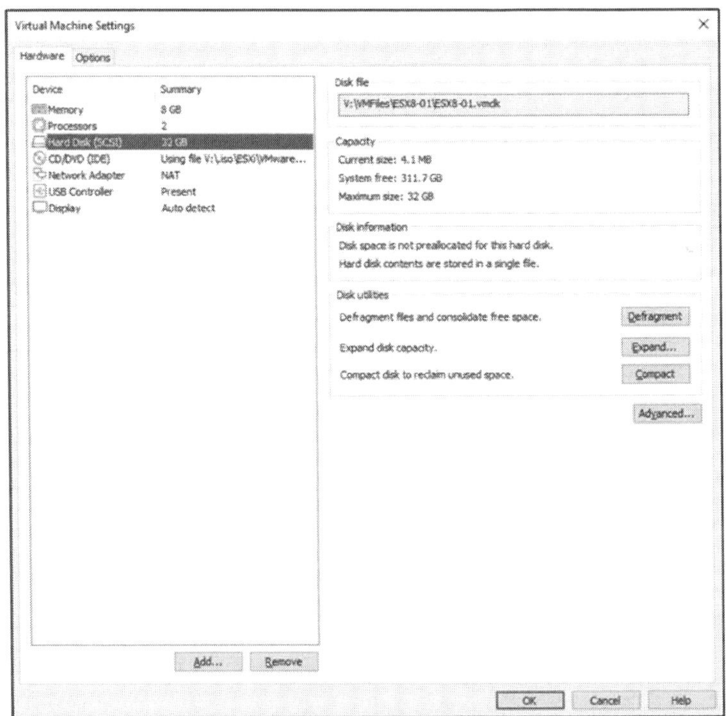


- En el Asistente **Add Hardware Wizard**, seleccione **Hard Disk** y pulse **Next**.

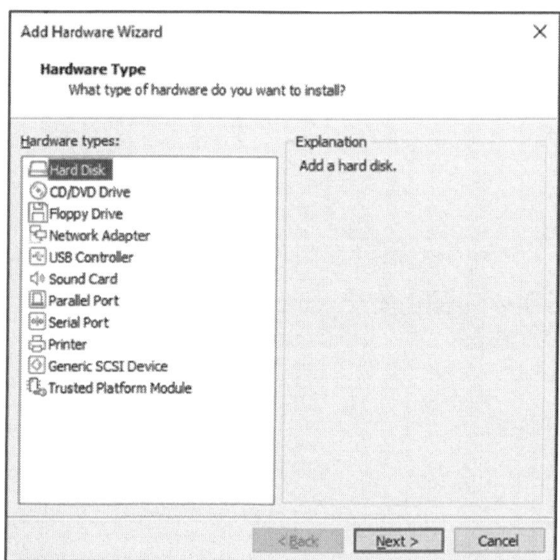


◘Deje el valor **SCSI** por defecto y pulse **Next**.

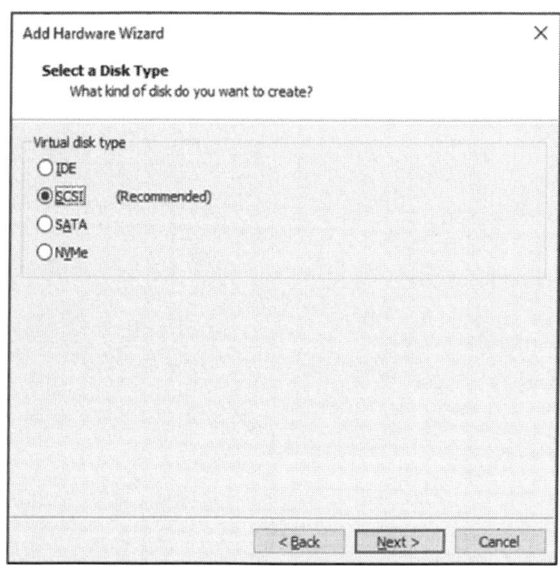


◘Marque **Crete a new virtual disk** y pulse **Next**.

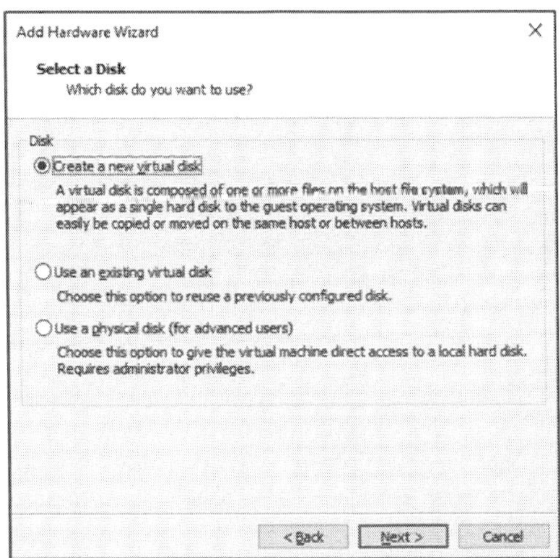


- Se necesitan aproximadamente 40 GB para crear la máquina virtual utilizada para ilustrar el punto. Se necesitará más espacio en disco si desea desplegar un vCenter Server (consulte el capítulo Desplegar un VMware vCenter Server).
- Desmarque **Allocate all disk space now** y marque **Store virtual disk as a single file** para obtener el mejor rendimiento. Pulse **Next**.

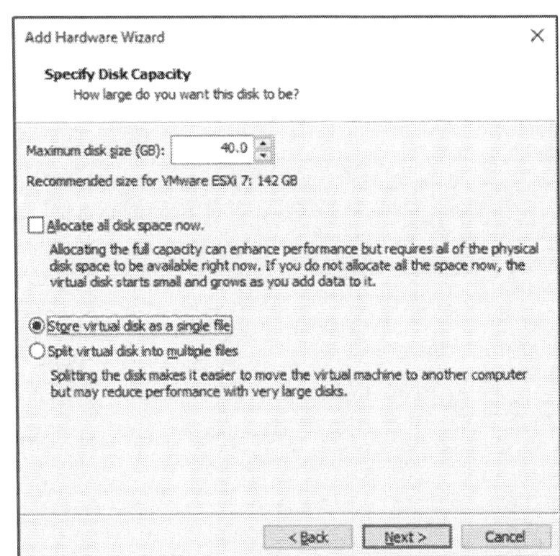

◘ Cambie la ubicación del archivo del disco virtual (.vmdk) si es necesario y pulse **Finish**.

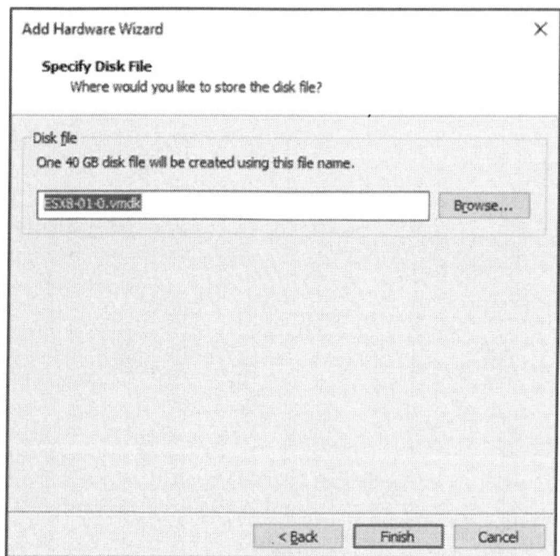


El nuevo disco se añade a la ventana **Virtual Machine Settings**.

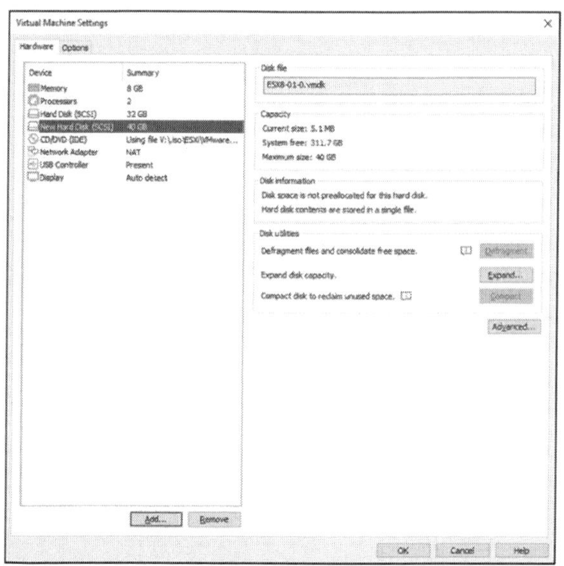

# 3. Instalación del software ESXi 8

Todos los preparativos se han completado y ya podemos desplegar el hipervisor ESXi 8.

## 3.1 Iniciar la instalación

▶En Workstation Pro, haga clic en su nueva máquina virtual en la columna **Library** y pulse **Power on this virtual machine**.

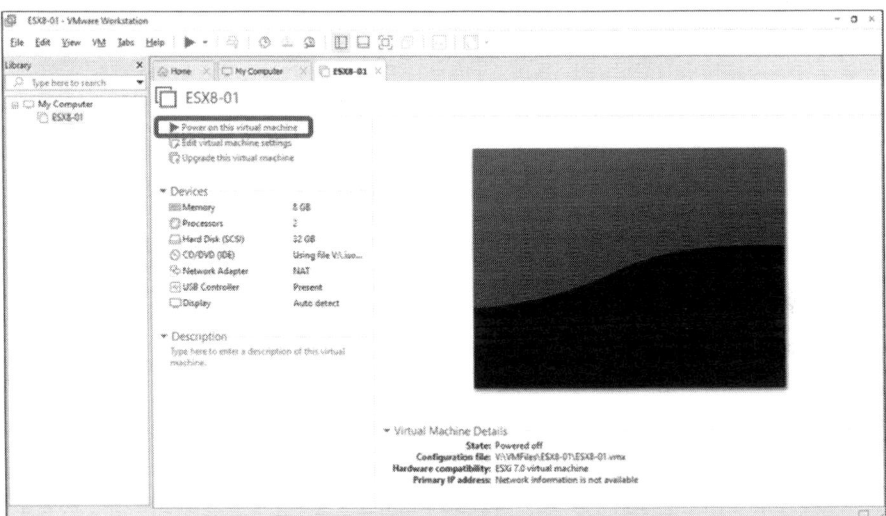


▶Una vez que haya llegado al **VMware ESXi 8.0.0 Installer**, haga clic dentro de la consola para interactuar con la máquina virtual. Para salir de la consola y volver al escritorio, pulse las teclas [Ctrl][Alt].

El programa de instalación de ESXi no funciona con el ratón. Debe pulsar las teclas indicadas en cada etapa.

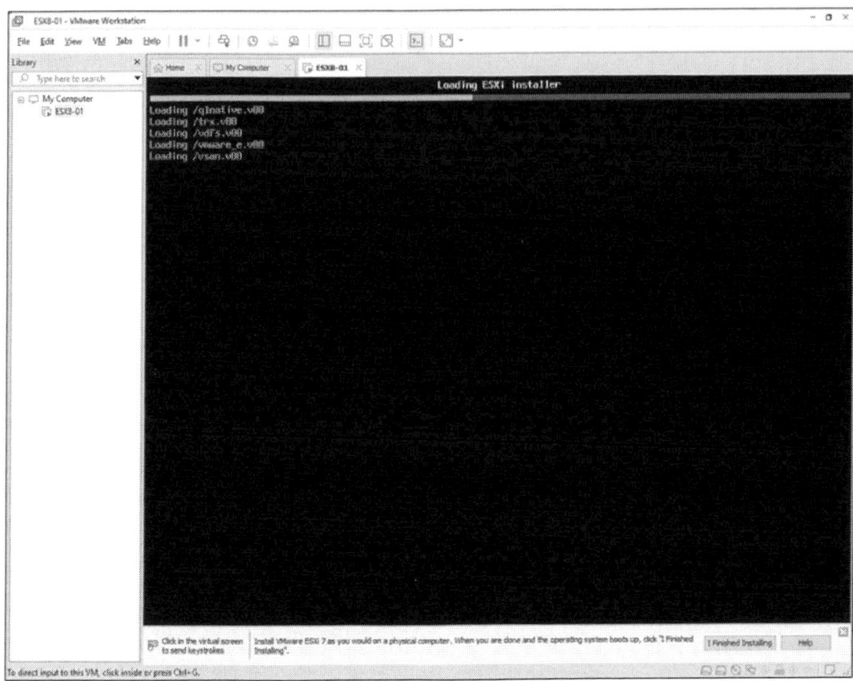


▶Pulse [Intro] para iniciar el procedimiento de instalación.

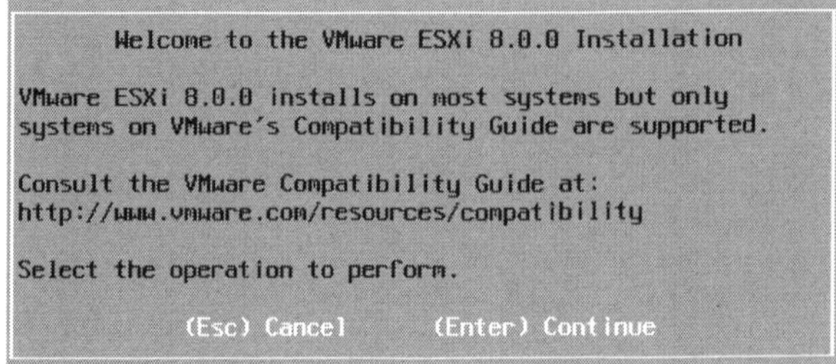

▶Pulse [F11] para aceptar el acuerdo de licencia del software.

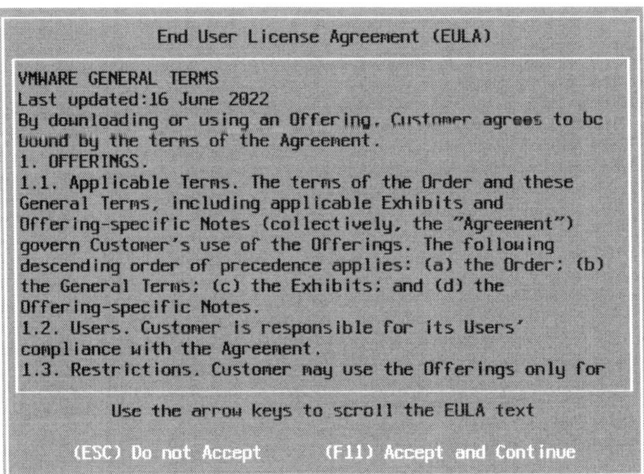


▶d Seleccione el disco instalado durante el despliegue inicial (el menos voluminoso) y pulse [Intro].

```
Select a Disk to Install or Upgrade
(any existing VMFS-3 will be automatically upgraded to VMFS-5)

* Contains a VMFS partition
# Claimed by VMware vSAN

Storage Device                                                 Capacity
------------------------------------------------------------------------
Local:
   VMware,  VMware Virtual S (mpx.vmhba0:C0:T0:L0)            32.00 GiB
   VMware,  VMware Virtual S (mpx.vmhba0:C0:T1:L0)            40.00 GiB
Remote:
   (none)

(Esc) Cancel   (F1) Details   (F5) Refresh   (Enter) Continue
```

▶d Seleccione la distribución del teclado y pulse [Intro].

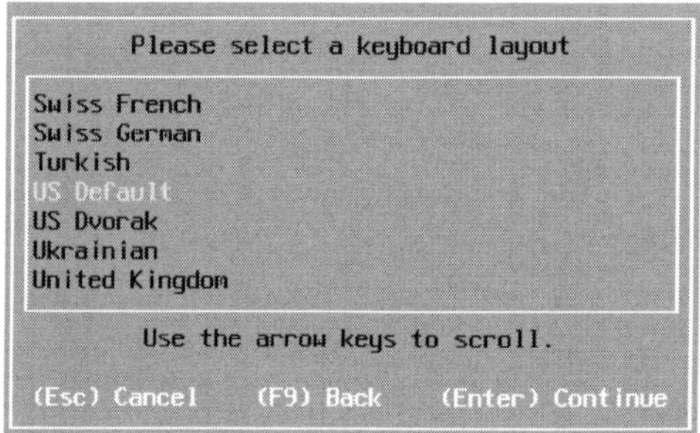


▶Introduzca una contraseña compleja para el usuario **root**. Debe tener un mínimo de siete caracteres, incluyendo al menos un número, una letra mayúscula y un carácter especial. Pulse [Intro].

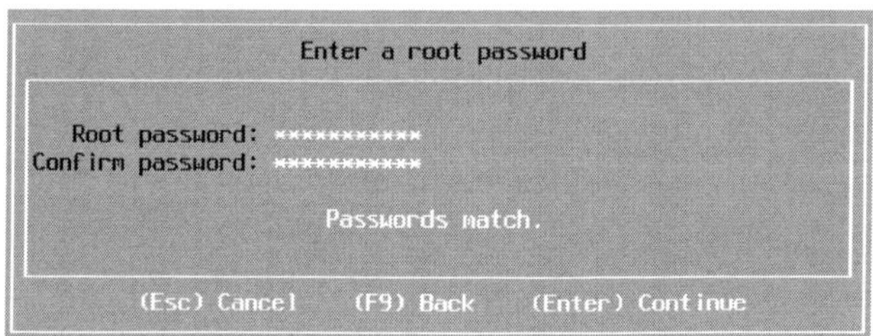


▶Confirme que desea continuar con la instalación pulsando [F11].

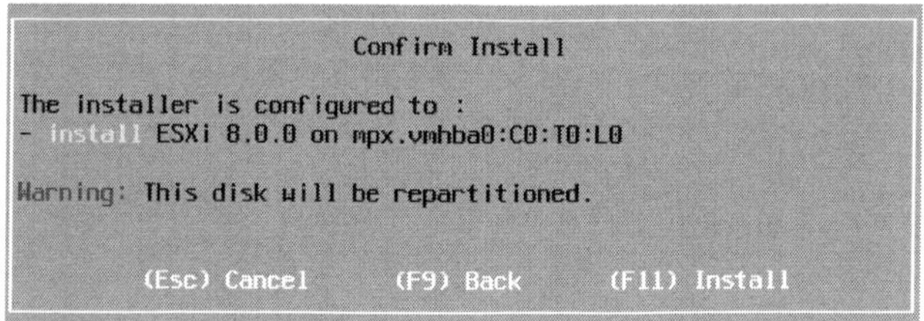

La instalación ha finalizado correctamente. Antes de reiniciar la máquina, debe retirar el soporte de instalación.

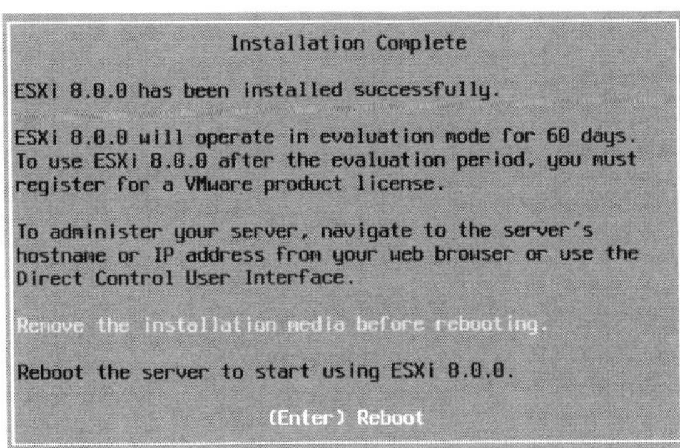


- Vaya al objeto de su máquina virtual, haga clic con el botón derecho y seleccione **Settings**.

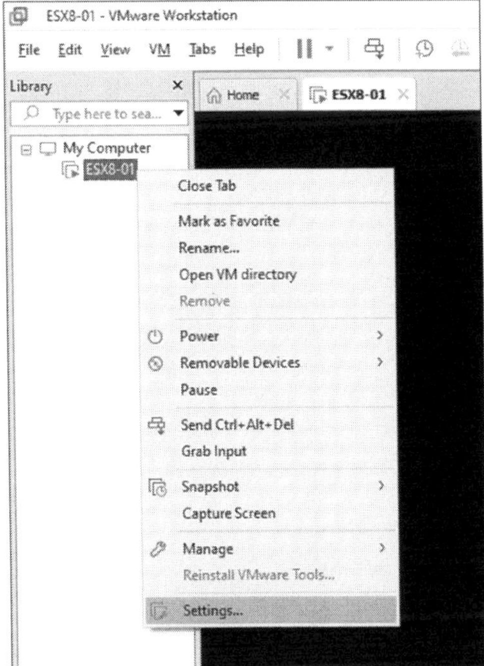

- En la ventana **Virtual Machine Settings**, vaya a **CD/DVD (IDE)** y desmarque la casilla **Connected** en la sección **Device status**. Vuelva a la interfaz de su máquina ESXi y pulse [Intro] para reiniciar el servidor.

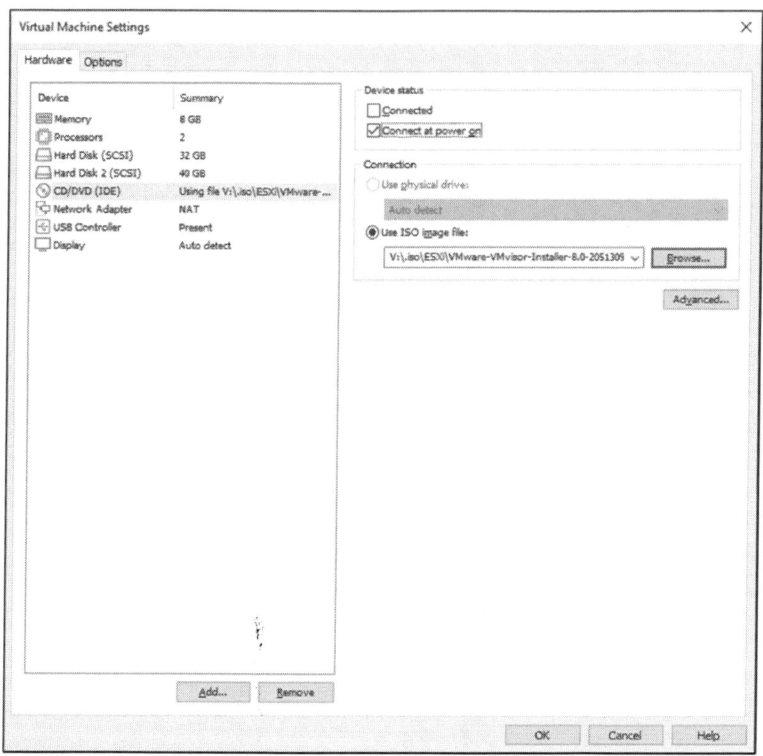

## 3.2 Configuración de la red

Después de reiniciar, pronto verá la interfaz DCUI (*Direct Console User Interface*) de ESXi. Desde esta interfaz aplicaremos ahora las configuraciones de red y DNS del hipervisor.

▶ Haga clic en la pantalla de la consola y pulse [F2] para configurar el sistema.

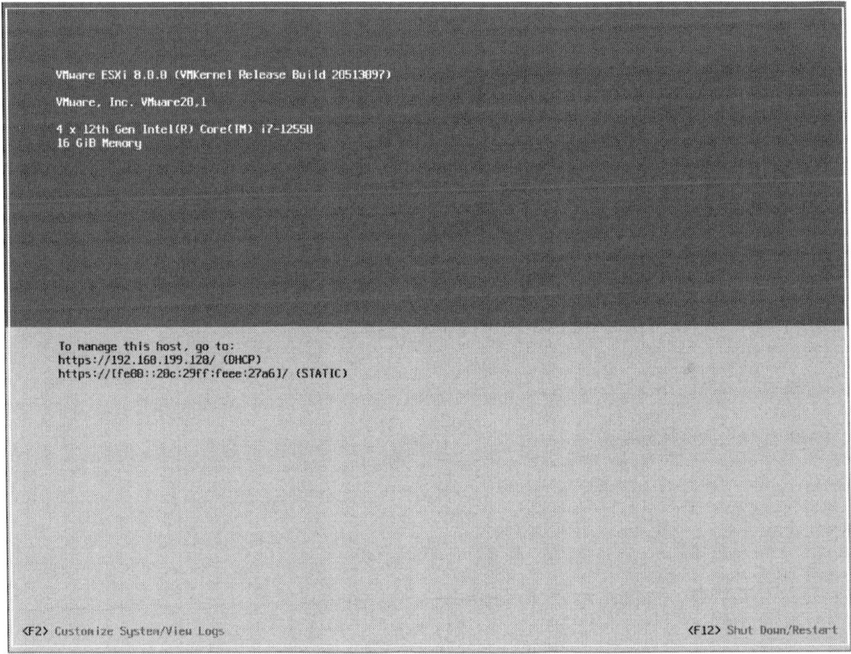

▶ Autentíquese con el usuario **root** y la contraseña definida anteriormente.

ESXi puede funcionar mediante DHCP (asignación automática de direcciones IP), pero es preferible asignarle una dirección fija para facilitar el acceso a la interfaz web, que veremos en breve.

▶ En la página **System Customization**, seleccione **Configure Management Network** y pulse [Intro].

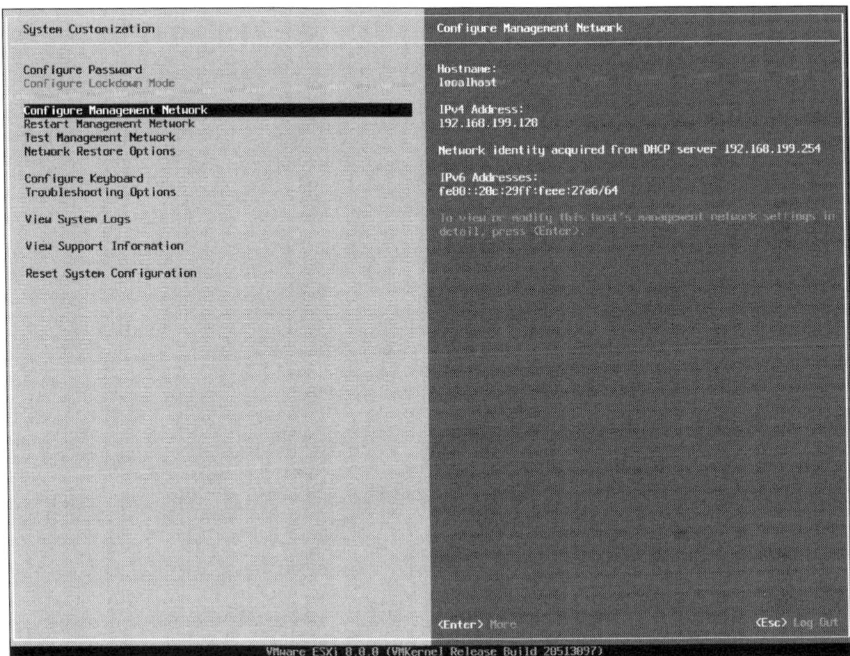

▶ Pulse **IPv4 Configuration**.

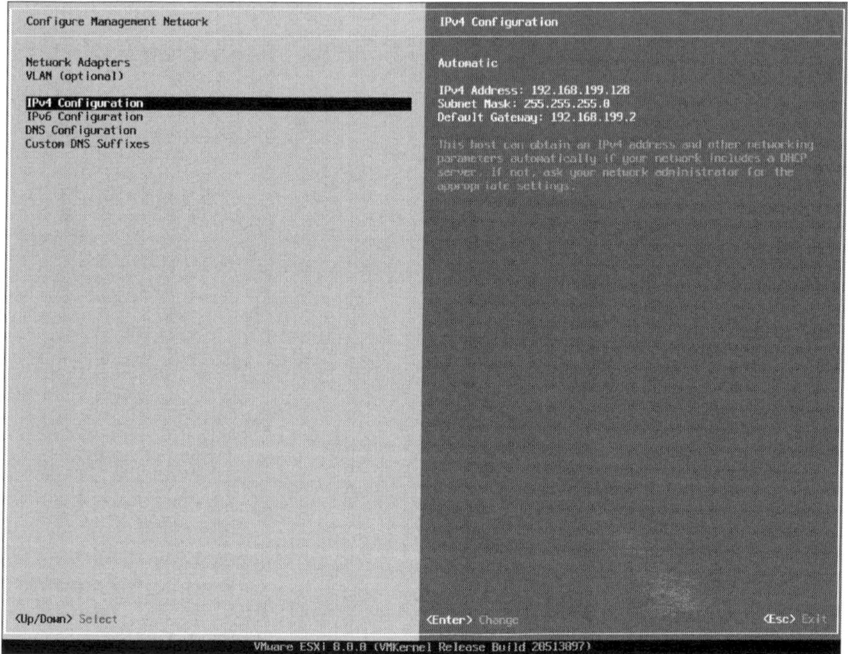

- Desplácese hasta **Set static IPv4 address and network configuration** y marque la opción pulsando la barra espaciadora.
- Puede dejar la dirección asignada automáticamente por su box o asignar otra dirección en la misma subred. Pulse [Intro].

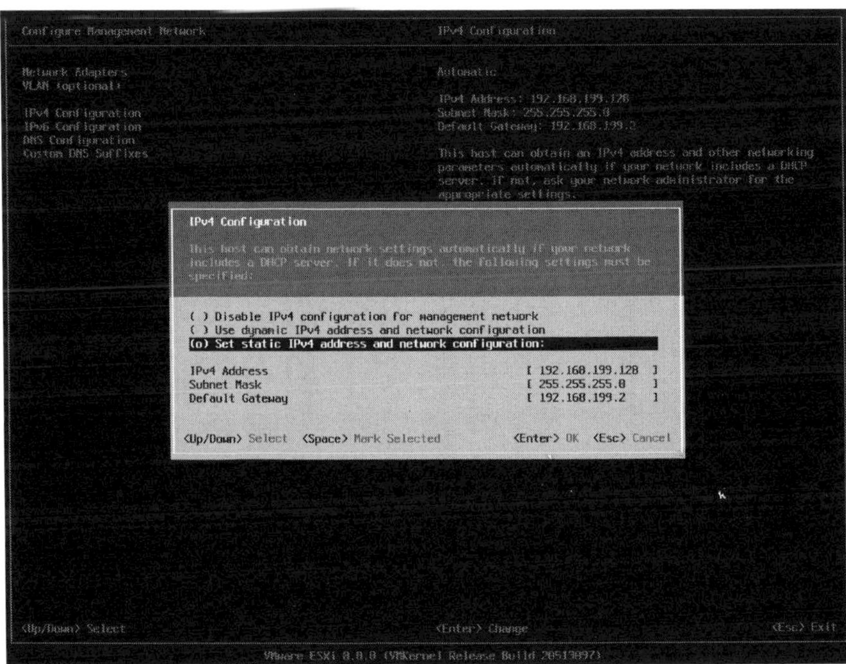

## 3.3 Configuración de DNS y nombres de host

- Ahora pulse **DNS Configuration**.

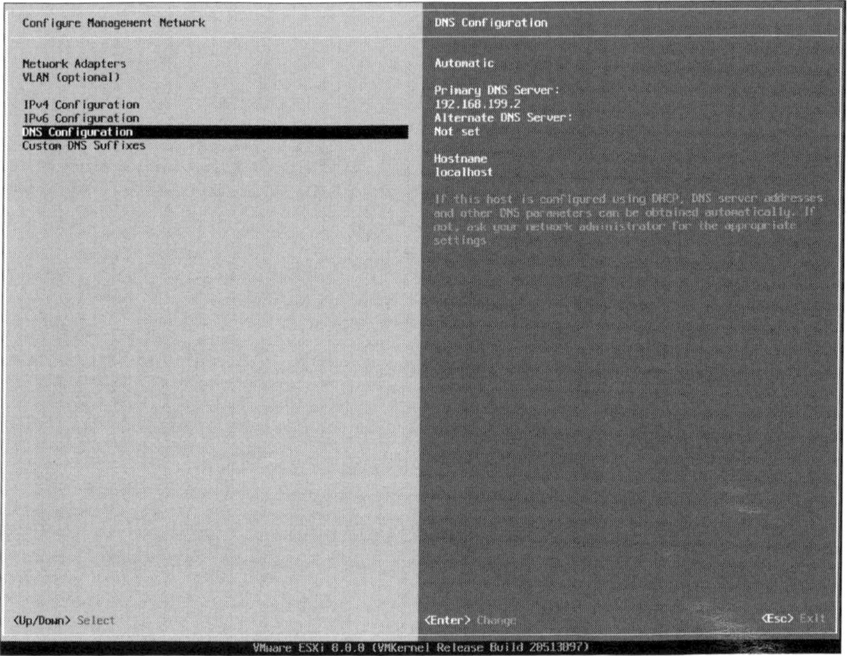


- Desplácese hacia abajo hasta **Use the followingDNS server addresses and hostname** y marque la opción pulsando la barra espaciadora. Esto configurará su box como servidor DNS por defecto. Pulse [Intro].

También puede cambiar el nombre del servidor en **Host name**.

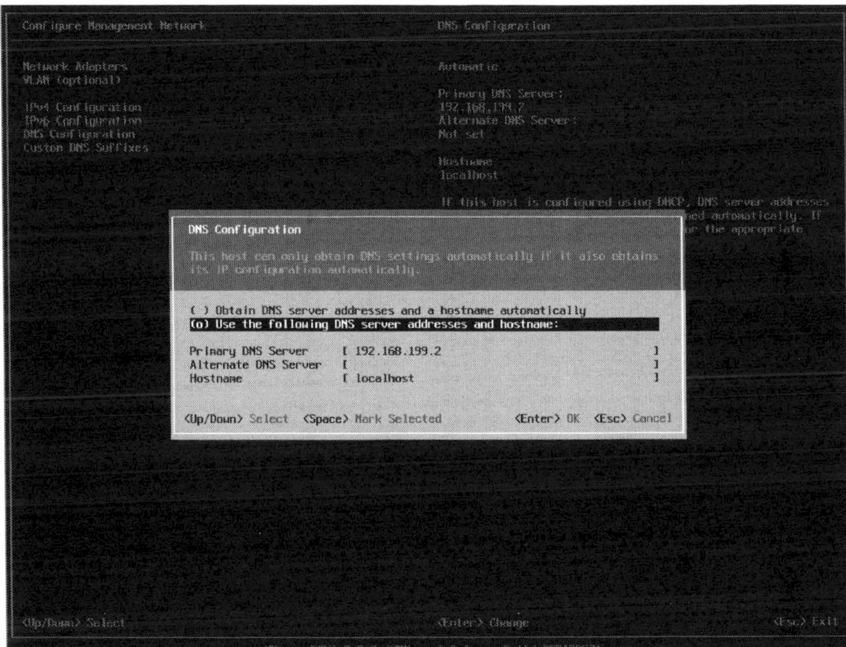

◼ Si desea asignar un sufijo DNS a su servidor, pulse **Custom DNS Suffixes** y cambie el sufijo por defecto.

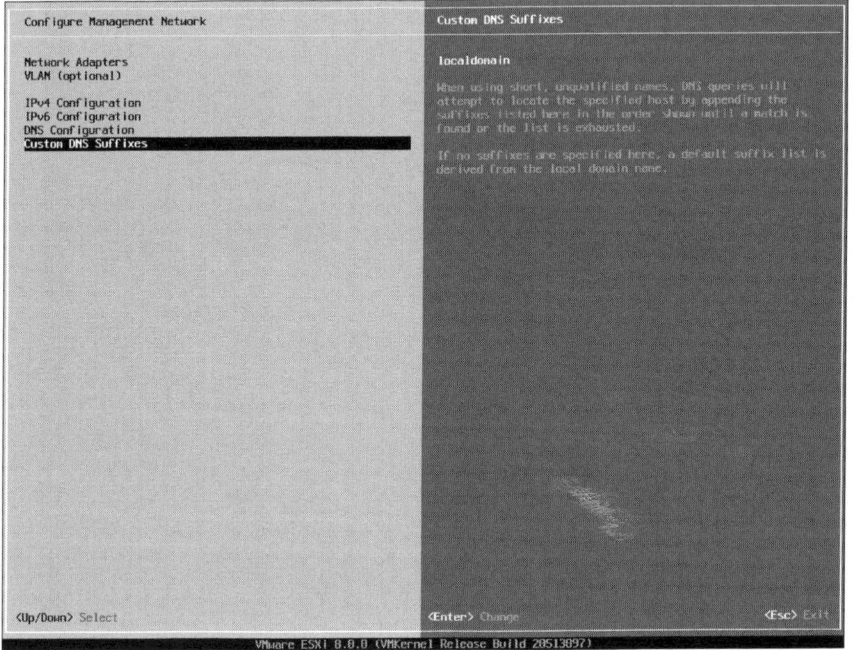

- Una vez completados los ajustes por defecto, pulse [Esc].
- Introduzca [ Y ] (Yes) para confirmar el cambio de configuración.

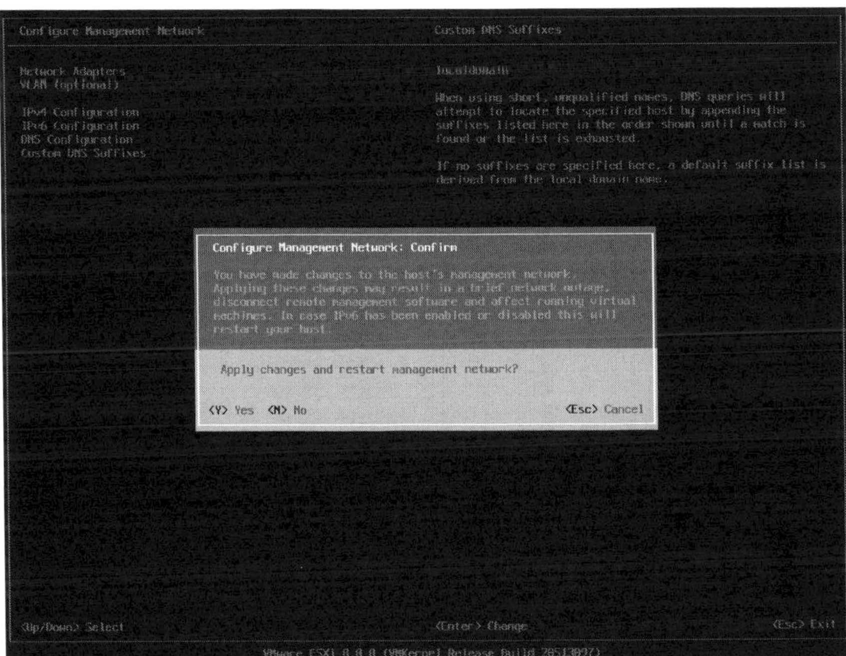

- Pulse la tecla escape ([Esc]) de nuevo en la página de **System Customization** para volver a la interfaz principal **DCUI**.

- Anote la URL para abrir la consola web de gestión del host.

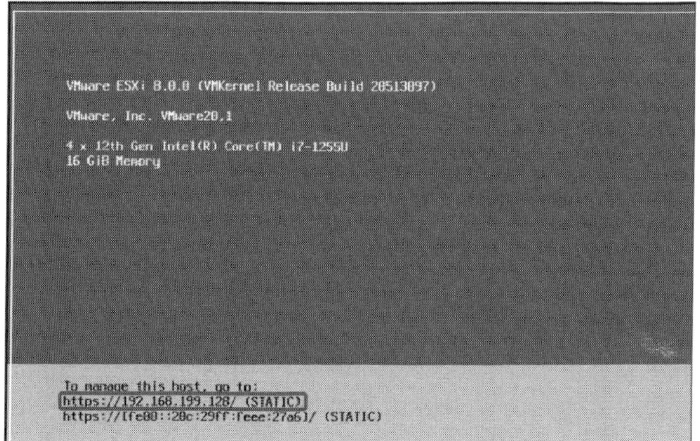

## 3.4 Conexión a la consola web ESXi Host Client

Por último, podemos acceder a la interfaz de gestión de ESXi Host Client para nuestro nuevo host.

- Abra su navegador favorito e introduzca la URL que anotó en el paso anterior.
- Ignore la advertencia y continúe con la configuración avanzada para acceder a la interfaz de gestión.

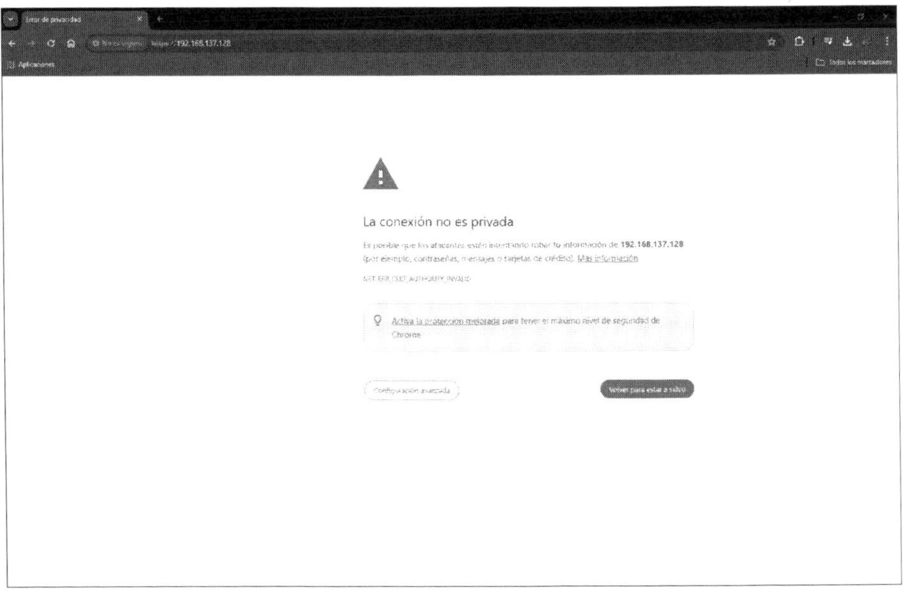

▶ Autentíquese con la cuenta **root**.

- Ahora se encuentra en la consola **ESXi Host Client**. Tómese unos minutos para descubrirla.

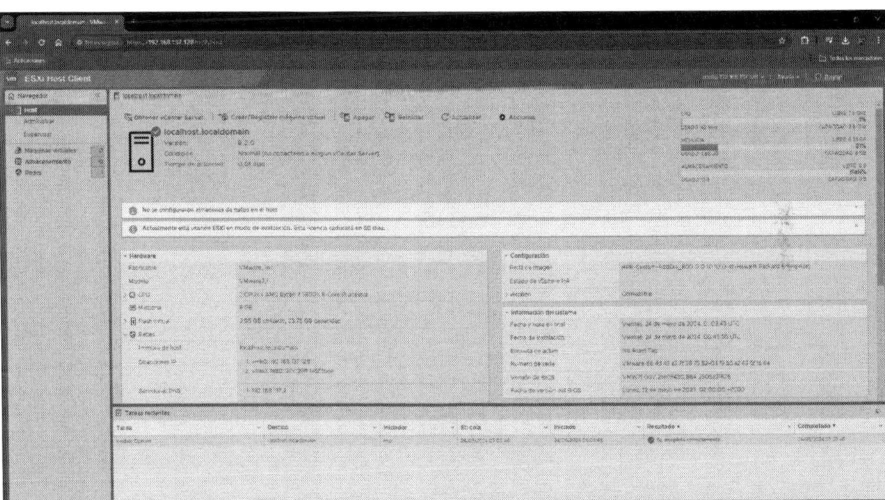

## 4. Creación de un almacén de datos en un host ESXi

Para crear nuestra primera máquina virtual en el capítulo Desplegar una máquina virtual, necesitaremos conectividad de red, RAM y almacenamiento. Los dos primeros se configuran automáticamente a partir de los recursos que dimos a la máquina host cuando se creó. En cuanto al almacenamiento, hemos creado un disco virtual en nuestro host, pero para disponer de un pool de recursos de almacenamiento que pueda ser compartido entre máquinas virtuales, necesitamos crear un almacén de datos (*datastore*).

Un almacén de datos VMware es un espacio de almacenamiento lógico creado a partir del almacenamiento físico de los hosts, para albergar archivos de máquinas virtuales y otros datos como archivos .iso del sistema operativo.

**Observación**

*Por defecto, las bases de datos se crean en formato VMFS (Virtual Machine File System), un sistema de archivos diseñado para almacenar y gestionar archivos de máquinas virtuales como discos virtuales, plantillas e instantáneas (snapshots) en un entorno VMware.*

## El asistente de creación de un almacén de datos

Para crear nuestro primer *datastore*, volvamos a VMware Workstation e iniciemos nuestra máquina virtual ESXi, si aún no lo hemos hecho.

- Sitúe el cursor del ratón sobre ESX8-01 y pulse **Power on this virtual machine** o simplemente el botón verde de la cinta.

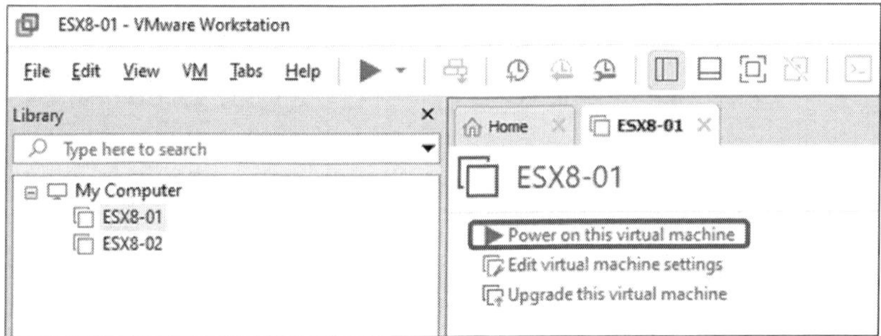


- Una vez que su servidor ESXi haya arrancado, abra su navegador favorito y vaya a la dirección que le asignó anteriormente.

▶ Inicie sesión en la interfaz web de **ESXi Host Client** como **root**.

▶ En la sección de navegación, abra el objeto **Host** y selecciona **Almacenamiento**. Pulse **Nuevo almacén de datos**.

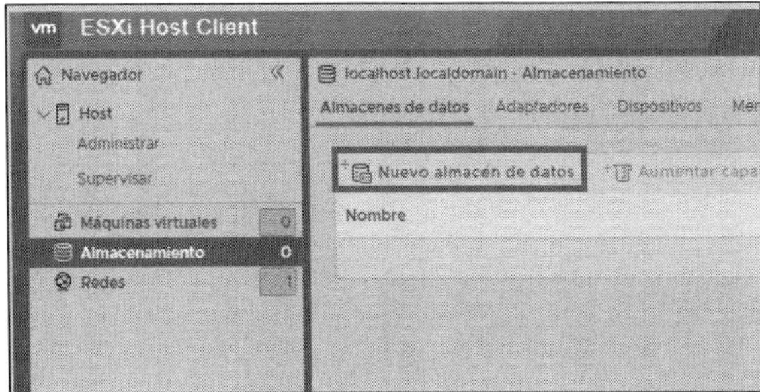

▶Deje la opción **Crear** nuevo **almacén de datos de VMFS** y pulse **SIGUIENTE**.

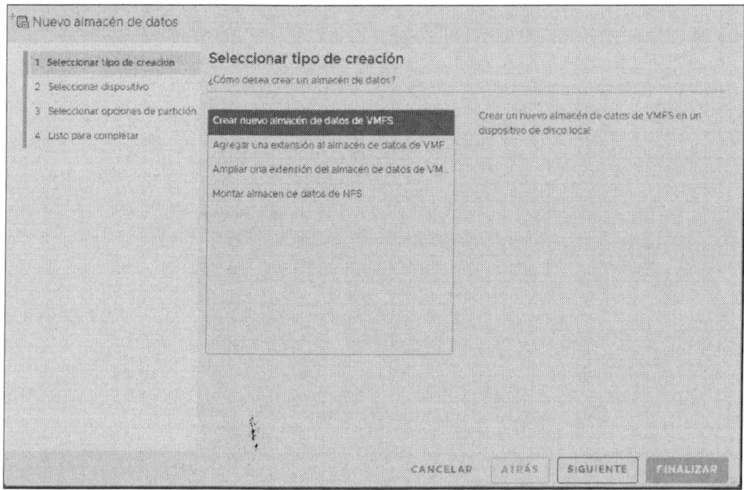


En **Nombre**, dé un nombre al almacén de datos, en este caso **DATASTORE-01**, y seleccione el segundo disco que ha creado para este fin. Pulse **SIGUIENTE**.

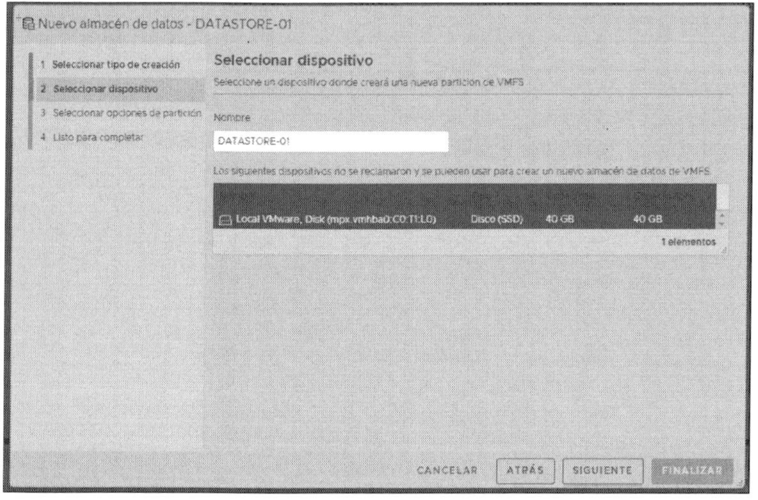

- En las opciones de particionado, deje los valores por defecto (**Usar todo el disco** y **VMFS 6**), y pulse **SIGUIENTE**.

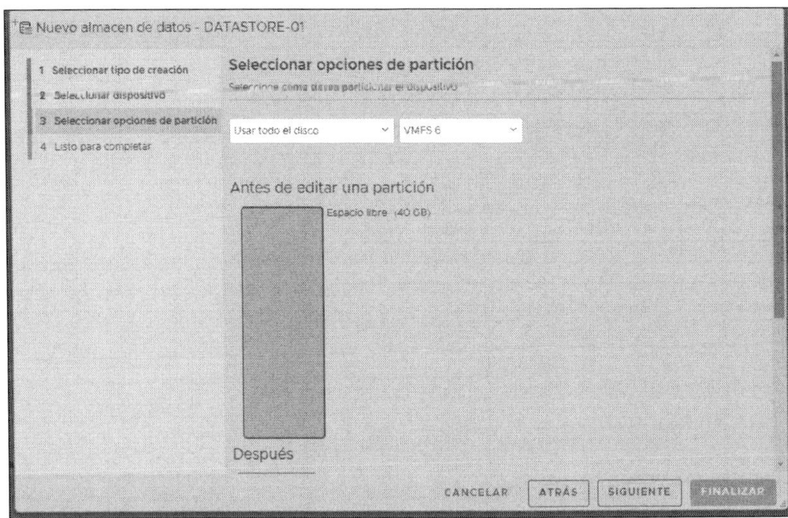


- Lea el **Resumen** y pulse **FINALIZAR**.

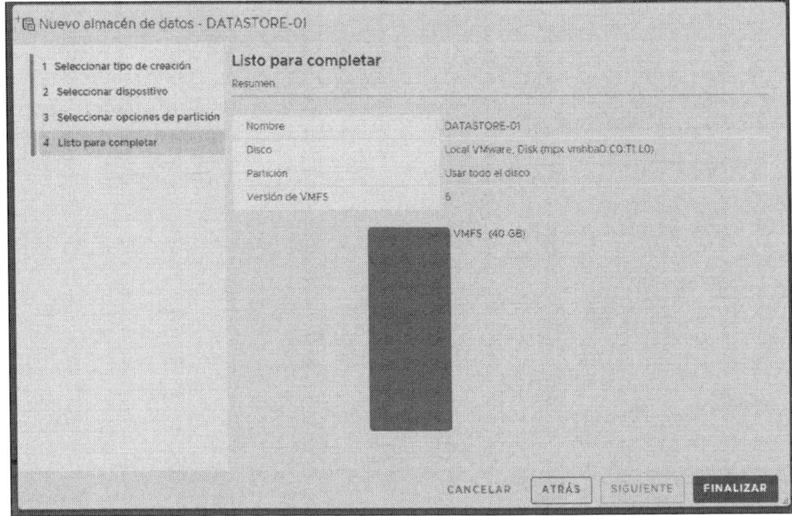

- Una ventana de advertencia le indicará que se borrará el contenido del disco. Pulse **SÍ** para continuar.

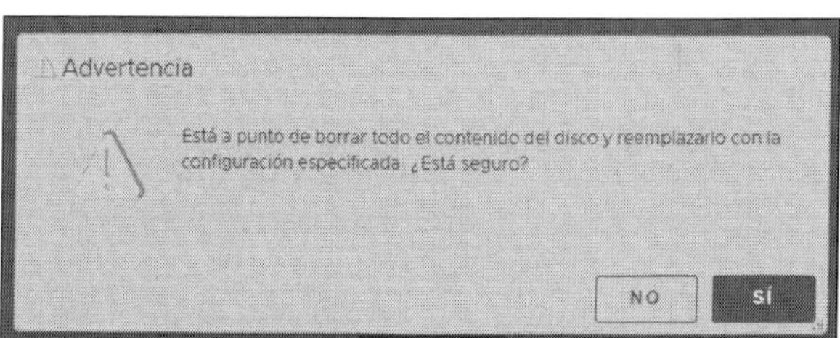


## 5. Conclusión

En este capítulo, hemos empezado a configurar una sandbox de VMware desde el que podremos trabajar más adelante. Con nuestro primer host ESXi, tenemos los cimientos de una infraestructura que nos permitirá crear máquinas virtuales y ver cómo funciona vSphere 8.

Instalar un host en modo anidado nos ha dado la oportunidad de ver dos tipos de hipervisor en acción (1 y 2), y el siguiente capítulo, Entender los hipervisores, nos permitirá entender mejor cómo funcionan. También veremos las distintas técnicas de virtualización que se han desarrollado para crear un hipervisor de los llamados "modernos" y las distintas tareas que realiza. A continuación, presentaremos los distintos hipervisores disponibles en el mercado.

# Capítulo 4
# Entender los hipervisores

## 1. Introducción

En este capítulo, nos adentramos en el papel y el funcionamiento de los hipervisores que, junto con las máquinas virtuales, son los dos componentes principales de un entorno de virtualización.

Tras repasar las tecnologías que condujeron al desarrollo del hipervisor moderno, veremos que existen dos tipos de hipervisor, cuyas características distintivas vamos a describir. A continuación, presentaremos los principales hipervisores disponibles en el mercado y daremos una visión general de su funcionamiento.

### El principio del hipervisor

Como hemos visto antes, un hipervisor es una fina capa de software instalada en un servidor host (o sistema operativo host), que crea una representación de software de los recursos de hardware del host para su asignación a las máquinas invitadas.

Por tanto, el principio en el que se basa el hipervisor es crear la ilusión para varias máquinas huésped de que controlan individualmente los recursos de hardware de un servidor cuando, en realidad, comparten estos mismos recursos entre sí. Un hipervisor moderno debe garantizar que una máquina virtual funcione como una máquina física y debe permitir la ejecución de cualquier sistema operativo sin modificaciones.

Aunque estos elementos de definición están implementados hoy en día en la mayoría de los hipervisores, se han tenido que probar muchas técnicas antes de que el funcionamiento de un hipervisor sea transparente, tanto para las máquinas virtuales como para los usuarios.

## 2. La evolución del hipervisor

### 2.1 El programa de control

El Programa de Control (*Control Program*) introducido por IBM para el sistema CP/CMS en 1968, se puede considerar el primer hipervisor o VMM, para utilizar la terminología de la época.

Observación

*El término "**hipervisor**" apareció por primera vez en los años 1960-1970. Es una variante de "**supervisor**" que, en aquella época, se refería al núcleo de un sistema operativo. El prefijo "super-" expresa superioridad, mientras que "hiper-" indica una posición o intensidad que está "más allá" de lo normal. Por tanto, el hipervisor es el supervisor de supervisores: un hipervisor para virtualizarlos a todos.*

Este sistema fue objeto de varias implantaciones y se utilizó principalmente en centros de investigación y laboratorios. No fue hasta 1972 cuando su sucesor, el SO VM/370, se comercializó con la gama de *mainframes* System/370.

Los sistemas VM se definían mejor como "sistema operativo para máquinas virtuales (*Virtual Machine Operating System*)". Permitían dividir un mainframe en varias VM, cada una de las cuales ejecutaba su propio sistema operativo (CMS o *Conversational Monitor System*), de modo que cada usuario tenía la impresión de tener acceso exclusivo al mainframe.

*Teddy Bear Mascot, mascota de los sistemas IBM VM adoptada por la comunidad en 1983*

https://www.vm.ibm.com/history/timeline.html

Una de las dificultades de este sistema era asignar espacio de disco a los distintos sistemas operativos. La solución a este problema fue crear discos virtuales denominados *minidisks* asignando un determinado número de sectores de los discos duros del mainframe a cada máquina virtual.

Aunque la virtualización del procesador y el almacenamiento experimentó avances significativos a principios de los años 70, fue el tipo de virtualización introducido por IBM para los *mainframes* el que dominó el mercado hasta los años 90.

## 2.2 Un enfoque teórico del Virtual Machine Monitor

No fue hasta la publicación del originario artículo de Popek y Goldberg en 1974 cuando se reavivó el debate sobre la arquitectura de los hipervisores. Debido a las limitaciones tecnológicas de la época, las condiciones establecidas por estos dos investigadores para que un ordenador pudiera ofrecer una solución de virtualización "moderna", no se cumplieron hasta finales de la década de 1990.

En su opinión, el funcionamiento de un hipervisor consiste en interceptar las instrucciones de las máquinas huésped e interpretarlas antes de que las ejecute el procesador.

**Observación**

*Una instrucción es un paso en la ejecución de un programa que, a su vez, está formado por un conjunto de instrucciones. Indica al ordenador lo qué debe hacer antes de pasar a la siguiente instrucción.*

Esto significa que todas las operaciones realizadas por una máquina virtual determinada, deben permanecer confinadas a esa misma máquina. El hipervisor debe garantizar que las operaciones de la máquina virtual no puedan modificar el estado de otra máquina virtual, del propio hipervisor o del hardware host, ya que de lo contrario el entorno podría volverse inestable o incluso inoperable.

### 2.3 Los tres principios del diseño de hipervisores

Para que las máquinas virtuales se comporten como máquinas físicas, Popek y Goldberg sostienen que el diseño de un hipervisor (VMM) debe cumplir los tres principios siguientes.

- **Principio de seguridad**: el VMM debe ser el componente de software con mayores privilegios de ejecución y control para restringir las operaciones de la máquina virtual.
- **Principio de equivalencia o fidelidad**: el VMM debe garantizar que una máquina virtual se ejecute como si fuera una máquina física. Lo mismo se aplica a la ejecución de un programa en una máquina virtual: el resultado debe ser idéntico a la ejecución del mismo programa en un ordenador físico.
- **Principio de eficiencia**: el VMM debe permitir que los programas de una máquina virtual se ejecuten sin intervención del hipervisor.

Como veremos a continuación, estos tres aspectos de la virtualización moderna se aplican de diferentes maneras por parte de los distintos fabricantes.

## 3. Técnicas de virtualización

Según el principio de equivalencia establecido por Popek y Goldberg, el diseño de un hipervisor debe permitir que varios sistemas operativos funcionen simultáneamente en la misma plataforma de hardware, sin ningún tipo de concurrencia.

**Observación**

*En informática, "concurrencia" se refiere a una situación en la que varios programas u ordenadores intentan acceder a uno o más recursos al mismo tiempo. Esta situación provoca un conflicto en el acceso a uno o varios recursos compartidos.*

Como los sistemas operativos están diseñados para tener un control total sobre el hardware (modo supervisor o privilegiado), se han desarrollado una serie de técnicas de virtualización para evitar que los SO "compitan" por los recursos, de modo que cada uno obtenga lo que quiere.

Antes de profundizar en estas técnicas de virtualización, debemos desviarnos brevemente hacia el funcionamiento de los sistemas operativos.

## 3.1 Virtualización y limitaciones del sistema operativo

Un sistema operativo es un conjunto de programas de software (nodo o *kernel*) que permiten ejecutar programas y gestionar las solicitudes de uso de los recursos de un ordenador. Gracias a un componente conocido como planificador (*scheduler*), una de las funciones del núcleo es permitir que todos los procesos se ejecuten en tiempos aceptables, aprovechando al máximo los recursos del procesador.

### 3.1.1 Los dos modos del sistema operativo

**Observación**

*El kernel es el principal componente de software de un sistema operativo. Consiste en un conjunto de programas que permiten la gestión de recursos y la comunicación entre los componentes de software y hardware de un ordenador. El sistema operativo interactúa con los periféricos a través de controladores, que también son programas que forman parte del kernel.*

El sistema operativo actúa como intermediario entre el usuario y el hardware del ordenador. Dado que los usuarios y el sistema operativo comparten recursos de hardware y software, hay que establecer mecanismos para evitar conflictos e impedir la ejecución de software malintencionado, con el fin de garantizar el buen funcionamiento del sistema.

Para resolver este problema, la mayoría de los sistemas operativos distinguen entre dos modos de funcionamiento distintos (modo dual *dual-mode*), que a su vez se implementan en la arquitectura del procesador. Estos modos corresponden a los conjuntos de instrucciones preferidos y no preferidos de un procesador, reservándose el primero para el kernel y el segundo para las aplicaciones (usuarios).

- **Modo usuario (user mode, también conocido como modo sin privilegios)**: este modo aísla los procesos de usuario (aplicaciones) y tiene un acceso limitado a los recursos de hardware del ordenador. Si una aplicación necesita acceder a recursos de hardware, se produce una interrupción y se activa una llamada al sistema (*system call*), que delega la petición al kernel para que la ejecute en nombre de la aplicación.
- **Modo kernel (kernel-mode, también conocido como modo privilegiado o supervisor)**: este modo aísla los procesos del sistema operativo. Cuando se produce una interrupción, es decir, cuando el modo usuario requiere recursos y realiza una llamada al sistema, el kernel realiza esta tarea. Si se produce una excepción (también conocida como "trampa") o una violación del conjunto de instrucciones, el hardware no ejecuta la instrucción y la reenvía al kernel para que tome las medidas oportunas para garantizar la estabilidad del sistema.

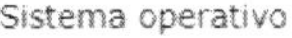


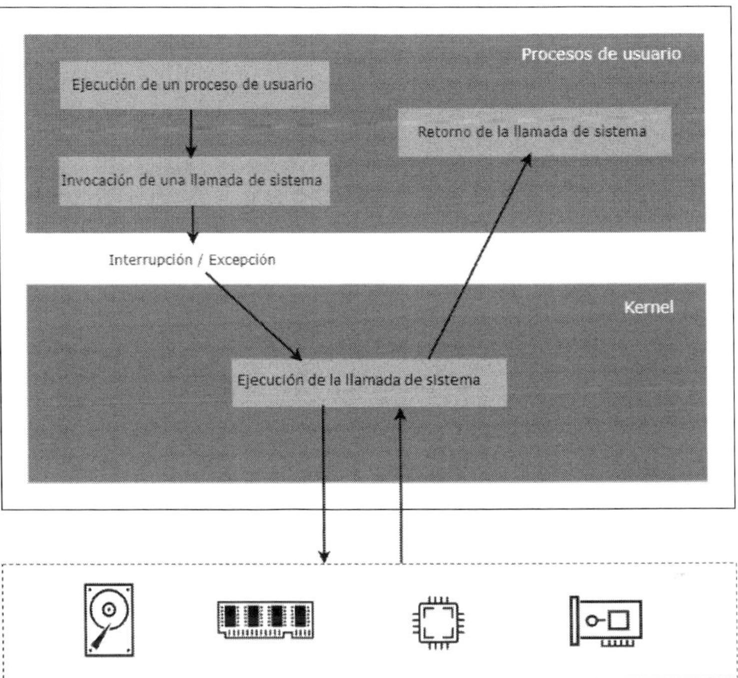


*Los dos modos de los sistemas operativos tradicionales*

## 3.1.2 Anillos de protección para procesadores x86

La arquitectura del procesador x86 ofrece protección en forma de cuatro niveles diferentes. Estos niveles suelen denominarse anillos o anillos de protección *rings o protection rings*.

El *ring* 0 está situado en el centro y tiene el nivel más alto de permisos, ya que es donde se ejecuta el modo kernel (*kernel-mode*) del sistema operativo.

Tradicionalmente, en los anillos 1 y 2 es donde se ejecutan los controladores de dispositivos y son los menos utilizados. El anillo 3 es el nivel con menos permisos, donde se ejecutan las aplicaciones (*user-mode*). Si un programa del sistema quiere modificar el estado del hardware, lo hace ejecutando instrucciones con permisos en el *ring 0*. El mejor ejemplo de modificación del hardware se produce durante una petición de reinicio o apagado del sistema.

El problema de esta arquitectura es que se diseñó específicamente para sistemas operativos y no para virtualización. Para controlar los sistemas operativos huésped, el hipervisor se debe ejecutar necesariamente en el *ring* con mayor nivel de permisos, es decir, el *ring* 0.

Al adoptar esta nueva asignación del anillo principal, los sistemas operativos huésped se deben ejecutar en el *ring* 3 como aplicaciones, es decir, en modo usuario. El reto para los proveedores de virtualización es garantizar que los sistemas operativos invitados piensen que se siguen ejecutando en el *ring* 0.

Si un sistema huésped realiza una solicitud de apagado o reinicio, el hipervisor debe interceptar esta solicitud y responder al huésped indicándole que la operación está en curso. El sistema operativo entonces puede continuar su secuencia de apagado o reinicio. Si el hipervisor no capturara esta orden, cualquier sistema invitado podría afectar directamente a los recursos y el entorno de todas las máquinas virtuales de un host. Esto no respetaría el principio de equivalencia de Popek y Goldberg, según el cual una máquina virtual debe funcionar de forma aislada y haría imposible la virtualización.

El principio de equivalencia o la idea de que una máquina virtual se debe comportar exactamente igual que una máquina física, condujo al desarrollo de diversas técnicas de virtualización destinadas a crear una solución de virtualización completa.

## 3.2 Virtualización completa

Como ya comentamos brevemente en el capítulo Introducción a los conceptos de virtualización, existen dos tipos de virtualización completa que permiten ejecutar un sistema operativo tal cual, en una máquina virtual:

- virtualización basada en software (*software-only o software-based virtualization*)
- virtualización asistida por hardware (*hardware assisted virtualization*)

Virtualización completa (*full virtualization*) significa que una máquina virtual ejecuta un sistema operativo no modificado de forma aislada, igual que su homóloga física.

La mayoría de los hipervisores utilizan una combinación de ambos enfoques. Veamos las principales técnicas de virtualización.

## 3.3 Técnicas de virtualización asistida por software

### 3.3.1 El enfoque trap-and-emulate

Una de las primeras técnicas de virtualización asistida por software se denominó *trap-and-emulate*. Su objetivo es evitar que determinadas instrucciones del sistema operativo huésped entren en conflicto con las del host. La idea es emular el efecto de las instrucciones con permisos del sistema operativo, haciendo que el host las ejecute en su lugar. De este modo, el host no se ve afectado por las acciones del huésped. La técnica *trap-and-emulate* se utiliza para engañar a los sistemas operativos de las máquinas virtuales, haciéndoles creer que se están ejecutando en *kernel mode*.

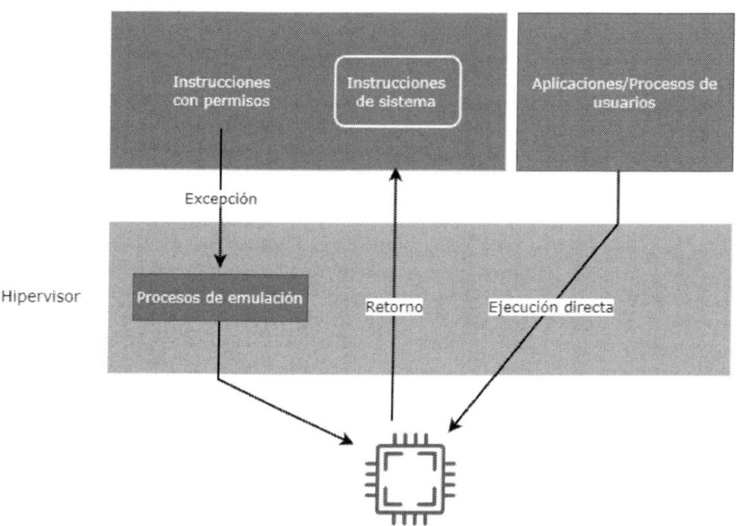


*La técnica trap-and-emulate*

Con este enfoque, las instrucciones sin permisos son autorizadas por el hipervisor, porque no modifican el estado del hardware. En el caso de las instrucciones con permisos, el hipervisor crea una excepción (trap) y determina si la operación es legal o no. Si lo es, emula el comportamiento esperado por el SO o la aplicación a nivel de hardware.

Esta solución tiene la desventaja de causar problemas de rendimiento, debido al tiempo extra necesario para capturar y emular las instrucciones.

### 3.3.2 Traducción binaria

La traducción binaria (*binary translation*) es otro método de virtualización asistida por software anterior al desarrollo de los procesadores x86, diseñados específicamente para la virtualización.

En este enfoque, el hipervisor inspecciona el flujo de instrucciones del sistema operativo. Cuando detecta una instrucción con permisos, la reescribe sobre la marcha para que pase el control al hipervisor en tiempo de ejecución. La traducción binaria permite al hipervisor emular un pequeño conjunto de instrucciones sensibles, dejando intacta la mayoría.

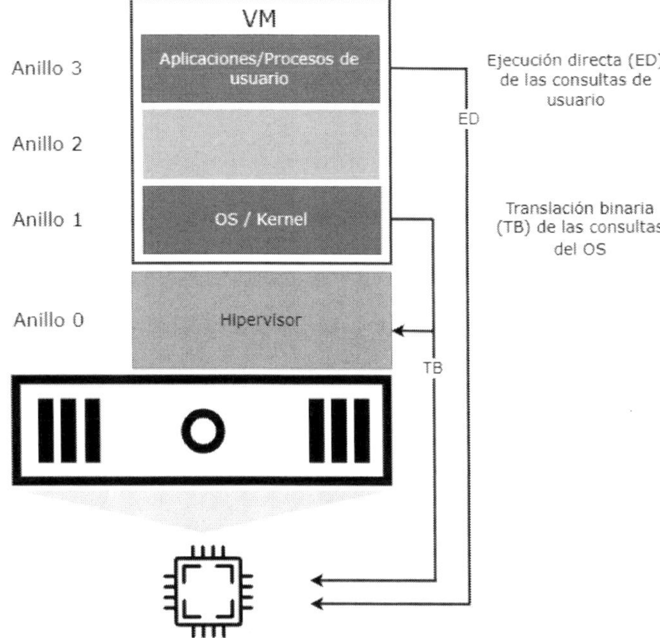


*Traducción binaria*

El principal inconveniente de reescribir parte del código para sustituir ciertas instrucciones problemáticas, es que consume recursos.

### 3.3.3 Paravirtualización

La paravirtualización no emula el funcionamiento del hardware. No es una técnica para conseguir una virtualización completa, pero merece la pena mencionarla porque se ha utilizado a menudo. La paravirtualización es un enfoque en el que los sistemas operativos huésped se modifican para trabajar conjuntamente con el hipervisor, con el fin de optimizar el rendimiento. Este enfoque proporciona una interfaz de programación de aplicaciones (API) que se puede utilizar por un sistema operativo huésped modificado.

La paravirtualización ofrece un conjunto de *hypercalls* que permiten al SO huésped enviar peticiones explícitas al hipervisor (algo así como una *system call* offre que ofrece servicios del *kernel* a las aplicaciones). Los sistemas huésped utilizan *hypercalls* para operaciones con permisos, pero como lo hacen explícitamente en cooperación con el hipervisor, la solución es más sencilla y rápida que *trap-and-emulate*.

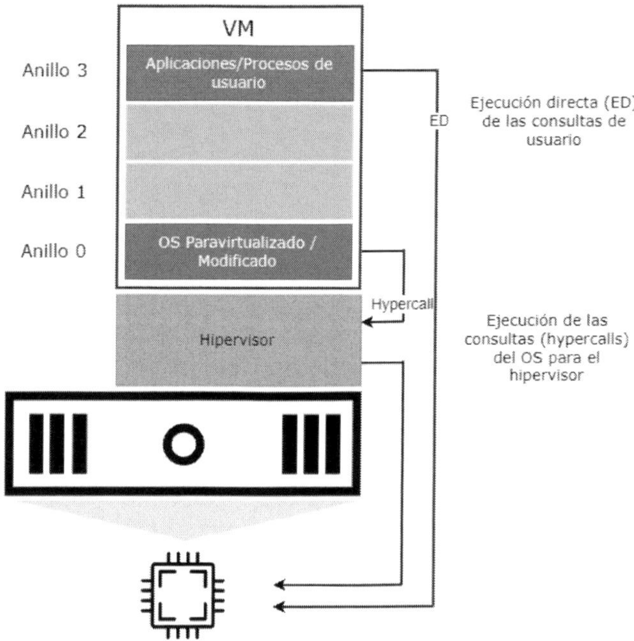


*Paravirtualización*

La desventaja de la paravirtualización es que se debe modificar el sistema operativo y no se puede ejecutar tal cual. No se trata de una virtualización en sentido estricto, ya que este enfoque no hace creer al sistema operativo que se ejecuta como si estuviera instalado en una máquina física. Una vez más, esta solución no respeta el principio de equivalencia o fidelidad formulado por Popek y Goldberg.

## 3.4 Técnicas de virtualización asistida por hardware

La virtualización asistida por hardware (*hardware assisted virtualization*) se desarrolló a principios de la década de 2000 como solución a las limitaciones asociadas a los dos modos (usuario y kernel) de los sistemas operativos tradicionales. Acabamos de ver que se han puesto en marcha diversas técnicas de software para hacer frente a este problema, pero la solución definitiva vendría de la mano de los fabricantes de procesadores, que replantearon la arquitectura de los procesadores x86 para adaptarla a la virtualización.

### 3.4.1 Tecnología Intel VT

En 2003, Intel introdujo la tecnología VT (*Virtualization Technology*), un nuevo conjunto de instrucciones diseñado para mejorar las capacidades de virtualización de los procesadores x86. VT permite la virtualización del hardware, de modo que varias máquinas virtuales (sistemas operativos huésped) se pueden ejecutar simultáneamente en un único procesador físico.

Con Intel VT, se redefinen los niveles o anillos de privilegios que utiliza el procesador para ejecutar instrucciones y acceder a los recursos del sistema. Además del *ring* 0 ("modo kernel"), que es el nivel con más permisos, se añade un anillo adicional (a veces denominado anillo -1), que se reserva para el hipervisor. Los *rings* 1 y 2 siguen siendo niveles tradicionalmente no utilizados o reservados para la ejecución de controladores de dispositivos.

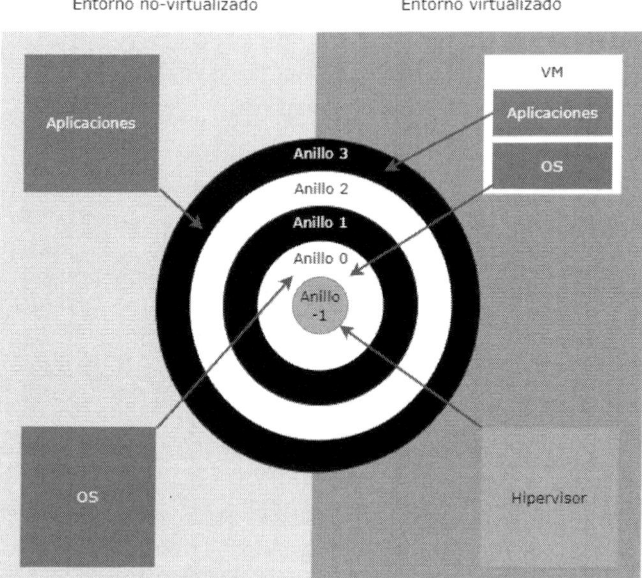


*Intel VT y anillos de protección*

La consecuencia de esta nueva arquitectura es que todos los sistemas invitados se ejecutan en "modo usuario". Se mantiene el diseño inicial que presentamos anteriormente, pero todos los anillos los controla el hipervisor sin que los sistemas operativos sean conscientes de ello. Esto significa que todas las peticiones de las máquinas virtuales las gestiona el hipervisor, de modo que los sistemas huésped se sienten como si controlaran su propio hardware.

### 3.4.2 Tecnología AMD-V

AMD-V (*AMD Virtualization*) es la solución de virtualización asistida por hardware desarrollada por Advanced Micro Devices, poco después de Intel VT para sus propias arquitecturas de procesador.

Esta tecnología permite la ejecución segura y eficiente de máquinas virtuales, delegando las tareas de virtualización en el procesador. Incluye funciones como *AMD Secure Virtual Machine* (SVM) y *Rapid Virtualization Indexing* (RVI).

- **SVM** (también conocido como *Secure Nested Paging*) permite a las máquinas virtuales disponer de sus propias tablas de traducción de direcciones, lo que mejora el rendimiento y el aislamiento entre máquinas virtuales. Esta función también mejora la gestión de la memoria en entornos virtualizados.
- **RVI** optimiza la virtualización de la memoria, permitiendo al hipervisor mantener tablas de páginas (*page tables*) independientes para cada máquina virtual. Este enfoque reduce la sobrecarga de asignación de memoria y mejora el rendimiento general.

**Observación**

*Una tabla de páginas (page tables) es una estructura de datos utilizada por la memoria virtual de un sistema operativo. Sirve para almacenar correspondencias entre direcciones físicas y virtuales. Encontrará una ilustración de este sistema en el capítulo Introducción a los conceptos de virtualización.*

AMD-V también incluye funciones como VMCS (Virtual Machine Control Structure), que acelera la transición entre los sistemas operativos huésped y el host.

En general, la tecnología AMD-V mejora la eficiencia, el rendimiento y la seguridad de la virtualización al proporcionar soporte a nivel de hardware para las tareas de virtualización. AMD-V permite un mejor aislamiento entre máquinas virtuales y una gestión más eficiente de la memoria en los procesadores.

### 3.4.3 Mejoras en los procesadores

Además de las mejoras orientadas a la virtualización, los procesadores han experimentado importantes mejoras de rendimiento en el periodo 2000-2010. En esta época se introdujeron técnicas como el *hyper-threading* y los procesadores multinúcleo (*multi-core processor*), que contribuyeron a impulsar el crecimiento de la virtualización de servidores.

#### Hyper-threading

Hyper-threading *Technology* (HTT) es una tecnología desarrollada por Intel que permite crear dos procesadores lógicos en la misma unidad central de procesamiento (CPU). En este contexto, el chip principal se denomina "socket" para distinguirlo de sus homólogos lógicos. Estos dos procesadores "virtuales" comparten los componentes del socket y permiten a cada *kernel* ejecutar tareas simultáneamente. La mayoría de los hosts de virtualización admiten la activación de esta tecnología, para mejorar el rendimiento del procesamiento.

#### Procesadores multinúcleo

Un procesador multinúcleo es (*multi-core*) una CPU con varios núcleos físicos. Cada núcleo actúa como una unidad central de procesamiento, que puede proporcionar recursos de procesamiento a los programas de forma independiente. Un núcleo tiene la misma funcionalidad que el chip principal, lo que lo convierte en un componente esencial para un host de virtualización que necesite gestionar eficazmente el aspecto multitarea de los sistemas operativos huésped.

# 4. Tareas del hipervisor

## 4.1 Compartir y asignar recursos

Una de las principales tareas del hipervisor es compartir los recursos del host entre varias máquinas virtuales. Mediante diversas técnicas de gestión de recursos, como la programación del tiempo de CPU y la asignación de memoria, el hipervisor garantiza que cada máquina virtual reciba una parte justa de los recursos del host. Por tanto, es responsable de asignar ciclos de CPU, páginas de memoria, espacio de almacenamiento y ancho de banda de red de acuerdo con las prioridades, reservas de recursos y límites configurados.

El reparto y la asignación de recursos se estudiarán en detalle en el capítulo Entender las máquinas virtuales. Aquí nos limitaremos a presentar algunas técnicas de optimización de memoria.

### Técnicas de optimización de la memoria

El hipervisor se encarga de que cada máquina virtual disponga del tiempo de CPU que le corresponde y evita que una máquina virtual monopolice los recursos. Lo mismo ocurre con la memoria, cuya asignación gestiona mediante diversas técnicas, como el "memory *ballooning*".

Esta técnica se utiliza para ajustar dinámicamente la asignación de memoria de las máquinas virtuales. *Memory ballooning* significa que el hipervisor recupera memoria de máquinas virtuales inactivas o infrautilizadas, para ponerla a disposición de otras máquinas virtuales que necesitan más memoria.

Otro enfoque común para optimizar el uso de la memoria se **denomina "compartición de páginas transparentes"** (*Transparent Page Sharing*, TPS). Esta técnica identifica las páginas de memoria duplicadas en varias máquinas virtuales y las consolida. Esto permite al hipervisor compartir una única copia de páginas de memoria idénticas entre varias máquinas virtuales.

## 4.2 Sobreasignación de recursos

En principio, la suma de los recursos asignados a las máquinas virtuales debe estar disponible en el host, pero la práctica de la sobreasignación es habitual para anticiparse a los picos de uso. Por ejemplo, un host con 128 GB de RAM podría tener 160 GB asignados para todas las máquinas virtuales.

**Observación**

*En el contexto de la virtualización, la sobreasignación se refiere a los diversos métodos que permiten utilizar más recursos de los que realmente existen en el host físico.*

Esta sobreasignación es posible en la mayoría de los hipervisores, ya que se asume que nunca se utilizan todos los recursos en su totalidad.

Esta práctica conlleva el riesgo de colapso y se debe calcular y planificar correctamente. En caso de que se utilizaran todos los recursos, al host no le quedarían recursos para sí mismo y sería incapaz de cumplir su función.

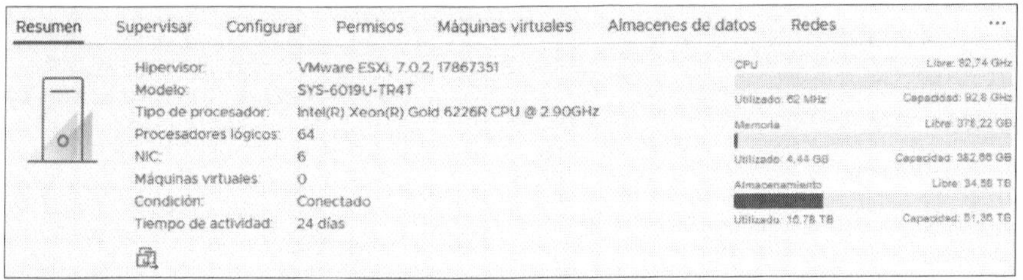


*Vista de los recursos de un host ESXi con pocas máquinas virtuales*

Por ello, es prudente no sobreasignar recursos, lo que puede llevar a infrautilizarlos.

En el capítulo Alta disponibilidad y seguridad, analizamos el concepto de clustering y describimos algunas técnicas que favorecen la sobreasignación, como la compresión de memoria y el modo "*thin-provisioning*" para los recursos de almacenamiento en un entorno VMware.

## 4.3 Diferencia entre un hipervisor y un sistema operativo

Los hipervisores se confunden a menudo con los sistemas operativos. Esta confusión se debe a que un hipervisor tiene varias similitudes con un sistema operativo. Al igual que este último, el hipervisor gestiona la asignación de recursos y se puede instalar directamente en el hardware (tipo 1). Sin embargo, en el caso de un sistema operativo, los recursos se asignan a los programas y no a las máquinas virtuales.

Además de esta similitud inicial, el software del hipervisor puede incorporar un sistema operativo, pero sus funciones están dedicadas a la virtualización. Veremos más adelante que también existen soluciones que hacen del hipervisor uno de los componentes de un sistema operativo.

Lo que debemos distinguir más claramente es el entorno en el que se ejecuta el sistema operativo. En el caso de un ordenador físico, el sistema operativo se comunica directamente con el hardware subyacente. Para ser más precisos, el acceso a los recursos y periféricos se realiza a través de controladores (*drivers*), pero éstos forman parte del kernel del sistema operativo.

Por ejemplo, las operaciones de lectura y escritura, las llamadas a la memoria o las solicitudes de recursos de la CPU, se hacen directamente a los subsistemas informáticos correspondientes.

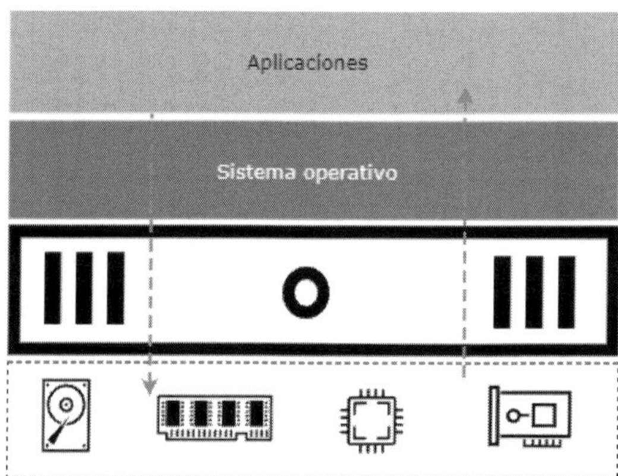


*El sistema operativo*

Por el contrario, en un contexto de virtualización, un sistema operativo invitado tiene que pasar necesariamente por el hipervisor para acceder a los recursos físicos del host, que desconoce por completo.

Comparado con un sistema operativo, el software hipervisor ESXi de VMware, por ejemplo, es muy pequeño. Tiene un tamaño de unos 150 MB y se puede desplegar en una tarjeta SD, mientras que para instalar un sistema Windows Server 2022 se necesitan 32 GB.

Con menos líneas de código, el hipervisor es más seguro porque tiene una superficie de ataque mucho menor y es menos propenso a los errores. A diferencia del sistema operativo, que realiza varias tareas, el hipervisor se dedica a una sola: crear la ilusión de que las máquinas virtuales disponen de recursos de hardware.

Cabe señalar que el hipervisor VMware ESXi se basa en el VMkernel, un sistema operativo propietario que presenta una serie de similitudes con los SO de tipo UNIX.

**Observación**

*El VMkernel implementa el estándar POSIX (Portable Operating System Interface), que define una serie de normas para garantizar la compatibilidad entre las distintas variantes de los sistemas UNIX.*

# 5. Tipos de hipervisor

Existen dos clases de hipervisor, de tipo 1 y de tipo 2. En informática, además de que el nivel 1 suele referirse al hardware, sus nombres no facilitan la comprensión de la diferencia entre ellos.

En las siguientes páginas definiremos cada tipo de hipervisor. A continuación, analizaremos la arquitectura de los hipervisores que representan la mayor parte del mercado actual de soluciones de virtualización.

## 5.1 Hipervisores de tipo 1

Un hipervisor de tipo 1, también conocido como hipervisor "nativo" (*native*) o bare-metal, se instala directamente en el hardware, es decir, se ejecuta sin sistema operativo. En cierto modo, sustituye al SO, ya que es el componente de software que controla directamente el hardware.

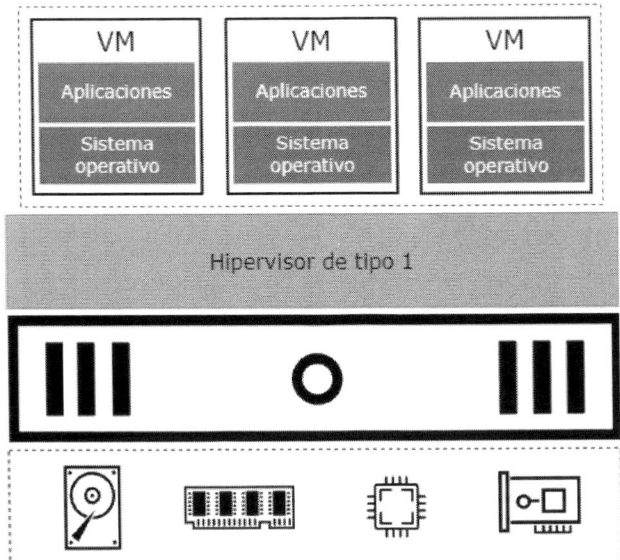


*Hipervisor de tipo 1*

Por tanto, el hipervisor de tipo 1 funciona sin intermediario. Se comunica directamente con los recursos de hardware de la capa física subyacente, lo que lo hace más eficiente que el hipervisor de tipo 2 que, como veremos más adelante, tiene una capa de software adicional.

Debido a su acceso directo al hardware, el hipervisor de tipo 1 ofrece un mejor rendimiento que el hipervisor de tipo 2.

### 5.1.1 Soluciones de virtualización para empresas

Los hipervisores de tipo 1 se caracterizan por su robustez y cuentan con diversos mecanismos de redundancia y tolerancia a fallos. Se trata de software empresarial que puede soportar un número muy elevado de máquinas virtuales en un único host: varias decenas o incluso varios centenares, si el servidor host dispone del hardware adecuado.

En general, se despliegan al menos dos hosts para un número determinado de máquinas virtuales. De esta forma, en caso de fallo (o cuando haya que realizar tareas de mantenimiento), un único host puede soportar toda la carga.

### 5.1.2 Independencia de hardware y software

En el modelo de tipo 1, las operaciones de las máquinas huésped se delegan por completo en el hipervisor, lo que significa que éste no se ve afectado por el comportamiento de las máquinas virtuales.

Una máquina virtual que funcione mal o que esté comprometida por un código malicioso, no puede causar daños a otras máquinas virtuales o al hipervisor, porque es un "contenedor" independiente de los demás componentes del entorno de virtualización. Del mismo modo, si una máquina virtual se bloquea, el suceso queda confinado a los límites de la máquina virtual.

La capa hardware (host) y la capa software (máquinas huésped) están separadas o "desacopladas", lo que permite que cualquier incidencia permanezca aislada a nivel de su propia capa o, en el caso de una VM, a nivel de su "contenedor".

Si un componente de hardware falla y es necesario sustituirlo en el servidor host, el cambio sigue siendo transparente para las máquinas virtuales. El hipervisor tendrá en cuenta esta falta temporal de recursos y ajustará su asignación en consecuencia.

### 5.1.3 El mercado de hipervisores de tipo 1

En la actualidad, VMware ESXi, Microsoft Hyper-V, Citrix Xen, KVM y Nutanix AHV se encuentran entre los hipervisores de tipo 1 con mayor cuota de mercado, aparte de los que no están en el mercado, pero están disponibles en modo IaaS en plataformas cloud como AWS, Azure y Google Cloud Platform.

## 5.2 Los principales hipervisores de tipo 1

### 5.2.1 VMware ESXi

El primer hipervisor moderno de tipo 1 que se comercializó fue el ESX de VMware. En el momento de escribir estas líneas, este hipervisor "histórico", ahora llamado ESXi, se encuentra en su octava versión.

ESX fue desarrollado por VMware Inc, empresa fundada en 1998 en plena *burbuja puntocom*. Fue el primer fabricante en comercializar una solución de virtualización en arquitecturas de procesadores x86.

En 1999, la empresa lanzó su primer hipervisor de tipo 2, Worsktation 1.0, que permitía crear máquinas virtuales en estaciones de trabajo Windows o Linux. Lo probamos en el capítulo anterior Desplegar un hipervisor VMware ESXi 8.

Dos años después, VMware volvió a hacerlo con ESX 1.0 y GSX 1.0. ESX es un hipervisor de tipo 1 (dirigido al mercado de servidores), mientras que GSX, rebautizado posteriormente como VMware Server, era un hipervisor gratuito de tipo 2 que dejó de funcionar en 2010.

**Observación**

*Existen varias historias sobre el significado de las siglas ESX. Se dice que la empresa de marketing de VMware sugirió el nombre 'Elastic Sky X', pero esto no gustó a los ingenieros de VMware, que decidieron conservar sólo la inicial de cada palabra. La "i" de "integrated" (integrado) se introdujo en 2007, cuando VMware rediseñó el hipervisor para permitir la integración de aplicaciones de terceros en el software.*

A diferencia de su versión actual, la arquitectura inicial de ESX constaba de dos componentes: el hipervisor y una consola de gestión basada en un sistema operativo Linux. A partir de la versión 3.1, VMware decidió abandonar el componente OS porque era demasiado voluminoso y, desde el punto de vista de la seguridad informática, su supresión permitía reducir la superficie de ataque de la solución.

*VMware ESXi 3.1*

### 5.2.2 Arquitectura simplificada para VMware ESXi

El componente principal de ESXi es el VMKernel (véase la figura siguiente), que contiene todos los elementos necesarios para ejecutar y aprovisionar (provisionning) máquinas virtuales. El VMkernel se basa en una versión propietaria de un sistema UNIX que incluye todas las funciones necesarias para la virtualización de la red y el almacenamiento (*storage stack, network stack*).

Estos componentes básicos se complementan con un módulo de programación de recursos asignados a las máquinas virtuales (*resource scheduling*) y un módulo *API User World* dedicado a las interacciones con los usuarios. El "user world" controla el acceso a la DCUI (*Direct Console User Interface*), la principal interfaz de gestión y configuración de ESXi, y proporciona un sistema de registro (*Syslog*).

La interfaz *Common Information Model* (CIM) permite controlar el hardware desde herramientas de gestión como la consola vSphere. Más adelante, veremos que este modelo difiere en varios aspectos de otros hipervisores del mercado.

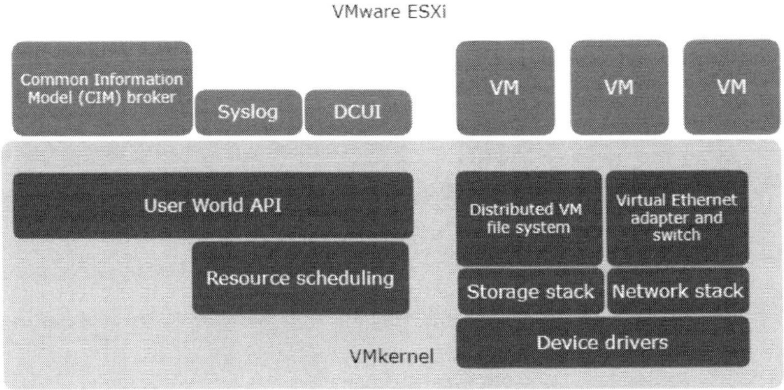


*Resumen de la arquitectura de ESXi*

### 5.2.3 Cuota de mercado de VMware ESXi

VMware ESXi es el hipervisor con mayor cuota del mercado de hipervisores, en torno al 75% hasta 2017 según IDC (*International Data Corporation*). Hoy en día, la cuota de mercado en el sector de la virtualización tiende a medirse en términos de soluciones completas de tipo SDDC o infraestructuras hiperconvergentes (HCI). En estos dos sectores, VMware sigue dominando con casi el 50% de la cuota de mercado, siempre según IDC.

En los últimos cinco años, la moda de la cloud computing ha provocado pérdidas para la empresa, beneficiándose especialmente de AWS y Microsoft Azure.

La empresa respondió rápidamente con el desarrollo de nuevos productos como vSphere+ y VMware Tanzu, que integran la solución de orquestación de contenedores Kubernetes.

### 5.2.4 Xen y Citrix XenServer

Al igual que ESX de VMware, el hipervisor Xen surgió en un momento en que proliferaban los servidores físicos y la gente buscaba soluciones para consolidar sus infraestructuras tecnológicas. El desarrollo inicial de Xen comenzó en la Universidad de Cambridge a finales de la década de 1990. En 2002, el código de Xen se hizo público como proyecto de código abierto.

**Observación**

*El código abierto hace referencia al software cuyo código es de acceso público, es decir, que se puede modificar, mejorar y distribuir libremente, a diferencia del llamado software "propietario". El movimiento del código abierto también se utiliza para referirse a las comunidades que abogan por el desarrollo de software colaborativo y descentralizado.*

*Los sistemas operativos Linux son probablemente el ejemplo más famoso de software de código abierto.*

Dos años más tarde, se fundó XenSource para comercializar el hipervisor Xen con el nombre de XenEnterprise. Durante este periodo, se desarrollaron otros hipervisores basados en Xen, como Oracle VM y Amazon Web Services (Amazon Elastic Compute Cloud, EC2).

*Primer logotipo de XenServer*

En 2006, Citrix Systems adquirió XenSource y lanzó el(04EI12.png) hipervisor XenServer tipo 1 en 2008. 2014.

Al igual que ESXi, Xen (ahora comercializado como Citrix Hypervisor) es un hipervisor de tipo 1 que se instala directamente en la capa de hardware. Sin embargo, existen varias diferencias entre su implementación y la arquitectura del hipervisor de VMware.

### 5.2.5 Arquitectura Xen simplificada

El modelo Xen es único en el sentido de que funciona con una máquina virtual llamada Dominio 0 o Dom0. Esta se inicia al mismo tiempo que el hipervisor y tiene privilegios elevados, que otras máquinas virtuales no tienen. Hay dos dominios distintos: Dom0 y Dom U (privilegiado, no privilegiado que no tiene acceso directo a los recursos físicos).

Dom0 está diseñado para tener acceso directo a los recursos de hardware a través de los llamados controladores "backend" (ver figura inferior) que se comunican con los controladores nativos del hipervisor. Este modo de funcionamiento permite a Dom0 gestionar todas las peticiones de E/S de otras máquinas invitadas.

Así, cuando una máquina virtual (Dom U) solicita acceso a los recursos de hardware del host, estas solicitudes son interceptadas por el hipervisor y procesadas por Dom0, que concede acceso a los recursos solicitados.

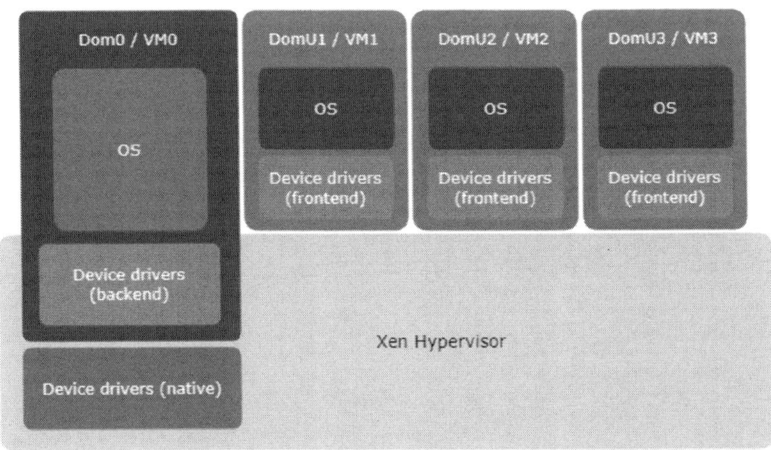


*Resumen de la arquitectura Xen*

Debido a la presencia de un sistema operativo en la máquina virtual Dom0, la arquitectura de Xen presenta ciertas desventajas, sobre todo en lo que respecta a la disponibilidad de otras máquinas virtuales. Por ejemplo, cuando hay que aplicar parches a Dom0 y reiniciar el sistema operativo, se interrumpe la actividad de las demás máquinas virtuales.

Como Dom0 también es una máquina huésped, hay que asegurarse de que nunca se quede sin recursos para que no afecte al funcionamiento general de la solución.

### 5.2.6 Cuota de mercado de Xen y Citrix XenServer

Las soluciones basadas en Xen, Citrix XenServer y Oracle representan alrededor del 5% del mercado de software de virtualización, según IDC.

Este porcentaje excluye las numerosas plataformas cloud, como AWS y Oracle Cloud Infrastructure (OCI), que confían en Xen para sus servicios de virtualización.

### 5.2.7 Microsoft Hyper-V e Hyper-V Server

Microsoft entró en el mercado de la virtualización en 2005 con su primer hipervisor, Virtual Server. Resultado de la adquisición de VirtualPC a Connectix, era un hipervisor de tipo 2 para Mac, como su competidor GSX de VMware.

En 2008, VirtualPC se abandonó en favor de Hyper-V, un hipervisor de tipo 1 que actúa como un componente instalable (rol) del sistema operativo Windows Server 2008.

*Windows Server 2008 con logotipo Hyper-V*

La siguiente figura muestra el rol Hyper-V que se debe marcar en el asistente "Agregar roles y características" en Windows Server 2022.

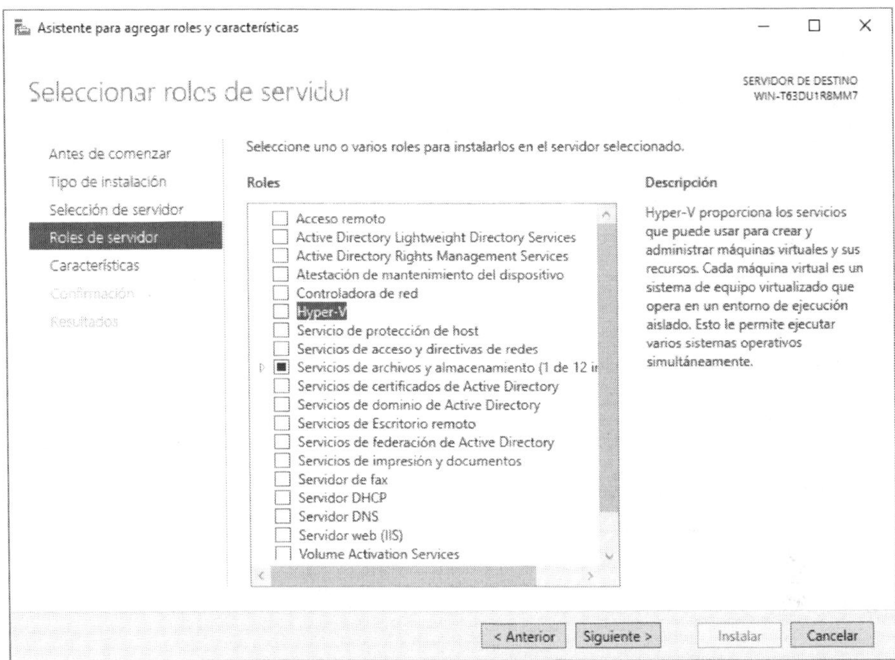


*Ubicación para agregar Hyper-V a Windows Server 2022*

### 5.2.8 Arquitectura Hyper-V simplificada

Cuando se instala el rol Hyper-V, se crean dos particiones sobre el hipervisor (ver figura inferior): la partición padre (*parent partition*) y la partición hija (*child partition*). El sistema operativo Windows Server se traslada entonces a la partición padre y tiene acceso directo a los recursos de hardware. En este contexto, una partición es una unidad lógica en la que se ejecuta un sistema operativo.

La noción de partición también se aplica a las máquinas huésped que, en este contexto, corresponden a particiones hijas.

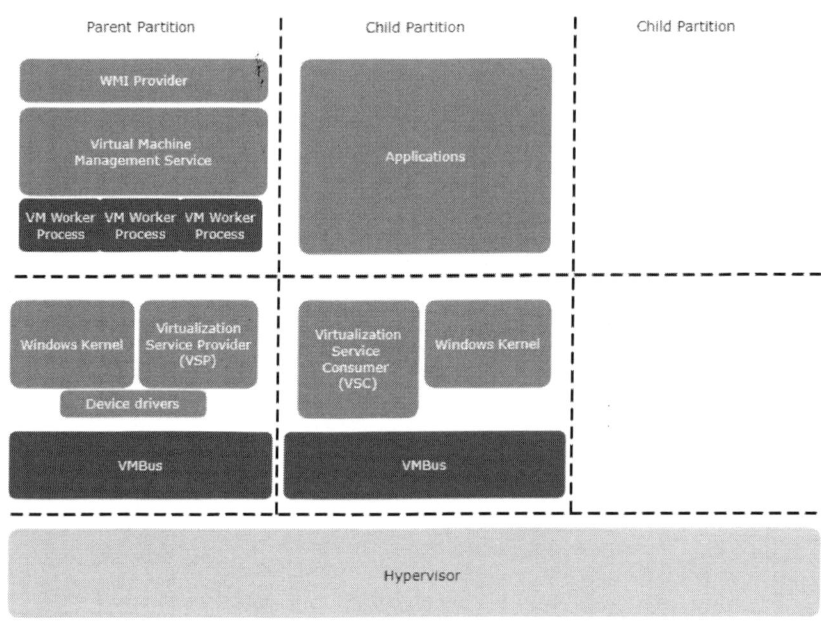


*Breve arquitectura de Hyper-V*

La partición padre se utiliza para crear y gestionar particiones hijas a través de un componente llamado *Virtual Machine Management Service*. Gestiona el acceso a los recursos de hardware y a los controladores de dispositivos. Las particiones no tienen acceso directo al hardware. Los recursos se asignan a través del bus de comunicación VMBus, que está presente en ambos tipos de partición.

La partición padre aloja *Virtualization Service Providers* (VSP) que se comunican a través del VMBus para gestionar las peticiones de acceso a recursos en las particiones hijas. Las particiones hijas alojan *Virtualization Service Consumers* (VSC) que redirigen las peticiones de los dispositivos al VSP en la partición padre a través del VMBus. Este proceso es transparente para el SO huésped.

Dado que Hyper-V utiliza un modelo similar al de Xen, está sujeto a las mismas vulnerabilidades, especialmente cuando se aplican parches que afectan a la disponibilidad de otras máquinas invitadas.

**Observación**

*La arquitectura particionada de Hyper-V y su instalación como rol son, a menudo, confusas. Varios debates en línea sugieren que Hyper-V es un hipervisor de tipo 2, pero en realidad es un hipervisor de tipo 1. La confusión también proviene del hecho de que su modo de instalación se compara normalmente con el de ESXi.*

Hyper-V no ofrece una gama tan completa de funciones como ESXi cuando se utiliza con la consola de gestión centralizada vSphere, pero tiene la ventaja de estar disponible directamente en un sistema Windows Server sin coste adicional. Hyper-V también se puede instalar como característica adicional en Windows 10 u 11.

La siguiente figura muestra el panel de control para habilitar la funcionalidad Hyper-V en Windows 11.

*Ubicación para agregar Hyper-V en Windows 11*

Microsoft también ofrece una edición gratuita de su solución de virtualización llamada Hyper-V Server, cuya arquitectura se acerca más a ESXi al no estar basada en un sistema operativo. En el momento de escribir estas líneas, este producto se encuentra en su edición de 2019.

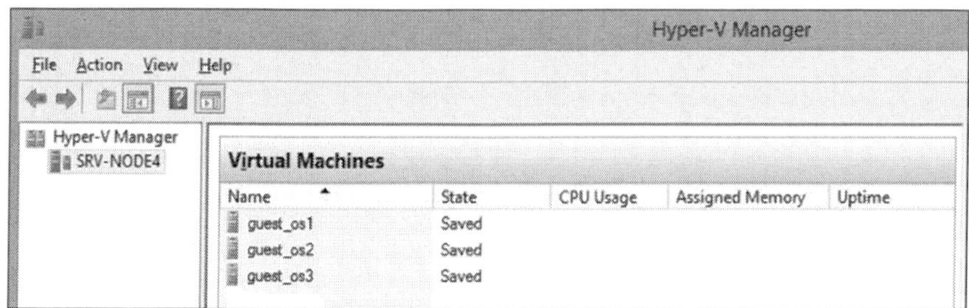


*Herramienta de gestión Hyper-V Manager para Windows Server*

### 5.2.9 Cuota de mercado de Hyper-V

Aunque entró más tarde en el terreno de la virtualización, según IDC, Microsoft tenía alrededor del 20% de la cuota de mercado de software de virtualización en 2017. Para 2022, TechnologyAdvice estima que Hyper-V tendrá una cuota de mercado del 10,5 %.

Desde finales de la década de 2010, los servicios de virtualización de Microsoft forman parte de su plataforma de cloud computing. Su servicio Azure Virtual Machine se basa en Hyper-V.

## 5.3 Máquina virtual basada en kernel (KVM)

Al igual que el hipervisor Xen, KVM o *Kernel-based Virtual Machine* también es un hipervisor de tipo 1 de código abierto.

Qumranet comenzó a desarrollar KVM en 2006. Al año siguiente, el hipervisor se lanzó oficialmente como módulo integrado en el kernel Linux en la versión 2.6.20, publicada el 5 de febrero. Cuando se carga este módulo, el kernel se convierte en un hipervisor de tipo 1. Al heredar propiedades del kernel, KVM es una solución que ha madurado rápidamente.

En 2008, Red Hat, una empresa dedicada a las soluciones empresariales de código abierto, adquirió Qumranet y desarrolló un hipervisor de tipo 1 llamado Red Hat Virtualization (RHV) basado en KVM.

*Logotipo de Red Hat Virtualization*

### 5.3.1 Arquitectura KVM simplificada

Este hipervisor funciona de forma similar a Hyper-V, ya que transforma un sistema operativo (Linux en esta ocasión), en un hipervisor de tipo 1 (véase la figura siguiente). KVM utiliza el software de código abierto QEMU (*Quick Emulator*), que emula recursos de hardware para máquinas virtuales (memoria, interfaz de red, BIOS, etc.). QEMU es un emulador que se ejecuta en un SO de destino sin modificar.

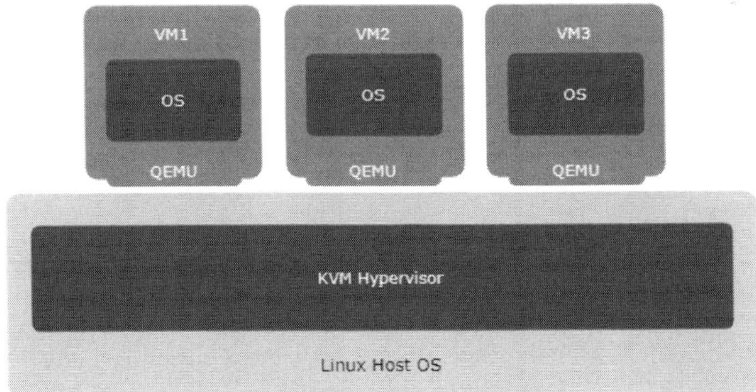


*Resumen de la arquitectura KVM*

Dado que KVM está integrado en el kernel de un sistema Linux, utiliza sus componentes con fines de virtualización: gestión de memoria y periféricos, soporte de entrada/salida, almacenamiento y acceso a la red.

En este contexto, cada máquina virtual es un proceso Linux como cualquier otro que aprovecha el programador de procesos (*process scheduler*) del sistema operativo para asignar recursos.

KVM no es un hipervisor dedicado ("monolítico") como ESXi, por ejemplo. Su implementación depende del sistema operativo host. La infraestructura de virtualización KVM permite que el kernel Linux se convierta en un hipervisor, con la posibilidad de ejecutar un SO separado y distinto en máquinas virtuales. Las funcionalidades del SO siguen estando presentes como en Hyper-V (no servidor).

### 5.3.2 Cuota de mercado de KVM

Es más difícil evaluar la cuota de mercado de KVM, ya que está disponible en todos los sistemas Linux. Según OpenVirtualization, las versiones utilizadas para Nutanix AHV (*Acropolis Hypervisor*), Red Hat Virtualization (RHV) y Red Hat oVIRT tienen alrededor del 10% de la cuota de mercado.

IBM utiliza KVM en la serie IBM Z de mainframes, que son compatibles hacia atrás con los mainframes de los años 60, System/360 y 70, System/370.

KVM también lo utiliza Google Cloud Platform para su servicio Compute Engine. A partir de 2017, según algunos rumores, AWS también utilizará KVM además de Xen.

## 5.4 Hipervisores de tipo 2

Un hipervisor de tipo 2, también conocido como *hosted hypervisor* ("hipervisor alojado"), es una aplicación que se ejecuta en un sistema operativo convencional como Windows, Linux o macOS. En este caso, el sistema operativo se denomina sistema operativo host.

Las primeras soluciones de virtualización en arquitecturas x86, como VMware Workstation, eran de tipo 2 porque se podían comercializar más rápidamente. Sacaban provecho al hecho de que el sistema operativo ya gestionaba los recursos de hardware, por lo que el hipervisor podía aprovechar estas propiedades nativas.

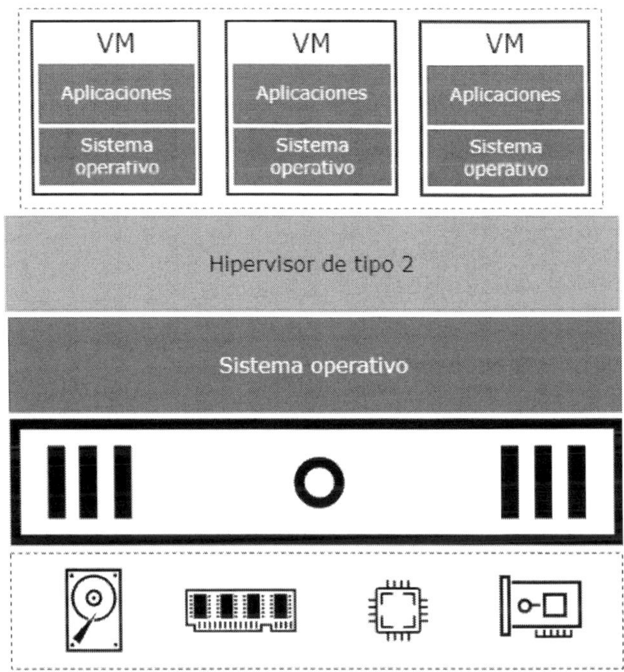


*Hipervisor de tipo 2*

Una de las ventajas de este modelo es que puede admitir múltiples plataformas a través de los controladores (*drivers*) proporcionados por el sistema operativo.

**Observación**

*Basta con ver el ejemplo de Windows, que se puede ejecutar en casi todas las plataformas de PC del mercado, para darse cuenta de la gran versatilidad que pueden ofrecer los hipervisores de tipo 2.*

En general, los hipervisores de tipo 2 son fáciles de instalar: un archivo ejecutable es todo lo que se necesita para desplegarlos.

### 5.4.1 Una capa de software adicional

Debido a la capa de software adicional proporcionada por el SO, los hipervisores de tipo 2 no son tan eficientes como sus homólogos porque no tienen acceso directo a los recursos de hardware.

Así, cada vez que una máquina virtual realiza una operación que implica interactuar con los recursos del host, primero debe enviar su petición al hipervisor, que a su vez la transmitirá al sistema operativo. La máquina solicitante obtendrá sus recursos siguiendo el camino inverso.

En comparación con el hipervisor de tipo 1, este proceso añade dos pasos adicionales cada vez que una máquina virtual necesita acceder a recursos de hardware. Estos pasos adicionales afectan al rendimiento global de la solución, ya que provocan un retraso en la asignación de recursos y se traducen en un mayor consumo de CPU.

En este sentido, los hipervisores de tipo 2 son menos adecuados para cargas de trabajo empresariales, pero su rendimiento es aceptable para su uso en una estación de trabajo.

Los hipervisores de tipo 2 también se conocen como *desktop hypervisor* ("hipervisores de escritorio"). Este nombre indica que se trata de un hipervisor de escritorio de un sistema operativo de estación de trabajo.

**Observación**

*El hipervisor de escritorio no se debe confundir con la infraestructura de escritorio virtual (VDI), que proporciona acceso remoto a los escritorios de Windows (en la mayoría de los casos).*

## 5.5 Los principales hipervisores de tipo 2

### 5.5.1 Oracle VM VirtualBox

De los distintos hipervisores de tipo 2 disponibles en el mercado, Oracle VM Virtual Box es, sin duda, el más utilizado porque es gratuito y de código abierto.

Este hipervisor fue desarrollado inicialmente por Innotek en 2007. Al año siguiente, Sun Microsystems adquirió Innotek y rebautizó el hipervisor como Sun VirtualBox hasta que la propia Oracle adquirió Sun Microsystems en 2010 y lo rebautizó como Oracle VM VirtualBox.

Disponible para las plataformas Windows, macOS, Linux y Solaris, VirtualBox es fácil de usar y se utiliza a menudo en contextos de desarrollo. En el momento de escribir este libro, Oracle VM VirtualBox se encuentra en su séptima versión. Una de las ventajas de esta solución es que admite varios formatos de archivo de máquina virtual, como los utilizados para Hyper-V y VMware.

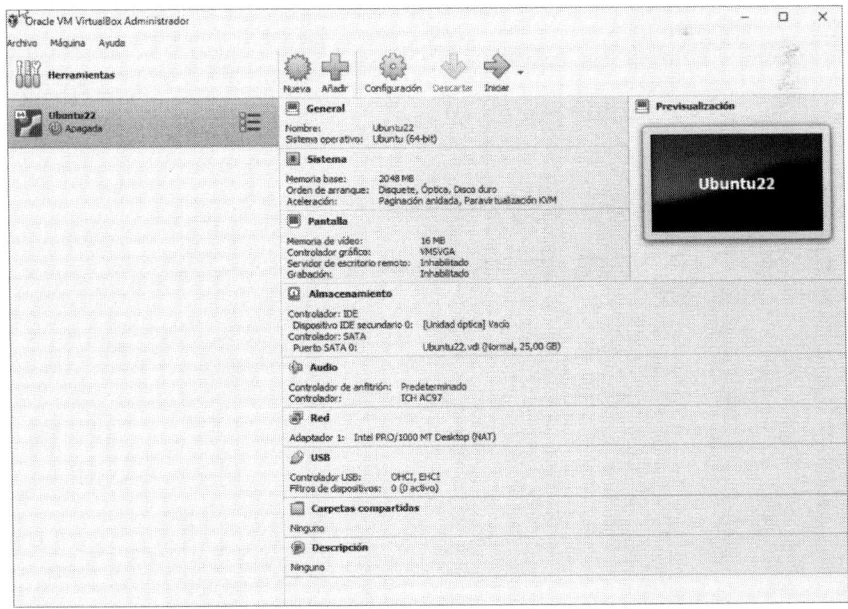


*Interfaz de Oracle VM VirtualBox*

### 5.5.2 VMware Workstation Pro y Workstation Player

Como ya se ha mencionado, Workstation fue la primera solución de virtualización desarrollada por VMware en 1999. Es un hipervisor de tipo 2 que requiere la compra de una licencia. Workstation (rebautizada Workstation Pro en 2015) puede ejecutar varias máquinas virtuales y su interfaz permite utilizar varias pestañas para cambiar de una máquina virtual a otra. Incluye algunas funciones avanzadas, como la posibilidad de hacer clones, instantáneas y cifrar máquinas virtuales.

En 2008, el editor de ESXi ofreció gratuitamente otro hipervisor de tipo 2: VMware Player (ahora conocido como Workstation Player). Menos completo que Workstation Pro, este hipervisor está diseñado para ejecutar una sola máquina virtual a la vez. No permite tomar instantáneas y no dispone de la mayoría de las funciones avanzadas de Workstation Pro.

### 5.5.3 VMware Fusion y Fusion Player

VMware Fusion es el equivalente de Workstation para macOS. Este hipervisor de tipo 2 permite ejecutar máquinas virtuales Windows o Linux en una plataforma Mac. La primera versión del software se lanzó en 2007.

Al igual que VMware Fusion, está disponible en dos ediciones: VMware Fusion Pro y VMware Fusion Player.

### 5.5.4 Parallels Desktop para Mac y ChromeOS

Parallels Desktop es un hipervisor desarrollado por Parallels Inc. Lanzado inicialmente como Parallels Desktop en 2006 para plataformas Windows y Linux, el producto fue descatalogado en 2014 y la oferta de la compañía se centró en Parallels Desktop para Mac, cuya primera versión se lanzó en 2007. Es el principal competidor de VMware Fusion para ejecutar sistemas operativos Windows en macOS.

La empresa también ofrece Parallels Desktop para ChromeOS, uno de los únicos hipervisores diseñados para el sistema operativo de Google que existen en el mercado.

## 6. Conclusión

Tras la instalación de ESXi, este capítulo nos ha brindado la oportunidad de comprender mejor las distintas técnicas que intervienen en la ejecución de un hipervisor. Además de repasar las diferentes funciones del hipervisor, hemos dado varios ejemplos de soluciones en el mercado y esbozado sus arquitecturas.

En el siguiente capítulo, Desplegar una máquina virtual, nos proponemos crear una máquina virtual para comprender mejor el papel del hipervisor en este proceso. Realizaremos una instalación interactiva, que nos permitirá comprender mejor la asignación de recursos y posteriormente procederemos a instalar un sistema operativo.

# Capítulo 5
# Desplegar una máquina virtual

## 1. Introducción

Ahora que hemos repasado cómo funcionan los hipervisores, estamos mejor preparados para ver la virtualización de servidores en acción, desplegando una máquina virtual. Este capítulo nos familiarizará con el proceso de asignación de recursos a una máquina virtual y nos permitirá comprender mejor el papel que desempeña el hipervisor.

Para ilustrarlo, hemos elegido desplegar una máquina virtual con Windows Server 2022 en modo interactivo, es decir, con el asistente de instalación. Esto nos permitirá visualizar cada paso con todas las opciones disponibles. En la empresa, es más inusual que las máquinas virtuales se desplieguen manualmente. Existen varias formas de automatización que presentaremos más adelante (véase el capítulo Descubrir la plataforma VMware vSphere 8).

Antes de realizar el despliegue desde la interfaz de gestión del hipervisor ESXi que hemos creado anteriormente, descargaremos las fuentes de instalación de una versión de evaluación del sistema operativo.

## 1.1 Etapas previas al despliegue

Nuestro servidor ESXi ya dispone de memoria, almacenamiento, procesadores y conectividad de red, que podemos asignar a la máquina virtual cuando se cree. Todavía tenemos que obtener las fuentes de Windows Server 2022 antes de poder empezar.

### 1.1.1 Descargar Windows Server 2022

Puede obtener una versión de evaluación de Windows Server 2022 en el centro de evaluación de Microsoft, en la siguiente dirección https://www.microsoft.com/es-es/evalcenter/evaluate-windows-server-2022

▶ Una vez en la página, haga clic en **Descargar la ISO**.

- Se le redirigirá a una página de registro. Complete la página y pulse **Descárgalo ahora**.

Evalúa Windows Server 2022

Windows Server 2022 incluye seguridad avanzada de varias capas, funcionalidades híbridas con Azure y una plataforma de aplicaciones flexible. Ejecuta cargas de trabajo esenciales para la empresa con Windows Server 2022:

- Aplica protección avanzada multicapa contra amenazas con un servidor de núcleo seguro.
- Ejecuta SQL Server con confianza utilizando 48 TB de memoria, 64 sockets y 2048 núcleos lógicos.
- Usa Windows Admin Center para mejorar la administración de las máquinas virtuales, acceder a un visor de eventos mejorado y conectarte a Azure a través de Azure Arc.

Esta nueva versión incluye también mejoras importantes en los contenedores Windows, como tamaños de imagen más pequeños para una descarga más rápida, implementación simplificada de las políticas de red y herramientas de creación de contenedores para aplicaciones .NET.

Obtén más información sobre las características de Windows Server 2022.

Regístrate hoy mismo para obtener la versión de evaluación gratuita

Rellena el siguiente formulario.

* Nombre

* Apellidos

* Correo electrónico del trabajo

* Nombre de la empresa

* País o Región

País o región *

* Número de empleados

Número de empleados

* Cargo

* Teléfono del trabajo

Código del país

Preguntas/Comentarios

Descárgalo ahora

* campos necesarios

▶ En la página de selección de la edición de Windows Server 2022, elija el archivo ISO en el idioma que desee y pulse **Edición de 64 bits** para iniciar la descarga.

| | | | | |
|---|---|---|---|---|
| Inglés (Estados Unidos) | **Descargas ISO** Edición de 64 bits › | **Descarga de VHD** Edición de 64 bits › | **Prueba Azure** Más información › | **Crear una VM en Azure** Más información › |
| Chino (simplificado) | **Descargas ISO** Edición de 64 bits › | | | |
| Ruso | **Descargas ISO** Edición de 64 bits › | | | |
| Español | **Descargas ISO** Edición de 64 bits › | | | |

### 1.1.2 Validación de los requisitos del sistema para Windows Server 2022

Antes de crear su máquina virtual, visite el sitio de requisitos del sistema de Windows Server 2022 para asegurarse de que dispone de los recursos necesarios para implantar su nuevo servidor virtual.

https://learn.microsoft.com/es-es/windows-server/get-started/hardware-requirements

La configuración mínima es la siguiente:

- Procesador de 64 bits a 1,4 GHz.
- 512 MB de RAM o 2 GB para la opción de instalación con User Experience

**Observación**

*Existen dos opciones de instalación para Windows Server:*

***Server Core**: instalación mínima del sistema operativo, que permite la gestión a través de una interfaz en línea de comandos PowerShell y una herramienta de gestión llamada SConfig.*

***Experiencia de escritorio**: instalación con interfaz gráfica de usuario (GUI) completa y varias herramientas de gestión adicionales, como Server Manager.*

- Un mínimo de 32 GB de espacio en disco.
- Tarjeta Ethernet con una velocidad mínima de 1 Gigabit por segundo.
- Si ha seguido los valores sugeridos para la implantación de ESXi, ya dispone de los recursos mínimos para crear su máquina virtual Windows Server 2022.

Siempre que cree una nueva máquina virtual, asegúrese de leer las especificaciones requeridas antes de proceder. En un entorno de producción, también se debe asegurar de que tiene el modo de licencia adecuado para el número de máquinas virtuales que está desplegando.

Puede consultar el modo de licencia para servidores ESXi en el siguiente sitio: https://docs.vmware.com/es/VMware-vSphere/8.0/vsphere-vcenter-esxi-management/GUID-710CD935-DBF4-4AF6-A4F7-ED35E552DE4C.html

## 1.2 Preparación del despliegue de la máquina virtual

Antes de lanzar el asistente, crearemos un directorio en el almacén de datos DATASTORE-01 que creamos anteriormente para descargar el archivo ISO de Windows Server 2022. Esta tarea es opcional, ya que es posible añadir archivos a la raíz del *datastore*, pero nos permitirá descubrir algunas de las características de la sección de almacenamiento de la consola ESXi Host Client.

### 1.2.1 Creación de un directorio en un almacén de datos

En primer lugar, asegúrese de que el host ESXi que desplegó anteriormente está arrancado y, a continuación, siga los pasos que se indican a continuación.

▶ Introduzca la dirección IP o el nombre de host de su servidor **ESXi** en su navegador preferido y conéctese a la interfaz de administración web con la cuenta **root**.

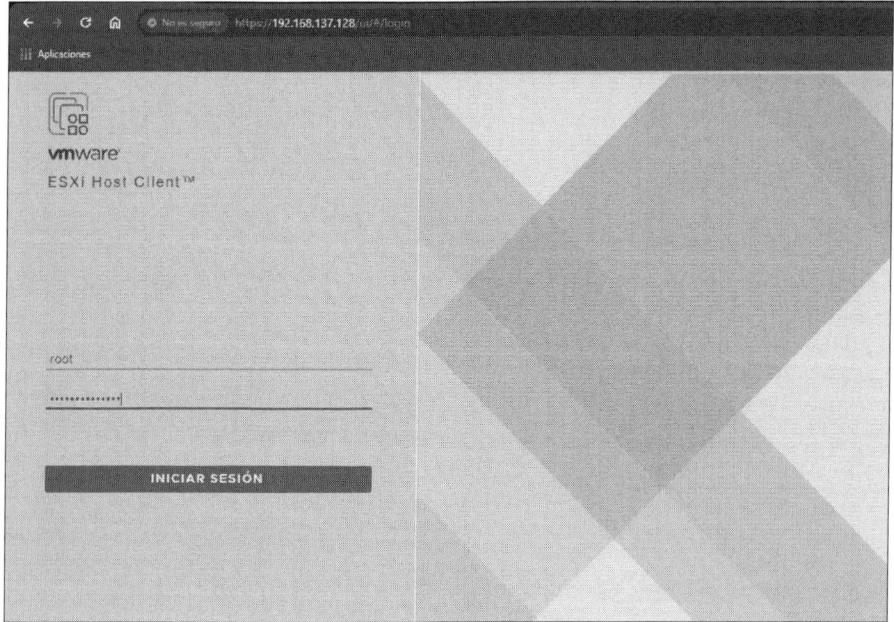

- Para crear un nuevo directorio en un almacén de datos, vaya a la sección **Almacenamiento** de la consola ESXi Host Client y haga clic en el almacén de datos **DATASTORE-01** creado anteriormente.

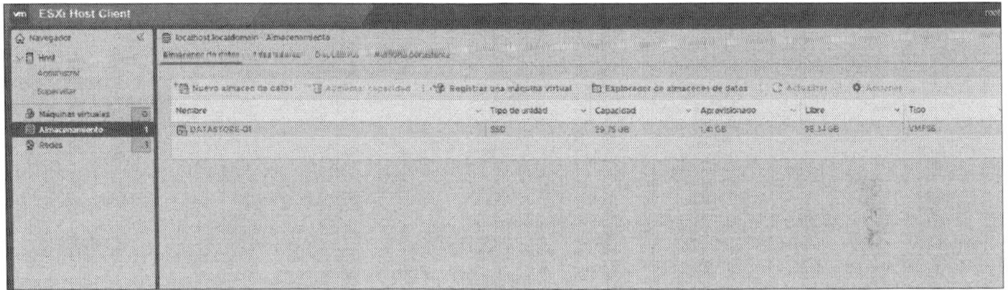


(Cap5Pag7_1.PNG)

- Pulse **Explorador de almacenes de datos**.

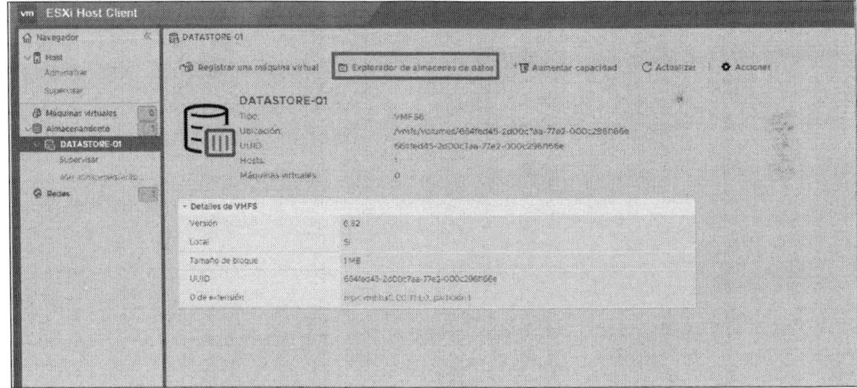

- En la ventana **Explorador de almacenes de datos**, pulse **Crear directorio**.

- Dé un nombre a su nuevo directorio en el campo **Nombre de directorio** y pulse **CREAR DIRECTORIO**.

## 1.2.2 Descargue el archivo ISO de instalación en el directorio

Ahora que tenemos un directorio, podemos empezar a descargar las fuentes de instalación del sistema operativo que recuperamos anteriormente.

▶ Seleccione el nuevo directorio (.iso en este ejemplo) y pulse **Cargar**.

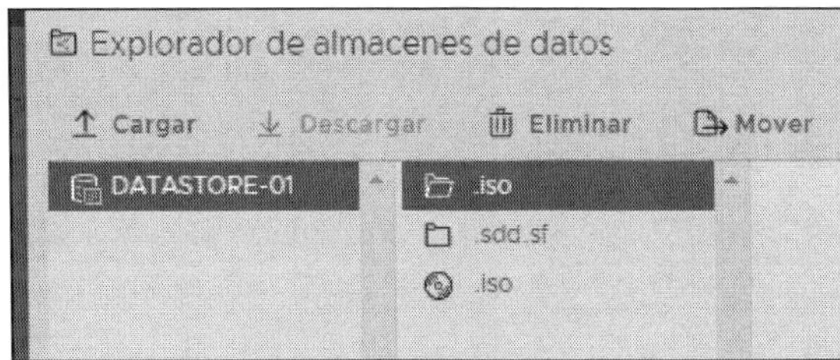


▶ Se abrirá el explorador de archivos. Navegue hasta el directorio donde descargó el archivo ISO de Windows Server 2022 (por defecto: %USERPROFILE%\Downloads\), selecciónelo y pulse **Abrir**.

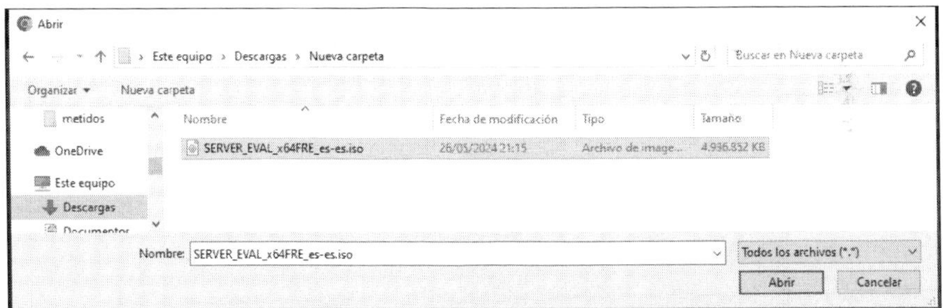

- Pulse **CERRAR** en la parte inferior de la ventana **Explorador de almacenes de datos** para completar la tarea.

- Puede seguir el progreso de la tarea en la parte inferior de la página, en la sección **Tareas recientes**.

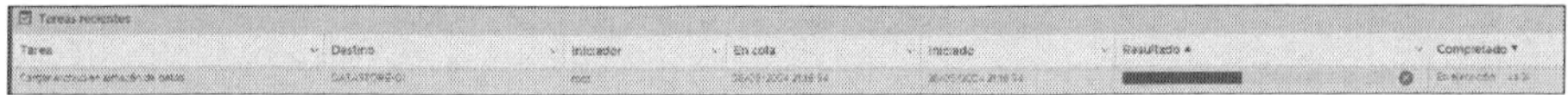

## 1.3 Creación de una máquina virtual en modo interactivo

Durante la descarga, puede iniciar el asistente de creación de máquinas virtuales.

- Si aún no lo ha hecho, conéctese a la interfaz de gestión de **ESXi Host Client** como **root**.
- En la sección **Navegador**, haga clic con el botón derecho en el objeto **Host** y seleccione **Crear/Registrar máquina virtual**.

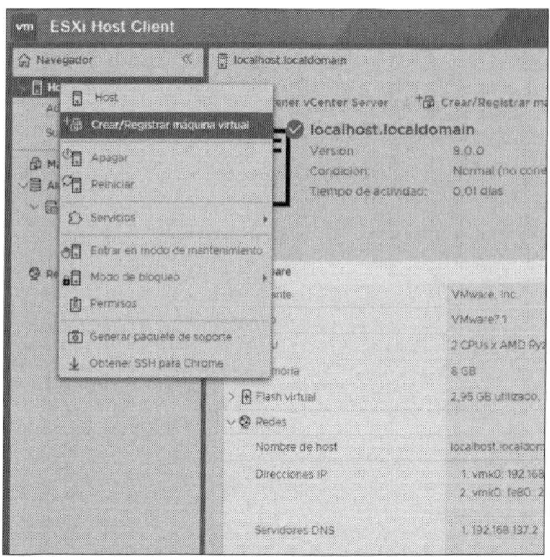

▶Deje la opción **Crea una nueva máquina virtual** por defecto y pulse **SIGUIENTE**.

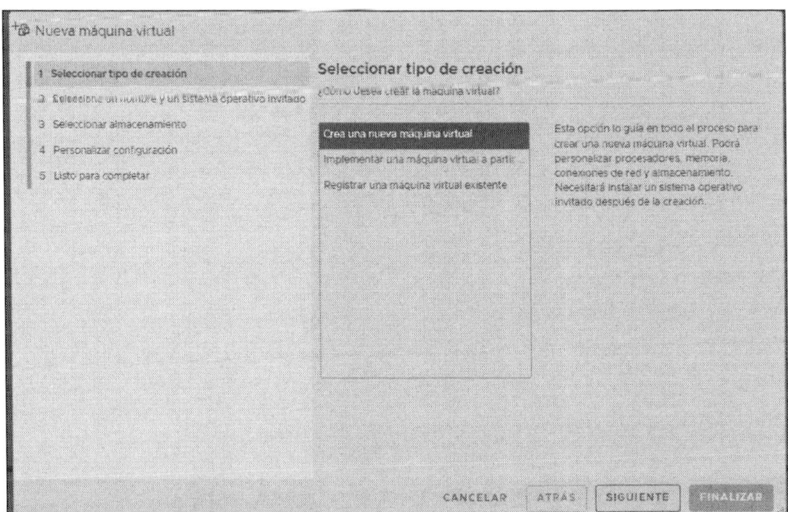


▶Asigne un nombre a su máquina virtual (aquí **WS2022-01**) en **Nombre** y deje la compatibilidad con el valor **Máquina Virtual con ESXi 8.0**.

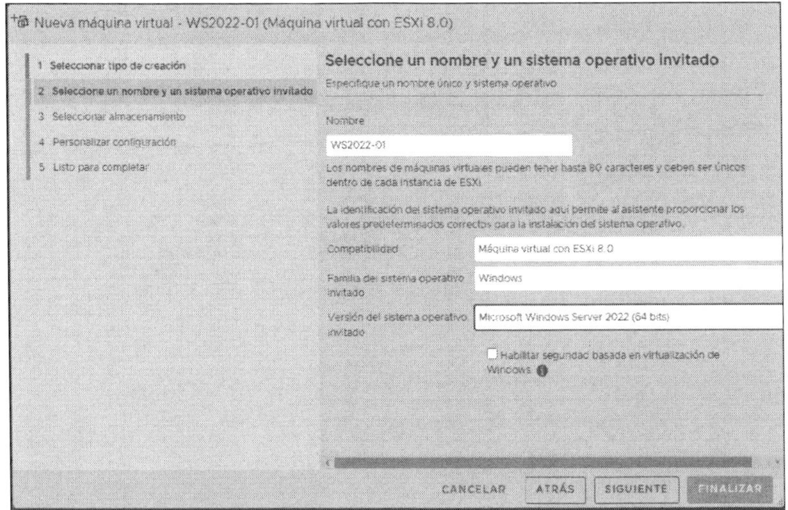

**Observación**

*El parámetro de compatibilidad (Virtual Machine Compatibility), permite seleccionar la versión del host ESXi en el que se ejecutará la máquina virtual. Esta opción hace referencia a los componentes de hardware virtualizados disponibles para una máquina virtual (procesador, memoria, adaptadores de red y controladores de almacenamiento) en función de la versión del software ESXi. El hardware virtual también incluye otros componentes como BIOS y EFI (Extensible Firmware Interface), la ubicación de los buses PCI virtuales disponibles o el número de procesadores y la cantidad de memoria permitidos.*

Sin embargo, tenga en cuenta que algunos sistemas operativos antiguos pueden requerir una versión anterior de ESXi. Si este es el caso, simplemente haga clic en el espacio en blanco de la sección de compatibilidad para mostrar las otras versiones.

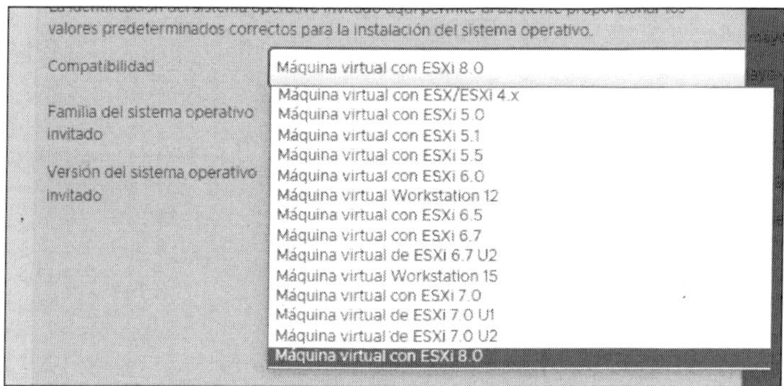


▶ Haga clic en el espacio en blanco de la sección **Familia del sistema operativo invitado** y seleccione **Windows**.

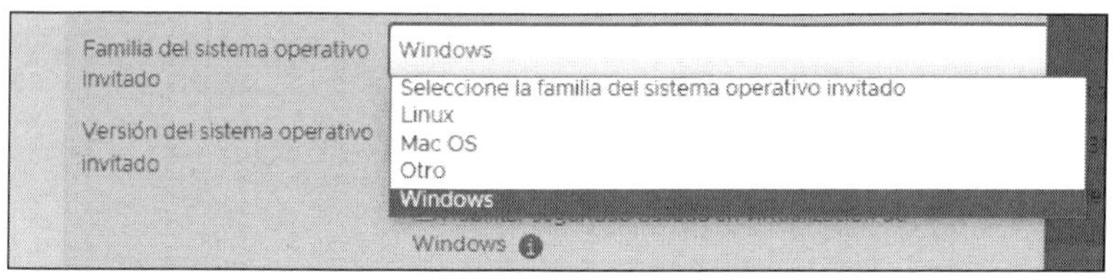

▶ Haga clic en el espacio en blanco **Versión del sistema operativo invitado** y seleccione **Windows Server 2022 (64 bits)**.

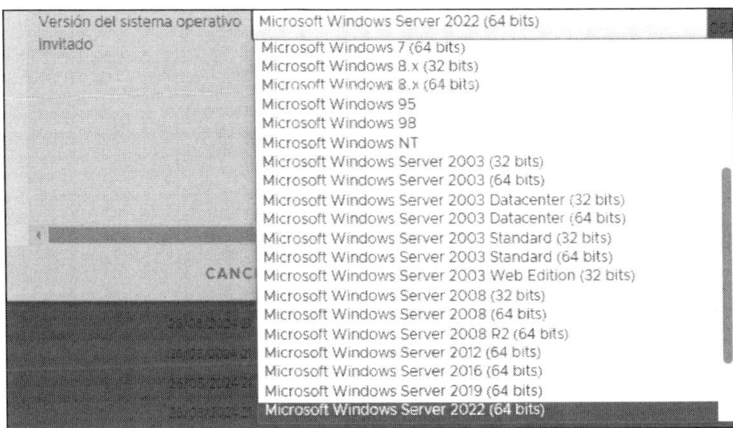


▶ Cuando haya rellenado todos los campos, pulse **SIGUIENTE**.

▶ En el paso **Seleccionar almacenamiento**, elija la base de datos **DATASTORE-01** y pulse **SIGUIENTE**.

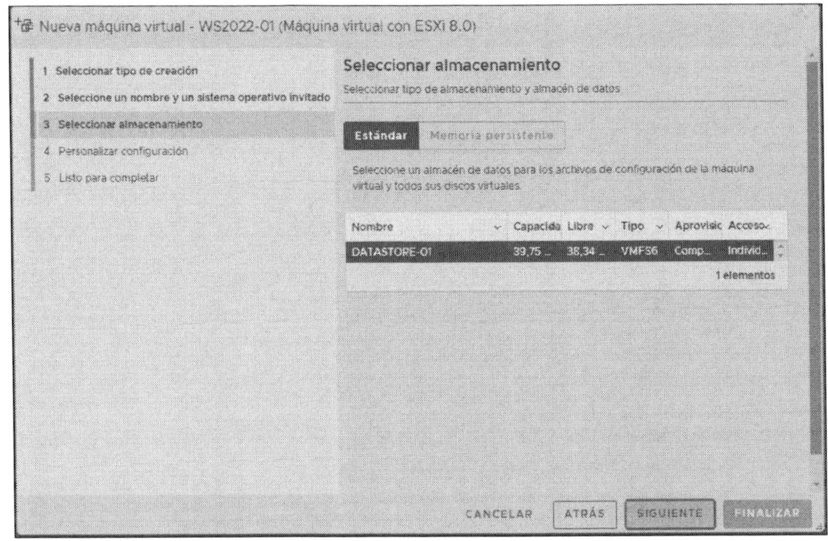

El paso **Personalizar configuración** permite asignar recursos virtuales. lo único que tiene que hacer es rellenar los campos **CPU**, **Memoria** y **Disco duro 1** en función de los recursos que haya asignado a su servidor ESXi.

En nuestro ejemplo, hemos optado por asignar **2 CPU**, **8 GB de RAM** y **40 GB** de espacio para el **disco 1**, ya que nuestro servidor host tiene el tamaño correspondiente.

Si no puede permitirse estos valores, obtendrá un rendimiento mínimo aceptable optando por la siguiente configuración: **1 CPU**, **4 GB de RAM** y **32 GB** de espacio para el **disco 1**.

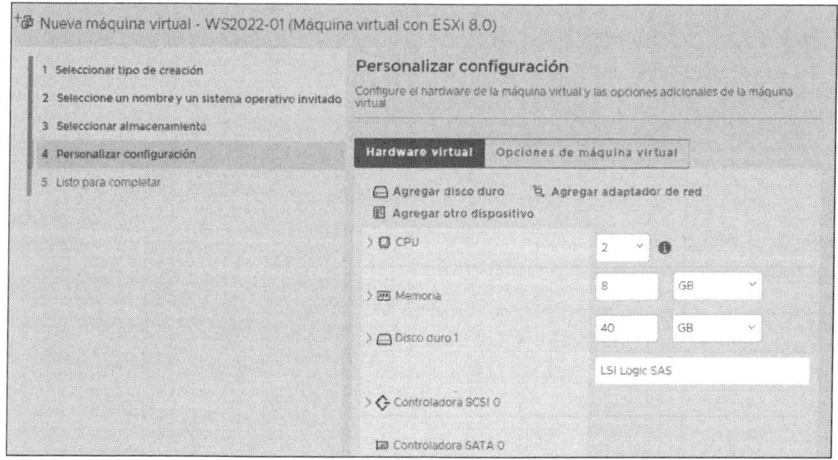


▶ Después de rellenar los campos **CPU**, **Memoria** y **Disco duro 1**, abra la sección **Disco duro 1** para elegir el tipo de **aprovisionamiento de disco**.

Como puede ver en la siguiente captura de pantalla, puede elegir entre tres opciones de aprovisionamiento. Antes de seguir adelante, vamos a tomarnos un momento para dar algunos detalles sobre cada una de ellas, ya que tienen un impacto en la forma en que se gestiona el almacenamiento:

- **Aprovisionamiento fino (*Thin Provision*)**: esta opción ahorra espacio en disco asignándolo a medida que se utiliza.

- **Aprovisionamiento grueso, puesta a cero lenta (*Thick Provision Lazy Zeroed*)**: esta opción asigna todo el espacio del disco cuando se crea, pero no borra los datos del disco físico hasta que se utiliza por primera vez. La puesta a cero significa que a los bloques del disco se les asigna el valor cero. Este tipo de aprovisionamiento ofrece un mejor rendimiento que el anterior.
- **Aprovisionamiento grueso, puesta a cero rápida (*Thick Provision Eager Zeroed*)**: esta opción asigna todo el disco y todos los bloques del disco físico se ponen a cero en cuanto se crean. Este tipo de aprovisionamiento se recomienda para determinadas opciones de clustering. La inicialización del disco lleva más tiempo y cualquier espacio adicional puede afectar al tiempo de respuesta del disco.

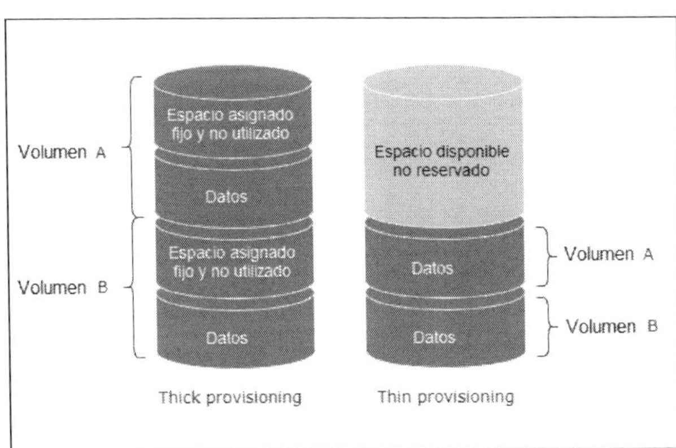


Para nuestro ejemplo, dejaremos el valor por defecto, es decir, **Aprovisionamiento fino, puesta a cero grueso**. Si su espacio en disco es limitado, debería optar por el aprovisionamiento dinámico.

**Observación**

*Observe que una máquina virtual también tiene controladores de almacenamiento (SCSI) como si fuera una máquina física. La asignación de controladores empieza siempre por cero (0:0). Si se añade un segundo disco, tendrá el controlador 0:1 y así sucesivamente.*

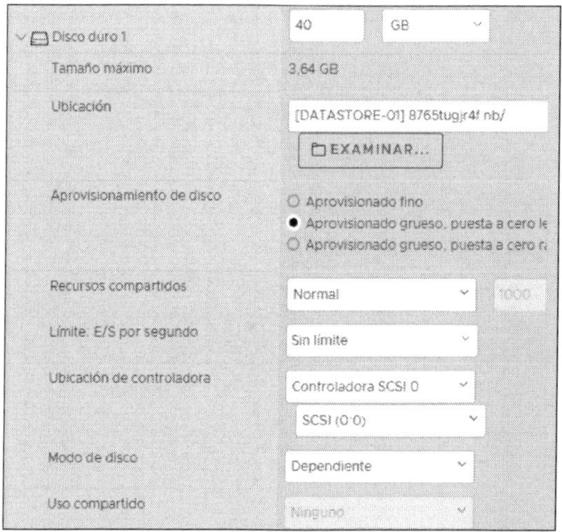


Una vez configurado el almacenamiento, pasemos a configurar la red.

- Abra la sección **Adaptador de red 1** y seleccione el adaptador **VMXNET 3** en lugar del **E1000e** predeterminado.

La elección del adaptador de red puede variar en función de sus necesidades y del sistema operativo que utilice. Aquí tienes algunos detalles sobre estos dos componentes:

- **VMXNET3** es una tarjeta de red paravirtualizada (véase el capítulo Entender los hipervisores). Ofrece un alto rendimiento y un bajo uso del procesador al delegar ciertas tareas a la tarjeta de red física del host. Este adaptador incluye funciones avanzadas como la compatibilidad con colas múltiples o el uso de tramas Ethernet que superan el formato estándar de 1500 bytes ("tramas gigantes " o *jumbo frames*)).
- **E1000e** es una tarjeta de red emulada que simula una tarjeta Intel física específica. No tiene tantas funciones avanzadas como su predecesora, pero es compatible con un mayor número de sistemas operativos.

Por defecto, el identificador único del controlador de interfaz de red o dirección MAC (*MediaAccess Control*) se asigna automáticamente.

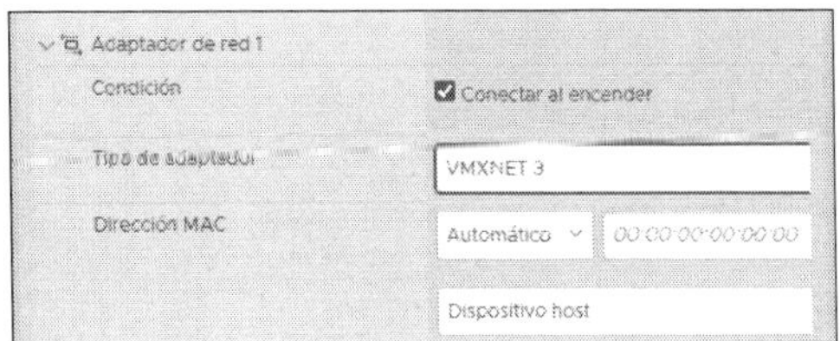


- Una vez seleccionado el adaptador de red, vaya a la sección **Unidad de CD/DVD1** para montar el archivo ISO de Windows Server 2022. Pulse **Dispositivo host** y seleccione **Archivo ISO del almacén de datos** para acceder al **Explorador de almacenes de datos**.

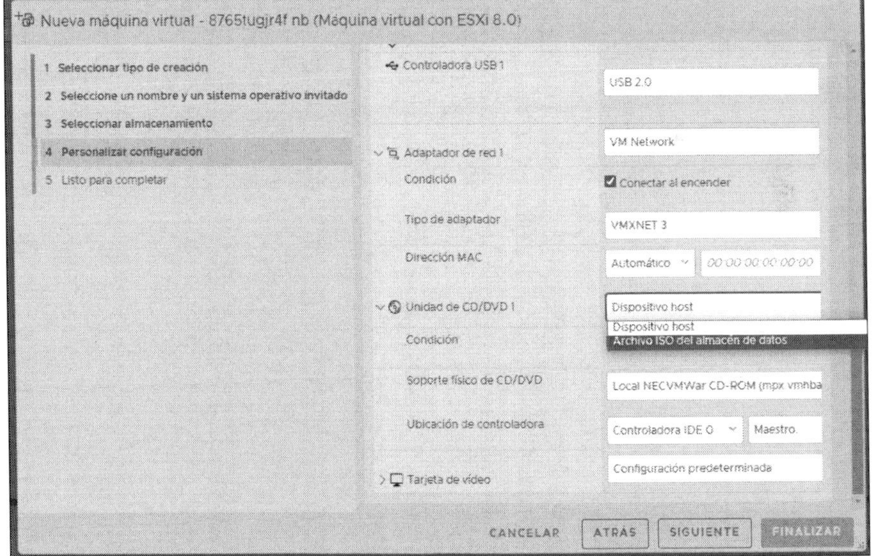

**Observación**

*El comportamiento de la máquina virtual es idéntico al de un ordenador físico: se instala un sistema operativo desde un CD o DVD como si se hubiera grabado e insertado en una unidad física.*

*Instalar un sistema operativo a través de un CD/DVD es el método preferido (y el más sencillo) en un entorno VMware. Es posible hacerlo con una llave USB física que pueda ser detectada por la máquina virtual. En este caso, también tendrá que cambiar el orden de arranque en la BIOS, como lo haría para un servidor físico. Más adelante veremos cómo acceder a la BIOS de una máquina virtual.*

- En el **Explorador de almacenes de datos**, seleccione **DATASTORE-01** y navegue por el árbol hasta encontrar el directorio **.iso** creado anteriormente. Seleccione el archivo ISO de Windows Server 2022 y pulse **SELECCIONAR**.

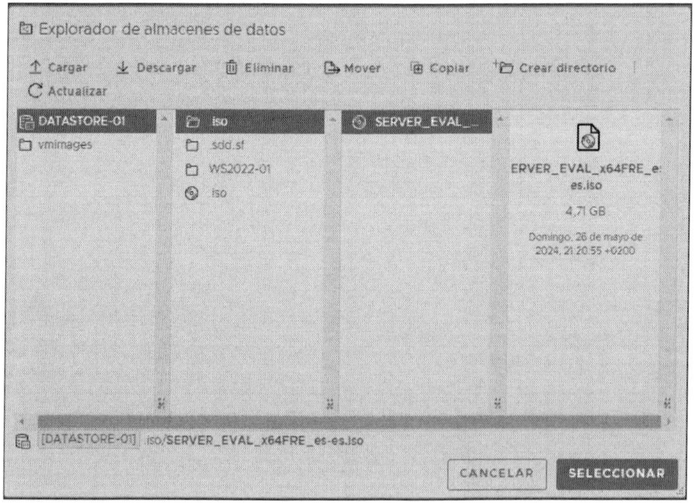

- El nombre del archivo ISO aparecerá en el campo Soporte físico de **CD/ DVD**. Pulse **SIGUIENTE**.

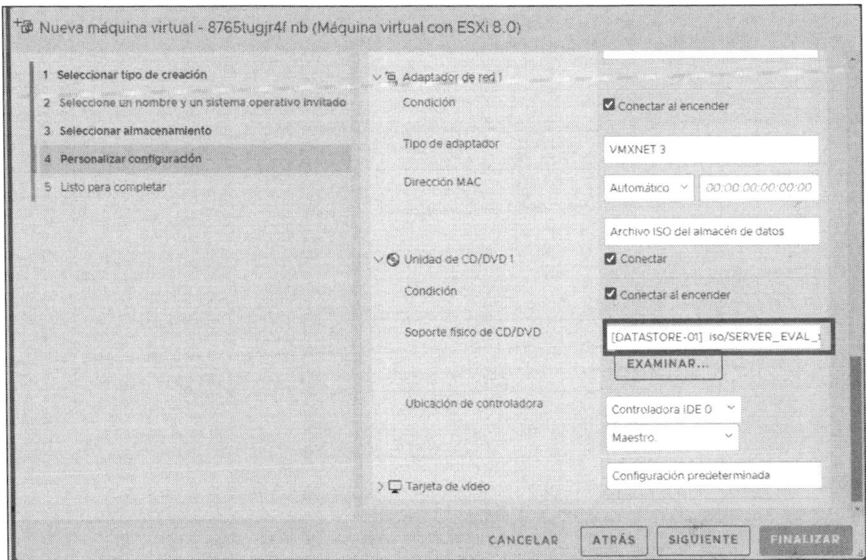


**Observación**

*La unidad de CD/DVD está conectada por defecto, pero siempre es buena idea confirmarlo antes de utilizarla. Es un descuido habitual, así que asegúrese de que está marcada cuando la necesite.*

La última etapa, **Listo para completar**, permite confirmar los ajustes que ha realizado en las etapas anteriores. Si todos los valores coinciden con sus elecciones, pulse **FINALIZAR**. Si desea modificar su configuración, basta con pulsar **ANTERIOR**, hacer la corrección y volver a la etapa 5.

Siempre puede modificar su configuración después de la implantación utilizando la opción **Modificar configuración** del menú Máquina virtual.

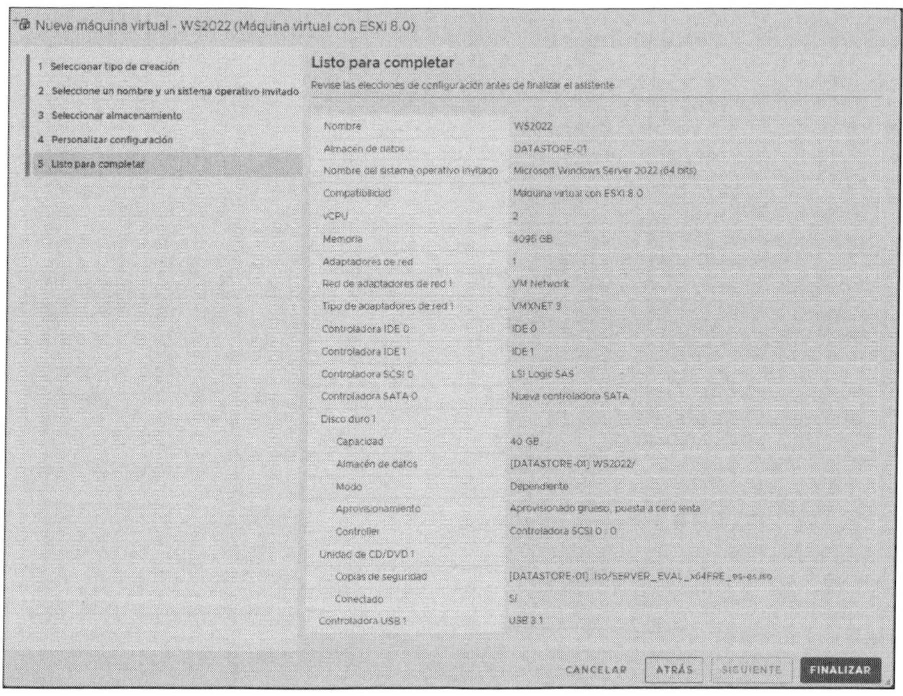


Puede seguir el progreso de la tarea en la sección **Tareas recientes**, en la parte inferior de la página.

## 2. Instalación del sistema operativo

Ahora que tenemos un servidor virtual y sus recursos, podemos proceder a instalar el sistema operativo. Una vez más, las técnicas de despliegue automatizado como la clonación, el uso de una plantilla o el uso de herramientas DevOps, pueden ahorrarnos tener que instalar el sistema operativo manualmente, pero estas requieren una buena comprensión del proceso de instalación. En este caso, instalaremos en modo interactivo. Veremos más adelante (ver el capítulo Descubrir la plataforma VMware vSphere 8) otros modos de instalación disponibles en un entorno VMware.

## Arranque desde el medio de instalación

◘ Cuando haya terminado de crear la máquina virtual, vaya a la sección **Navegador**, despliegue el objeto **Host** y seleccione **Máquinas virtuales**.

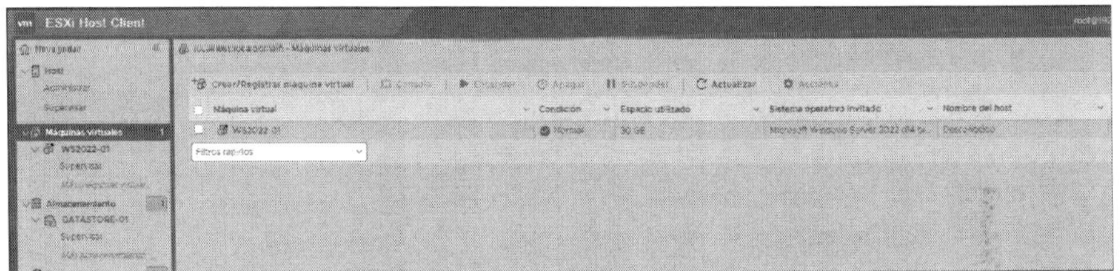


◘ Seleccione su máquina virtual y haga clic en la consola para iniciarla.

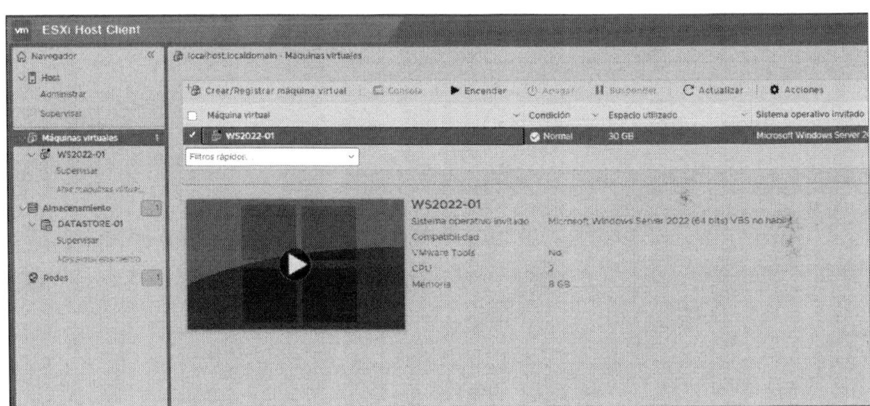

- La consola se abrirá en una nueva ventana. Cuando aparezca el mensaje **Press any key to boot from CD or DVD...**, haga clic en la consola y pulse cualquier tecla para iniciar la instalación.

Puede ocurrir que la máquina virtual no arranque en el soporte de instalación. En este caso, simplemente elija usted mismo el disco de arranque accediendo a la BIOS de la máquina virtual (como en un ordenador físico con la *boot order*).

- En el menú Máquina virtual, seleccione **Editar Configuración** y pulse la pestaña **Opciones de máquina virtual** en la ventana que se abre. En la sección **Opciones de arranque**, marque la casilla **Indique si se debe habilitar el arranque seguro UEFI** para la máquina virtual y pulse **GUARDAR**.

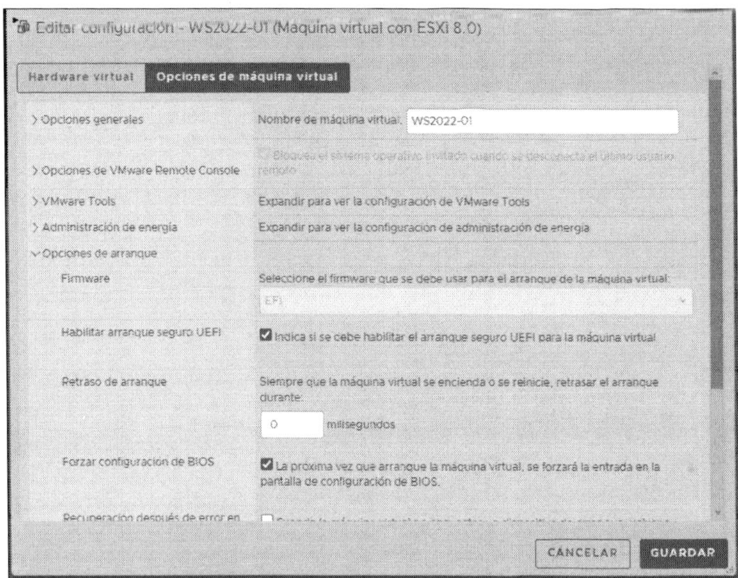


- Encienda la máquina virtual y abra la consola como en el paso anterior.
- En el **Boot Manager**, seleccione la **VMware Virtual SATA CDROM Drive** y pulse **Enter**. La VM arrancará en el medio de instalación.

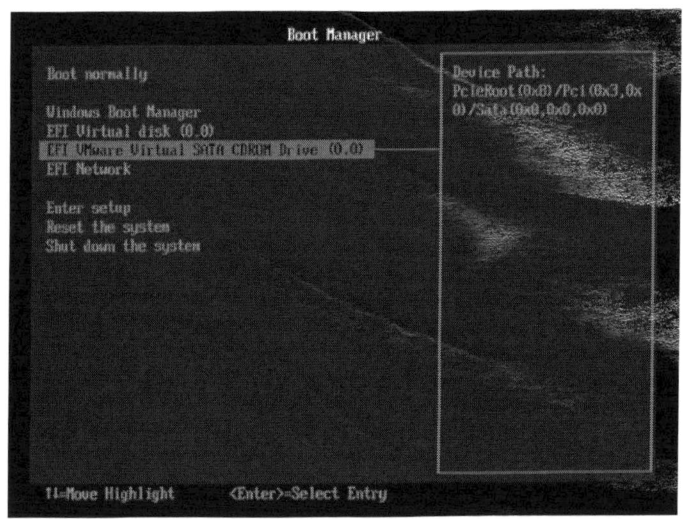


El asistente de instalación de Windows carga los archivos. Esto puede tardar unos minutos.

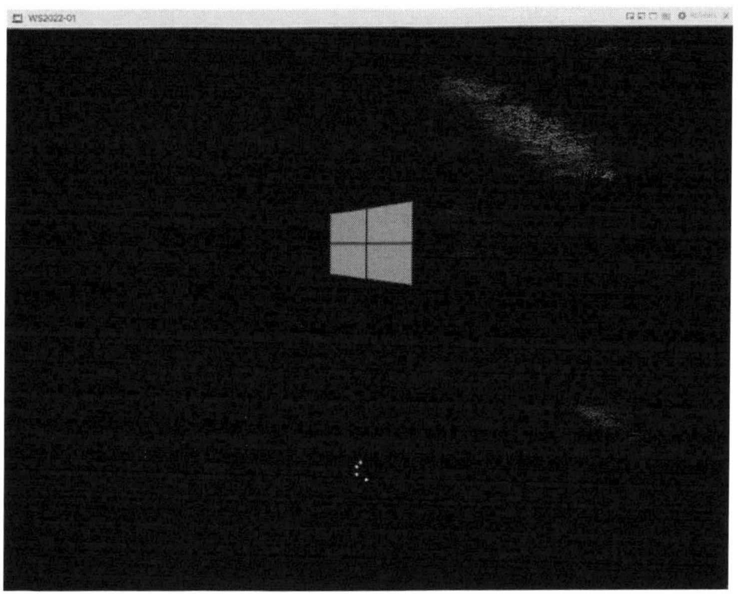

◘ Una vez cargados los archivos, accederá a la página inicial del asistente de instalación. Elija el idioma y el método de entrada que prefiera y pulse **Next** (en este ejemplo se ha elegido la versión inglesa del sistema operativo).

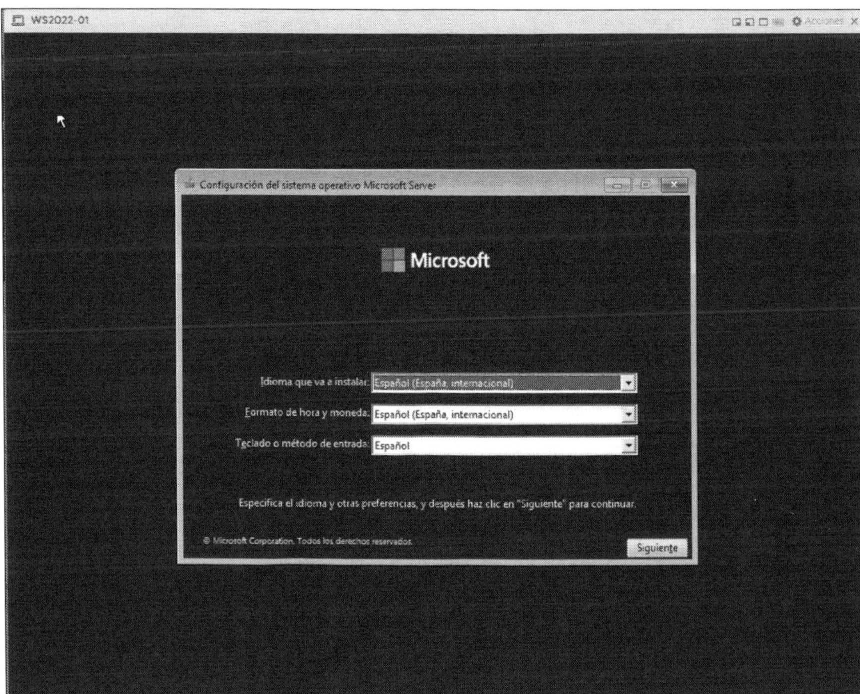

➤ En el siguiente paso, pulse **Install now** para iniciar la instalación.

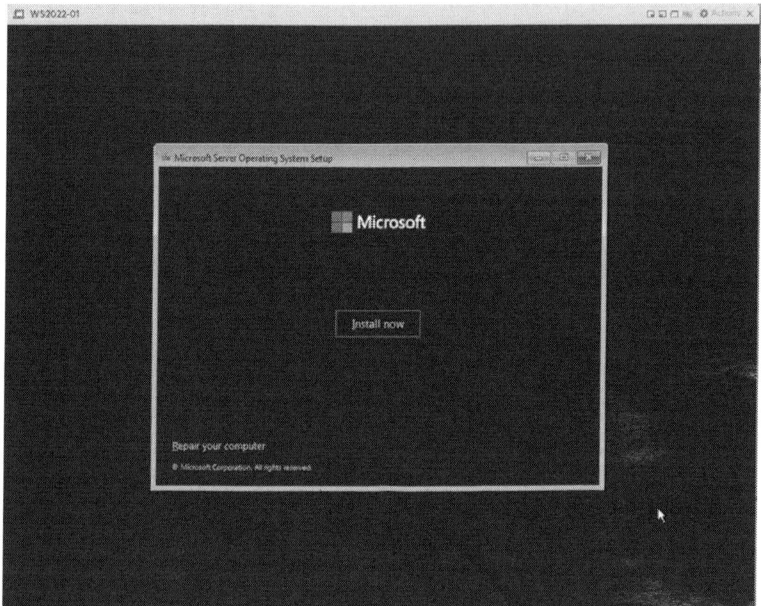


➤ Para aprovechar todas las características gráficas de Windows Server 2022, seleccione la versión **Datacenter Evaluation (Desktop Experience)** y pulse **Next**.

Si desea instalar en modo core, puede consultar el siguiente tutorial:
https://www.virtualizationhowto.com/2021/07/
install-windows-server-2022-core/

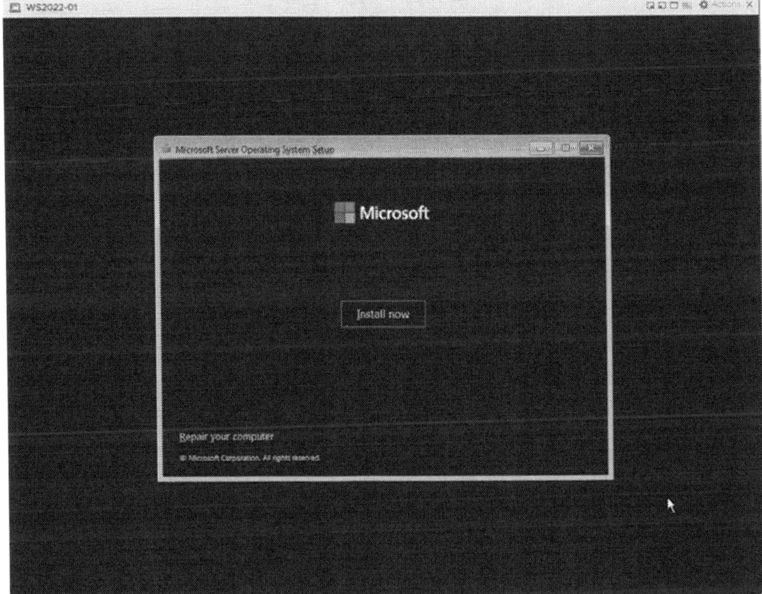
WS2022-01
Microsoft Server Operating System Setup
Microsoft
Install now
Repair your computer

- Marque la casilla **I accept the Microsoft Software License Terms** y pulse **Next**.

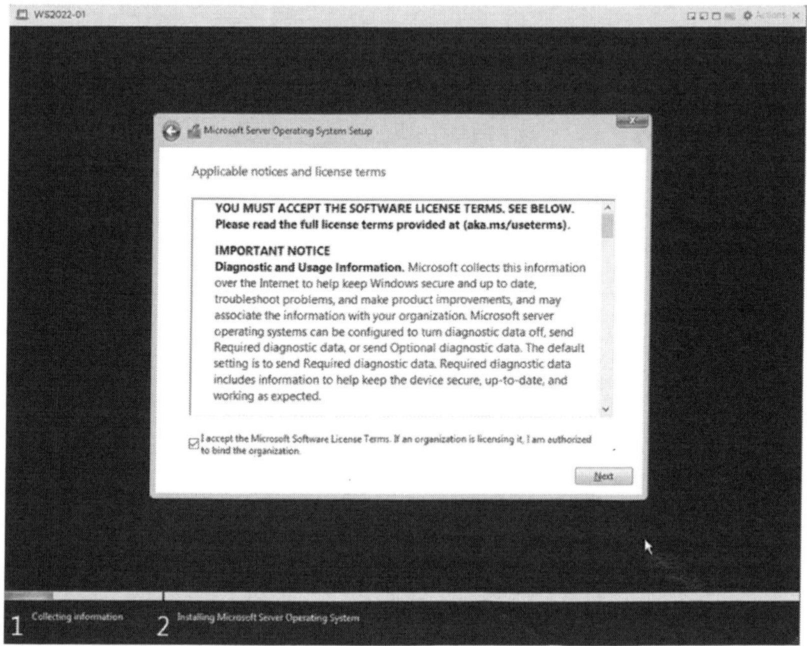

▶ Pulse **Custom: Install Microsoft Server Operating System only (advanced)**.

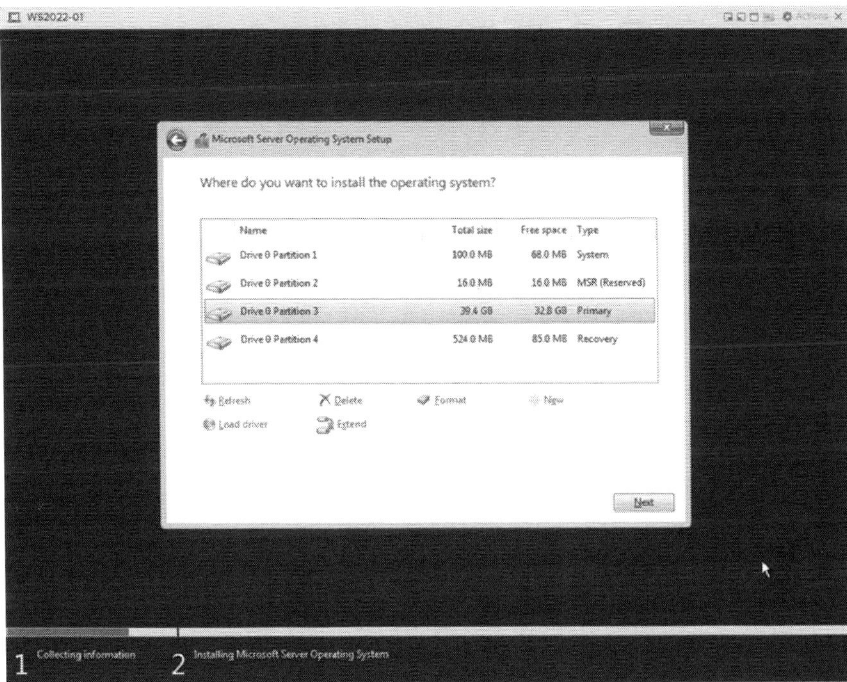

▶ De las particiones propuestas, seleccione la que corresponda al tamaño que asignó al crear la máquina virtual y pulse **Next**.

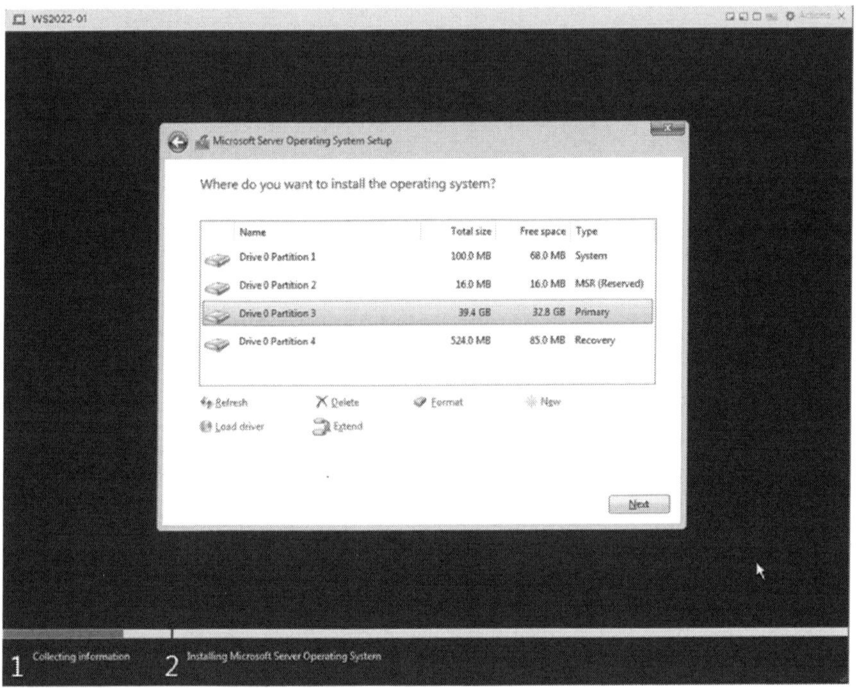

▶ Comienza la instalación del sistema operativo. Esta etapa puede llevar algún tiempo, dependiendo de los recursos que haya asignado a la máquina virtual.

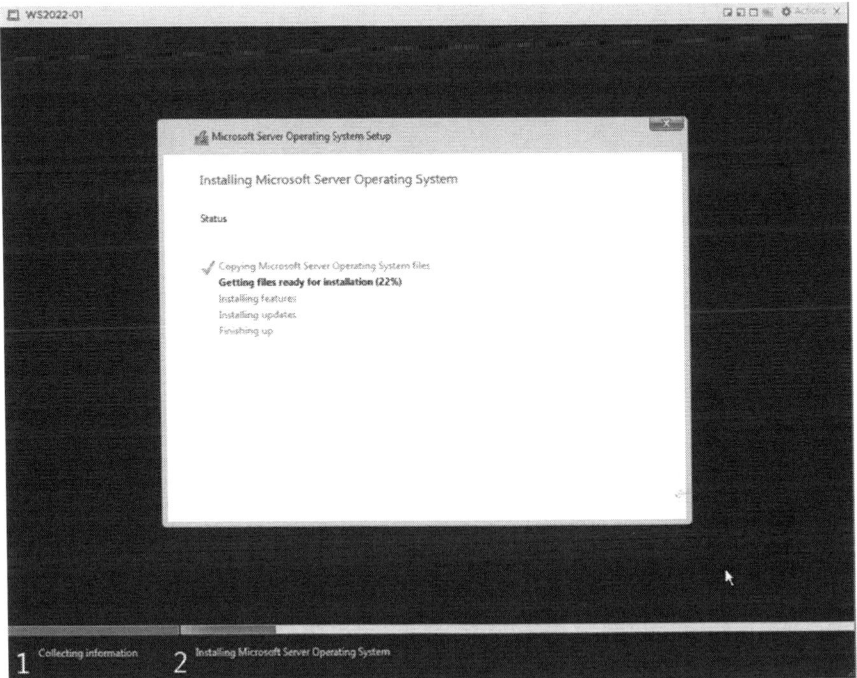

- Una vez finalizada la instalación, introduzca una contraseña para el usuario **Administrator**. Pulse **Finish**.

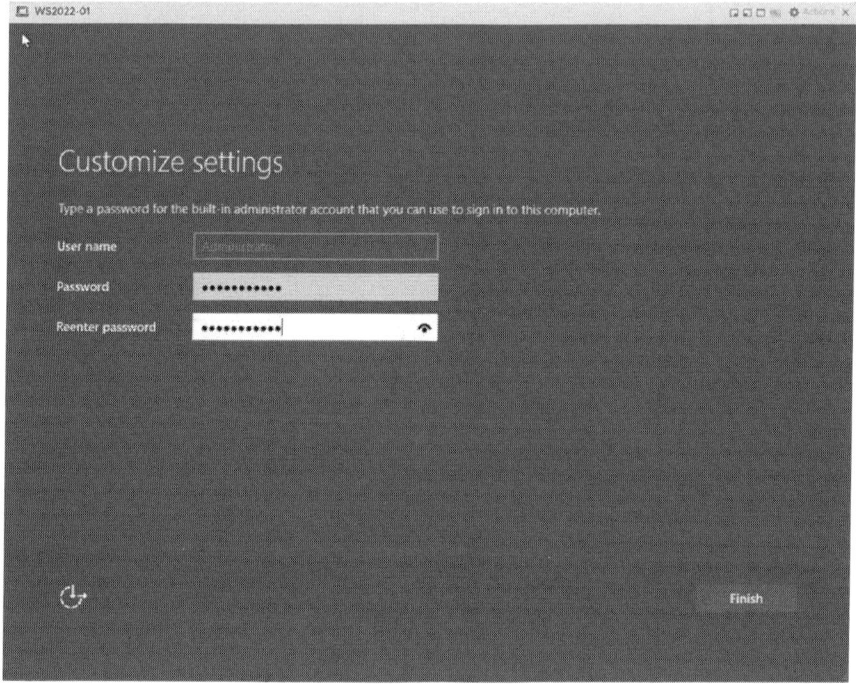


Ha completado con éxito la instalación de Windows Server 2022.

## 3. Conexión a una máquina virtual

Dado que las direcciones IP se asignan a nivel del sistema operativo, la primera conexión a una nueva máquina virtual se debe realizar en modo consola para poder configurar la red.

**Observación**

*El uso de plantillas (templates) para desplegar máquinas virtuales o una imagen de montaje preconfigurada, puede proporcionar opciones para añadir la configuración IP antes de iniciar la instalación del sistema operativo.*

## 3.1 Conexión en modo consola

Se puede conectar en modo consola desde la interfaz de gestión de ESXi en cualquier momento, pero es preferible acceder a su máquina Windows mediante el protocolo RDP desde su estación de trabajo, como veremos en el siguiente apartado.

El modo consola se utiliza más a menudo cuando se pierde el acceso a la red de la máquina virtual. Como los adaptadores de red los proporciona el host, sigue siendo posible acceder a las máquinas virtuales en modo consola.

Como vimos al instalar el SO, la consola está disponible en modo pulsable desde el objeto máquina virtual en la sección **Máquinas Virtuales** o a través de las propiedades de la VM en **Consola**.

Esta última opción ofrece diferentes formas de abrir la consola. Para una navegación más fluida y funcionalidades adicionales, puede descargar e instalar VMRC (*VMware Remote Console*). Se iniciará automáticamente cuando utilice el modo consola.

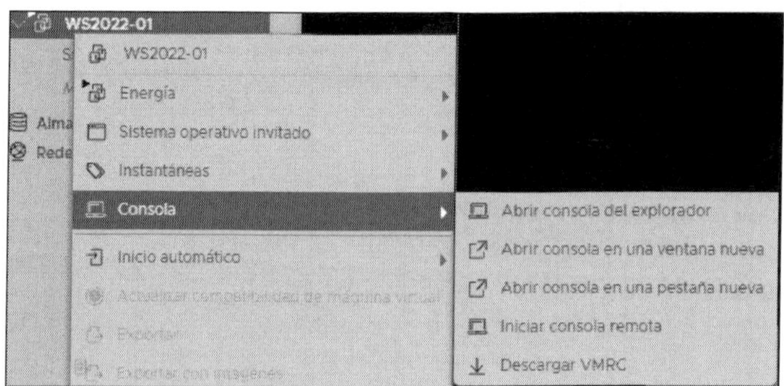

- Para acceder a la página de inicio de su servidor, haga clic en la ventana para insertar el cursor en la consola y pulse simultáneamente las teclas [Ctrl][Alt][Insert]. También puede enviar la combinación de estas teclas haciendo clic en el icono de la rueda dentada **Acciones**, en la parte superior derecha de la consola. En el menú que aparece, pulse en **Enviar teclas** y luego en [Ctrl][Alt][Supr].

**Observación**

*Tenga en cuenta que si pulsa [Ctrl][Alt][Supr] el comando se enviará a su estación de trabajo.*

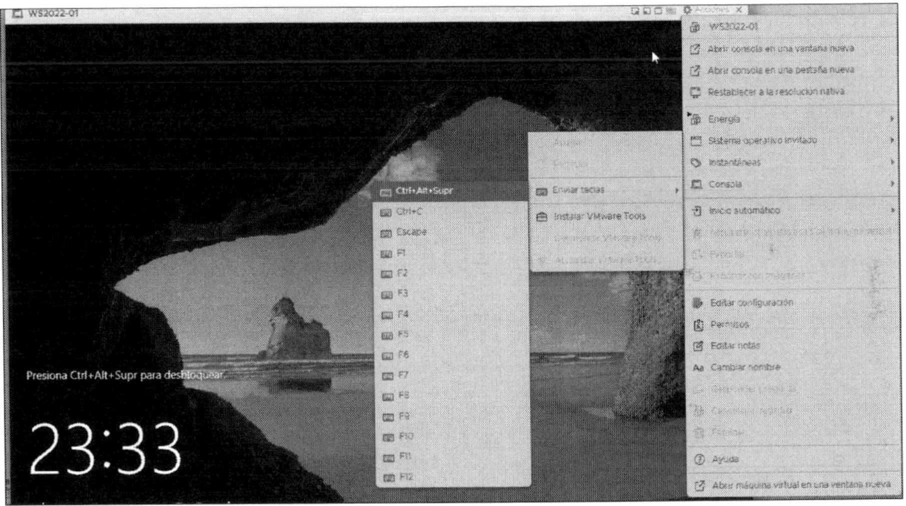


- En cualquier momento, pulse simultáneamente las teclas [Ctrl][Alt] para retirar el cursor de la consola.

## 3.2 Conexión en modo RDP

Antes de que se pueda conectar en modo RDP a su máquina Windows Server 2022, necesita configurar el direccionamiento IPv4 y nombrar su sistema operativo para que pueda acceder a él por su nombre.

### 3.2.1 Configuración IPv4

- Conéctese a su máquina virtual en modo consola y abra la configuración de conectividad de red. En las propiedades de la tarjeta de red (**Ethernet0 Properties**), haga doble clic en **Internet Protocol Version 4 (TCP/IPv4) Properties**.

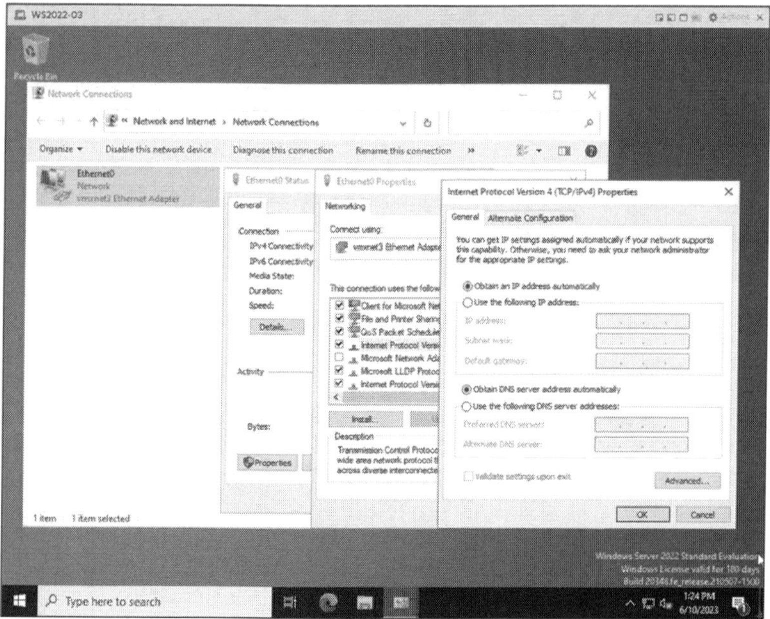


- Marque la opción **Use the following IP address** y asigne una dirección IP privada a un rango (clase C: 192.168.0.0 - 192.168.255.255) disponible en su box de Internet.

- A continuación, marque la opción **Use the following DNS server addresses** y añada la dirección por defecto de su equipo (normalmente 192.168.0.1 o 192.168.1.1) como servidor DNS, después pulse **OK**.

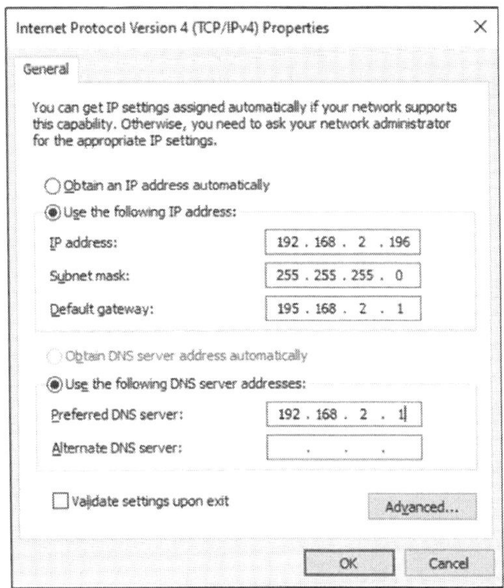


**Observación**

*Tenga cuidado de no confundir el nombre de la máquina virtual con el del sistema operativo, al que se le da un nombre por defecto como WIN-4JLS0QONAJ9, en nuestro caso. El nombre dado a la máquina virtual en el momento de su creación es específico del entorno VMware. No se puede conectar con este nombre en modo RDP.*

▶ Para cambiar el nombre del sistema operativo, abra las propiedades del ordenador, realice el cambio y pulse **OK**. Será necesario reiniciar para que los cambios surtan efecto.

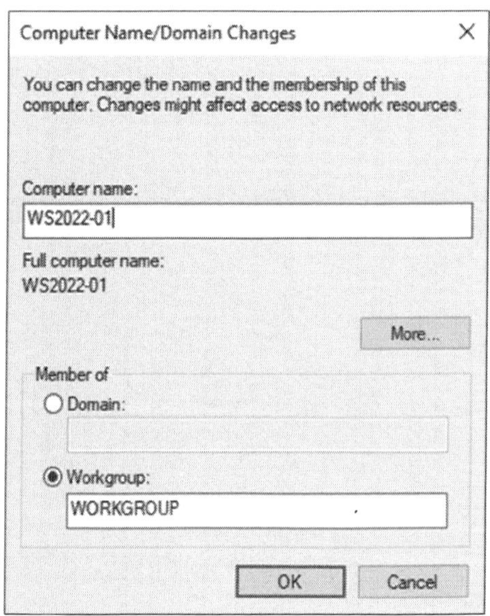


▶ Si dispone de un servidor DNS, añada un registro para su nuevo servidor. Si no, puede añadirlo al archivo "hosts" de su estación de trabajo, que se encuentra en la siguiente ubicación: C: \Windows\System32\drivers\etc\hosts (% WINDIR %\system32\drivers\etc\ hosts).

### 3.2.2 Conexión en modo RDP para un servidor Windows

Ahora que su sistema Windows Server 2022 tiene una dirección IP y un nombre de host específico, se puede conectar a través de RDP.

- Introduzca **MSTSC** (*Microsoft Terminal Services Client*) en la barra de búsqueda del menú de Windows para abrir el cliente de **Conexión a Escritorio Remoto**. Introduzca el nombre o la dirección IP de su servidor y pulse **Conectar**.

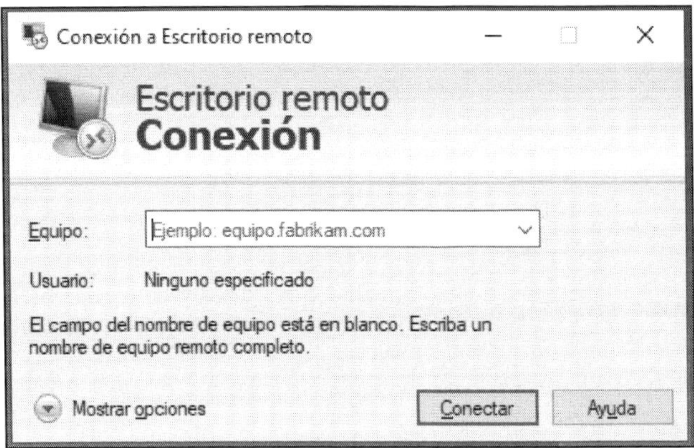


Ahora debería tener acceso a pantalla completa a su nueva VM y está listo para pasar a la siguiente sección, para instalar herramientas que mejorarán la experiencia de usuario del sistema.

## 4. Instalación de VMware Tools

Una vez que se ha desplegado una máquina virtual y su sistema operativo, se requiere un último paso para garantizar la mejor integración posible entre el SO huésped y el host: instalar VMware Tools.

Estas herramientas reúnen un conjunto de utilidades y controladores que mejoran el rendimiento, la funcionalidad y la facilidad de gestión de las máquinas virtuales que se ejecutan en plataformas VMware. VMware Tools se instala en el sistema operativo huésped de la máquina virtual.

## 4.1 Principales características de VMware Tools

Estas son las principales características de VMware Tools:

- **Integración transparente con el escritorio**: las herramientas de VMware permiten una integración transparente entre la máquina virtual y el escritorio de la estación de trabajo (o servidor) desde el que se inicia la conexión. Con estas herramientas, es posible compartir el portapapeles con una VM, transferir archivos en modo arrastrar y soltar (*drag and drop*) o ajustar los parámetros de visualización de la VM para adaptarlos a la resolución de la pantalla.

  Una mejora especialmente útil es la capacidad del puntero del ratón para pasar de la ventana de la máquina virtual a las ventanas de las aplicaciones activas en la máquina huésped, sin tener que ajustarlo físicamente cada vez que cambia la ventana. Esta propiedad permite interactuar con el sistema operativo huésped como si se tratara de otra ventana de aplicación.
- **Gestión y supervisión**: VMware Tools ofrece una serie de funciones para gestionar y supervisar las máquinas virtuales. En particular, facilitan la supervisión del rendimiento y el registro de eventos del sistema invitado.
- **Soporte para instantáneas (*snapshots*)**: volveremos más adelante (ver capítulo Entender las máquinas virtuales) al tema de los `snapshots` de máquinas virtuales, que consisten en capturar un estado determinado de una VM en un momento concreto pero, de momento, recordemos que VMware Tools facilita el uso de esta funcionalidad.
- **Sincronización horaria**: VMware Tools permite sincronizar la hora del SO huésped con la del host. Esta función es importante para mantener una marca de tiempo precisa para las aplicaciones y garantizar la sincronización horaria entre las máquinas virtuales para las distintas operaciones, realizadas por la plataforma de virtualización.

## 4.2 Carga de VMware Tools en la unidad de CD/DVD

Antes de desplegar VMware Tools como tal, debe cargar el medio de instalación en la unidad de CD/DVD de la máquina virtual.

- Seleccione la máquina virtual en el objeto **Máquinas virtuales** de la consola **ESXi Host Client**.

- Cuando VMware Tools no está instalado, se muestra una advertencia en la parte inferior de la consola de la máquina virtual. Pulse **Acciones** para iniciar la tarea.

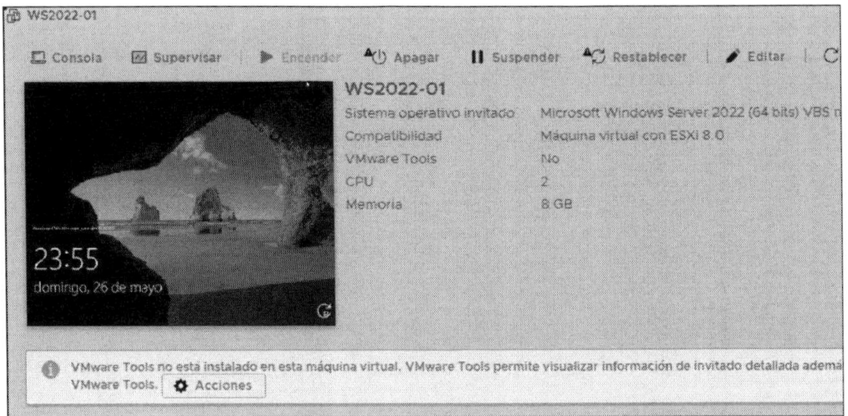

◘ En el menú Máquina virtual, seleccione **Sistema operativo invitado** y pulse **Instalar VMware Tools**. Este paso monta un archivo .iso que contiene las fuentes de instalación de VMware Tools en la unidad de CD/DVD de la máquina virtual.

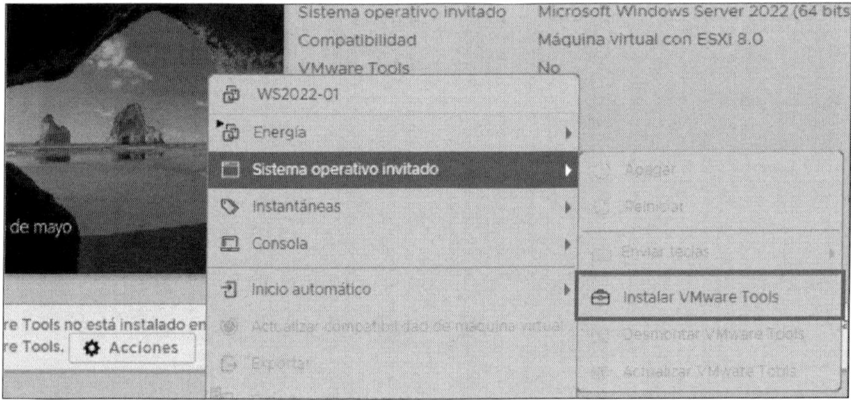


## 4.3 Instalación de VMware Tools a nivel de sistema operativo

Para instalar VMware Tools, conéctese a su máquina Windows Server 2022.

◘ En el eExplorador de Windows, seleccione **Unidad de DVD** y ejecute **setup64.exe**.

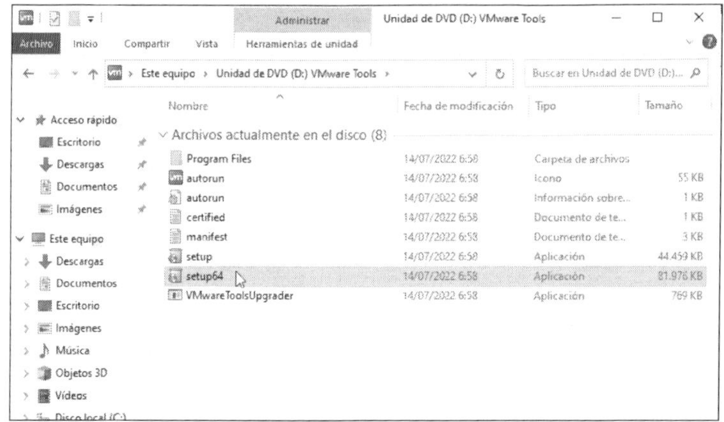

- Aparecerá el asistente de instalación de VMware Tools. Haga clic en **Siguiente**.

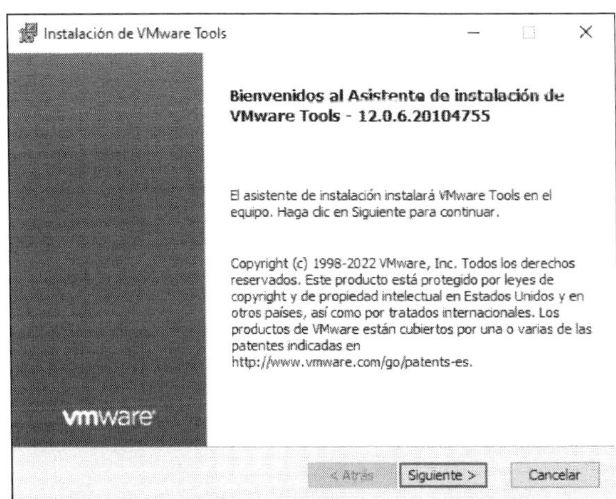


- Marque el modo de instalación **Completa** si ha desplegado un entorno de virtualización anidado con Workstation Pro, ya que también puede interactuar con su VM desde este hipervisor. Para instalaciones con ESXi en modo *bare-metal*, elija la instalación **Típica**. Pulse **Siguiente**.

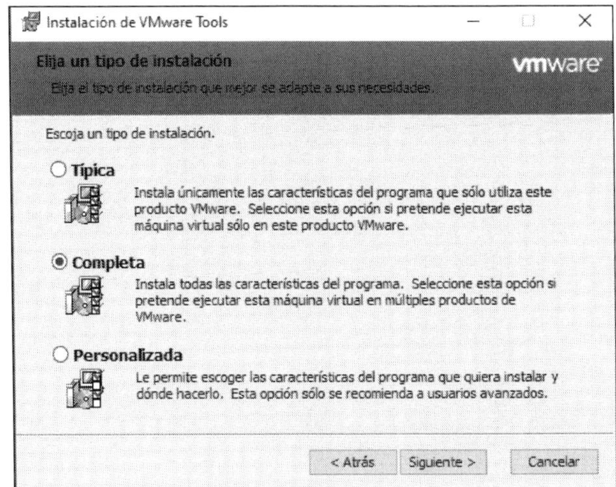

▶ Haga clic en **Instalar** para iniciar la instalación.

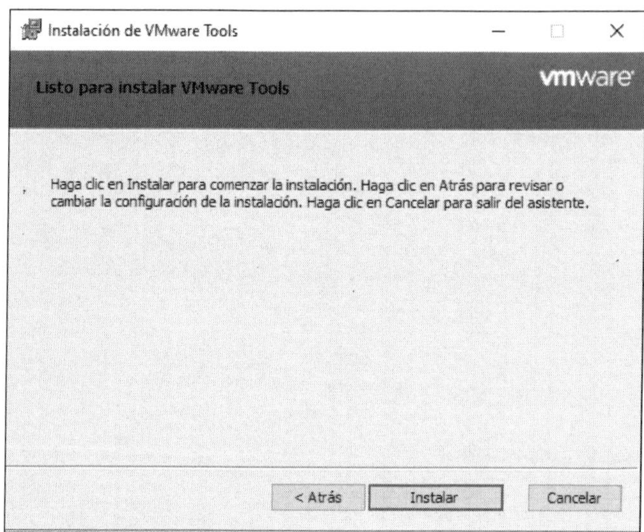


▶ Haga clic en **Finalizar** para cerrar el asistente de instalación.

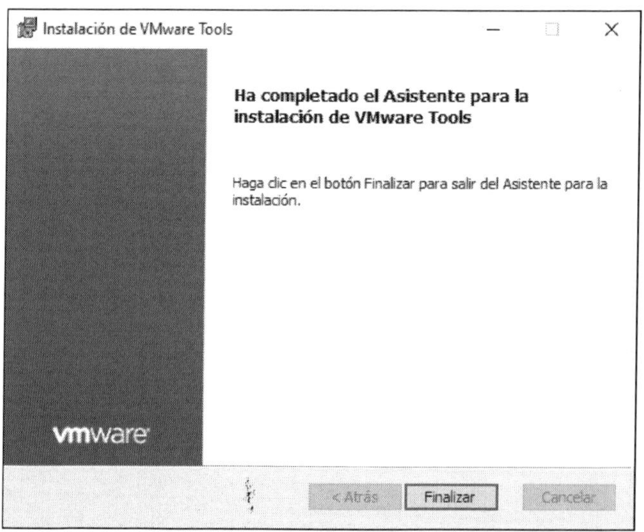

- Será necesario reiniciar el servidor para que los cambios surtan efecto. Pulse **Sí** si desea hacerlo ahora.

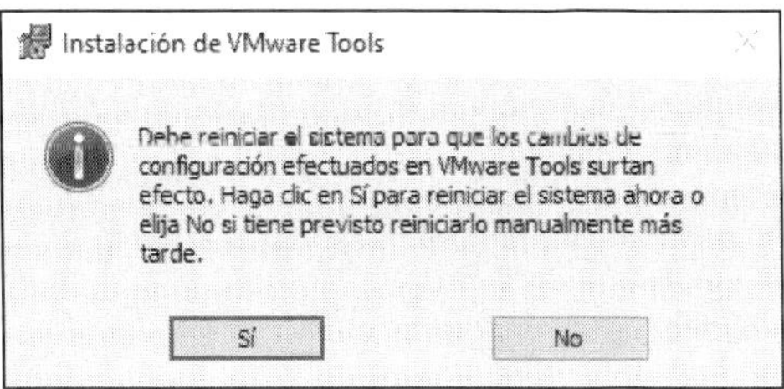


## 5. Conclusión

En este capítulo, hemos instalado nuestra primera máquina virtual en nuestro hipervisor ESXi 8. Las distintas etapas del asistente de creación nos han permitido ver cómo asignar los recursos de hardware virtualizados (memoria, almacenamiento, procesador, red) y repasar una serie de conceptos relativos al aprovisionamiento de discos.

A continuación, iniciamos la instalación del sistema operativo Windows Server 2022 y examinamos los dos modos de conexión a la máquina (consola y RDP). Por último, la instalación de VMware Tools nos permitió descubrir un conjunto de herramientas esenciales, tanto para mejorar la experiencia del usuario como para beneficiarnos de una mejor integración de la máquina virtual con el hipervisor.

En el capítulo Entender las máquinas virtuales, vamos a ver de manera más específica las máquinas virtuales. Intentaremos dar una definición más precisa y veremos cuáles son sus principales funciones.

# Capítulo 6
# Entender las máquinas virtuales

## 1. Introducción

Como hemos mencionado antes, una máquina virtual es una representación en software de un ordenador físico, con sus recursos de hardware. Las máquinas virtuales se pueden describir como contenedores de sistemas operativos y sus aplicaciones, que se ejecutan en un software de virtualización o hipervisor.

Desde dentro, las máquinas virtuales funcionan de forma muy parecida a un servidor físico, pero cuando las examinamos más de cerca, hay una serie de diferencias que merecen una mirada más detenida.

En este capítulo, comenzaremos destacando las diferencias entre las máquinas virtuales y sus homólogas físicas. También revisaremos el funcionamiento de los recursos de hardware que se presentan a las máquinas virtuales y veremos cómo se pueden configurar.

Después de echar un vistazo más de cerca a los dispositivos virtuales, veremos las características específicas de las máquinas virtuales, como la captura de instantáneas (*snapshot*) y la clonación.

Este recorrido nos permitirá estar mejor preparados para la instalación de un vCenter Server y descubrir todo el potencial de un entorno vSphere 8 completo en el siguiente capítulo Desplegar un servidor VMware vCenter.

## 2. Las características distintivas de una máquina virtual

En muchos aspectos, trabajar con una máquina virtual en funcionamiento es muy parecido a hacerlo con un servidor físico. Al igual que con este último, se puede conectar a través de algún tipo de conexión de red para gestionarlo o acceder a las distintas aplicaciones que soporta.

También puede cambiar la configuración del hardware y añadir o eliminar componentes, aunque los métodos y la flexibilidad para hacerlo son muy diferentes entre un servidor físico y una máquina virtual.

La distinción fundamental entre una máquina virtual y una máquina física es que la primera no es más que un conjunto de archivos. De esta propiedad se derivan la mayoría de las características específicas de las máquinas virtuales.

### 2.1 Encapsulación

Una máquina virtual se compone de varios archivos que representan colectivamente su configuración y almacenamiento. Estos archivos conforman la estructura de una máquina virtual y se almacenan en un directorio creado en el grupo de almacenamiento compartido del host.

En el contexto de la virtualización, esta propiedad de las máquinas virtuales de estar formadas por un conjunto de archivos se denomina encapsulación. Los principales archivos de una máquina virtual son:

- **Archivo de configuración de la máquina virtual**: este archivo describe la configuración de hardware de la máquina virtual, como el número de procesadores, la cantidad de memoria asignada y los parámetros de red. En un entorno VMware, este archivo tiene la extensión .vmx.
- **Archivo de disco duro virtual**: este archivo representa el disco duro de una máquina virtual y generalmente tiene la extensión .vmdk. En él se almacenan el sistema operativo, las aplicaciones y los datos de la máquina virtual. Este archivo puede ser un único archivo o estar dividido en varios archivos, dependiendo de la configuración. En este último caso, los discos virtuales se pueden almacenar en diferentes almacenes de datos.

El formato de archivo VMDK (*Virtual Machine Disk*) fue desarrollado originalmente por VMware. Desde 2011, este formato propietario ha pasado a ser abierto (libre) y ahora es uno de los más utilizados. Limitado durante mucho tiempo a un tamaño de 2 terabytes, VMDK ahora se puede utilizar para crear discos virtuales de hasta 62 TB.

Existen otras extensiones en función del fabricante. Por ejemplo, VHD (*Virtual Hard Disk*) es un formato equivalente definido por Microsoft, que también lo soportan Citrix y Oracle. Este formato también permite crear discos virtuales de 2 TB, pero su sucesor (.vhdx) permite crear discos de 64 TB. VHDX está disponible desde Windows Server 2012 e Hyper-V Server 2012.

- **Archivos de registro (.log) y otros archivos auxiliares**: las máquinas virtuales generan un gran número de archivos de log que registran las actividades y eventos de la máquina virtual. También hay otros archivos auxiliares que están vinculados a funciones u operaciones específicas de la máquina virtual. Entre ellos se encuentran, por ejemplo, los archivos de intercambio o los archivos de copia de seguridad de la configuración de la máquina virtual.
- **Archivos de instantáneas (*snapshots*)**: cuando se toma una instantánea de una máquina virtual, se crean archivos adicionales para capturar el estado de la máquina virtual en un momento dado. La mayoría de las veces, estos archivos tienen las extensiones .vmsn y .vmsd. Se utilizan para almacenar los cambios realizados en la máquina virtual desde que se tomó la instantánea y, si es necesario, para restaurar un estado anterior de la máquina virtual.

### 2.1.1 Los archivos que componen una máquina virtual VMware

En un entorno VMware, estos archivos se encuentran en almacenes de datos (*datastore*).

▶ Para ver dónde se encuentran estos archivos, inicie sesión en la interfaz de gestión del host ESXi. En el objeto **Almacenamiento**, seleccione el almacén de datos **DATASTORE-01** creado anteriormente y abra el **Explorador de almacenes de datos**.

En la raíz, encontrará un directorio con el nombre de la máquina virtual Windows Server 2022 creada en el capítulo Desplegar una máquina virtual (**WS2022-01** en nuestro ejemplo).

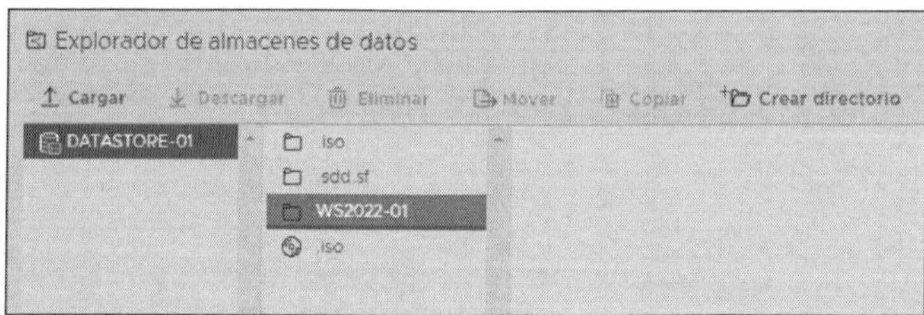


▶ Haga clic en el directorio para ver los archivos que componen la máquina virtual.

La siguiente captura de pantalla muestra un archivo de descripción de disco (.vmdk) y el archivo .vmx, que describe la configuración de hardware de la máquina virtual.

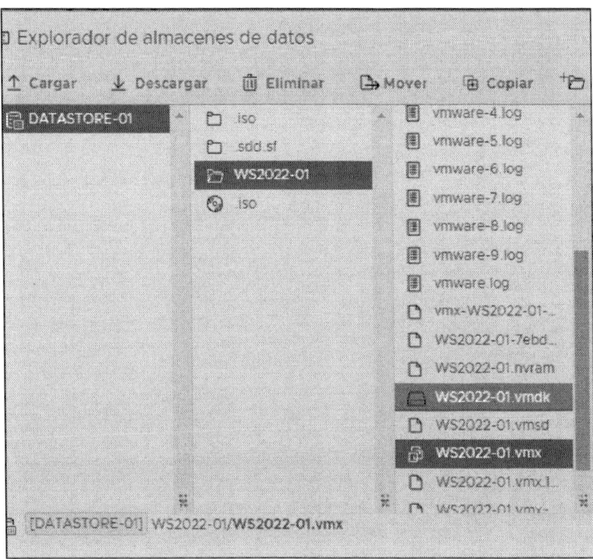


El archivo que contiene los datos de la máquina virtual tiene la extensión flat.vmdk, pero no se representa gráficamente en un *datastore*. La información que contiene se describe en los archivos .vmdk.

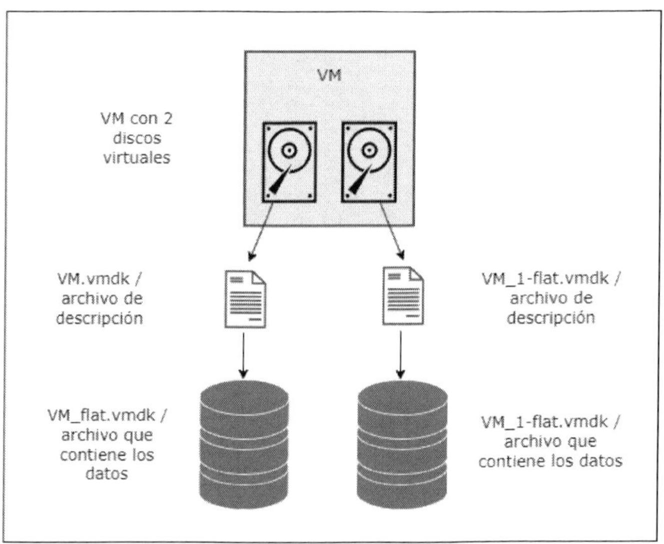


### 2.1.2 Formatos de archivo para máquinas virtuales VMware

La siguiente tabla muestra las principales extensiones de archivo utilizadas por las máquinas virtuales VMware. La mayoría de estos archivos se encuentran en el directorio Windows Server 2022 VM de DATASTORE01.

| Extensión | Descripción |
|---|---|
| .log | Archivo de registro de la máquina virtual. |
| .flat-vmdk | Archivo que contiene todos los datos de una máquina virtual (sistema operativo, aplicaciones, datos, etc.). Se trata de un archivo implícito que no se representa gráficamente. |
| .nvram | Archivo en el que se almacena el estado de la BIOS (*Basic Input Output System*) de una máquina virtual o sus configuraciones EFI. |
| .vmdk | Archivo que describe un disco virtual. Contiene una cabecera y otra información sobre el disco virtual. |

| Extensión | Descripción |
|---|---|
| .vmsd | Archivo de una máquina virtual que se utiliza para las instantáneas (*snapshots*). Se utiliza para almacenar los datos de cada instantánea activa en una máquina virtual. |
| .vmsn | Archivo que contiene los datos de una instantánea (*snapshots*) de una máquina virtual. |
| .vmx | Archivo de configuración que incluye todas las configuraciones de hardware virtual que se presentan a una máquina virtual. |
| .swp | Archivo de swap (memoria virtual) de una máquina virtual. Se crea cuando se enciende la máquina virtual. El tamaño de este archivo es igual a la cantidad de memoria asignada, menos la memoria reservada. |

### 2.1.3 Encapsulación y movilidad de máquinas virtuales

Esta propiedad de encapsulación hace que las máquinas virtuales sean extremadamente flexibles y móviles. Sabemos lo fácil que es copiar un archivo, cortarlo y pegarlo desde una interfaz gráfica de usuario (*Graphical User Interface*, GUI). El mismo principio se aplica a los archivos que componen una máquina virtual: se pueden mover fácilmente, lo que, por supuesto, no ocurre con los servidores físicos.

Por ejemplo, al migrar o cambiar de plataforma de virtualización, los archivos de las máquinas virtuales se pueden mover o convertir fácilmente utilizando las utilidades que ofrecen gratuitamente los distintos fabricantes. La mayoría de los proveedores de servicios de cloud pública aprovechan la movilidad de las máquinas virtuales, ofreciendo soluciones para migrarlas de un centro de datos a sus plataformas.

Como veremos más adelante, esta propiedad de encapsular máquinas virtuales es la que nos permite crear snapshots o clonar máquinas virtuales. *instantáneas* o clonar máquinas virtuales.

## 2.2 Portabilidad

La portabilidad de una máquina virtual se deriva de la encapsulación que acabamos de describir, es decir, el hecho de que esté formada por archivos.

En términos generales, la portabilidad se refiere a la capacidad de una aplicación informática para ejecutarse en diferentes plataformas o entornos. Un ejemplo típico de portabilidad es la máquina virtual Java (JVM), que es un entorno de ejecución virtual que puede funcionar en cualquier sistema operativo que ejecute una JVM compatible.

En el campo de la virtualización, la portabilidad se refiere a la capacidad de las máquinas virtuales para trasladarse física o lógicamente a otro entorno sin necesidad de reconfiguración (en la mayoría de los casos).

### 2.2.1 Intercambio en caliente de máquinas virtuales

El ejemplo más conocido de la implementación de la portabilidad de máquinas virtuales es la tecnología VMotion de VMware introducida en 2003 con ESX 2.0. Se trata de una solución conocida como "migración en vivo" o *live migration*. Esta función permite intercambiar en caliente máquinas virtuales de un host de virtualización a otro, a través de una red dedicada. Este movimiento es transparente y no causa interrupciones.

La función vMotion sólo está disponible en un entorno vSphere, ya que requiere un clúster de hosts entre los que se puedan mover las máquinas virtuales. En el capítulo Desplegar un VMware vCenter Server, instalaremos vCenter y obtendremos acceso a esta característica.

vMotion se puede automatizar para permitir el equilibrio de carga entre hosts, optimizando la utilización de recursos. En caso de mantenimiento o actualización del hardware del host, vMotion permite trasladar temporalmente las máquinas virtuales a otro u otros hosts para que el trabajo se pueda llevar a cabo sin interrupciones.

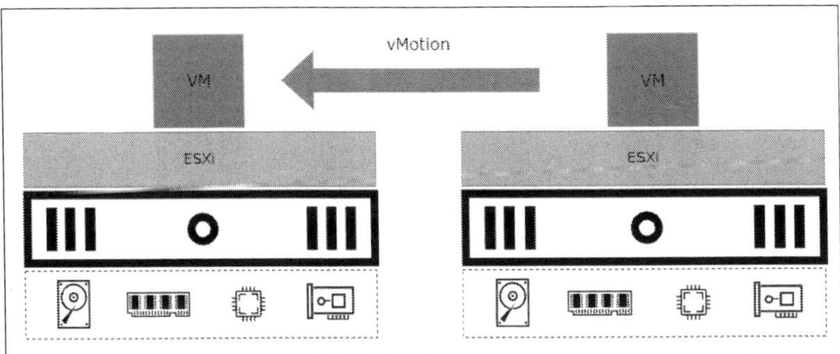


Tenga en cuenta que vMotion no mueve el almacenamiento de la máquina virtual. Como los hosts tienen almacenamiento compartido, se trata sólo de un cambio de host. Otra característica relacionada llamada Almacenamiento vMotion, permite migrar en vivo los archivos de disco de una máquina virtual de un almacén de datos (*datastore*) a otro, mientras la máquina virtual está en ejecución.

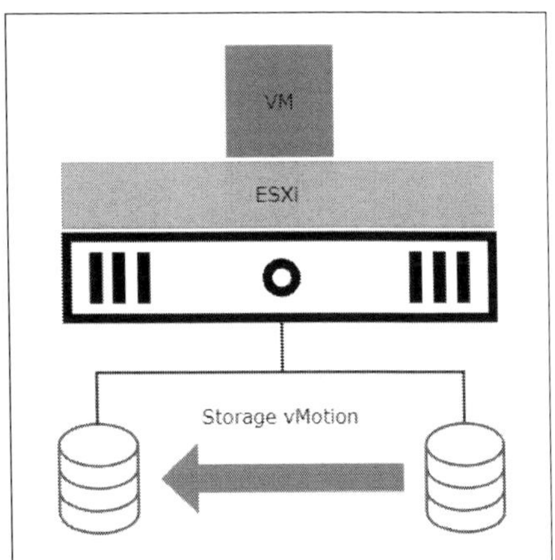


Un entorno VMware se suele segmentar en varios *datastores* n función de las necesidades. Por ejemplo, puede ser necesario aislar ciertas cargas de trabajo en un almacén de datos separado, dependiendo de su aplicación. Otra razón para crear varios *datastores* puede estar relacionada con el rendimiento de los discos físicos. Esto permite colocar los datos en el almacenamiento adecuado en función de las operaciones de lectura y escritura.

Storage vMotion permite optimizar el rendimiento del almacenamiento, así como mantener los equipos físicos (SAN, NAS, etc.) sin interrumpir el funcionamiento de las máquinas virtuales. Es posible combinar vMotion y Storage vMotion para cambiar un host VM y mover el almacenamiento a otro *datastore*.

Estas funciones aportan una gran flexibilidad, escalabilidad y resistencia a los entornos VMware, permitiendo el movimiento sin interrupciones de las máquinas virtuales y sus recursos de almacenamiento, al tiempo que garantizan una alta disponibilidad y una mejor utilización de los recursos.

Otros proveedores de plataformas de virtualización también han desarrollado soluciones similares, como XenMotion de XenMotion de Citrix. En cuanto a Hyper-V, Nutanix AHV y Proxmox, simplemente han adoptado el término genérico de *live migration*. Los principales proveedores de servicios de cloud pública también disponen de estas funciones en segundo plano.

### 2.2.2 Portabilidad y alta disponibilidad

Además de facilitar las operaciones de migración entre servidores host, la portabilidad desempeña un papel importante en las soluciones de alta disponibilidad y protección de datos. Con vSphere, por ejemplo, se puede implementar una función de alta disponibilidad (*High Availability*, HA) cuando los hosts ESXi se configuran en modo clúster.

**Observación**

*La alta disponibilidad se refiere a la tasa de disponibilidad, es decir, al funcionamiento ininterrumpido de un servicio informático durante un periodo determinado. Los clústeres de servidores son una de las formas más habituales de implantar una solución de alta disponibilidad.*

Esta solución permite reiniciar máquinas virtuales de un host ESXi a otro en caso de fallo. Esta operación interrumpe temporalmente el servicio a las máquinas virtuales en el host que está experimentando un mal funcionamiento o un fallo de hardware.

Al diseñar una solución de virtualización, hay que tener en cuenta el alto nivel de criticidad de los servidores host y planificar soluciones de tolerancia a fallos en consecuencia. La implantación de una solución de HA requiere reflexionar sobre la tasa de disponibilidad aceptable para una organización.

Por cierto, VMware también ofrece una solución llamada vSphere Replication, que permite la replicación de discos virtuales (vmdk) entre clusters de hosts que pueden estar separados geográficamente. En caso de fallo en el sitio principal, basta con arrancar las máquinas virtuales en el entorno de copia de seguridad.

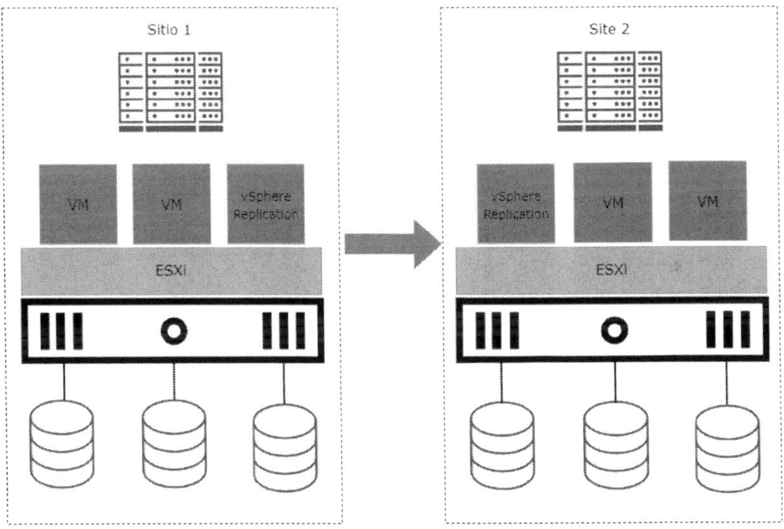


Este tipo de solución también se puede implementar de forma más sólida con una solución de *software-defined storage* como vSAN.

### 2.2.3 Portabilidad e independencia del hardware

La encapsulación y portabilidad de las máquinas virtuales ofrece ventajas evidentes, la mayoría de las cuales son posibles gracias a la independencia de las máquinas virtuales del hardware. Con su cableado de red, tamaño de la carcasa y múltiples dependencias de hardware, los servidores físicos están físicamente consignados a su centro de datos y su traslado provoca interrupciones del servicio.

Hoy en día, es posible trasladar una máquina virtual mediante *live migration* de un continente a otro, sin ninguna intervención física. Este es un argumento muy sólido a favor de la cloud computing y las soluciones de tipo SDDC. Sin embargo, sigue habiendo cargas de trabajo que requieren una gran capacidad de procesamiento y rendimiento que, resultarían demasiado costosas en modo cloud.

Si la virtualización responde a la necesidad, es más ventajosa en muchos aspectos, pero no se trata de virtualizar a toda costa. A pesar de sus desventajas, los servidores físicos siempre tendrán su lugar, aunque solo sea para ser utilizados como hosts de virtualización.

## 2.3 Aislamiento

A diferencia de los servidores físicos, cuyas dependencias de hardware acabamos de mencionar, una máquina virtual está completamente aislada de otras máquinas virtuales y del host. Esto garantiza la seguridad al impedir las interferencias entre máquinas virtuales. Este aislamiento también es una propiedad fundamental de las máquinas virtuales y otra característica importante, que las distingue de sus homólogas físicas.

El aislamiento se produce a varios niveles:

- **Aislamiento de disco y sistema de archivos**: cada máquina virtual tiene sus propios discos virtuales que se almacenan como archivos en el almacenamiento físico del host. Este aislamiento garantiza que las máquinas virtuales no puedan acceder a los archivos de otras máquinas virtuales ni modificarlos. Esta propiedad impide el acceso no autorizado y preserva la integridad de los datos.
- **Aislamiento de memoria**: a cada máquina virtual se le asigna una parte de la memoria física del host. Al igual que con el aislamiento de disco, esto impide que las máquinas virtuales accedan o modifiquen la memoria de otras máquinas virtuales.
- **Aislamiento de red**: las máquinas virtuales se conectan a redes virtuales aisladas entre sí por conmutadores virtuales. También es posible la segmentación de la red. El aislamiento de red impide el acceso no autorizado a la red entre máquinas virtuales y proporciona mayor seguridad al entorno.

- **Aislamiento del procesador**: el hipervisor gestiona la programación y asignación del tiempo de procesador para garantizar que cada máquina virtual obtenga los recursos que necesita. El aislamiento del procesador impide que una máquina virtual monopolice la CPU del host y afecte al rendimiento de otras máquinas virtuales.

### 2.3.1 Máquinas virtuales como contenedores independientes

Gracias a estos mecanismos y técnicas de aislamiento, cada máquina virtual funciona en su propio entorno aislado, separado de otras máquinas virtuales y del sistema anfitrión. En este sentido, las máquinas virtuales se pueden describir como "contenedores" independientes.

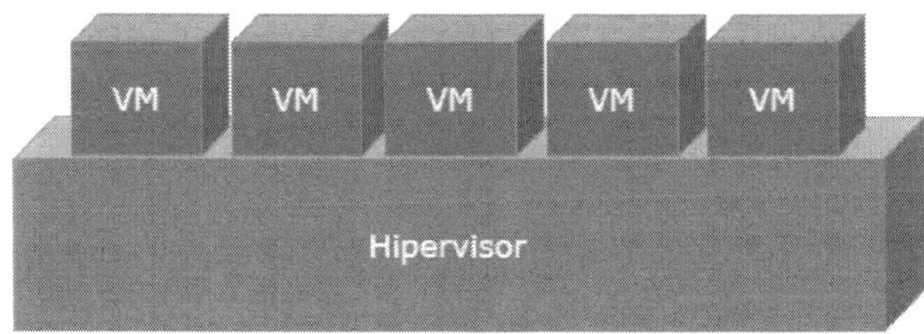


*Máquinas virtuales como "contenedores" independientes*

El sistema operativo de una máquina virtual no tiene conocimiento de las demás máquinas virtuales alojadas en el mismo host. Tampoco tiene forma de saber que se está ejecutando en un entorno virtualizado.

Este aislamiento tiene una serie de ventajas, que ya hemos mencionado brevemente en el capítulo Comprender los hipervisores. Por ejemplo, en caso de fallo (*crash*) de una máquina virtual, las demás máquinas virtuales no se ven afectadas por este suceso. Cada máquina virtual es, en sí misma, su propio proceso, que es totalmente independiente, ya que se ejecuta en su propio espacio de memoria.

### 2.3.2 Aislamiento y seguridad

En términos de seguridad informática, el aislamiento reduce considerablemente la superficie de ataque de las máquinas virtuales. Su separación en "contenedores" de software distintos las hace menos vulnerables a los ataques dirigidos contra otras máquinas virtuales. La contención también limita la propagación de software malicioso.

Con las máquinas virtuales, los parches y actualizaciones se pueden desplegar independientemente para cada instancia. Esto significa que las vulnerabilidades de una máquina virtual se pueden corregir sin afectar a las demás.

Las máquinas virtuales también se pueden configurar con políticas de acceso y reglas de red específicas, lo que proporciona un mayor control sobre la comunicación entre las máquinas virtuales y el mundo exterior.

Por ejemplo, si abre la sección **Redes** de la consola **ESXi Host Client**, verá que es posible configurar reglas de cortafuegos que se pueden aplicar a todas las máquinas virtuales del host.

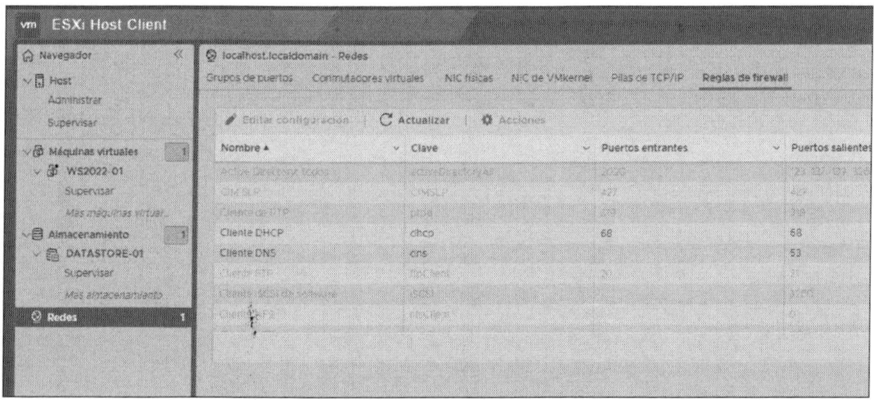


Del mismo modo, si va a la pestaña **Conmutadores virtuales** y se fija en las propiedades del vSwitch0 creado por defecto, podrás acceder a una serie de opciones de seguridad que pueden reforzar el aislamiento de las máquinas virtuales.

También es posible crear "grupos de puertos" (*port groups*) para una mejor segmentación de la red.

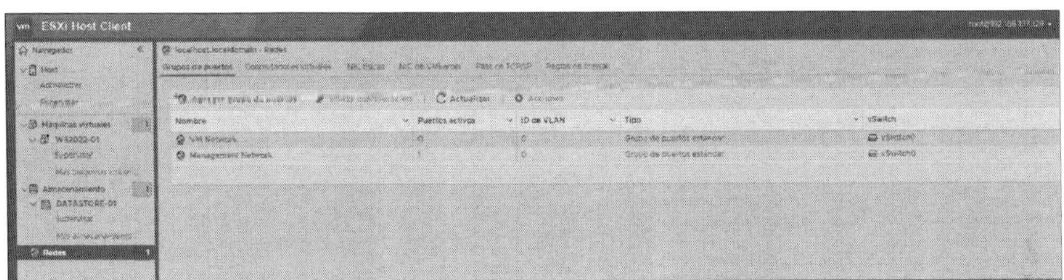


Los "grupos de puertos" permiten utilizar VLAN definidas a nivel del conmutador físico.

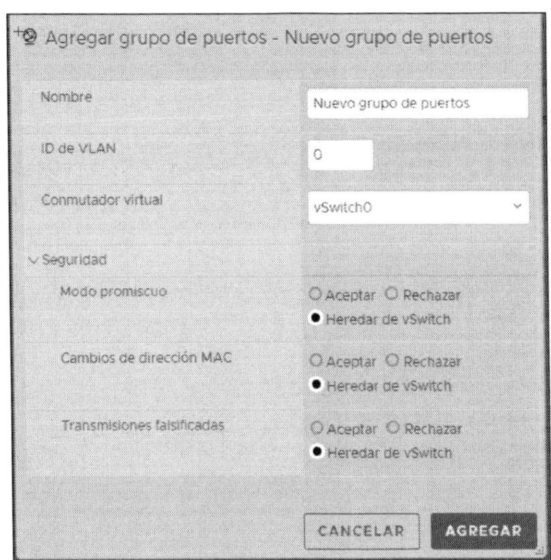


Tenga en cuenta, sin embargo, que estas funciones son bastante limitadas en ESXi Host Client. Cuando instalemos un vCenter Server, veremos que estas opciones están más plenamente implementadas con conmutadores distribuidos (*distributed vSwitch*).

## 3. Recursos de hardware virtual

Las máquinas virtuales tienen acceso a diversos recursos de hardware, pero desde su punto de vista, no son conscientes de que estos dispositivos no existen realmente. De hecho, los recursos virtuales a los que tienen acceso son construcciones de software que representan recursos físicos abstraídos por el hipervisor.

Los dispositivos virtuales con los que interactúan las máquinas virtuales son estándar, lo que significa que son idénticos para cada máquina virtual. También contribuyen a que las máquinas virtuales sean portátiles, ya que se pueden ejecutar en diversas plataformas independientemente del fabricante o editor.

### 3.1 La máquina virtual desde dentro

Desde dentro, los componentes de una máquina virtual son idénticos a los de una máquina física. Desde el punto de vista del sistema operativo o de una aplicación, los recursos de almacenamiento, memoria, red y procesamiento están disponibles bajo demanda.

Por ejemplo, en el caso de un Windows Windows, no hay forma de saber que se trata de una VM a través de utilidades como el panel de control o la configuración del sistema.

Están presentes los dispositivos de almacenamiento, la unidad C:\ y el sistema de archivos, al igual que las conexiones de red, los servicios en ejecución, etc. La máquina virtual también tiene una cierta cantidad de memoria, uno o más procesadores, discos o una unidad de CD/DVD.

Todo parece exactamente como debería, a menos que se abra el Administrador de dispositivos de Windows (que es lo que a menudo hay que hacer para determinar si un servidor es virtual o no). De hecho, si se fija bien en los detalles de los periféricos, empieza a aparecer la diferencia entre lo real y lo virtual, sobre todo en lo que se refiere a los controladores, que ya no se corresponden con los estándares del sector.

Si abre el Administrador de dispositivos en su Windows Server 2022, verá una serie de diferencias con un servidor físico, algunas de ellas sutiles.

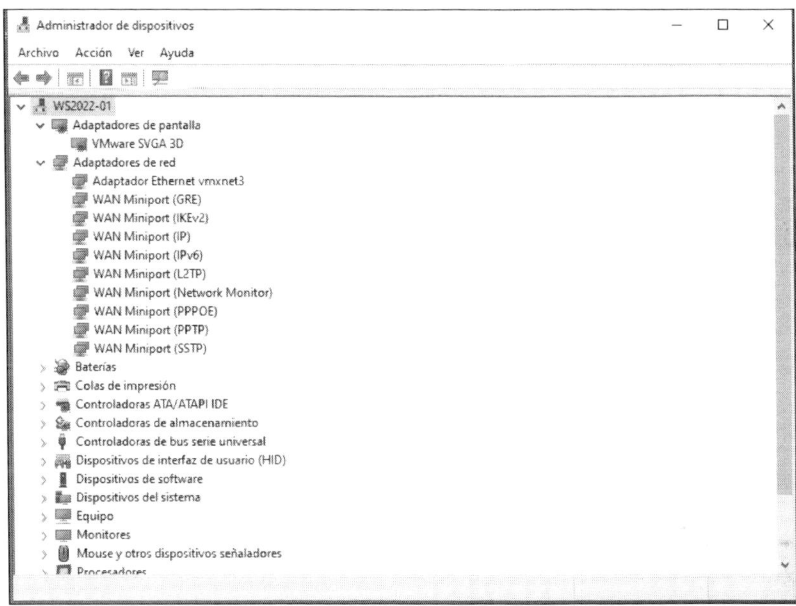


Los adaptadores de red, por ejemplo, son específicos de VMware (VMXNET3). Lo mismo ocurre con la tarjeta gráfica, que no es de una marca estándar como Intel o AMD. El controlador de la tarjeta gráfica está estandarizado para funcionar con cualquier monitor. Las unidades de disco y CD/DVD también utilizan controladores virtuales especializados. El hipervisor presenta las máquinas virtuales con recursos genéricos y el proveedor está claramente identificado como VMware.

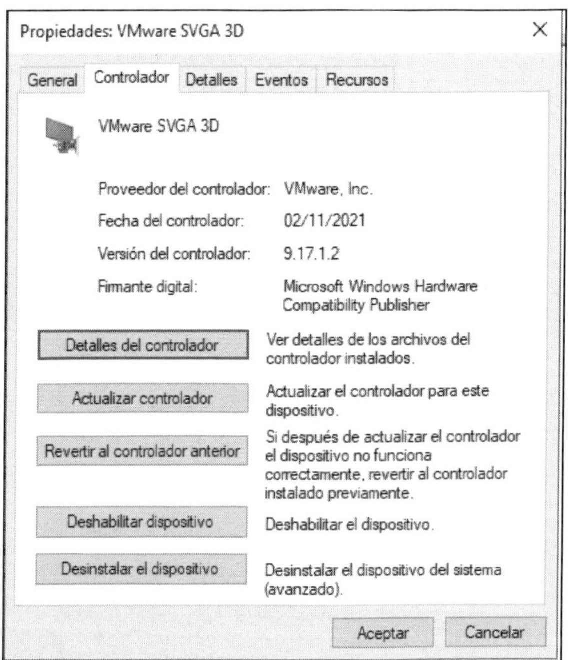


A diferencia de las máquinas físicas, para las que hay que determinar una configuración hardware concreta (cantidad de discos, memoria, número de CPU, etc.) antes de adquirirlas, las máquinas virtuales ofrecen la posibilidad de modificar fácilmente esta configuración desde el hipervisor o plataforma de virtualización. La mayoría de las limitaciones que supondrían las mismas modificaciones en un servidor físico, como la necesidad de apagar el sistema, son prácticamente inexistentes en las máquinas virtuales, como veremos en los próximos apartados.

## 3.2 El procesador de una máquina virtual

Las máquinas virtuales pueden funcionar con uno o varios procesadores, igual que en un servidor físico. Una vCPU no emula el funcionamiento de un procesador físico, sino que representa la capacidad de procesamiento de una máquina virtual.

Para entender mejor este aspecto, echemos un vistazo a las arquitecturas de CPU x86. Hemos visto que se componen de dos modos (usuario y kernel) que también se implementan a nivel de sistema operativo. Sin embargo, en el caso de una máquina virtual, estos modos no son gestionados por las vCPU, sino por los procesadores físicos del host.

Lo que el host asigna a una máquina virtual es la capacidad de programar ciclos de CPU. Una máquina virtual de un solo procesador puede programar la capacidad de un solo procesador. El host no reserva un procesador únicamente para el uso de una máquina virtual concreta. De hecho, cuando la máquina virtual necesita recursos de procesamiento, el hipervisor procesa la solicitud, programa las operaciones y envía los resultados a la máquina virtual a través del controlador de dispositivo adecuado.

Este modo de funcionamiento se deriva del propio concepto de virtualización, cuyo objetivo es hacer un uso más eficiente de los recursos de hardware y compartirlos. Al no asignar procesadores físicos dedicados a una máquina virtual, la potencia de procesamiento se puede distribuir en función de la demanda de los sistemas invitados.

La mayoría de los hosts físicos tienen varios sockets (conectores para procesadores) en su placa base y cada CPU instalada contiene uno o más núcleos. Una máquina virtual considera un núcleo como un único procesador virtual, pero es posible crear máquinas virtuales multiprocesador y multinúcleo.

## Parámetros del procesador

Existen varias opciones para configurar las vCPUs de las máquinas virtuales. En primer lugar, puede añadir o eliminar procesadores y/o núcleos (*cores* o *kernels*) haciendo clic en el menú desplegable asociado a cada uno de estos elementos.

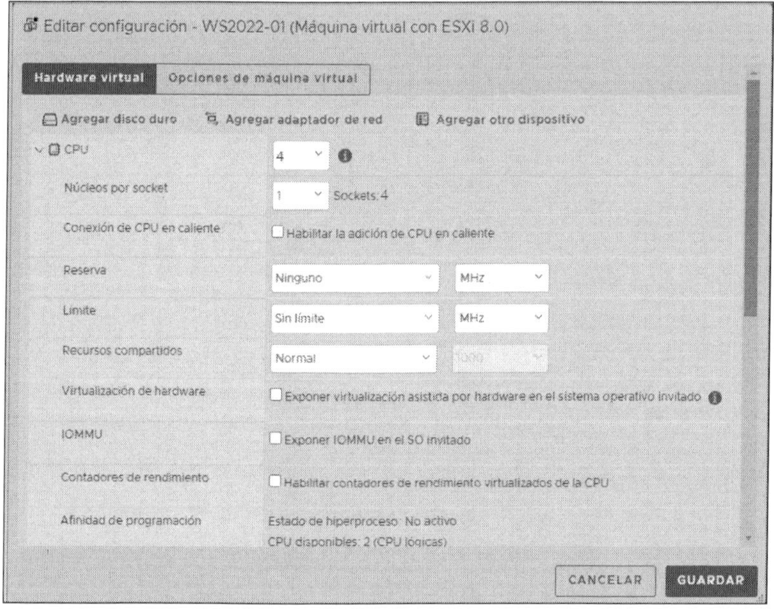


El número de CPUs o núcleos que se mostrarán, puede variar dependiendo de lo que el sistema operativo pueda soportar y del número autorizado por la licencia del host. Normalmente, es necesario detener una máquina virtual para cambiar el número de procesadores y/o núcleos virtuales.

Una nueva opción en ESXi permite ahora añadir o eliminar CPUs en caliente, pero es importante asegurarse de que su sistema operativo admite esta función. Aunque esta función proporciona una mayor flexibilidad, tiene algunas desventajas, ya que desactiva vNUMA, una tecnología que mejora el rendimiento de las máquinas virtuales, acelerando el acceso a la memoria local de cada procesador.

Otra opción disponible es la posibilidad de reservar o limitar la CPU para una máquina virtual. Reservar garantiza una cantidad mínima de recursos de CPU para la máquina virtual, mientras que limitar restringe el máximo de recursos que puede utilizar. Estos ajustes permiten priorizar y asignar recursos de CPU en función de las necesidades de la máquina virtual.

## 3.3 RAM de la máquina virtual

La memoria RAM probablemente es el recurso más sencillo de entender en un entorno de virtualización. Siempre es preferible asignar más memoria de la que se prevé utilizar, pero es importante mantener el equilibrio adecuado en un entorno de virtualización compartido.

Al igual que con el uso de la CPU, los proveedores de hipervisores han implementado varias técnicas de gestión de memoria, que ya hemos tratado en el capítulo Entender los hipervisores, para aprovechar al máximo la memoria física disponible. A una máquina virtual se le asigna una cantidad específica de memoria que no puede exceder, incluso si la cantidad disponible en el host es mayor.

### Parámetros de memoria

Al igual que con las vCPUs, es posible cambiar la cantidad de memoria (RAM) de una máquina virtual. Una vez más, esta operación se realiza normalmente cuando la máquina virtual está detenida.

Desde vSphere 7, VMware ofrece la opción **Memory Hot Add**, que permite añadir RAM en caliente. Esta opción se debe analizar antes de ser activada, ya que puede causar problemas de rendimiento cuando se añade memoria adicional. Por otra parte, no es posible reducir la cantidad de memoria con esta opción, debido a la forma en que la utiliza el sistema operativo.

Del mismo modo que para los procesadores, también es posible reservar o limitar la memoria de una máquina virtual.

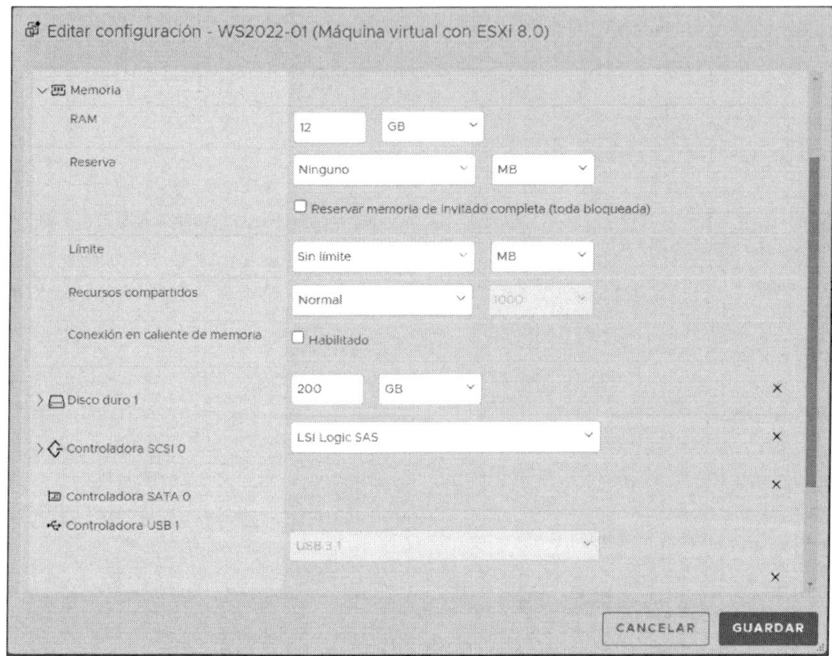


Otra función interesante disponible tanto para la CPU como para la memoria, es la noción de recursos compartidos (*shares*). Los recursos compartidos permiten dar una determinada prioridad (`Bajo`, `Normal`, `Alto`, `Personalizado`) a una máquina virtual en el consumo de recursos compartidos. Si una máquina virtual tiene el doble de recursos compartidos que otra, está autorizada a consumir el doble de ese recurso cuando las dos máquinas virtuales compiten por él.

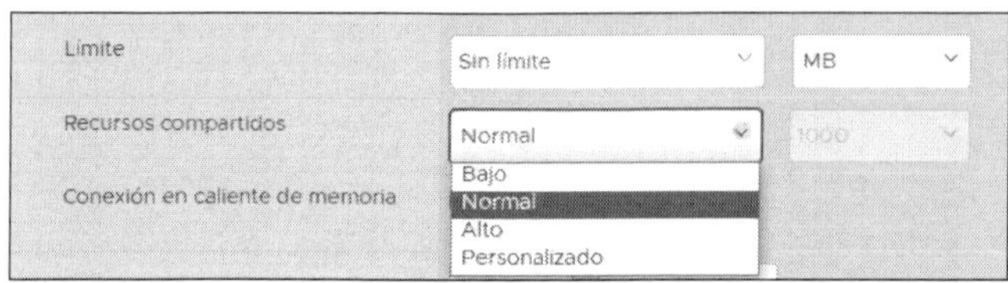

Los recursos compartidos se deben configurar para las máquinas virtuales que comparten el mismo host, de lo contrario no producirán ningún resultado. Al asignar recursos compartidos a una máquina virtual, se da prioridad a esa máquina virtual sobre otras máquinas virtuales encendidas, que comparten el mismo conjunto de recursos compartidos.

## 3.4 Conectividad de red de la máquina virtual

Al igual que su homóloga física, la red virtual proporciona a las máquinas virtuales una forma de comunicarse con el mundo exterior. Cada máquina virtual se puede configurar con una o varias tarjetas de red virtuales (vNIC), que representan una conexión a una red.

Sin embargo, estas tarjetas virtuales no se conectan directamente a las tarjetas de red físicas del sistema anfitrión. Como ya hemos visto, el hipervisor soporta la creación de una o más redes virtuales que conectan las NIC virtuales a una red formada por conmutadores virtuales. Esta es a la red virtual a la que se conectan las tarjetas de red físicas.

La conexión en red permite a las aplicaciones de una máquina virtual conectarse a servicios externos al host en el que reside la máquina. Al igual que con otros recursos el hipervisor gestiona el tráfico de red que entra y sale de cada máquina virtual y del host. Cuando una aplicación envía una solicitud de red al sistema operativo huésped, éste transmite la solicitud a través del controlador de la tarjeta virtual. A continuación, el hipervisor recibe la solicitud de acceso a la red y la envía a la tarjeta de red física. Cuando la respuesta llega de vuelta, sigue el camino inverso a la aplicación.

En un entorno VMware, un hipervisor tiene dos redes virtuales.

Para ver estas redes, vaya a la sección **Redes** de **ESXi Host Client**. Verá que se han añadido dos redes por defecto.

**VM Network** se utiliza para la conectividad de la máquina virtual, mientras que la **Management Network** es la red que le da acceso al host y, por la misma razón, a su interfaz de gestión.

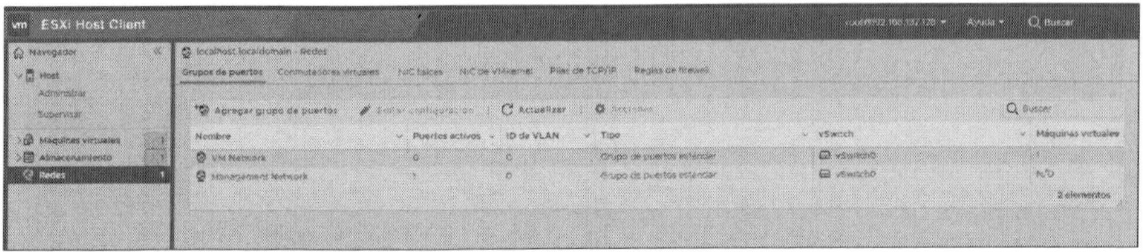


## Configuración del adaptador de red

Los adaptadores de red pueden se añadirse o eliminar mientras la máquina virtual está en funcionamiento. Para añadir un adaptador de red, basta con ir a las propiedades de la máquina virtual y pulsar **Agregar adaptador de red**.

El nuevo adaptador de red se añade automáticamente después de los demás, y sólo queda seleccionar la red y el tipo de adaptador.

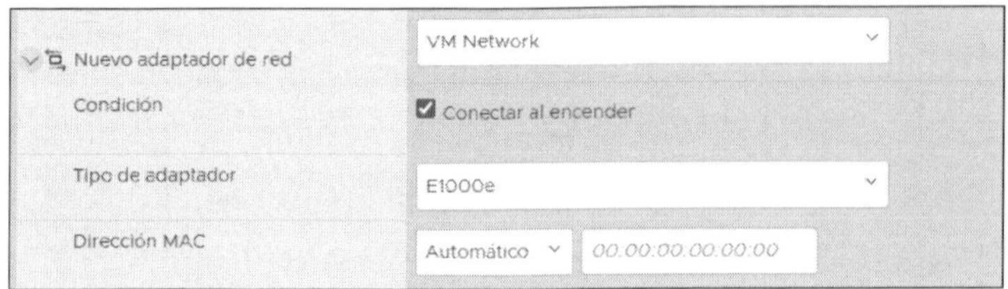


El sistema operativo detecta automáticamente la adición de un adaptador de red. Por ejemplo, en Windows Server, un nuevo adaptador de red se llamará **Ethernet1** y así sucesivamente.

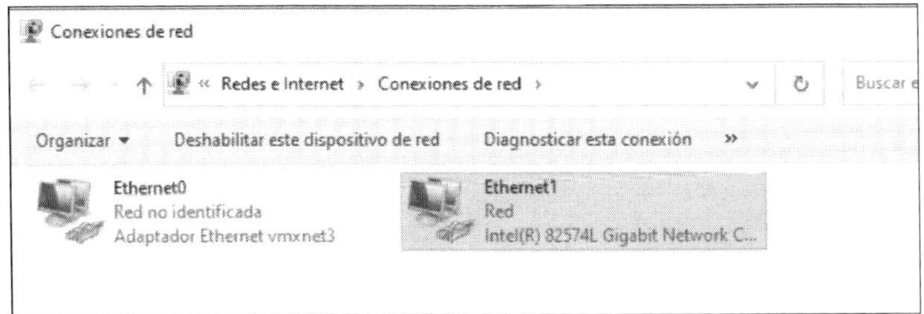


Para eliminar un adaptador de red, basta con pulsar la **X** situada a la derecha del adaptador en las propiedades de la máquina virtual.

### Observación

*Atención: es posible borrar todos los adaptadores de red cuando la máquina virtual está en marcha. Si lo hace por error, puede añadir un adaptador de red más tarde, pero tendrá que conectarte en modo consola para rehacer la configuración IPv4.*

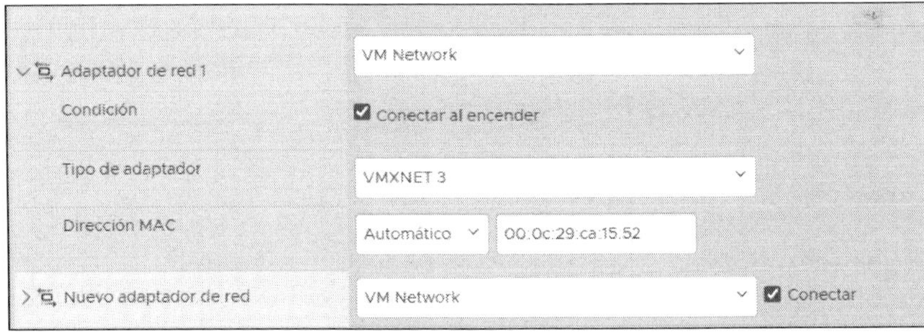


Para cada adaptador de red, un menú desplegable permite elegir la red virtual que desee (en nuestro caso, sólo tenemos la red VM Network, ya que no hemos definido ninguna otra).

Ya hemos visto los tipos de adaptadores de red disponibles (VMXNET3 y E1000e) que puede elegir abriendo el menú desplegable. Las direcciones MAC se asignan automáticamente por defecto, pero en el caso de una migración de una máquina virtual, puede ser preferible mantener la misma dirección física. En este caso, basta con seleccionar la opción **Manual** e introducir la dirección en el campo de la derecha.

## 3.5 Almacenamiento de máquinas virtuales

El hipervisor presenta el almacenamiento a las máquinas virtuales en forma de discos virtuales. Como se mencionó anteriormente en relación con la encapsulación, un disco virtual comprende un único archivo o un conjunto de archivos asociados, pero aparece ante la máquina virtual como un disco duro físico.

Por ejemplo, una máquina virtual que ejecute un sistema operativo Windows verá uno o más volúmenes como C: o D:. En realidad, estos volúmenes no son más que porciones de espacio en disco en un dispositivo de almacenamiento compartido, que el hipervisor presenta a la máquina virtual.

Cuando una máquina virtual se comunica con un adaptador de disco SCSI virtual, el hipervisor transmite bloques de datos hacia y desde el almacenamiento físico.

El hecho de que el host acceda al almacenamiento localmente o a través de una red (SAN o NAS, por ejemplo) es transparente para las máquinas virtuales, que no tienen que preocuparse de dónde se encuentra el almacenamiento. La función del hipervisor es distribuir los recursos de almacenamiento a través de Fibre Channel, iSCSI o NFS, dependiendo de lo que esté configurado en el host.

### Configuración del disco

Al igual que ocurre con otros recursos, es posible aumentar o reducir el tamaño de un disco virtual. En todos los casos, esta operación se puede realizar mientras la máquina virtual está en funcionamiento.

**Observación**

*Atención: aunque es posible reducir el tamaño de un disco virtual, hay que tener mucho cuidado con este tipo de operación. No se recomienda reducir un disco por la forma en que lo utiliza el sistema operativo. Antes de realizar esta operación, es preferible hacer una copia de seguridad de los datos o simplemente añadir un nuevo disco del tamaño correcto y trasladar los datos a él.*

Evidentemente, después de añadir espacio en disco, la partición se debe ampliar a nivel de sistema operativo, ya que el espacio extra no se asigna. Para un sistema Windows Server, basta con abrir la utilidad de gestión de discos y ampliar el volumen (C:\ en el siguiente ejemplo).

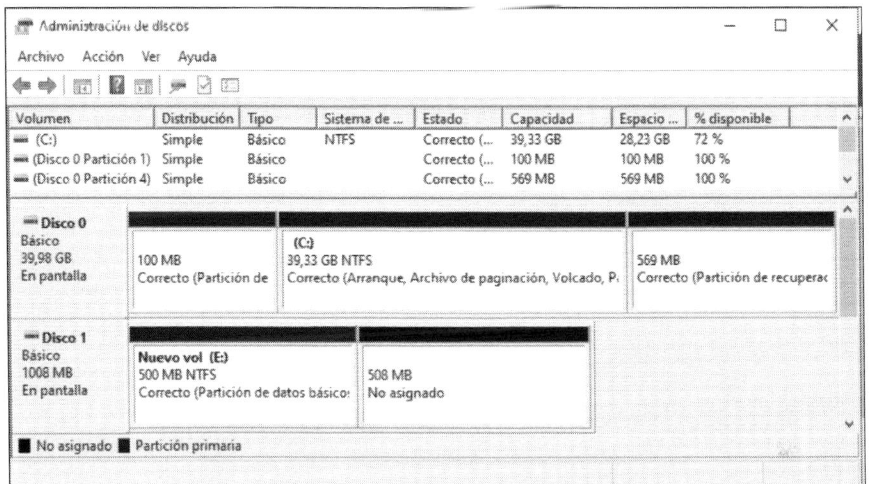


Un nuevo disco se añade desde las propiedades de la máquina virtual pulsando en **Agregar disco duro**. También es posible añadir un disco duro existente a una máquina virtual. En este caso, el asistente abrirá el explorador de los almacenes de datos para seleccionar el archivo vmdk que representa el disco.

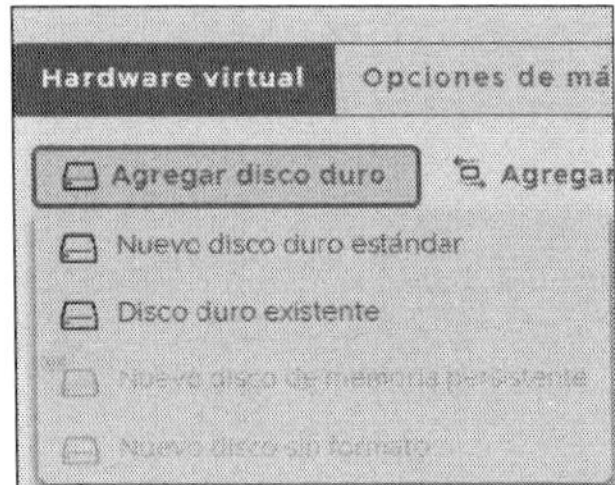


Cuando se crea el nuevo disco, encontramos las opciones de aprovisionamiento descritas anteriormente, en el capítulo dedicado a la creación de una máquina virtual.

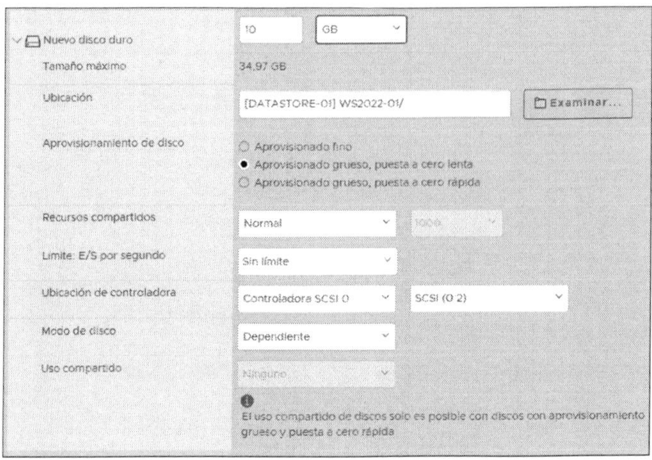


Cuando se añade el disco a una máquina virtual Windows, es necesario inicializarlo a nivel de sistema operativo y crear un volumen.

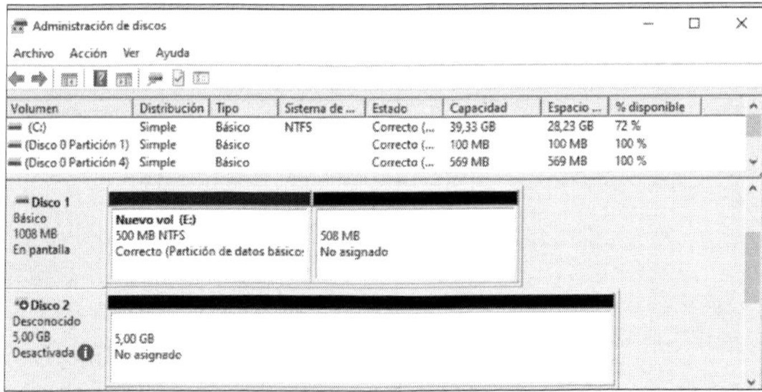


Si no se detecta el disco, la pestaña **Acción** de la herramienta de Administración de Discos ofrece una opción para reiniciar el análisis del disco.

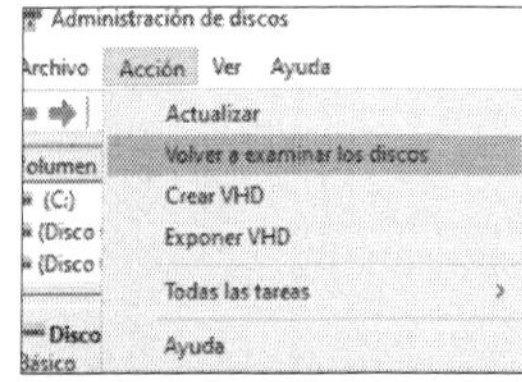

Para eliminar un disco, basta con hacer clic en la **X** situada a la derecha del dispositivo.

En caso de falta de espacio en disco en los almacenes de datos, será necesario añadir espacio en disco al dispositivo físico. Una vez añadido el espacio, basta con aumentar el tamaño de un almacén de datos existente o crear uno nuevo. Para añadir espacio en disco a nuestro entorno de virtualización anidado, primero tenemos que aumentar (o añadir un disco a) la máquina virtual de nuestro hostESXi en Workstation. Una vez que tengamos el espacio de disco extra, necesitamos volver a ESXi Host Client en la sección **Almacenamiento**. A continuación, tenemos que hacer clic con el botón derecho del ratón en el almacén de datos (DATASTORE-01 en nuestro ejemplo) y pulsar la opción **Aumentar capacidad** en el menú desplegable.

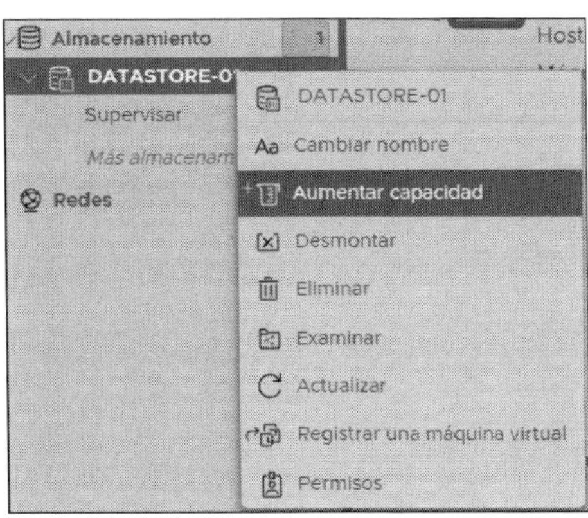

En el asistente para **Aumentar la capacidad del almacén de datos**, seleccione **Ampliar una extensión del almacén de datos de VM**. En los pasos siguientes, puede seleccionar el espacio de disco adicional añadido en el host y asignarlo.

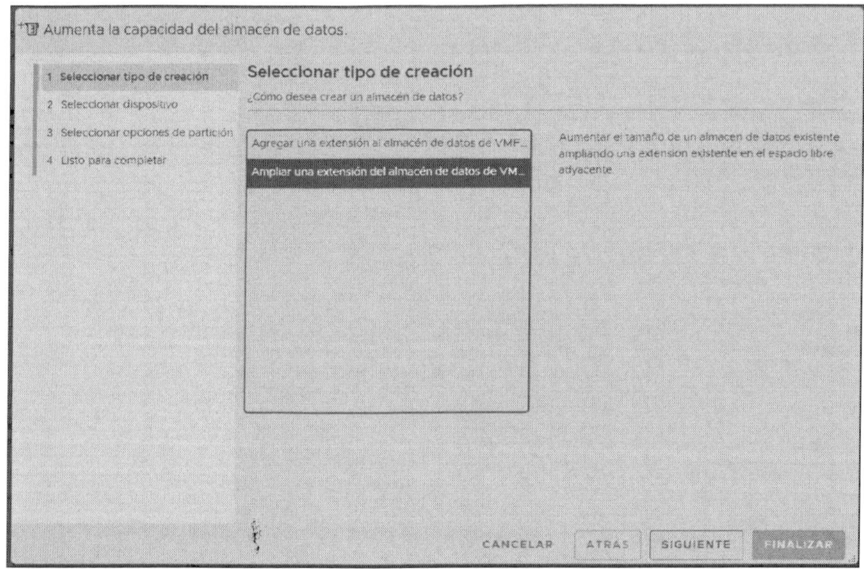


Entre otras opciones disponibles para los discos virtuales, es posible compartir un disco entre máquinas virtuales. Esta opción se utiliza en escenarios dede clustering de bases de datos, por ejemplo, cuando se requiere acceso a los discos para más de un servidor con el fin de mantener la integridad de los datos. También se puede activar para equilibrar la carga entre servidores o, en el caso de una solución de alta disponibilidad, para que otra máquina virtual pueda responder a las solicitudes en caso de pérdida o mal funcionamiento de la máquina principal.

No es posible compartir discos utilizando *thin provisioning* (aprovisionamiento dinámico) como en la siguiente captura de pantalla. Deben estar en modo "puesta a cero inmediata": se debe asignar todo el disco y todos los bloques se deben poner a cero en el momento de la creación.

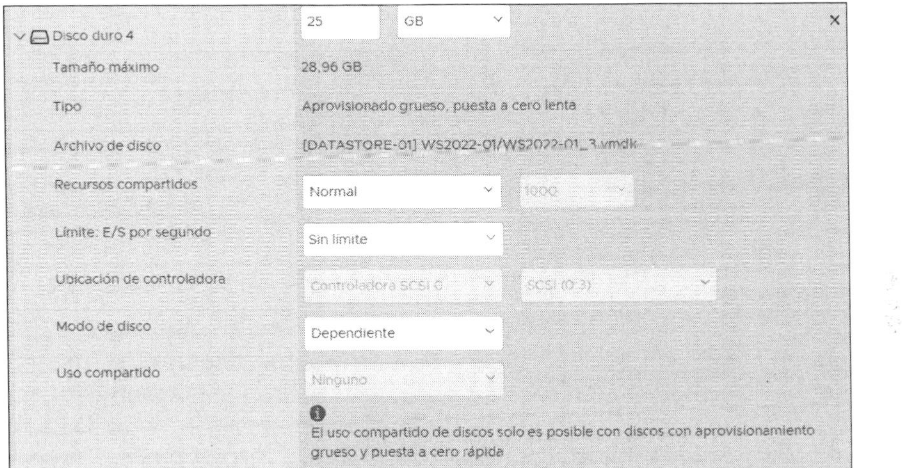


Además de soportar el formato VMDK, ESXi puede soportar otros formatos de disco cuando vCenter está instalado. Por ejemplo, es posible mapear un dispositivo de almacenamiento físico directamente a una máquina virtual. Esta opción, conocida como **RDM** (*Raw Device Mapping*) permite, por ejemplo, disponer de uno o varios volúmenes dedicados (LUNs) en una SAN. En este caso, ya no se trata de almacenar discos en forma de archivos en un *datastore*, sino de almacenarlos en modo bloque.

La última opción que merece la pena examinar es el modo de disco, que comprende tres tipos de configuración.

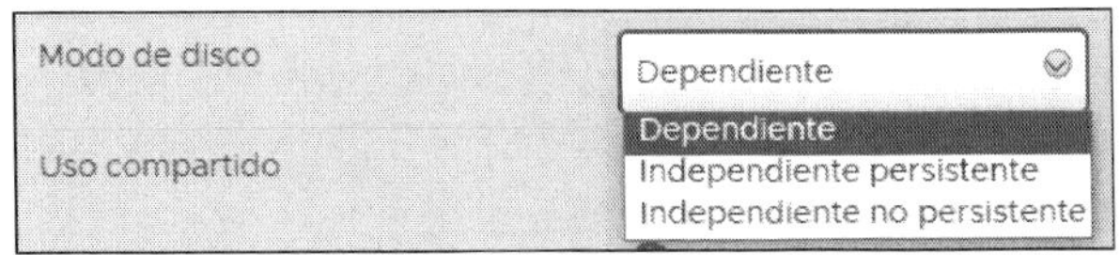


- **Dependiente (Dependent)**: en este modo, el disco de la máquina virtual está totalmente ligado al estado y las operaciones de la máquina virtual, lo que significa que cualquier cambio realizado en el disco se ve afectado por la toma o restauración de instantáneas. *snapshots*). Este es el modo por defecto.

- **Independiente persistente (Independent persistent)**: en este modo, el disco de la máquina virtual funciona independientemente de otras acciones realizadas en la VM, como las instantáneas (*snapshots*). Todos los cambios realizados en el disco son persistentes. Este modo se utiliza, por ejemplo, para bases de datos que necesitan garantizar la integridad y persistencia de los datos. Esta configuración no impide que otro disco de la máquina virtual esté en modo dependiente para poder ser tomado como *snapshots*.
- **Independienteno persistente (Independent non-persistent)**: el disco de la máquina virtual está separado de otras operaciones de la máquina virtual y los cambios realizados en el disco no se ven afectados por las instantáneas. En este modo, los cambios realizados mientras la máquina virtual está en funcionamiento no se conservan cuando la máquina virtual se reinicia o se apaga. Este modo se utiliza normalmente con fines de prueba y permite restaurar el estado inicial de la máquina virtual una vez finalizadas las pruebas.

## 4. Opciones de control de la máquina virtual

Existen varias opciones para controlar las máquinas virtuales, así como formas de interactuar con el sistema operativo huésped, que merecen algunas aclaraciones.

### 4.1 Alimentación de una máquina virtual

La primera opción permite gestionar la alimentación de la máquina virtual, lo que incluye encenderla, apagarla, suspenderla o reiniciarla. Es posible interactuar con la máquina virtual como si fuera un ordenador físico, pero las máquinas virtuales tienen una serie de características adicionales.

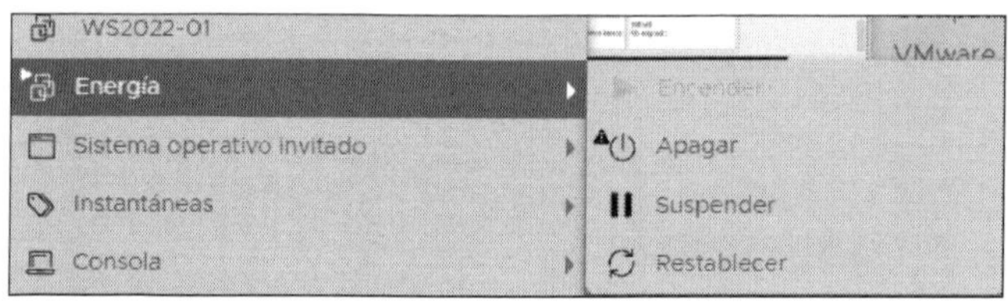

Cuando una máquina virtual está "encendida", está funcionando y operativa, lo que significa que el sistema operativo huésped está iniciado y la VM está lista para ser utilizada.

En cambio, una máquina virtual "apagada" está completamente parada, con recursos como la memoria y el procesador sin asignar.

**Observación**

*Apagar una máquina virtual es lo mismo que desconectar un ordenador físico. Para apagar "limpiamente" una máquina virtual, es necesario utilizar las opciones de **Sistema operativo invitado** que permiten al hipervisor enviar comandos al sistema operativo. Este tipo de interacción requiere la instalación de VMware Tools.*

En modo **Encendido**, también está la opción **Suspender**, que permite suspender la actividad de una máquina virtual. Esta pausa guarda el estado actual de los contenidos de memoria y disco de una máquina virtual, en el momento de la interrupción. Cuando se reactiva, la máquina virtual vuelve a su estado anterior, lo que permite a los usuarios volver exactamente el punto en el que dejaron el sistema huésped. Se trata de una función útil en escenarios de prueba o al instalar software, ya que permite reanudar la actividad en curso.

Por último, **Restablecer** reinicia forzosamente la máquina virtual sin pasar por un apagado gradual del sistema operativo. Esta opción es equivalente a pulsar el botón de "apagado" en un ordenador físico. Es una acción que detiene bruscamente las operaciones en curso y lanza un reinicio.

## 4.2 Interacción con el sistema operativo huésped

Otros comandos de control del **Sistema operativo invitado** se aplican al sistema operativo huésped como si fueran enviados desde el SO.

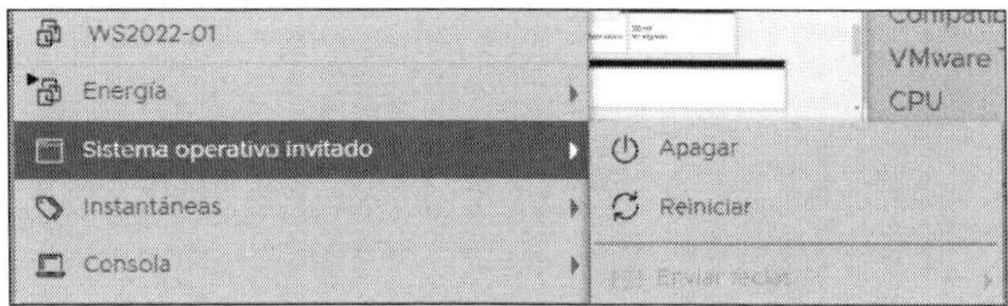

Estas opciones reúnen las operaciones habituales, como apagar o reiniciar el sistema operativo. Eliminan la necesidad de conectarse al sistema para ejecutar estos comandos.

## 5. Funciones de máquina virtual

Hemos visto antes que las máquinas virtuales están formadas por un conjunto de archivos de configuración y que esta propiedad significa que puedes mover o copiar una máquina virtual con la misma facilidad (o casi), que mover una hoja de cálculo de un sitio a otro. Del mismo modo, para guardar un documento, basta con copiar el archivo y mover la copia a otro dispositivo para conservarlo.

Aprovechando estas propiedades de los archivos, es cuando la flexibilidad de las máquinas virtuales se hace realmente patente.

### 5.1 Instantáneas de máquinas virtuales

Como su nombre indica, una instantánea (*snapshot*) de una máquina virtual, es una captura del estado de la máquina virtual en un momento dado. Todos los principales hipervisores soportan la tecnología de instantáneas.

Una *snapshot* conserva el estado de una máquina virtual, sus datos y su configuración de hardware. Una vez creada, los cambios realizados ya no se transmiten al disco de la máquina virtual. En su lugar, se guardan en un disco delta, a veces denominado disco hijo. Este disco delta acumula todos los cambios hasta que se produce uno de estos dos eventos: se toma otra instantánea o se produce una consolidación de instantáneas.

Si se toma otra instantánea, se crea un segundo disco delta y todos los cambios posteriores se escriben en él. Si se realiza una consolidación, los cambios en el disco delta se fusionan con los archivos base de la máquina virtual, para crear el nuevo estado actualizado de la máquina.

Las instantáneas son muy útiles en escenarios de prueba y desarrollo, ya que permiten a los desarrolladores probar procesos arriesgados o desconocidos, con la opción de restaurar su entorno a un estado estable. También se pueden utilizar para probar un parche o una actualización cuyo resultado es incierto y ofrecen una forma sencilla de deshacer lo que se ha aplicado.

**Observación**

*Es importante tener en cuenta que la toma de instantáneas no sustituye a las copias de seguridad. Se trata de una instantánea del estado de una máquina virtual en un momento dado, tal cual, y no es posible recuperar archivos de forma granular. Siempre es preferible utilizar una solución de copia de seguridad de terceros.*

En cierto sentido, las instantáneas proporcionan un botón de **Anular** para una máquina virtual. Aunque es posible hacer varias instantáneas de una máquina virtual, esta práctica puede causar problemas de rendimiento y todo el entorno virtual se puede ver afectado, ya que las instantáneas pueden consumir mucho espacio de almacenamiento.

### 5.1.1 Tomar instantáneas

Cuando se toma una instantánea de una máquina virtual, se crean nuevos archivos con extensiones específicas en el directorio de la máquina virtual:

- **Archivo .vmsd**: contiene toda la información relevante sobre la instantánea.

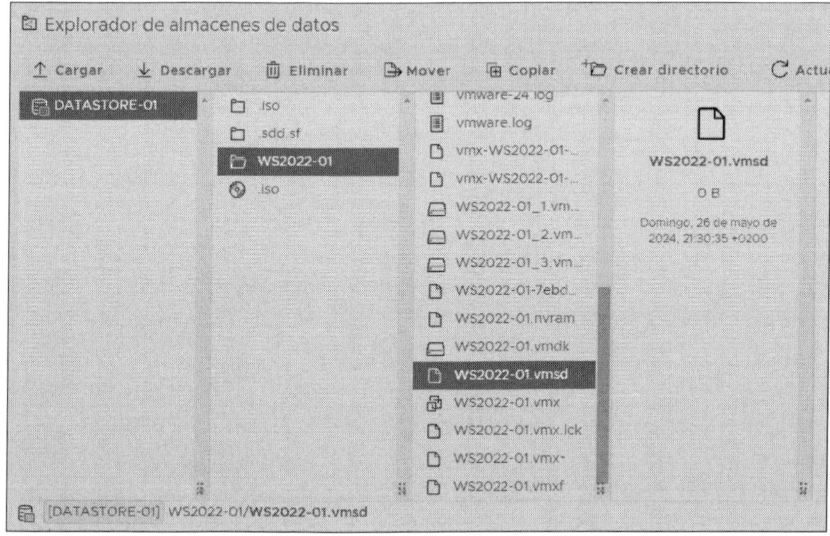


- **Archivo .vmem**: contiene el estado de la memoria de la máquina virtual.
- **Archivo .vmsn**: almacena el estado de la máquina virtual en el momento de la instantánea.
- **Archivos .vmdk**: representan los discos hijos creados por una instantánea.

El disco hijo creado durante una *snapshot* es un disco *sparse disk* (disco disperso). Se trata de un formato de imagen de disco en el que sólo se almacenan los bloques modificados de un disco virtual, en lugar de todo el disco. Este método optimiza el almacenamiento y permite crear y recuperar instantáneas más rápidamente.

La instantánea de una máquina virtual activa lee datos partiendo del disco hijo hasta el disco padre original, pero sólo escribirá en el disco hijo.

## Primera instantánea

El siguiente diagrama muestra una instantánea inicial: el disco padre está bloqueado contra escritura y todos los cambios en los bloques de datos se escriben en el disco hijo (*sparse disk*).

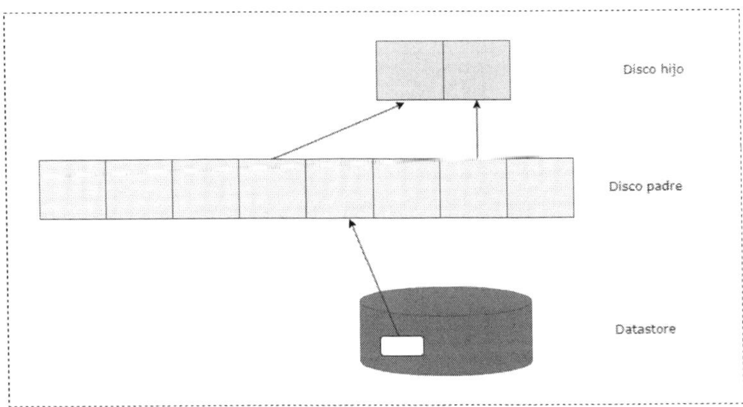


*Una primera instantánea*

- Para tomar una snapshot desde la consola **ESXi Host Client**, abra las propiedades de una máquina virtual y seleccione **Instantáneas**, luego **Crear instantánea**.

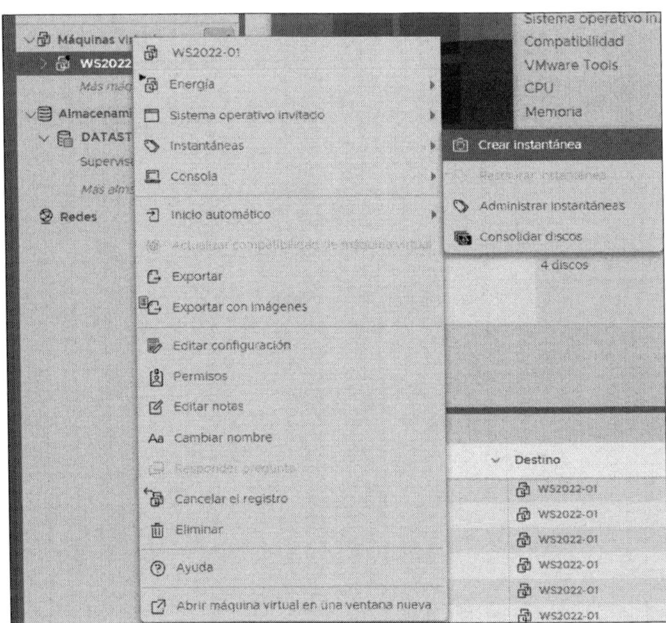

Entonces tienes dos opciones:

- **Crear una instantáneade la memoria de la máquina virtual**: esta opción no sólo captura el estado del disco, sino también el estado actual de la memoria de la máquina virtual. Esto permite volver a un estado más completo de la máquina virtual al restaurar la instantánea.
- **Suspender sistema de archivos invitado**: esta opción garantiza que el sistema de archivos del sistema operativo huésped se encuentra en un estado coherente cuando se toma la instantánea. En este caso, la técnica utilizada es *quiescing* ("poner en reposo"), que suspende temporalmente las operaciones del sistema de archivos, vaciando todas las escrituras pendientes antes de crear la instantánea. Esto previene la corrupción de datos y asegura que el sistema de archivos está en un estado consistente. Esta última opción requiere la instalación de VMware Tools.

◘ Pulse **CREAR INSTANTÁNEA** para completar la operación.

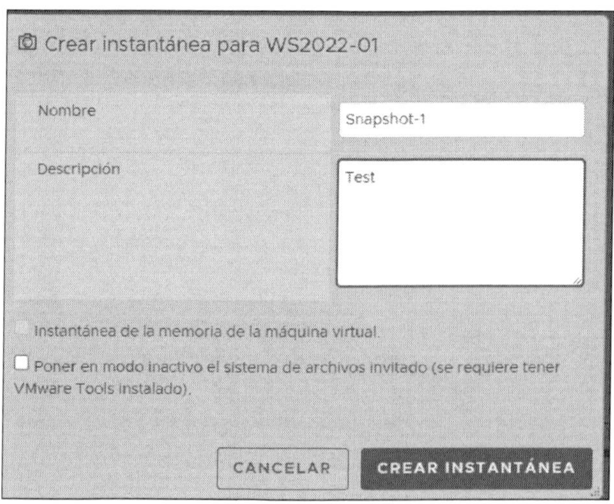

Para ver las opciones de restauración o eliminación, seleccione **Administrar instantáneas** en la opción **Instantáneas** del menú de la máquina virtual.

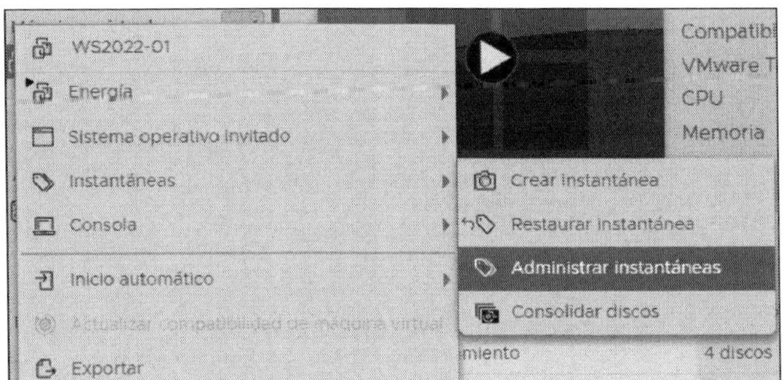


Las instantáneas se representan en forma de jerarquía hasta el estado actual de la máquina virtual (**Usted está aquí**).

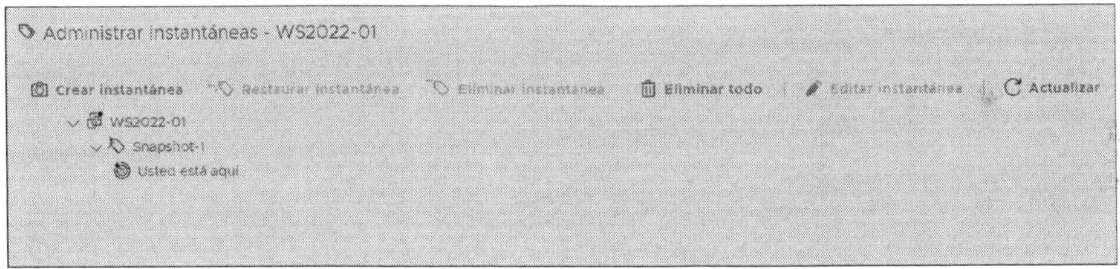


## Segunda instantánea

La siguiente figura ilustra lo que ocurre cuando se toma una segunda instantánea. Se crea un segundo disco hijo, también en formato de *sparse disk*. Cuando se realizan cambios en los bloques de datos, ya sea en el disco original o en el primer disco hijo, estos bloques de datos se escriben en el segundo disco hijo.

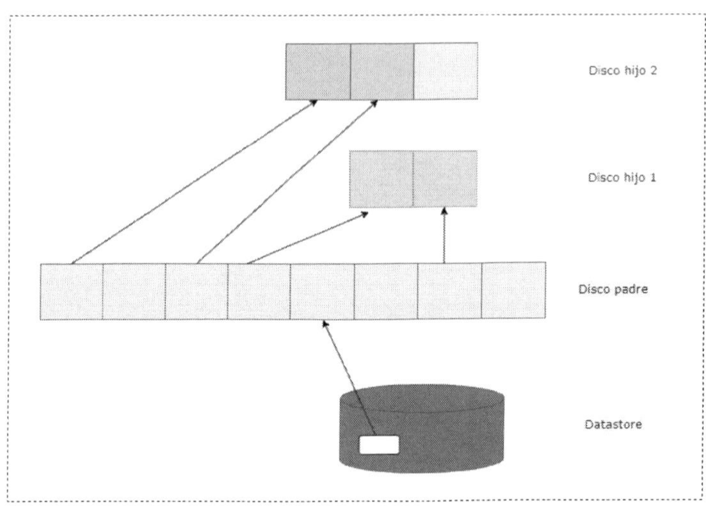


*Una segunda instantánea*

Al igual que el disco original, el primer disco hijo está bloqueado contra escritura y sólo se utiliza como referencia en modo de sólo lectura, para la información actual. La misma lógica se utiliza cuando se toman instantáneas adicionales: las modificaciones se realizan en el último disco hijo y los demás se utilizan como referencia.

Esta figura muestra que utilizar demasiadas instantáneas puede consumir grandes cantidades de espacio en disco y las rutas para encontrar los bloques de datos más recientes se pueden volver tediosas y afectar al rendimiento de la máquina virtual.

Añadir instantáneas crea archivos adicionales y proporciona más lugares a los que volver, pero esto se hace a expensas del rendimiento y el almacenamiento de datos.

### 5.1.2 Restaurar una instantánea

Al igual que con la creación de una instantánea, es posible volver a una instantánea anterior:

- Haga clic en la opción **Restaurar instantánea**.

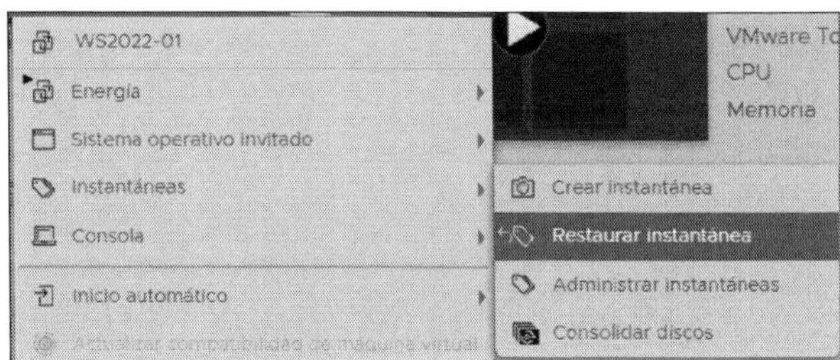


- Pulse **RESTAURAR** para iniciar la operación.

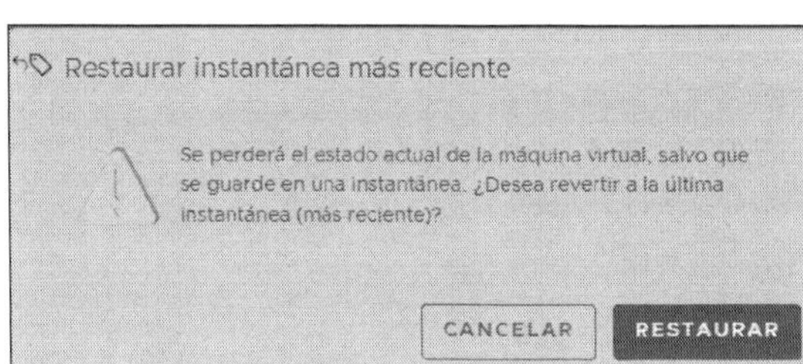

- Cuando tenga varias instantáneas, elija la opción **Administrar instantáneas** en las propiedades de la máquina virtual para hacer su selección en el árbol.

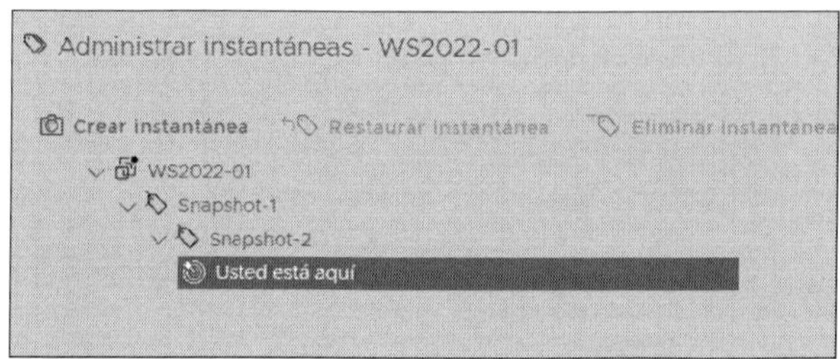


Puede seguir el progreso de la operación en la sección **Tareas recientes**, en la parte inferior de la consola, que muestra una barra de progreso.

### 5.1.3 Borrar una o varias instantáneas

Puede eliminar una sola instantánea de una cadena o eliminar todas las instantáneas a la vez. Estas dos opciones se muestran en la captura de pantalla anterior. Una vez hecha su elección, aparecerá un aviso para confirmar la operación.

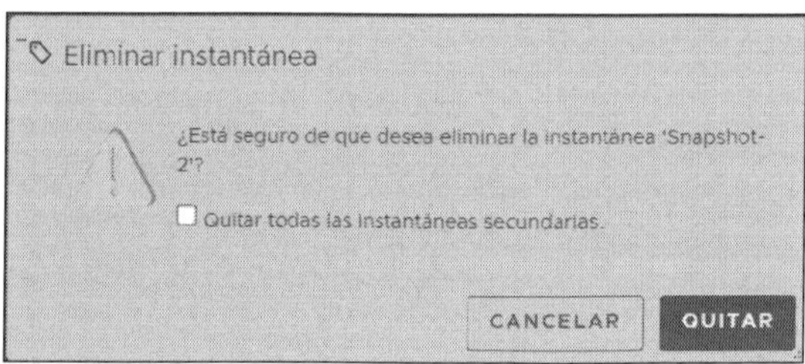


Eliminar todas las instantáneas significa que se conservará el estado actual de la máquina y que los discos hijos se fusionarán con el disco padre.

A continuación, se muestra un ejemplo de los pasos necesarios para eliminar todas las instantáneas de una máquina virtual que contiene dos instantáneas:

- El primer disco hijo se desbloquea para que se pueda actualizar.
- Los bloques de datos específicos del segundo disco hijo se añaden al primer disco hijo.
- Los bloques de datos del primer disco hijo que se han modificado, se fusionan con el disco padre.

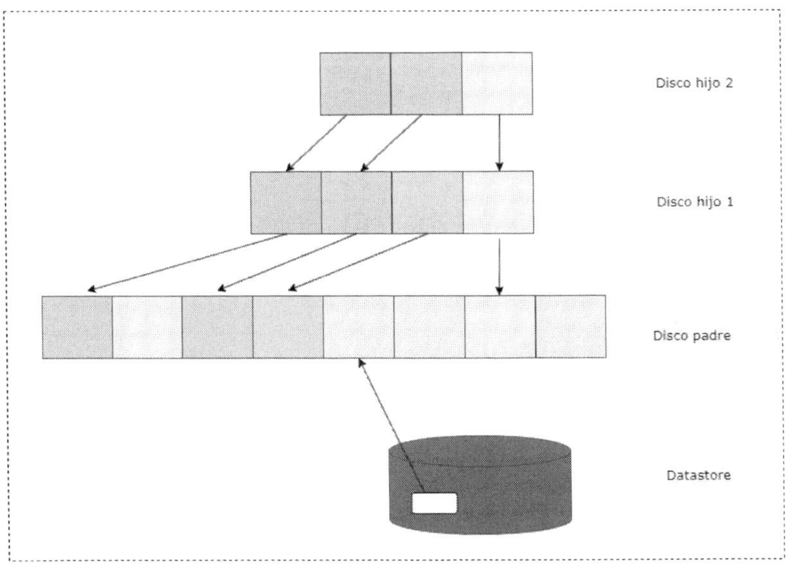


*Eliminación de instantáneas de máquinas virtuales*

Tras fusionar el contenido de los discos hijos, el disco padre se desbloquea para la escritura y todos los archivos de instantáneas asociados se eliminan físicamente del disco.

### 5.1.4 Consolidación de instantáneas

La opción **Consolidar discos** se utiliza cuando se han capturado y eliminado varias instantáneas de una máquina virtual a lo largo del tiempo. Cuando se selecciona esta opción, se activa un proceso que examina los archivos de disco de la máquina virtual y consolida cualquier espacio de disco no utilizado o redundante, para liberar recursos de almacenamiento y mejorar el rendimiento del disco.

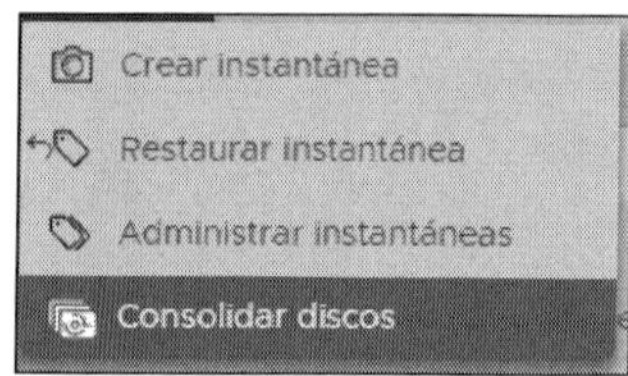


La consolidación limpia la jerarquía de instantáneas y optimiza los archivos de disco de la máquina virtual.

## 5.2 Clonación de una máquina virtual

Antes de la virtualización de servidores, el proceso de solicitud y adquisición de un servidor físico podía llevar semanas o incluso meses en algunas organizaciones, por no hablar del coste. Una vez que el servidor se entregaba físicamente, se requería un tiempo de aprovisionamiento adicional. El proceso solía constar de las siguientes fases:

- Un administrador de sistemas tendría que llevar a cabo una larga lista de tareas, como insertar RAM, añadir discos, cablear, conectar a equipos físicos de red, etc.
- Una vez completados estos pasos, tenía que instalar un sistema operativo desde un DVD, actualizarlo, desplegar los agentes de supervisión y copia de seguridad e instalar las herramientas y aplicaciones necesarias.

En una plataforma de virtualización como vSphere, existe una función de clonación que puede reducir considerablemente el tiempo necesario para crear un servidor. Este proceso permite crear una nueva máquina virtual, copiando los archivos que componen una VM existente.

La siguiente captura de pantalla muestra las diferentes opciones para clonar una máquina virtual en vSphere 8.

Una vez creado un clon, el sistema operativo huésped requerirá algunas modificaciones: por ejemplo, habrá que cambiarle el nombre y necesitará una nueva dirección IP. En el caso de un sistema Windows, es posible ejecutar la utilidad sysprep para eliminar información específica de una máquina virtual, pero los clones se utilizan más a menudo para crear un entorno de pruebas aislado en una red virtual independiente, evitando así conflictos de dirección o de identificador del sistema operativo.

## 5.3 Despliegue de una máquina virtual a partir de una plantilla

Las plantillas (*templates*) proporcionan otro mecanismo para crear rápidamente máquinas virtuales totalmente configuradas.

Una plantilla es una máquina virtual preconfigurada, un molde a partir del cual se pueden desplegar otras máquinas virtuales. Se utiliza para crear una imagen preconstruida (*golden image*) y probada de una máquina virtual. Una vez aplicados los últimos parches, la imagen se puede utilizar para generar máquinas virtuales sin tener que rehacer todas las instalaciones utilizadas para definir la imagen. Tener la imagen en un formato de sólo lectura también evita modificaciones involuntarias.

Como tal, una plantilla es sólo una imagen de máquina virtual y no se puede activar. Para realizar cambios en ella (aplicar actualizaciones, por ejemplo), primero hay que convertir una plantilla en una máquina virtual. Una vez finalizados los ajustes, basta con apagar la máquina virtual y volver a convertirla en plantilla.

Al igual que con la clonación, la creación de una máquina virtual a partir de una plantilla requiere que la máquina recién creada, tenga un identificador único.

Las plantillas se utilizan en particular para crear máquinas virtuales estandarizadas con un sistema operativo específico, recursos de hardware preconfigurados y aplicaciones preinstaladas. Una infraestructura de virtualización como vSphere ofrece varias opciones para crear plantillas personalizadas.

La captura de pantalla anterior de las propiedades de la máquina virtual en vSphere 8, mostraba una opción para clonar una máquina virtual para crear una plantilla. Más abajo, también está disponible la opción de convertir una máquina virtual en una plantilla (sin duplicarla). Veremos un ejemplo de esto en el capítulo Descubrir la plataforma VMware vSphere 8.

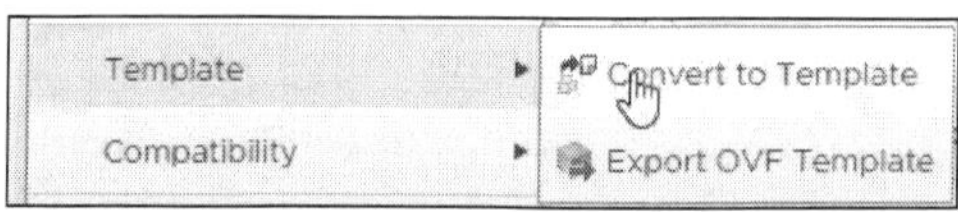


Muchos proveedores de aplicaciones también ofrecen sus productos en forma de plantillas de máquinas virtuales, que se pueden descargarse e implantar en un tiempo mínimo.

## 5.4 Desplegar una máquina virtual preconfigurada

Otra forma de desplegar y distribuir máquinas virtuales es utilizar el formato *Open Virtualization Format* (OVF). Este estándar fue creado por un grupo de representantes de los principales proveedores del sector. El objetivo de este estándar es crear un formato independiente del proveedor para agrupar máquinas virtuales en uno o varios archivos, que se puedan transportar fácilmente de una plataforma de virtualización a otra.

La consola de vSphere 8 proporciona una funcionalidad para desplegar una máquina virtual desde un archivo OVF, que se puede recuperar desde el puesto de trabajo del usuario.

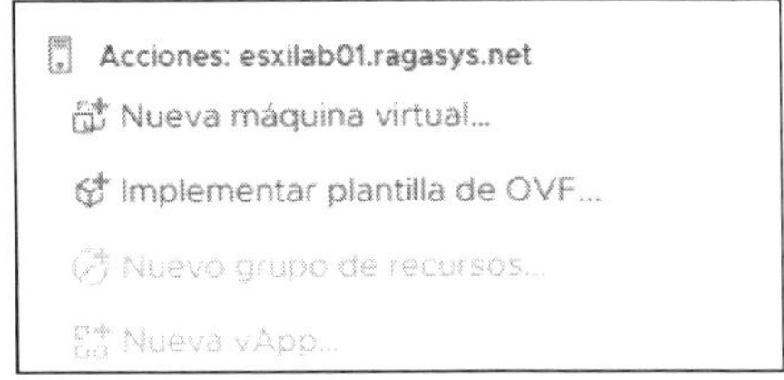


Como cualquier otra máquina virtual, un modelo OVF crea una serie de archivos que representan los componentes de software y hardware. OVF también admite un segundo formato, OVA, que permite encapsular toda la información en un único archivo.

La estandarización de OVF corre a cargo de la *Distributed Management Task Force* (DMTF), que también está evolucionando el formato.

### 5.5 Appliances virtuales

Un *appliance* virtual es una máquina virtual dedicada que contiene un sistema operativo y una aplicación precargada y preconfigurada, diseñada para una función concreta. El servidor vCenter que instalaremos en el capítulo Desplegar un servidor VMware vCenter es un buen ejemplo. Estas *appliances están* generalmente disponibles en formato OVF.

Este modelo se desarrolló a medida que los proveedores adaptaban sus aplicaciones a la virtualización. Hoy en día, las *appliances* se utilizan cada vez más como alternativa al despliegue de equipos físicos, como cortafuegos. Las plataformas de cloud pública ofrecen una amplia gama de *appliances* para configurar redes virtuales, y la mayoría de los proveedores ponen sus productos a disposición a través de los *marketplaces*.

## 6. Conclusión

En este capítulo hemos visto qué distingue a las máquinas virtuales de sus homólogas físicas. Hemos visto que se pueden describir en función de tres propiedades: encapsulación, portabilidad y aislamiento.

Tras repasar estos rasgos distintivos, se presentaron los distintos recursos de hardware virtualizados y se describieron sus parámetros, utilizando para ello varios ejemplos. Terminamos nuestro recorrido con un vistazo a las funcionalidades derivadas de la encapsulación de las máquinas virtuales, es decir, el hecho de que estén formadas por archivos. Esta propiedad nos permitió ver en qué consisten las instantáneas (*snapshots*), así como otros modos de despliegue como la clonación y la creación de una máquina virtual a partir de una plantilla.

Estos últimos puntos nos han introducido en algunos aspectos de la consola vSphere, que veremos con más detalle en el capítulo Desplegar un servidor VMware vCenter. A partir de ahora, dejamos la consola ESXi Host Client para descubrir todo el potencial de la plataforma vSphere 8, que también soporta todos los componentes de una infraestructura de virtualización.

# Capítulo 7
# Desplegar un servidor VMware vCenter

## 1. Introducción

En los capítulos anteriores, hemos adquirido un mejor conocimiento del hipervisor y de las máquinas virtuales a través de la consola ESXi Host Client. Ahora estamos mejor equipados para desplegar un VMware vCenter Server, que nos proporcionará una plataforma de gestión centralizada para controlar y supervisar los componentes de nuestra infraestructura de virtualización.

Un servidor vCenter proporciona acceso a la consola vSphere Web Client, que ofrece un único punto de control para gestionar múltiples hosts y máquinas virtuales. Esta consola ofrece una amplia gama de funciones para desplegar, configurar y gestionar máquinas virtuales, redes, almacenamiento y otros recursos en un entorno de virtualización VMware. Además de proporcionar acceso a estas diversas herramientas de supervisión, vSphere permite implantar soluciones de alta disponibilidad, balanceo de carga y control de acceso.

Este capítulo le guiará a través de las distintas etapas de instalación de un *appliance* vCenter en modo interactivo. Tenga en cuenta que el despliegue de este componente requiere mucho espacio en disco y no está al alcance de todo el mundo. Si no puede permitirse esta instalación, en las siguientes páginas encontrará información adicional que le resultará útil para comprender el funcionamiento de vCenter.

## 2. Etapas previas al despliegue

Antes de desplegar vCenter, debemos registrar el producto y averiguar los requisitos de hardware. Esta etapa le permitirá dimensionar adecuadamente el host en el que se instalará el *appliance* vCenter.

### 2.1 Descargue la versión de prueba de vCenter

En el sitio de evaluación de productos de VMware, vamos a descargar una versión de prueba de vCenter que puede utilizar durante sesenta días.

Para obtener esta versión de prueba, abra su navegador favorito y vaya al siguiente sitio:
https://customerconnect.vmware.com/fr/evalcenter?p=vsphere-eval-8

➤ Como ya se ha creado la cuenta de descarga de ESXi, pulse **I Have an Account**.

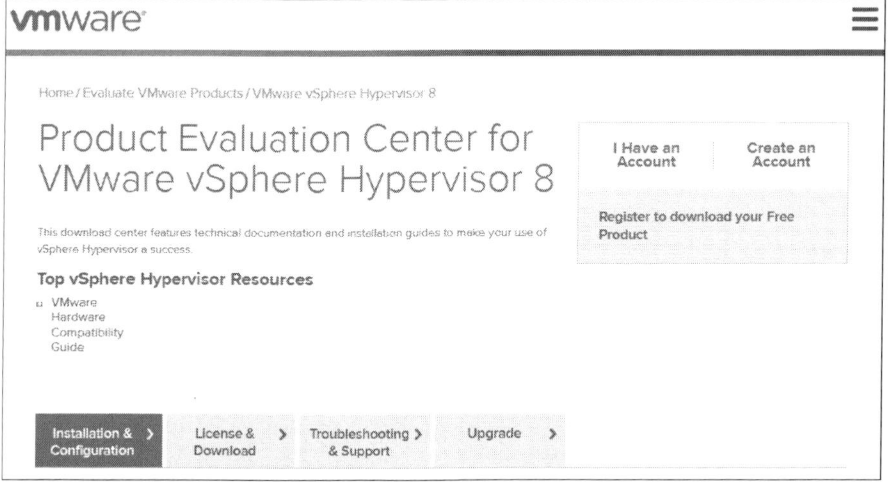

- Inicie sesión en su cuenta en la página del portal **VMware Customer Connect**.

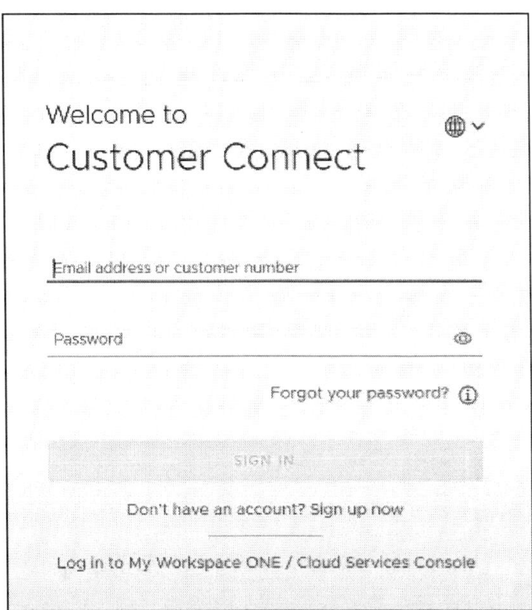


- Una vez que haya iniciado sesión, vuelva a la página del centro de evaluación para registrar el producto.

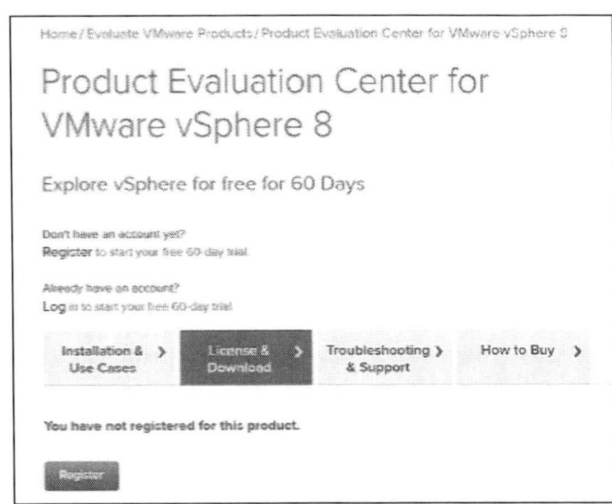

- Complete el registro, acepte las condiciones de uso y pulse **START FREE TRIAL**.

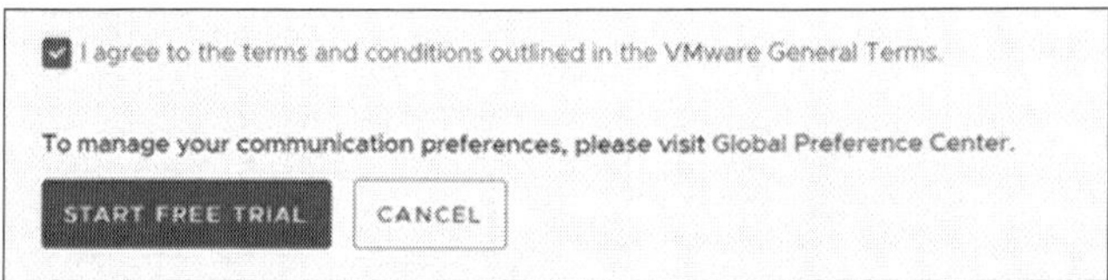


- En la página de descargas, abra la sección **VMvare vSphere Hypervisor (ESXi iso image) Manually Download**.

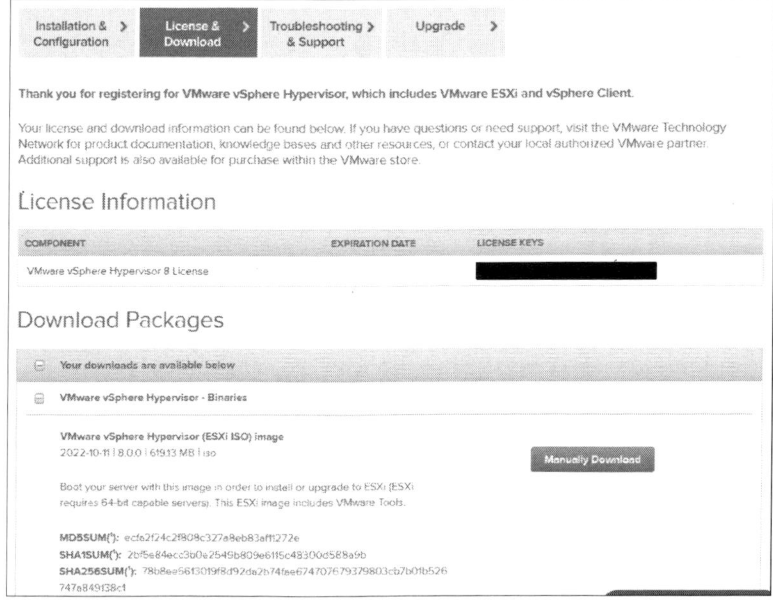


## 2.2 Validación de la configuración necesaria para vCenter

Antes de realizar el despliegue, vaya a la siguiente página, en la que se describen los "Requisitos del sistema para el nuevo dispositivo vCenter Server":
https://docs.vmware.com/es/VMware-vSphere/8.0/vsphere-vcenter-upgrade/GUID-752FCA83-1A9B-499E-9C65-D5625351C0B5.html

La instalación que proponemos aquí se basa en la configuración de hardware necesaria para un "entorno muy pequeño" (hasta diez hosts o cien máquinas virtuales).

La configuración necesaria es la siguiente:

- 2 CPU virtuales
- 14 GB de memoria
- 579 GB de almacenamiento

Estos recursos deben estar disponibles en el host ESXi que se utilizará para instalar el vCenter. Por lo tanto, es necesario dimensionarlo en consecuencia y añadir espacio de almacenamiento al almacén de datos que se utilizará. En el siguiente ejemplo, hemos creado un *datastore* dedicado para la máquina virtual.

Tómese su tiempo para leer el resto de las instrucciones de la página web de requisitos de configuración, en particular para preparar los registros DNS necesarios antes de la instalación.

Seleccione un nombre de host (**VCS8-01** en nuestro ejemplo) y una dirección IPv4 privada de entre las disponibles en su box de Internet.

Si no dispone de un servidor DNS, puede añadir las entradas al archivo "hosts" de su estación de trabajo, que se encuentra en la siguiente ubicación: %WINDIR%\system32\driversetc\.

## 2.3 Instalación del dispositivo vCenter

La instalación interactiva de vCenter requiere que el archivo ISO esté montado en la unidad de CD/DVD del ordenador local. Una vez iniciada, la instalación consta de dos partes:

- **Paso 1**: desplegar una instancia de vCenter Server
- **Paso 2**: configurar la instancia de vCenter Server

**Observación**

*Asegúrese de haber creado los registros DNS antes de continuar, de lo contrario el asistente no le permitirá continuar con la instalación.*

### 2.3.1 Preparación del soporte de instalación

Si trabaja con un ordenador Windows, el archivo .ISO de instalación debe estar ubicado en C:\ Usuarios\NombreDeUsuario\Descargas o %USERPROFILE%\Descargas.

- En el explorador de archivos, haga clic con el botón derecho en el archivo y pulse **Montar**.

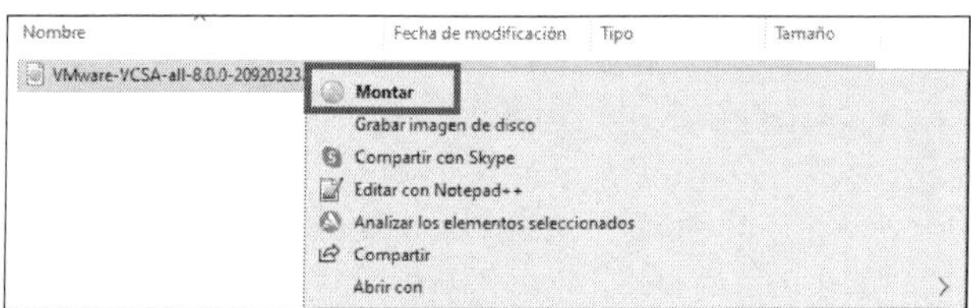


- Pulse el icono de la unidad de DVD, vaya al directorio **\win32** y ejecute el archivo **installer.exe** como administrador.

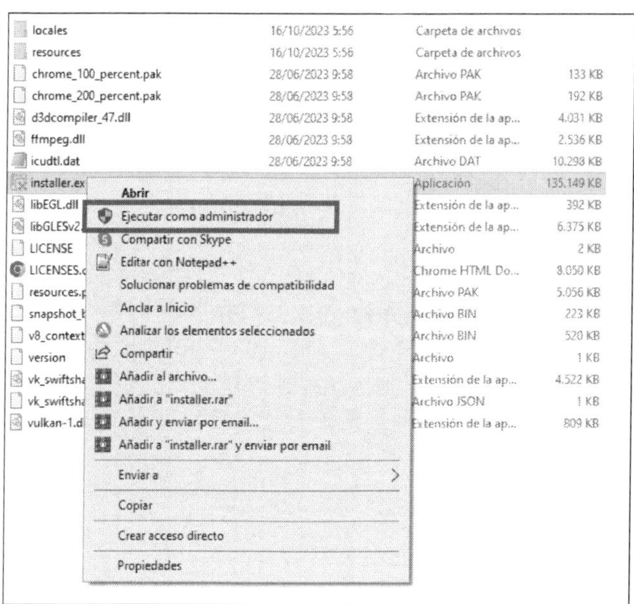

## 2.3.2 Paso 1: desplegar una instancia de vCenter Server

Aparecerá la ventana del **Instalador de vCenter Server 8.0**, pulse **Instalar**.

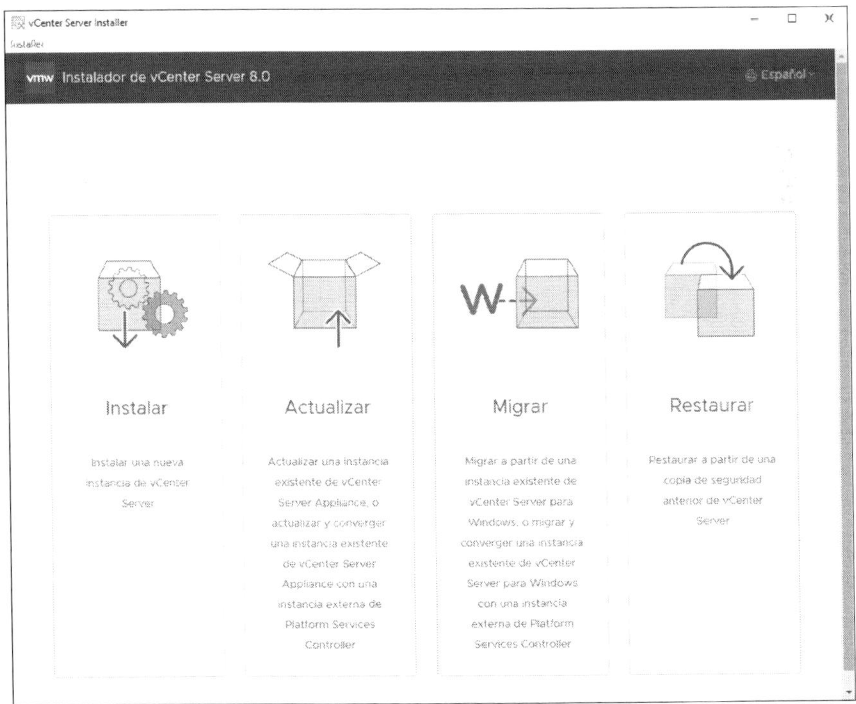

◘ Pulse **SIGUIENTE** para iniciar el **Etapa 1** de la instalación.

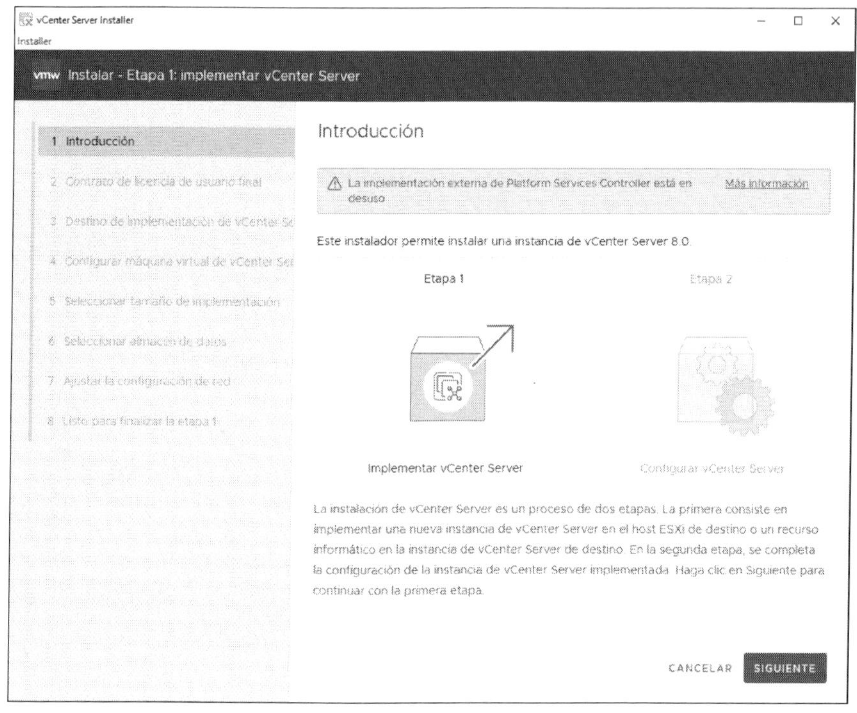

▶ Marque la casilla **Acepto los términos del contrato de licencia** y pulse **SIGUIENTE**.

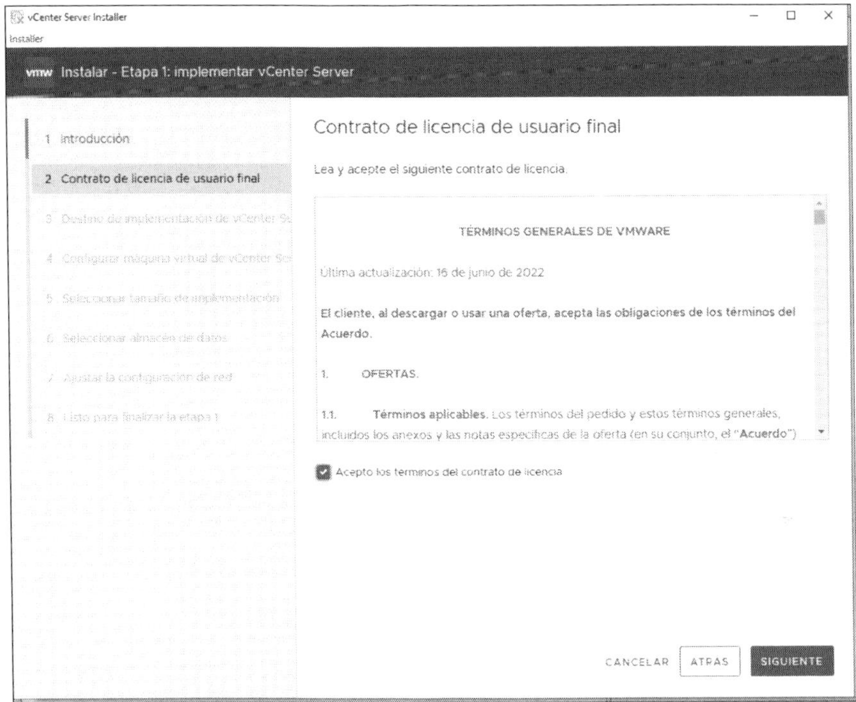


El objetivo de nuestra instalación es un host ESXi.

▶ En el campo **Nombre de host ESXi** o de **vCenter Server**, introduzca el nombre de host o la dirección IP del host creado anteriormente.

▶ Deje los **Puerto HTTPS** por defecto.

▶En el campo **Nombre de usuario**, añada **root** y la contraseña en el campo siguiente. Pulse **SIGUIENTE**.

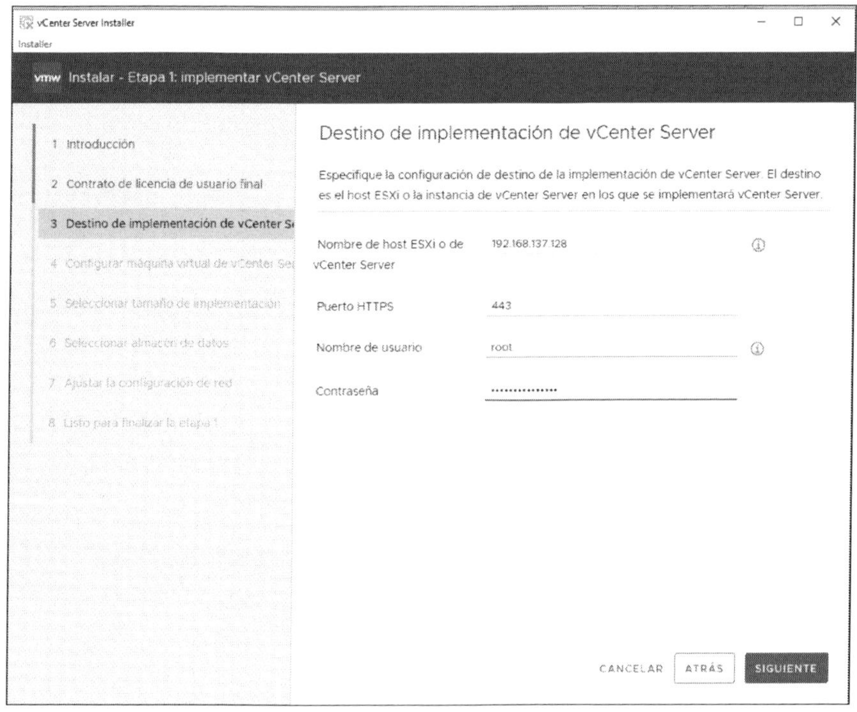

◘ Aparece un **Advertencia de certificado**, pulse **SÍ**.

◘ En el campo **Nombre de máquina virtual**, introduzca el nombre corto del host vCenter Server que ha registrado en el DNS (**VCS8-01** en este ejemplo).

▶ A continuación, establezca una contraseña para el usuario **root** del nuevo vCenter. Pulse **SIGUIENTE**.

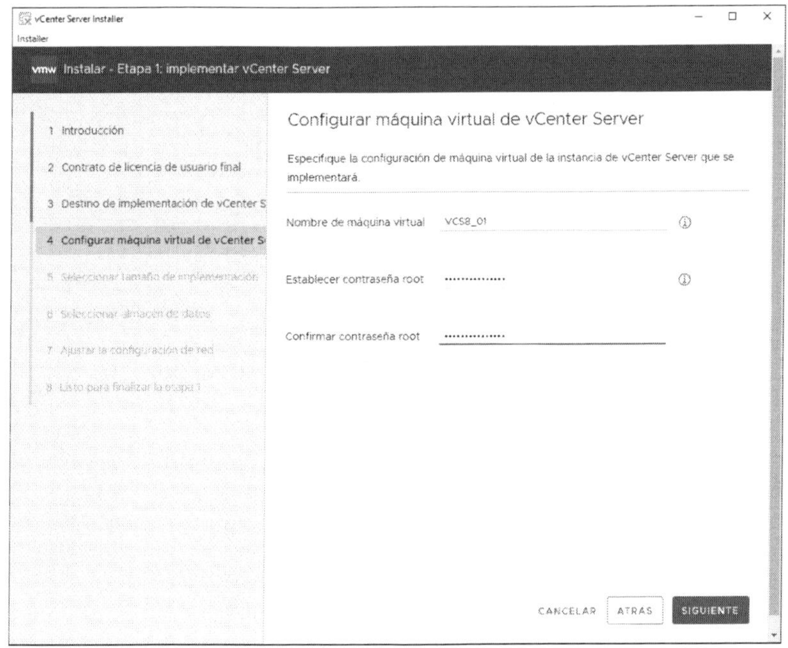

- Seleccione un tamaño de implementación **Muy pequeño**. Deje el campo **Tamaño de almacenamiento** con el valor **Predeterminado** y pulse **SIGUIENTE**.

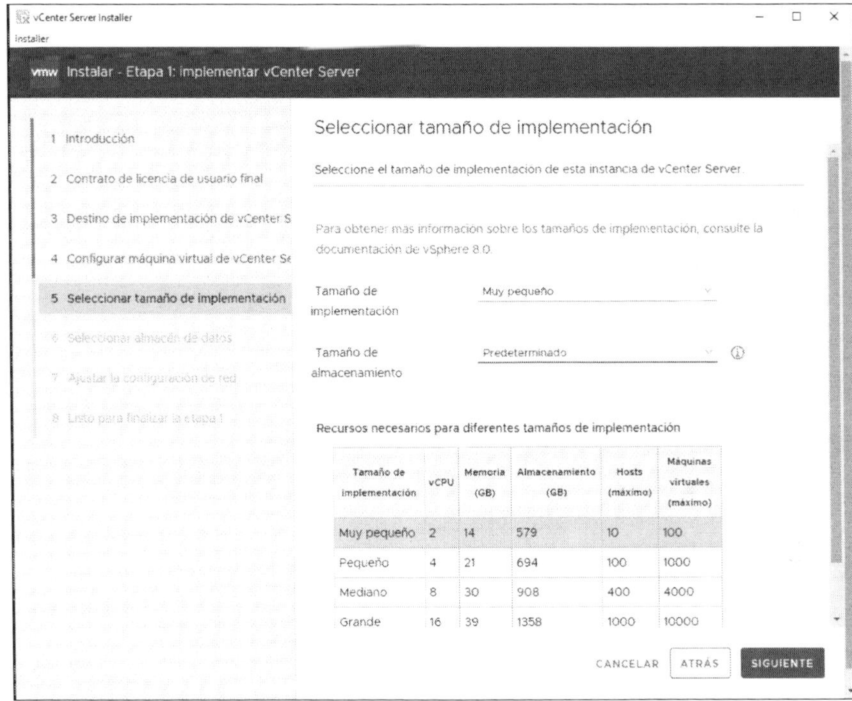

- En el paso **Seleccionar almacén de datos**, seleccione el datastore dimensionado en consecuencia (**DATASTORE-02** para este ejemplo). Para evitar la asignación de todo el espacio de disco en el momento de la creación, marque **Habilitar modo de disco fino** (o *thin provisioning*). Pulse **SIGUIENTE**.

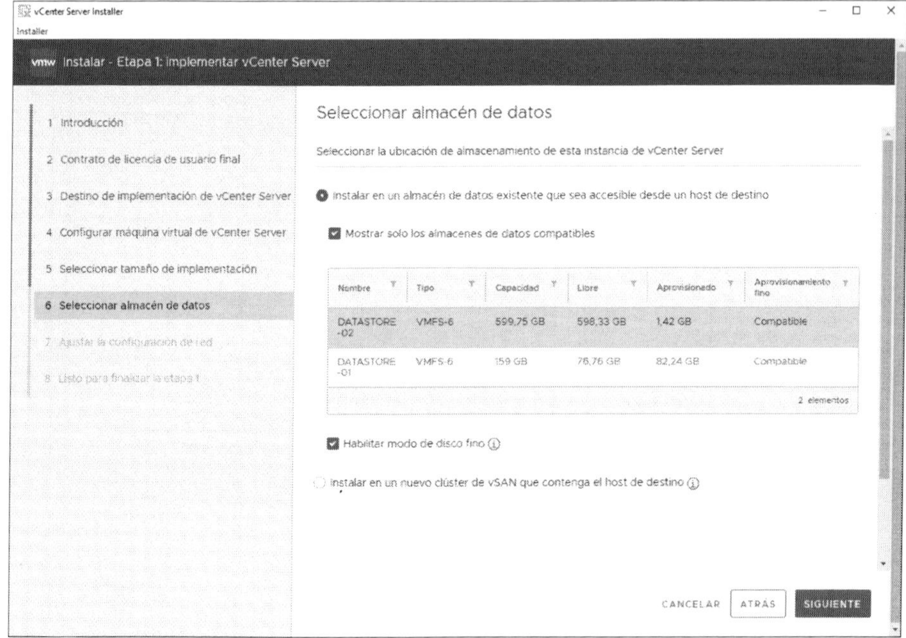


- En la ventana **Ajustar la configuración de red**, seleccione primero la red virtual que desea utilizar. Si no ha creado ninguna otra, deje la red **VM Network** predeterminada.
- Deje la versión IP con el valor **IPv4** y seleccione la opción **estática** en el campo **Asignación de IP**.

- A continuación, introduzca la información de red correspondiente a la **dirección IP** que eligió anteriormente. La dirección de **Puerta de enlace predeterminada** corresponde a la de su box de Internet. Si no dispone de **servidor DNS**, introduzca la misma dirección que la de la Puerta de enlace.
- Deje los valores por defecto para **Puertos comunes** y pulse **SIGUIENTE**.

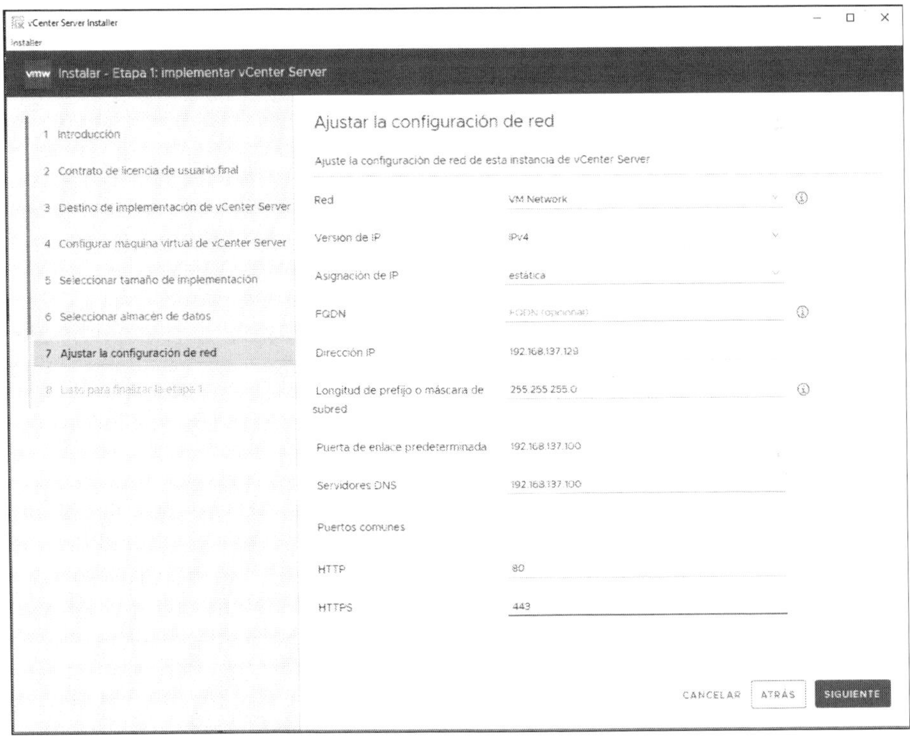

▶ La etapa 1 de la instalación ya está lista. Asegúrese de haber introducido los parámetros correctos y pulse **FINALIZAR**.

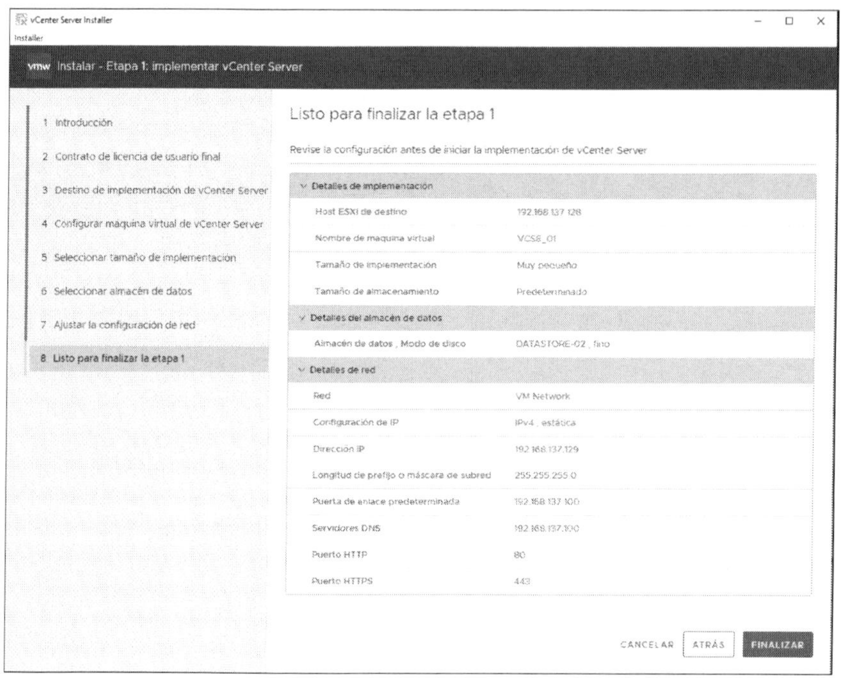

Se inicia la etapa 1 de la instalación de la instancia de vCenter Server. El tiempo de instalación depende de los recursos asignados al host de destino.

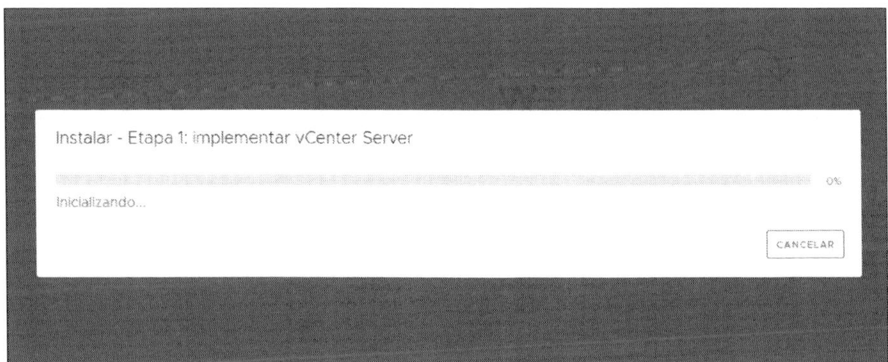


▶ Cuando la etapa 1 de la instalación se haya completado y todo haya ido bien, pulse **CONTINUAR**.

Si se produce algún problema durante la instalación, el asistente le mostrará la ubicación de un archivo de registro en el que se detallan todas las etapas de la implementación.

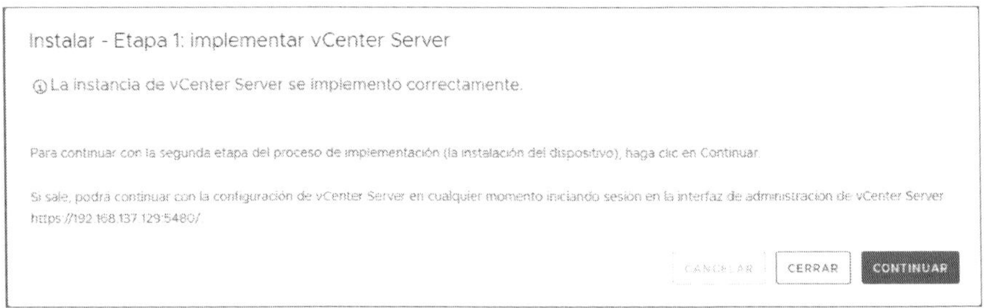

### 2.3.3 Etapa 2: Configurar vCenter Server

▶ Para iniciar la etapa 2, el asistente vuelve a la página de resumen de la instalación vista anteriormente. Pulse **SIGUIENTE**.

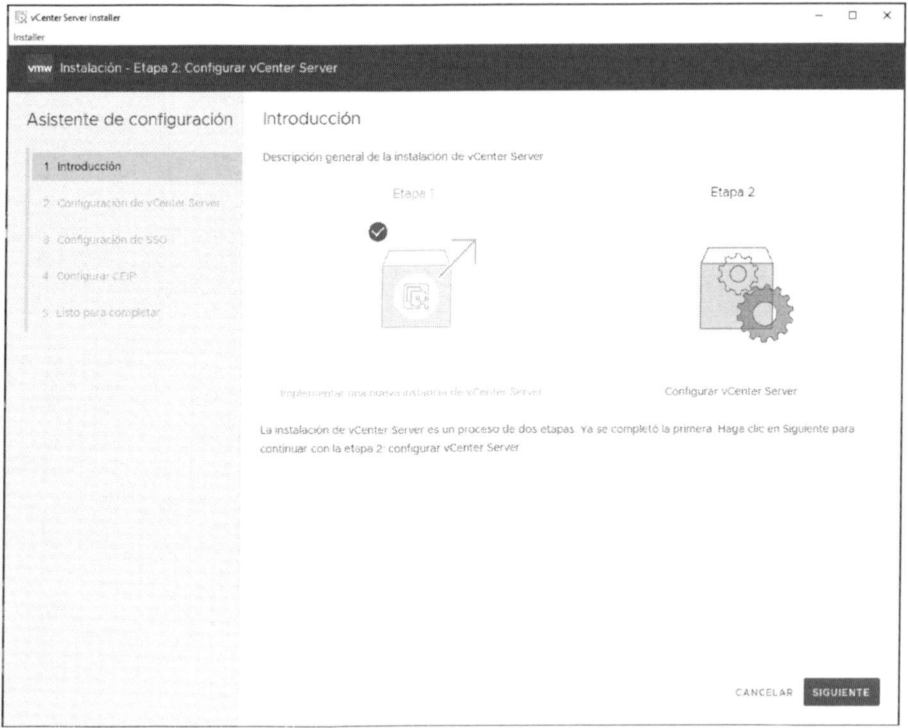

- Por ahora, puede dejar **Modo de sincronización de hora** y **Acceso SSH** en **Desactivada**. Pulse **SIGUIENTE**.

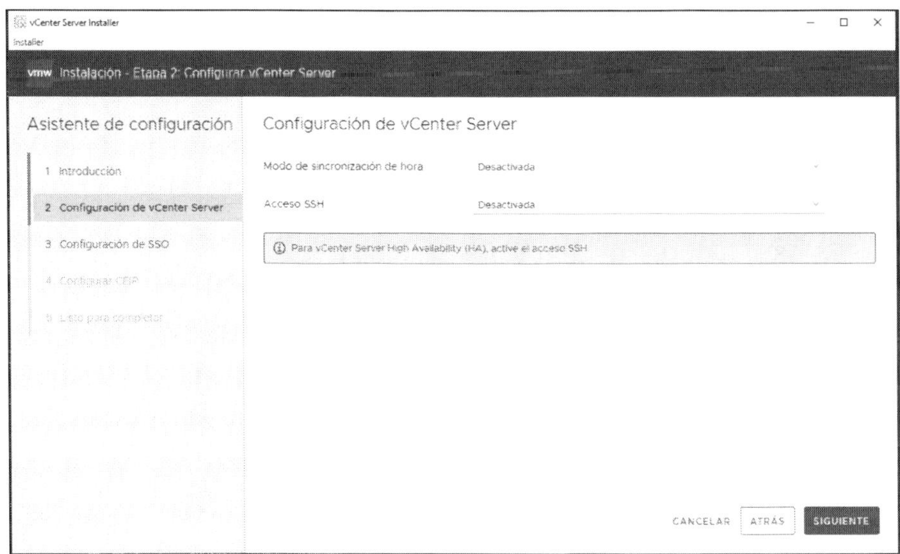


Antes de proceder a la configuración del dominio y del usuario SSO, veamos primero qué son estos conceptos.

**Observación**

*El inicio de sesión único (Single Sign-On, SSO) es un mecanismo que permite a los usuarios conectarse a varios sistemas o aplicaciones con un único conjunto de credenciales. Cuando los usuarios están autenticados, pueden navegar entre distintas aplicaciones o sistemas, sin tener que facilitar sus datos de acceso cada vez.*

En vSphere, el dominio SSO y el usuario SSO son componentes vinculados a este proceso de autenticación en el entorno VMware.

- **Dominio SSO**: este dominio se crea cuando se instala vCenter Server y se utiliza para la gestión centralizada de identidades. Un dominio SSO almacena cuentas de usuario, políticas de seguridad para el entorno vSphere y mecanismos de autenticación. Permite a los usuarios acceder a los distintos componentes y servicios de vSphere, utilizando una única autenticación.
- **Usuario SSO**: esta cuenta de usuario se crea en el dominio SSO cuando se instala vCenter Server. Puede ser un usuario local o un usuario de una fuente de identidad externa, como un servicio de Active Directory. Por defecto, un usuario SSO tiene acceso privilegiado para gestionar determinadas opciones de seguridad de vSphere, como roles de usuario y certificados.

▶ Para la configuración SSO, deje los valores por defecto:
- **Nombre de dominio *Single Sign-On***: vsphere.local
- **Nombre de usuario *Single Sign-On***: administrator

▶ Introduzca la contraseña de la cuenta SSO y pulse **SIGUIENTE**.

▶ Desmarque la casilla **Únase al Programa de mejora de la experiencia del cliente VMware** y pulse **SIGUIENTE**.

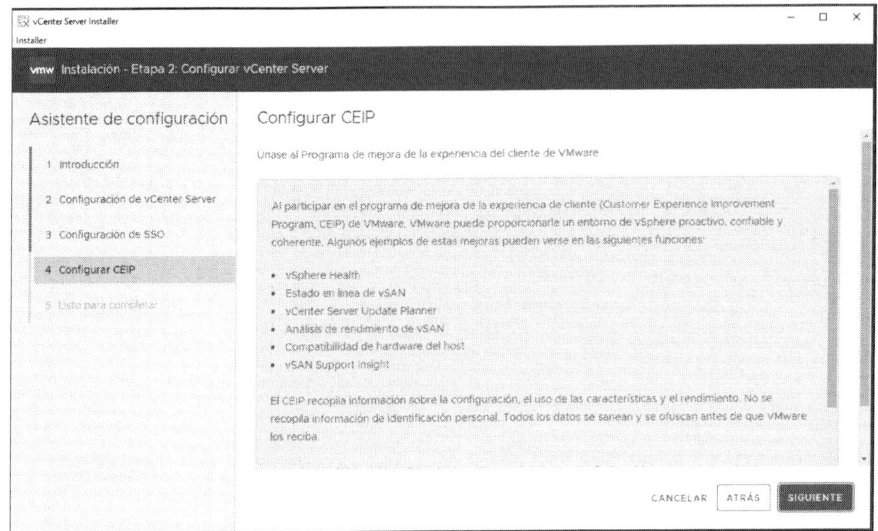

▶ La etapa 2 de la instalación ya está lista. Asegúrese de haber introducido los parámetros correctos y pulse **FINALIZAR**.

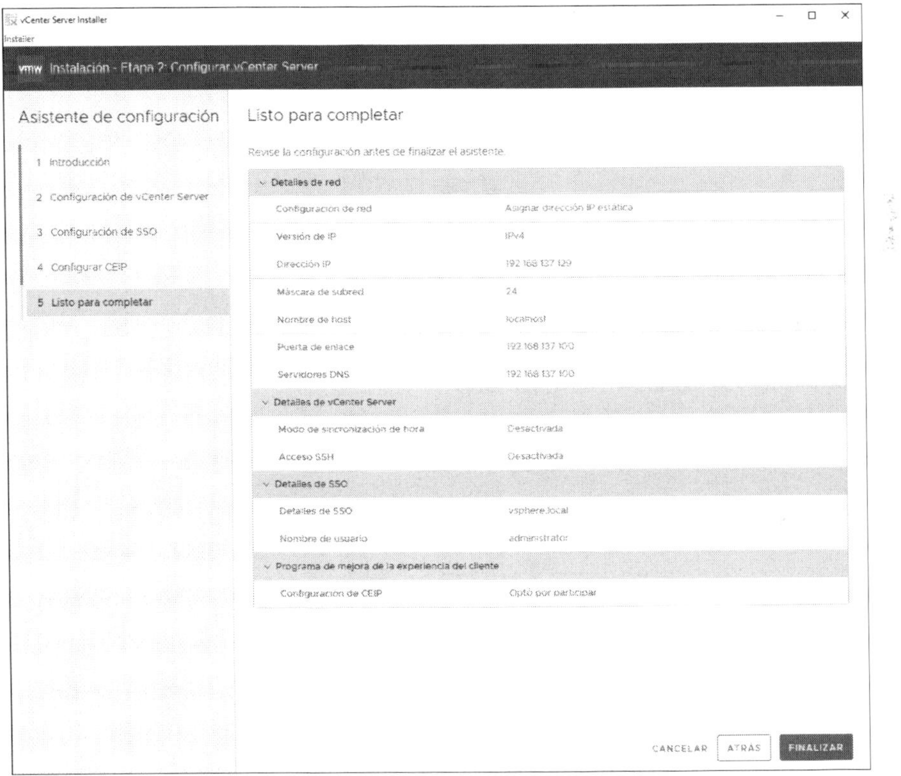

▶ Una advertencia le indica que no puede interrumpir el proceso de instalación. Pulse **ACEPTAR**.

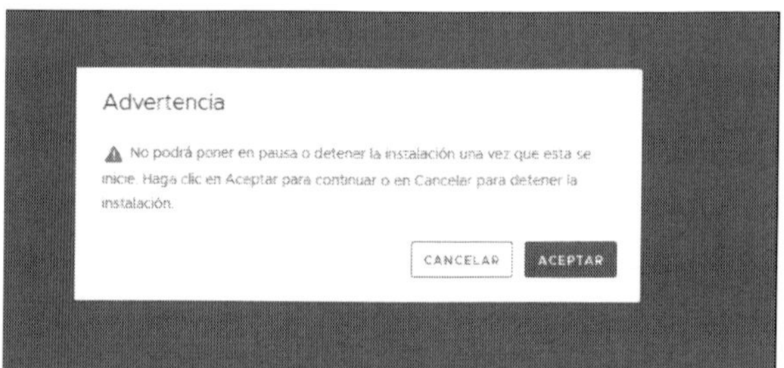


Se inicia la etapa 2 de la instalación de la instancia de vCenter Server. Una vez más, el tiempo de instalación depende de los recursos asignados al host de destino.

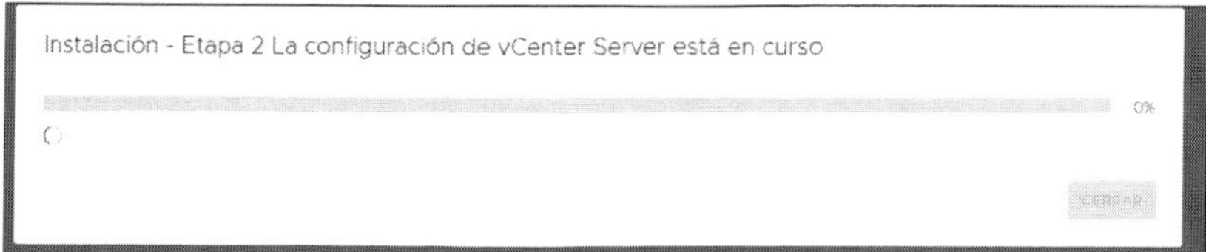


▶ Una vez completada la etapa 2 de la instalación, pulse **CERRAR**.

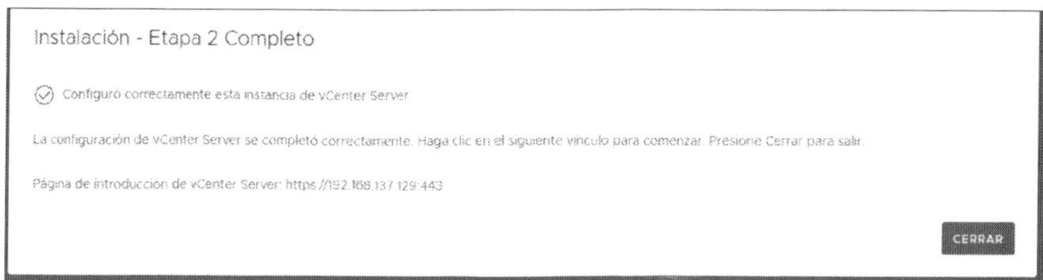


▶ Una vez finalizada la instalación de vCenter, conéctese a la consola **ESXi Host Client** del host en el que se ha desplegado la instancia.

En la sección **Máquinas virtuales**, encontrará la VM para el nuevo vCenter.

■ Observación

*La appliance virtual vCenter ejecuta un sistema operativo propietario denominado Photon OS. Este sistema se basa en una distribución ligera de Linux, optimizada para las necesidades específicas de un entorno vSphere.*

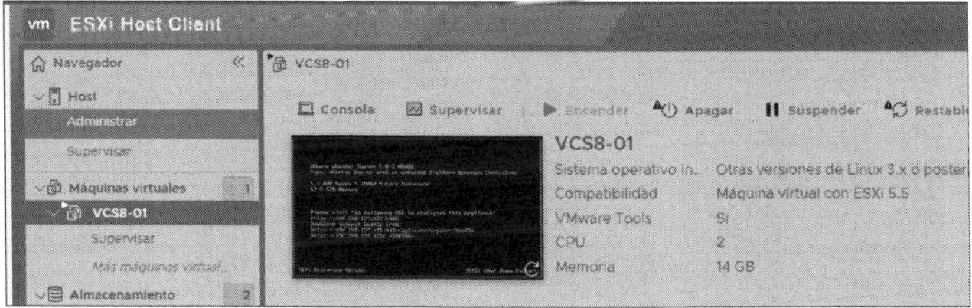


■ Pulse la pantalla de la consola. En la sección azul de la interfaz, encontrará la dirección del servidor (https://192.168.137.129:5480 en nuestro ejemplo), que proporciona acceso a la consola de administración web de vCenter.

■ Observación

*Si no especifica el puerto 5480, accederá directamente a la consola vSphere, como veremos en breve.*

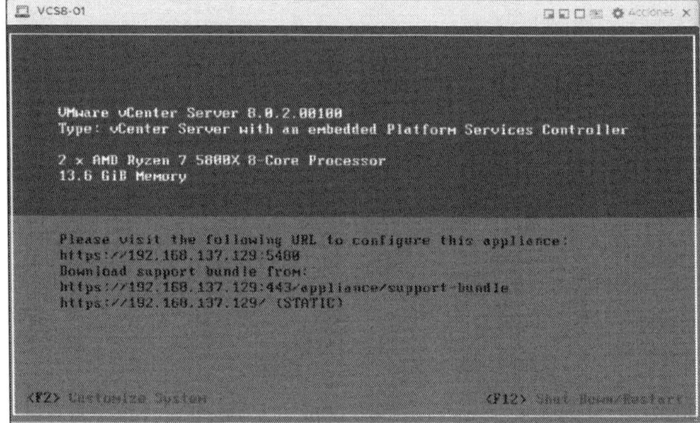

## 3. Conexión al cliente web VMware vCenter Server Management

A diferencia de un host ESXi, cuya configuración inicial se realiza a través de la interfaz amarilla DCUI (*Direct Control User Interface*), que exploramos en el capítulo Desplegar un hipervisor VMware ESXi 8, la configuración de vCenter se realiza durante la instalación. Aunque es posible modificar ciertos parámetros desde la interfaz azul, es preferible utilizar el cliente web llamado VMware vCenter Server Management, que proporciona funciones como la gestión de servicios y la monitorización del rendimiento de vCenter.

- d Para conectarse al cliente **Administración de VMware vCenter Server**, abra un navegador e introduzca la dirección que aparece en la interfaz azul de la máquina virtual vCenter. Asegúrese de especificar el puerto **5480**.

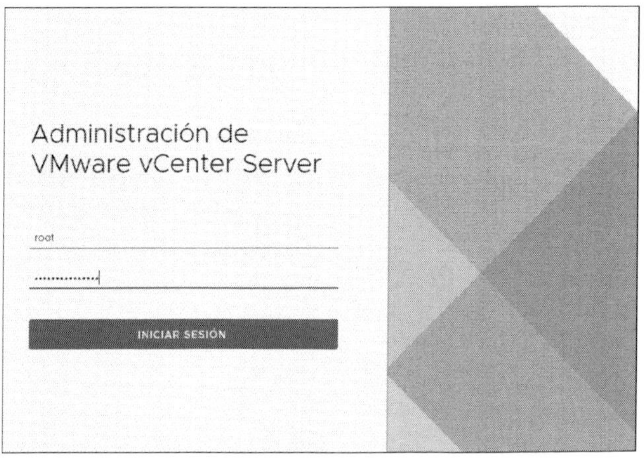


- Se abre la interfaz **Administración de vCenter Server** en una página de **Resumen**, que le permite ver información sobre el producto y el estado de la máquina virtual.

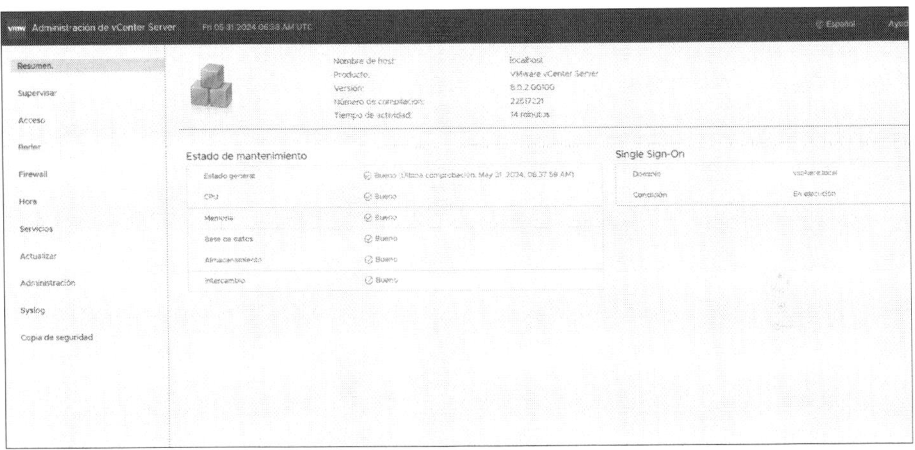


## 4. Conexión al cliente VMware vSphere Web

El cliente VMware vSphere Web es una interfaz gráfica de usuario (GUI), que proporciona un único punto de gestión para un entorno vSphere.

**Observación**

*El término "vSphere" se suele utilizar indistintamente para referirse al cliente web y al propio entorno VMware.*

No hay que confundir el cliente web vSphere (vSphere Client) con el cliente vCenter Server Management (puerto 5480), que acabamos de presentar. Este último está dedicado exclusivamente a la gestión de los componentes de vCenter Server, mientras que el cliente vSphere se puede utilizarse para gestionar todos los componentes del entorno VMware: máquinas virtuales, hosts, almacenamiento, red, etc.

Como veremos en el capítulo Descubrir la plataforma VMware vSphere 8, el cliente vSphere permite a los administradores aprovechar una serie de funciones como la alta disponibilidad, vMotion, el balanceo de carga y las herramientas de supervisión y log.

- Para acceder al cliente web vSphere, abra un navegador e introduzca la dirección de la máquina virtual vCenter, sin especificar un número de puerto.
- Utilice la información de acceso de la cuenta SSO creada durante la implementación de vCenter Server, con el formato **UsuarioSSO@DominioSSO** para conectarse.
  El nombre predeterminado es **administrator@vsphere.local**.

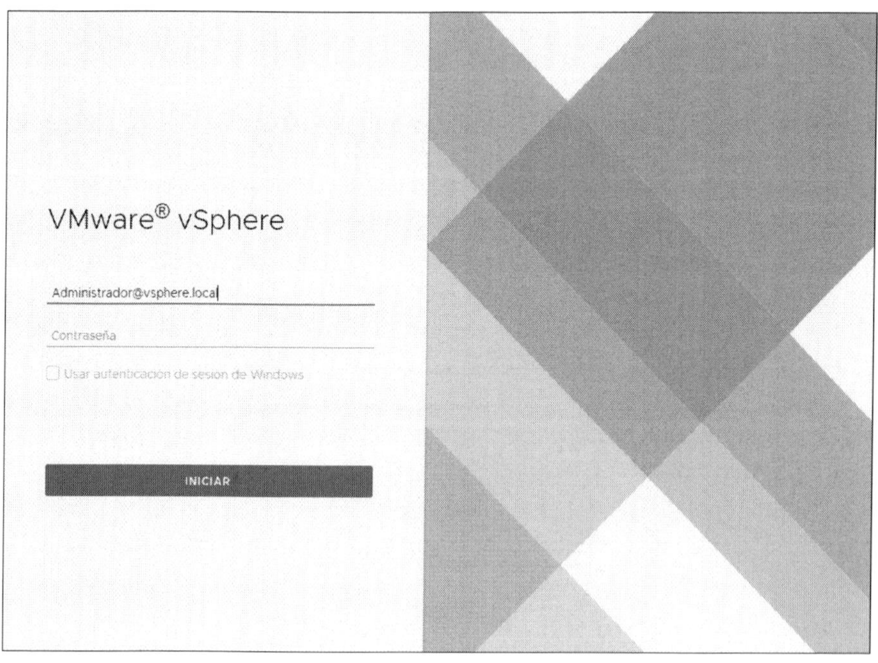

▶ Se abre la interfaz del cliente vSphere en la página **Inicio**. Veremos las características de esta consola de gestión en el próximo capítulo.

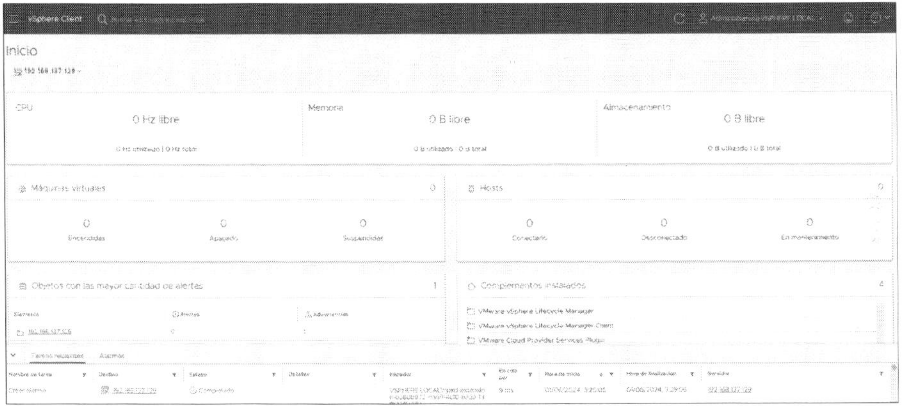


Si aparece un error al introducir la dirección del cliente vSphere, es posible que el servicio no se esté ejecutando en el servidor vCenter.

▶ Para confirmarlo, conéctese al cliente **vCenter Server Management**. En la sección **Servicios**, compruebe que se ha arrancado el cliente VMware vSphere. Si el servicio está detenido, marque la casilla asociada y pulse el botón **Iniciar** en la parte superior izquierda de los servicios.

▶ Si el servicio no se inicia correctamente, reinicie la instancia de vCenter desde el menú **Acciones**. Esto tardará unos minutos y podrá intentar volver a conectarse.

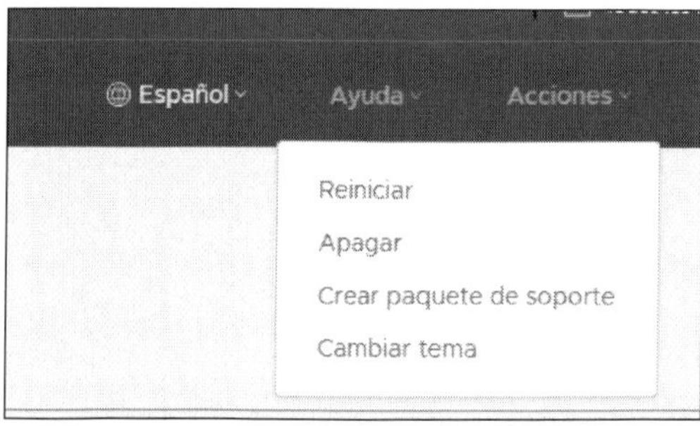

## 5. Conclusión

En este capítulo, hemos instalado una instancia de vCenter Server. Tras completar este despliegue en dos fases, nos conectamos a los dos clientes web del servidor: vCenter Server Management y vSphere Client. El primero es un punto de gestión dedicado para los componentes de vCenter Server, mientras que el segundo proporciona una consola centralizada para gestionar un entorno de virtualización VMware.

El próximo capítulo se dedicará a descubrir las funciones que ofrece el cliente vSphere, que no sólo supervisa las máquinas virtuales, sino también los hosts ESXi y varios otros componentes.

# Capítulo 8
# Descubrir la plataforma VMware vSphere 8

## 1. Introducción

Con el éxito de ESX a principios de la década de 2000, VMware se lanzó rápidamente a desarrollar una solución para la gestión centralizada del entorno de virtualización. En 2003, la empresa lanzó el concepto de "plataforma de virtualización" con Virtual Center que, unos años más tarde, pasó a llamarse vCenter Server. A partir de 2009, la infraestructura formada por ESXi y vCenter se comercializará con el nombre de vSphere.

Como plataforma de virtualización (a veces denominada *Virtual Machine Manager*), vSphere es una solución de software para crear y gestionar máquinas virtuales en hosts físicos que ejecutan un hipervisor ESXi. Como vimos en el capítulo Desplegar un servidor VMware vCenter, la administración de un entorno con un vCenter Server se realiza a través del cliente web vSphere.

A lo largo de los años, vSphere ha aportado muchas ventajas a los centros de datos, sobre todo con sus funciones de alta disponibilidad, migración en caliente de máquinas virtuales (vMotion, Storage vMotion) y balanceo de carga. Este producto también ofrece varias opciones para las máquinas virtuales que no están disponibles en la consola de gestión de ESXi, en la que hemos estado trabajando hasta ahora. Por ejemplo, la clonación de una VM y el despliegue desde una plantilla, que ya hemos mencionado, son operaciones que sólo se pueden realizar con vSphere.

Este capítulo repasa las principales funciones disponibles en un entorno vSphere. Dado que nuestra sandbox es limitada en cuanto a componentes, no será posible descubrir todo el potencial de este producto. No obstante, intentaremos ofrecerle una buena visión general indicando dónde se encuentran las opciones, para que pueda guiarse mejor a la hora de configurarlas si quiere ir más allá.

Para ilustrar los conceptos cubiertos en este capítulo, desplegamos un segundo host ESXi en Workstation Pro para obtener acceso a las características de clustering y balanceo de carga.

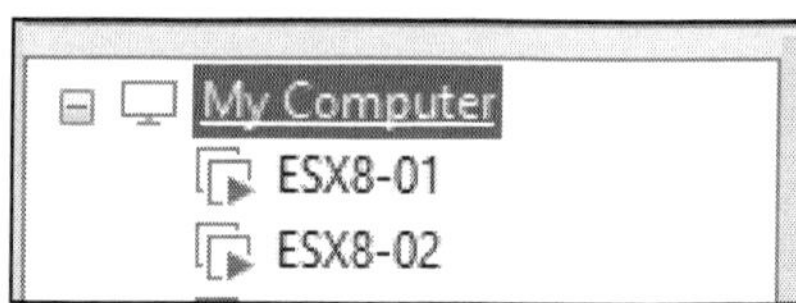


Si dispones de los recursos necesarios, no dude en añadir un host a su entorno para poner en práctica el contenido de este capítulo.

## 2. Las características de un objeto centro de datos

La primera tarea que se debe planificar cuando se dispone de un entorno vSphere, es crear un centro de datos virtual. Un objeto centro de datos es un contenedor lógico que reúne recursos físicos y virtuales. Proporciona una estructura jerárquica para gestionar y organizar los componentes de una infraestructura de virtualización vSphere.

En primer lugar, los hosts ESX se agrupan creando un objeto de centro de datos. Una vez integrados, todos sus componentes aparecen en la consola de vSphere y pueden administrarse desde allí.

### 2.1 Creación de un objeto centro de datos

Para crear un objeto de centro de datos, se debe conectar al cliente vSphere con la cuenta SSO, si no ha creado ninguna otra. Si dispone de un segundo host ESXi, inícielo para poder añadirlo también al centro de datos.

- Abra un navegador e introduzca la dirección de su servidor vCenter sin especificar un número de puerto.
- Introduzca su información de conexión SSO en el formato **UsuarioSSO@DominioSSO**, es decir, **administrator@vsphere.local** si ha dejado los valores por defecto.
- En la consola **vSphere Client**, pulse **Inventario** para acceder al objeto servidor vCenter.

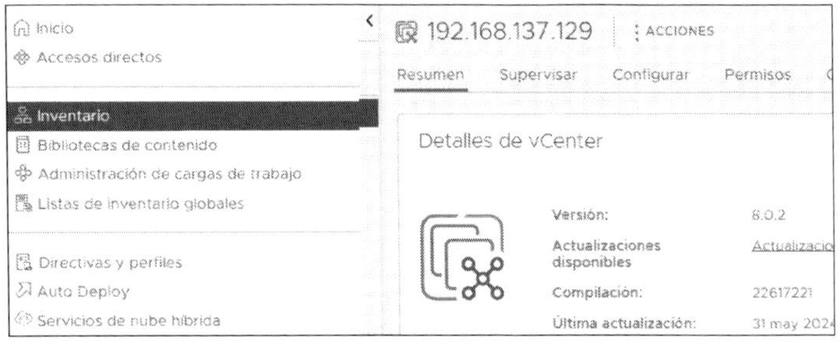

- Haga clic con el botón derecho del ratón en el objeto vCenter situado en la raíz del árbol y pulse **Nuevo centro de datos**.

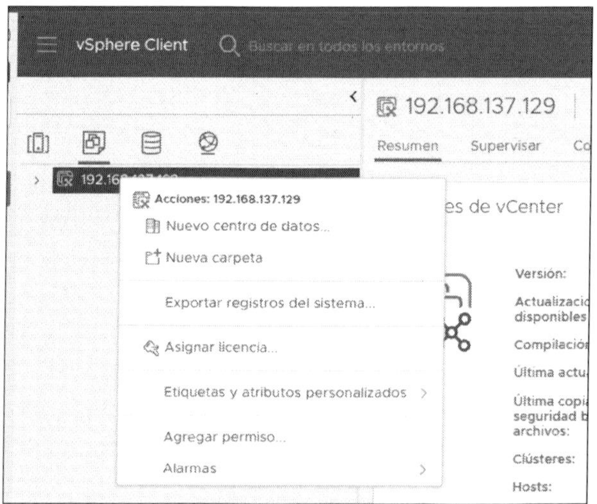


- En la ventana **Nuevo centro de datos**, introduzca el nombre del objeto (**DATACENTER-01** en este ejemplo) y pulse **ACEPTAR**.

## 2.2 AGREGAR hosts ESXi a un centro de datos

Ahora que el objeto centro de datos ha sido creado, podemos añadirle hosts ESXi. Antes de proceder, asegúrese de que todos sus hosts están arrancados y de que dispone de la contraseña de **root**.

- Haga clic con el botón derecho en el objeto del centro de datos para abrir las propiedades y haga clic en **Agregar host**.

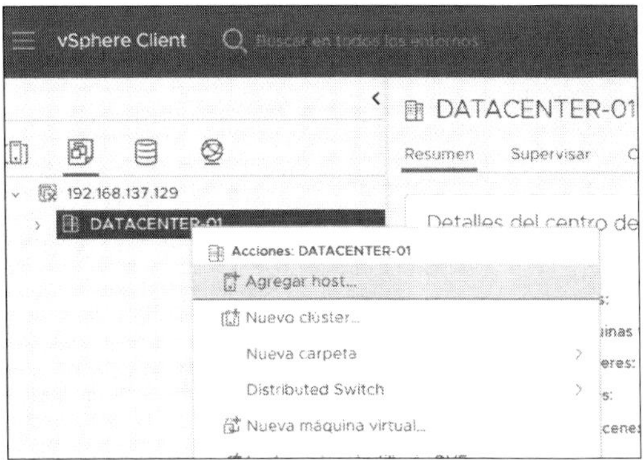


- Se abrirá la ventana del asistente para **Agregar host**. Introduzca el nombre del host o la dirección IP del servidor en el campo correspondiente. Haga clic en **SIGUIENTE**.

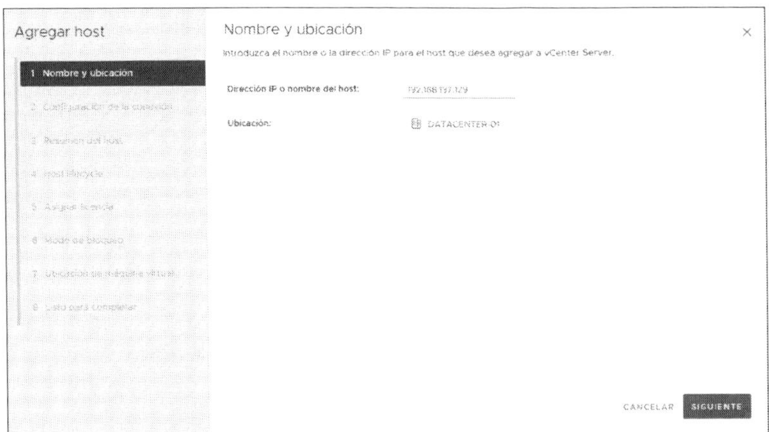

▶En **Configuración de la conexión**, introduzca el **Nombre de usuario (root)** y la **Contraseña**. Pulse **SIGUIENTE**.

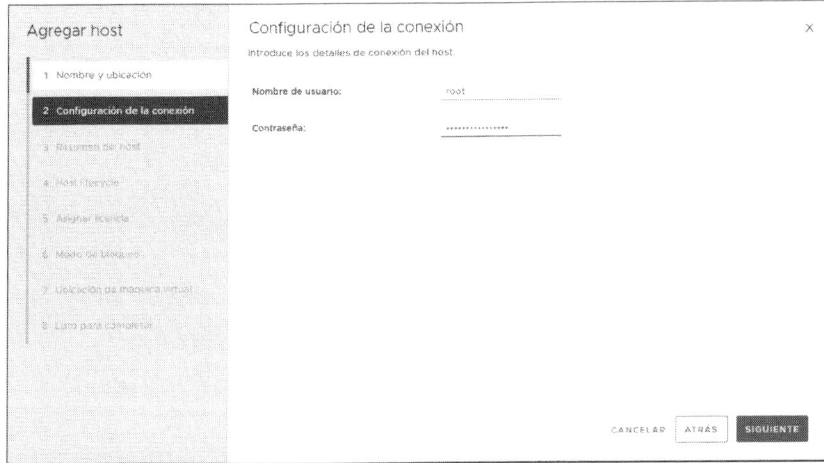


▶El servidor ESXi aún no dispone de un certificado firmado por el servidor de certificados VMware. Pulse **SÍ** para sustituir el certificado y continuar la conexión con el host.

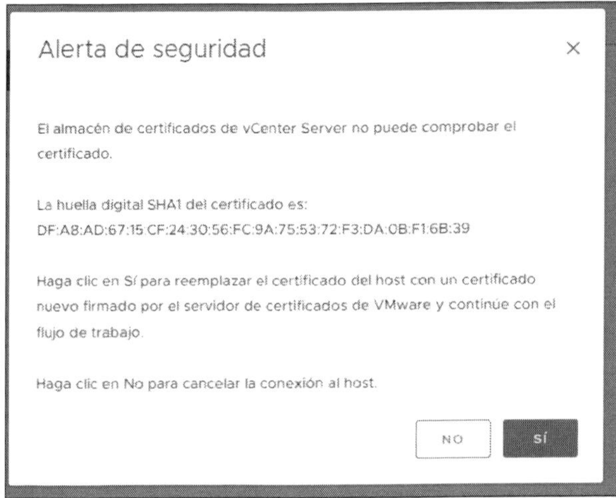

▶En **Resumen del host**, compruebe la información específica del servidor y pulse **SIGUIENTE**.

▶En **Asignar licencia**, seleccione **Licencia de Evaluación** y pulse **SIGUIENTE**.

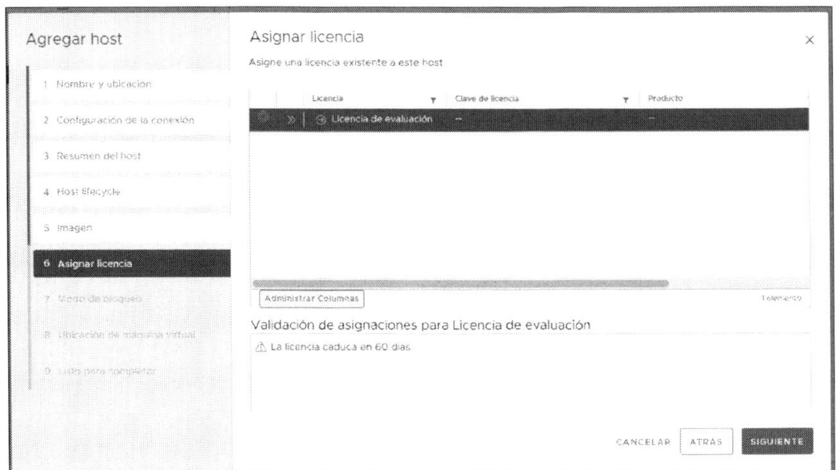

▶ En **Modo de bloqueo**, deje la opción predeterminada **Dehabilitado**. El modo de bloqueo (*lockdown mode*) se introducirá más adelante. Pulse **SIGUIENTE**.

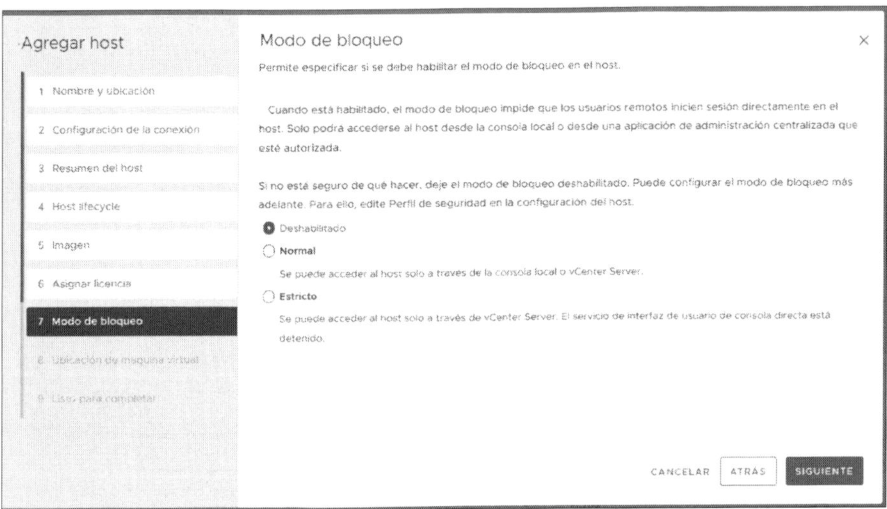


▶ En **Ubicación de máquina virtual**, pulse **SIGUIENTE**, ya que sólo hay una ubicación.

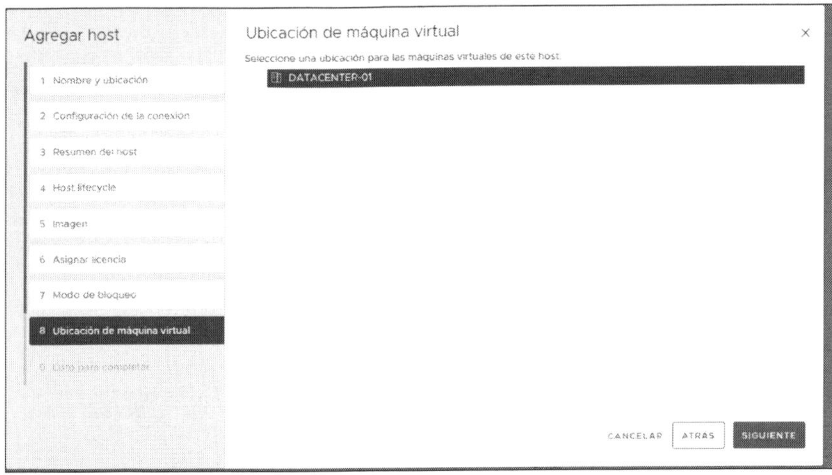

◘En **Listo para completar**, puede ver los objetos host que han sido detectados por vSphere. Pulse **FINALIZAR**.

Puede seguir el progreso de la tarea en la sección Tareas recientes, en la parte inferior de la consola.

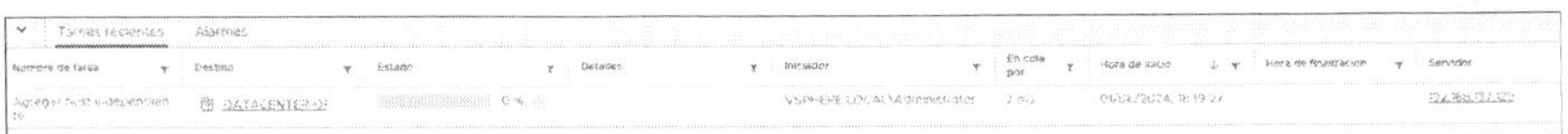

Una vez finalizada la tarea, puede volver a la vista **Hosts y Clústeres** (▯) del inventario para ver el objeto ESXi en el árbol del centro de datos.

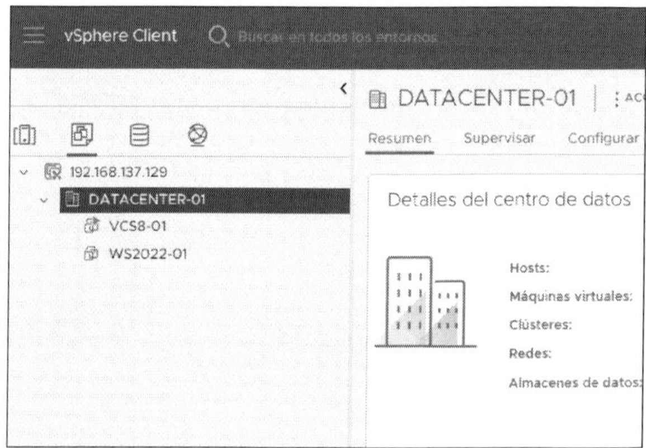


- Si dispone de un segundo servidor ESXi, repita los pasos anteriores para añadirlo al centro de datos.

Al organizar los recursos en un objeto de centro de datos, puede gestionar y controlar su infraestructura de virtualización con mayor eficacia, ya que todos los componentes del host ESXi se detectan en vSphere.

En cuanto se añade un host a un centro de datos, se puede gestionar a distancia y dispone de numerosas opciones de configuración adicionales.

- Para controlar la alimentación de un host, haga clic con el botón derecho del ratón sobre el objeto para mostrar sus propiedades y pulse **Energía**.

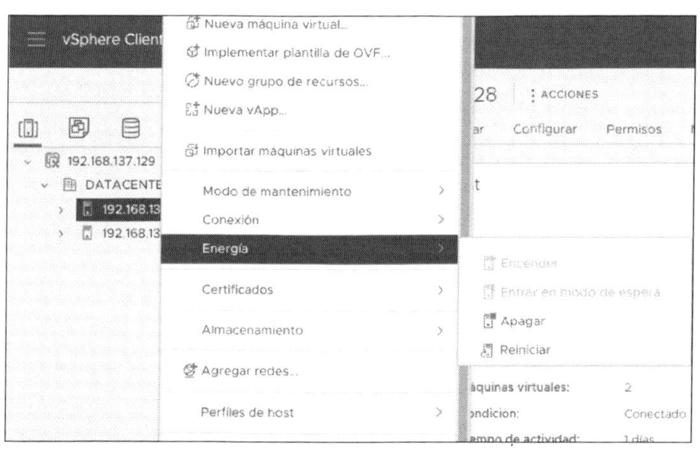

Desde vSphere, puede detener, reiniciar o poner un host en modo de espera. Esta última opción es útil si dispone de un host adicional que se pueda "despertar" mediante el protocolo Wake-on-LAN, cuando los demás hosts hayan alcanzado su capacidad máxima o por motivos de mantenimiento.

**Observación**

*Wake-on-LAN (WoL) es una tecnología de red que permite encender remotamente un ordenador o dispositivo de red, desde un estado de suspensión o apagado.*

Otra característica importante para los hosts en vSphere es el modo de mantenimiento. Este modo activa una migración automática (vMotion) de máquinas virtuales desde este host a otros miembros del clúster. Por ejemplo, esta opción se puede utilizar para sustituir una pieza defectuosa en un host o para aplicar actualizaciones. Una vez finalizada la intervención, basta con salir del modo de mantenimiento y, si el DRS (que veremos en breve) está activado, se realizará un balanceo de carga y las máquinas virtuales volverán al host en función de su capacidad.

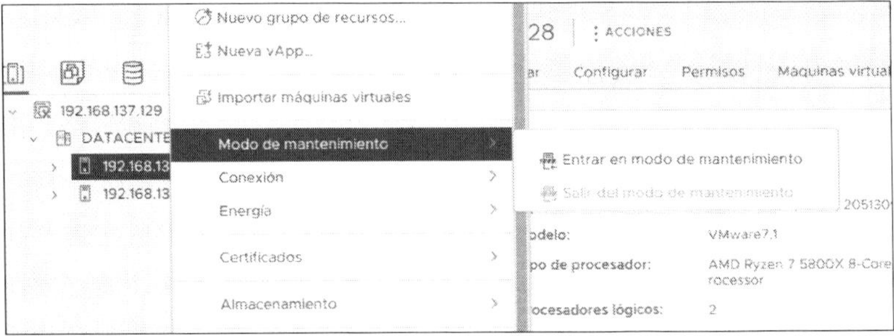


Para descubrir las funciones avanzadas de los hosts ESXi en vSphere, puede explorar las distintas pestañas disponibles, en particular la pestaña **Configurar**.

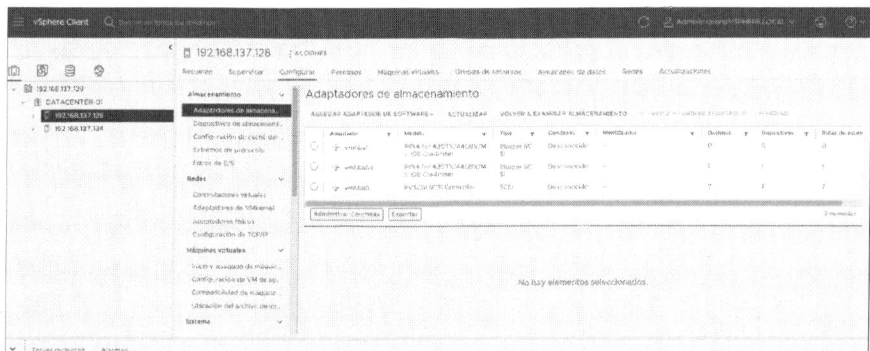


Además de proporcionar gestión remota de hosts ESXi, un objeto de centro de datos proporciona una capa de abstracción que permite, por ejemplo, crear clústeres de hosts y desplegar máquinas virtuales a nivel de centro de datos. Sin embargo, antes de seguir adelante, necesitamos realizar una segunda tarea desde el centro de datos, para poder beneficiarnos de todo el potencial de vSphere: crear un clúster de hosts ESXi.

## 3. Las características de un objeto clúster

La creación de un clúster de hosts ESXi permite implementar funciones de balanceo de carga, alta disponibilidad y tolerancia a fallos en una infraestructura vSphere. Un objeto clúster también es un componente esencial para configurar las opciones de migración en caliente para máquinas virtuales (vMotion, Storage vMotion) que hemos tratado en un capítulo anterior (véase el capítulo Entender las máquinas virtuales).

**Observación**

*El clustering se refiere a la práctica de combinar varios servidores (nodos) para que funcionen como un único sistema. El clustering permite compartir los recursos de los servidores, distribuir las cargas de trabajo y garantizar una alta disponibilidad. En efecto, las soluciones de clustering disponen generalmente de mecanismos de failover en caso de fallo de uno de los miembros del clúster.*

Para este capítulo, nos centraremos en las opciones de balanceo de carga del host. Funciones como vSphere HA y vSphere FT (*Fault Tolerance*) se tratarán en el capítulo Alta disponibilidad y seguridad.

## 3.1 Creación de un objeto clúster

- Para crear un clúster de hosts ESXi en vSphere, vaya a la sección **Hosts y Clústeres** del inventario. Haga clic con el botón derecho en el objeto del centro de datos para acceder a sus propiedades y pulse **Nuevo clúster**.

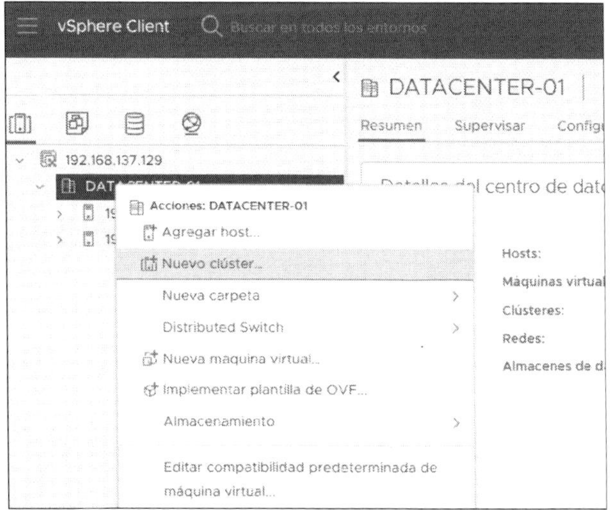


- Aparecerá el asistente para crear el nuevo clúster. En **Configuración básica**, introduzca el nombre del clúster en el campo **Nombre**.
- Seleccione sólo **vSphere DRS**.

**Observación**

*No activaremos vSphere HA de inmediato, ya que introduciremos esta función más adelante.*

- Desmarque la opción **Administar todos los hosts del cluster con una sola imagen** que no es necesaria para habilitar el balanceo de carga (vSphere DRS). Pulse **SIGUIENTE**.

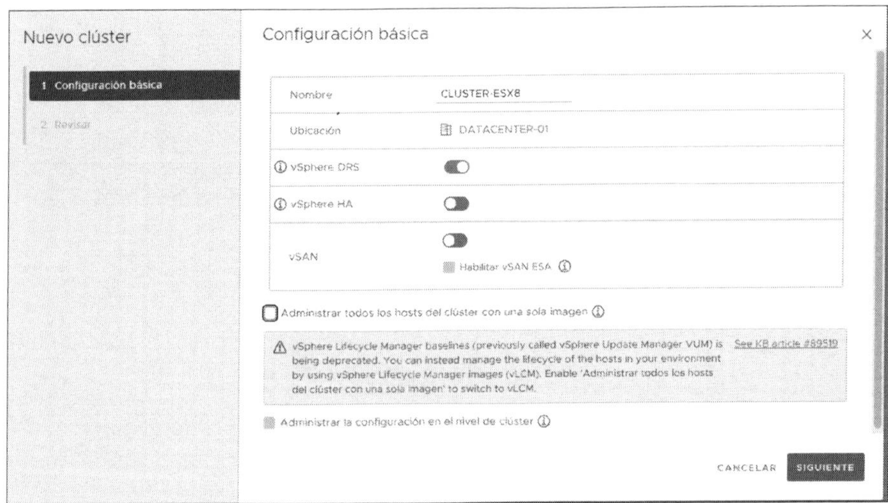


- En **Revisar**, confirme las opciones seleccionadas y pulse **FINALIZAR**.

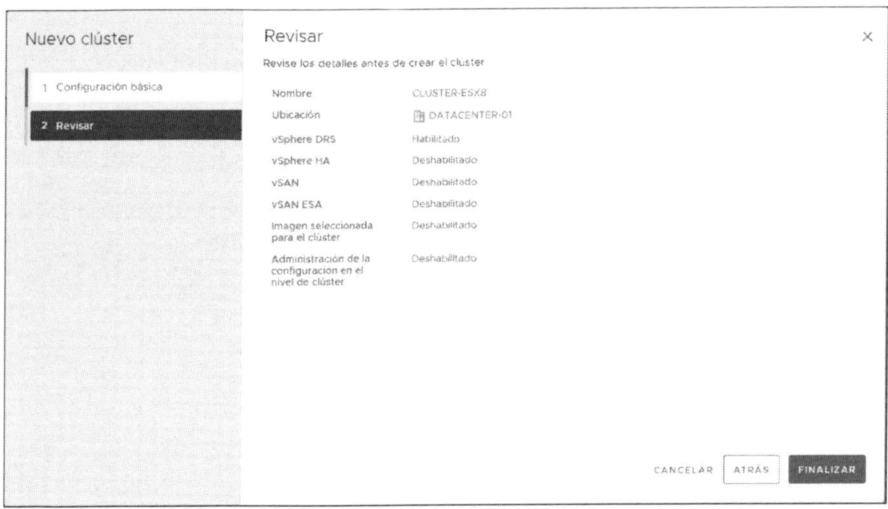

El objeto clúster se añadirá debajo del centro de datos.

Los pasos anteriores sólo permiten crear el objeto clúster. Los hosts ESXi se deben añadir posteriormente. Tenga en cuenta que un entorno vSphere de producción puede estar formado por cientos de hosts, que pueden estar distribuidos en varios clústeres.

## 3.2 Adición de hosts ESXi a un clúster

Añadir un host ESXi a un clúster es una operación muy sencilla. Simplemente arrastre y suelte los hosts en el objeto clúster. Cuando añada los hosts al clúster, habrá dos opciones disponibles de pool de recursos.

En vSphere y ESXi, un pool es un contenedor lógico utilizado para gestionar y asignar recursos (almacenamiento, memoria, procesadores) a un grupo de máquinas virtuales o a otros pools de recursos.

Esta práctica se puede utilizar en escenarios en los que es necesario garantizar una asignación precisa de recursos (CPU o memoria, en particular) para determinadas máquinas virtuales críticas, manteniendo al mismo tiempo una distribución eficiente de los recursos disponibles para otras máquinas virtuales.

Es posible anidar varios pools y crear una jerarquía entre ellos para definir distintos modos de asignación a distintos niveles. Por ejemplo, se puede crear una jerarquía para organizar las máquinas virtuales en función de su rendimiento.

Como no hemos creado ningún pool en nuestros hosts ESXi, elegiremos la opción por defecto, que coloca las máquinas virtuales en el pool raíz de vSphere en lugar de replicar las que pudieran haberse definido en el host.

- Cuando arrastre y suelte el host en el clúster, deje la primera opción marcada por defecto y pulse **Aceptar**.

- Cuando se mueven hosts a un clúster, se añaden bajo el objeto con sus máquinas virtuales en la vista **Hosts y Clústeres** (icono) del inventario.

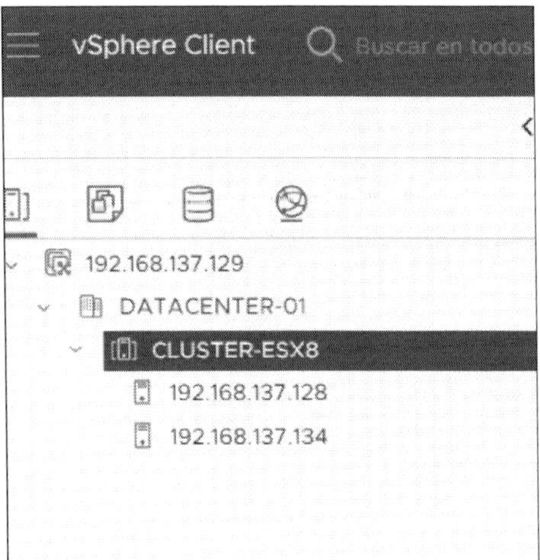


## 3.3 Configuración de vSphere DRS

Varias funciones de vSphere sólo están disponibles a nivel de objeto de clúster, y DRS (*Distributed Resource Scheduler*) es una de ellas. DRS es un mecanismo que equilibra automáticamente los recursos de un clúster de hosts ESXi en un entorno vSphere. Su función es optimizar el uso de los recursos, mejorar el rendimiento y ofrecer opciones para configurar la disponibilidad de las máquinas virtuales.

Una vez que DRS está habilitado en un clúster, el balanceo de carga automatizado tiene lugar de forma predeterminada. Las principales tareas de vSphere DRS son las siguientes:

- Comprobar periódicamente la carga del clúster con el algoritmo DRS (a intervalos de 5 minutos por defecto) y realiza un reequilibrio si se identifica un desequilibrio.
- Proporcionar recomendaciones de migración o migrar automáticamente una VM utilizando vMotion para balancear la carga del clúster.
- Realizar el reequilibrado de carga cuando una máquina virtual se enciende en un host específico del clúster.

Veamos las distintas opciones de configuración de vSphere DRS.

◘ En la vista **Hosts y Clústeres** del inventario, pulse sobre el objeto clúster y seleccione la pestaña **Configurar**. En la sección **Servicios**, pulse **vSphere DRS**. Para ver o editar las opciones de DRS, pulse el botón **EDITAR** en la parte superior derecha.

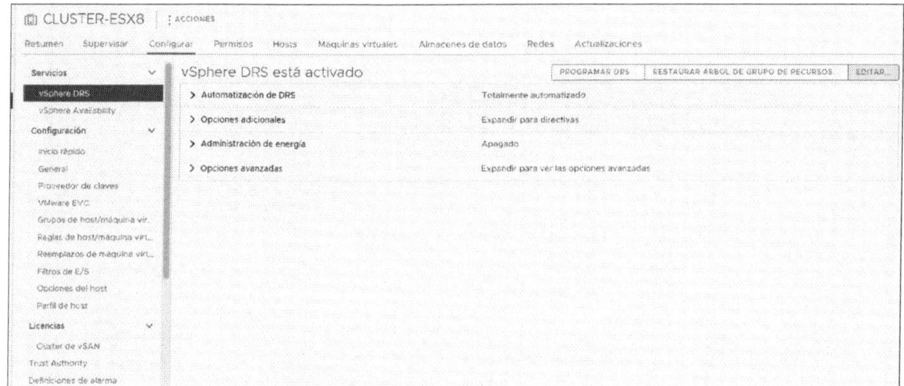


◘ Haga clic en el campo **Nivel de automatización** para ver las opciones de automatización de DRS.

Existen tres opciones de automatización para personalizar el comportamiento del DRS según las necesidades:

- **Manual**: el DRS proporciona recomendaciones, pero todas las migraciones se deben realizar manualmente.
- **Parcialmente automatizado**: el DRS proporciona recomendaciones de migración, pero se requiere la aprobación manual antes de emprender cualquier acción.
- **Totalmente automatizado**: el DRS hace todas las recomendaciones de migración y realiza automáticamente las migraciones, una vez lanzado el análisis de recursos.

También es posible establecer el **umbral de migración** (*migration threshold*) para controlar las operaciones de vMotion activadas por el DRS. Esto permite una configuración más personalizada, basada en el comportamiento deseado en caso de desequilibrio de recursos.

**Observación**

*VMware también utiliza la expresión "umbral de agresión" (aggression threshold) para designar el umbral de migración. El objetivo de DRS, en la terminología de VMware, es garantizar el "bienestar" de las máquinas virtuales (VM happiness).*

A la hora de ajustar esta opción, hay que tener en cuenta varios parámetros, como la capacidad de la red y los recursos del host. En función del nivel de sensibilidad requerido, existen cinco umbrales de migración (vMotion), que se pueden ajustar utilizando tres modos principales:

- **Conservadora**: este umbral es el menos sensible. En este modo, el DRS inicia las migraciones sólo cuando hay un desequilibrio significativo de recursos (6% o más). Esta opción es adecuada para entornos en los que el rendimiento y la estabilidad son primordiales.
- **Moderada (por defecto)**: este umbral es la opción por defecto. En este modo, DRS inicia migraciones cuando hay un desequilibrio moderado de recursos (3% o más). Este umbral permite operaciones de migración (vMotion) más frecuentes para distribuir las cargas de trabajo uniformemente entre los hosts sin ser demasiado agresivo.
- **Intensa**: este umbral es el más sensible. En este modo, DRS inicia migraciones incluso para desequilibrios de recursos menores (1% o más). Este umbral tiene como objetivo optimizar al máximo los recursos y las operaciones de rebalanceo de carga entre hosts son muy frecuentes.

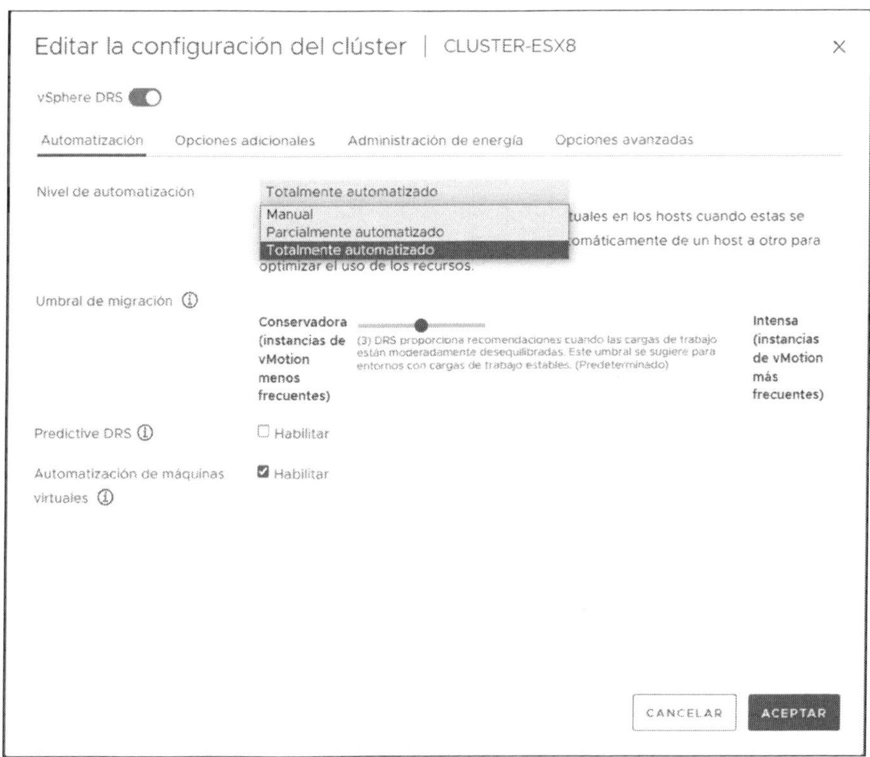


El parámetro **Predictive DRS** funciona utilizando datos históricos relacionados con el rebalanceo de recursos entre hosts, para predecir la actividad de DRS. Permite hacer recomendaciones de migración para optimizar el rendimiento basándose en el análisis de las tendencias de uso anteriores.

Sin embargo, esta funcionalidad requiere el uso de VMware Aria Operations (anteriormente vRealize Operations Manager), una plataforma para optimizar, supervisar y programar cargas de trabajo en un entorno vSphere local o basado en la nube.

## 3.4 Recomendaciones de vSphere DRS

Cuando se inicia una máquina virtual alojada en un host ESXi en un clúster DRS, el servidor vCenter comprueba que el clúster dispone de recursos suficientes para dar soporte a la máquina virtual. Esto se denomina control de admisión (*admission control*). Si los recursos disponibles en el clúster no son suficientes para alimentar la máquina virtual, se mostrará un mensaje de advertencia para indicar que la operación no es posible.

Si hay recursos suficientes para soportar la máquina virtual, se generará una "recomendación de ubicación" basada en el host en el que se va a ejecutar la VM. Dependiendo del nivel de automatización configurado en el clúster, se realiza una de las siguientes acciones:

- La recomendación de ubicación se realiza automáticamente (la máquina virtual se ubica en el host con los mejores recursos).
- Se muestra la recomendación de ubicación, dando al usuario la opción de aceptar o cambiar el host de destino de la máquina virtual.
- Cuando DRS está desactivado, no se ofrecen recomendaciones y las máquinas virtuales no se mueven entre los hosts del clúster.

# 4. Las funcionalidades de las máquinas virtuales

En el capítulo Entender las máquinas virtuales, presentamos los dos tipos principales de migración en caliente de máquinas virtuales, en un entorno vSphere. Estas dos formas de migración (vMotion) son las siguientes:

- **vMotion**: este tipo de migración desplaza las máquinas virtuales en ejecución entre hosts ESXi sin interrumpir el servicio, es decir, conservando el estado de la memoria y la conectividad de red.
- **Storage vMotion**: este tipo de migración mueve los recursos de almacenamiento de las máquinas virtuales de un almacén de datos (*datastore*) a otro, sin afectar a la disponibilidad de las máquinas virtuales.

Aunque no es obligatorio disponer de una red dedicada para configurar vMotion, es muy recomendable tener una para garantizar un rendimiento óptimo y evitar que afecte al resto del tráfico de red. Una red dedicada para vMotion reduce la latencia y proporciona un mejor ancho de banda para un movimiento rápido. También permite gestionar mejor la calidad del servicio (*Quality of Service, QoS*) y priorizar el tráfico de vMotion.

En el caso de Storage vMotion, los hosts deben estar conectados a un almacenamiento compartido mediante protocolos de alta velocidad, como Fibre Channel (FC) o iSCSI. Storage vMotion requiere un ancho de banda muy elevado, ya que implica la transferencia de grandes cantidades de datos a través de la red.

## 4.1 Migración de una máquina virtual

Las operaciones de migración se pueden realizar manualmente desde cada máquina virtual.

- En la sección **Hosts y Clústeres** del inventario, seleccione una máquina virtual que forme parte de un clúster, haga clic con el botón derecho del ratón para mostrar sus propiedades y pulse **Migrar**.

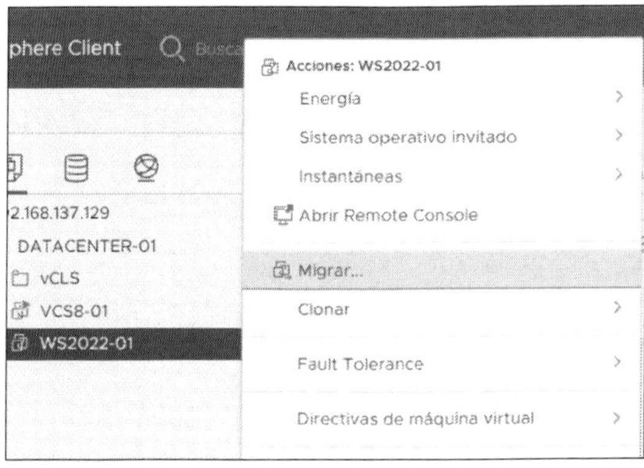

Hay cuatro opciones de migración disponibles:

- **Cambiar sólo el recurso informático**: esta opción consiste en realizar un vMotion (mover una VM de un host a otro).
- **Cambiar sólo almacenamiento**: esta opción consiste en mover el almacenamiento de una VM de un almacén de datos a otro (Storage vMotion).
- **Cambiar recurso informático y almacenamiento**: esta opción ofrece la posibilidad de combinar las dos primeras (trasladar el host y el almacén de datos, es decir, una vMotion y una Storage vMotion).
- **Exportación entre instancias devCenter Server** (cross vCenter): esta opción permite migrar una máquina virtual a otro entorno vSphere.

Como los recursos de nuestra sandbox son limitados y no disponemos de ancho de banda suficiente para mover el almacenamiento de una máquina virtual, nos limitaremos a poner el ejemplo de vMotion.

▶Deje marcada la primera opción y pulse **SIGUIENTE**.

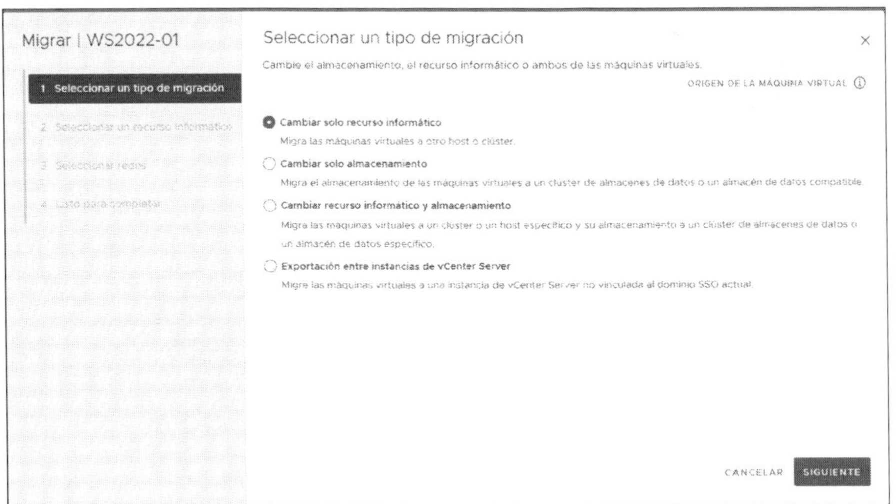

◘Como nuestro clúster contiene sólo dos hosts, elegiremos el único disponible. Una vez completadas con éxito las comprobaciones de compatibilidad, pulse **SIGUIENTE**.

◘Si no ha definido ninguna otra red, las redes de origen y destino serán **VM Network**. Pulse **SIGUIENTE**.

- Como hay muy pocas máquinas virtuales, puede dejar la opción **Programar vMotion con prioridad alta** por defecto. Pulse **SIGUIENTE**.

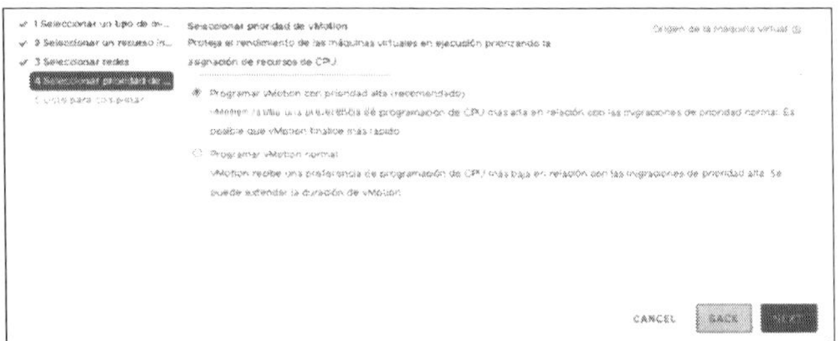

- En **Listo para completar**, valide la información de migración y pulse **FINALIZAR**.

En **Objetos relacionados** de la máquina virtual, puede ver que la VM está ahora en el segundo host ESXi.

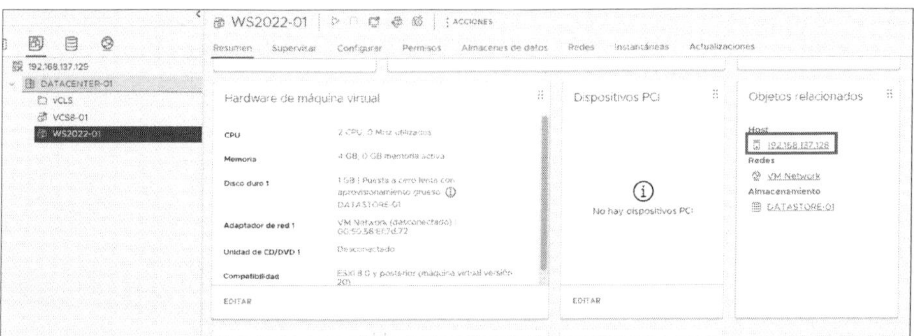


## 4.2 Opciones de creación de máquinas virtuales

Dado que ya hemos explorado una serie de características de las máquinas virtuales en el capítulo Entender las Máquinas Virtuales, nos concentraremos aquí en las opciones que no estaban disponibles desde la interfaz del ESXi Host Client.

El proceso de creación de una máquina virtual es el mismo, pero vSphere también ofrece otros métodos de despliegue que ya hemos comentado, como la clonación o el despliegue desde una plantilla.

Cuando se crea un clúster, en vSphere es preferible iniciar el asistente de creación de máquinas virtuales desde este objeto (y no desde un host específico). De este modo, el DRS puede evaluar las especificaciones de la máquina virtual y hacer una recomendación de colocación en un host que disponga de todos los recursos necesarios.

Echemos un vistazo a las opciones de despliegue de las que disponemos cuando queremos desplegar una nueva máquina virtual en vSphere.

- En la sección **Hosts y Clústeres** (icono) del inventario, seleccione un clúster, haga clic con el botón derecho para mostrar sus propiedades y seleccione **Nueva máquina virtual**.

**Observación**

*Observe que también se puede desplegar una máquina virtual desde un archivo OVF, utilizando las propiedades de un clúster.*

Desde el asistente de creación de máquinas virtuales es desde donde se pueden realizar los otros tipos de despliegue que presentamos en el capítulo Entender las máquinas virtuales:

- Desplegar a partir de una plantilla.
- Clonar una máquina virtual existente.
- Clonar una máquina virtual a una plantilla.
- Convertir una plantilla en una máquina virtual.
- Clonar una plantilla en una plantilla.

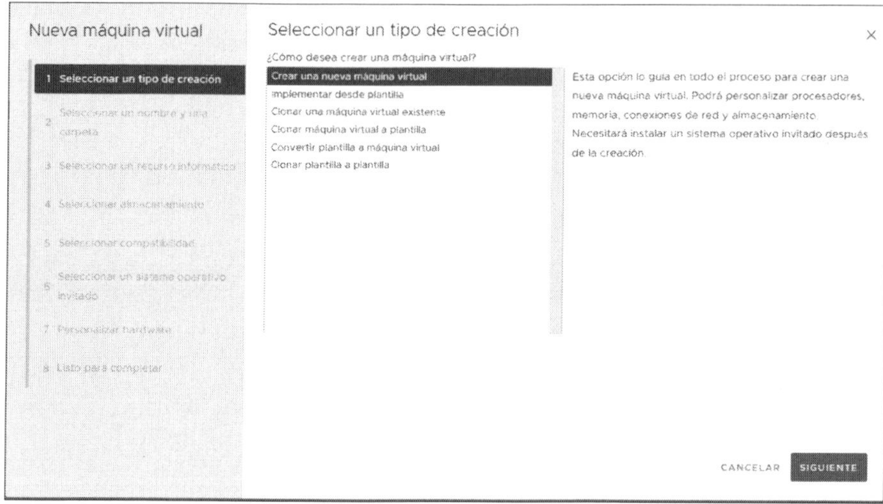


Dado que el despliegue desde una plantilla es una de las soluciones más utilizadas para acelerar el proceso de creación de una máquina virtual, vamos a ver cómo crear una plantilla. Este modo de despliegue es ideal cuando se necesitan crear varias máquinas virtuales con el mismo sistema operativo y los mismos recursos.

Cuando se crea un modelo, hay dos opciones disponibles:

- **Convertir en plantilla**: la máquina virtual se convierte en una plantilla. Si es necesario, la plantilla se puede volver a convertir en una máquina virtual más adelante.
- **Exportar plantilla de OVF**: los archivos VM se exportan en formato OVF y la máquina virtual sigue siendo funcional.

## 4.3 Convertir una máquina virtual en una plantilla

En el siguiente ejemplo, vamos a convertir una máquina virtual en una plantilla. Cualquier operación para crear una plantilla requiere que la máquina virtual de origen esté detenida.

- Vaya a la sección **Hosts y Clústeres** ( ) del inventario y pulse con el botón derecho del ratón sobre la VM de origen, para mostrar sus propiedades. En el menú, haga clic en **Plantilla** y pulse **Convertir en plantilla**.

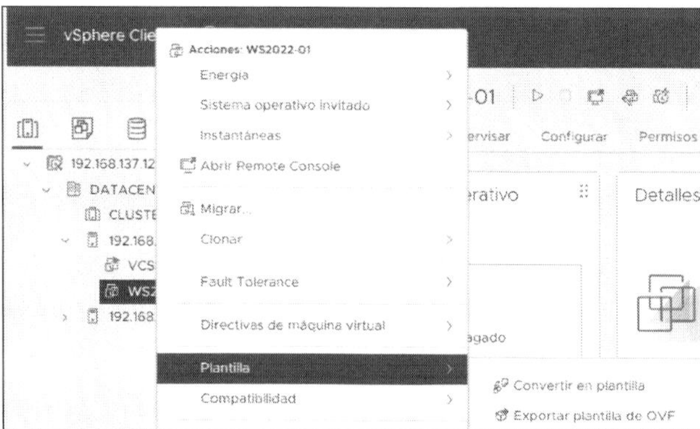


- En la ventana de aviso **Confirmar conversión**, pulse **SÍ**.

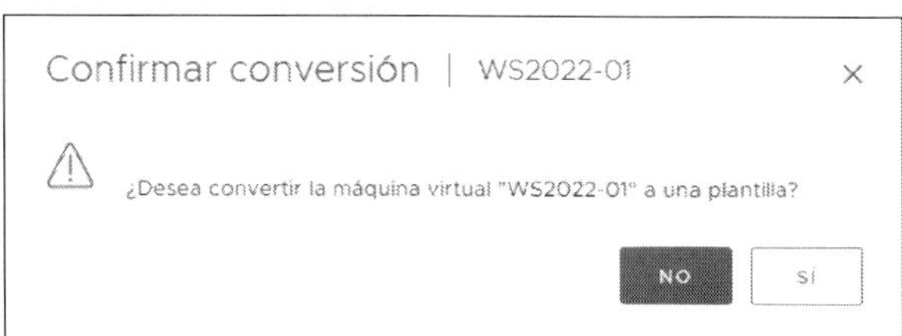

▶En la sección **Tareas recientes**, confirme que la operación ha finalizado.

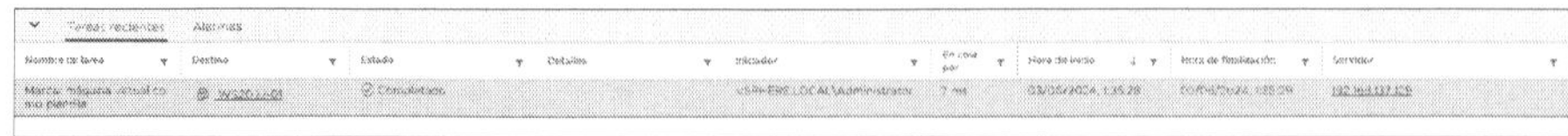

Tras la conversión, la máquina virtual se elimina del inventario.

▶Para ver el modelo, vaya a la vista **VMs y plantillas** ( ). Observará que el icono de una plantilla es diferente del de una VM.

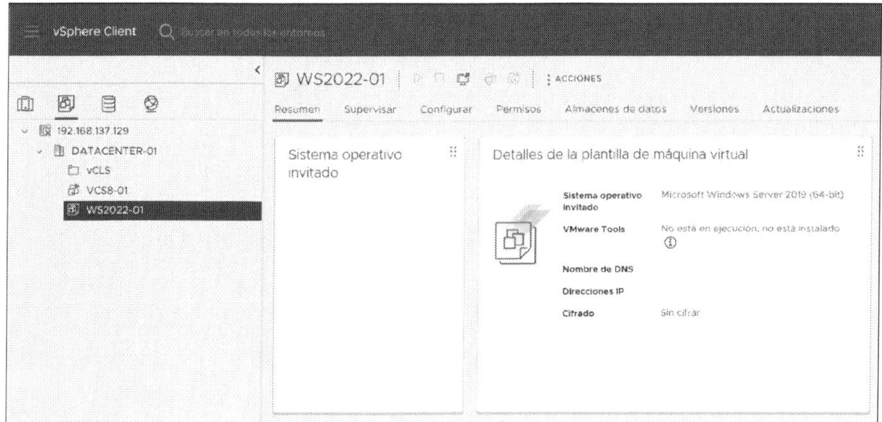


## 4.4 Despliegue de una máquina virtual a partir de una plantilla

Ahora que tenemos una plantilla, podemos ejecutar el asistente de instalación de la máquina virtual para probarla.

▶En el asistente de creación, seleccione **Implementar desde plantilla** y pulse **SIGUIENTE**.

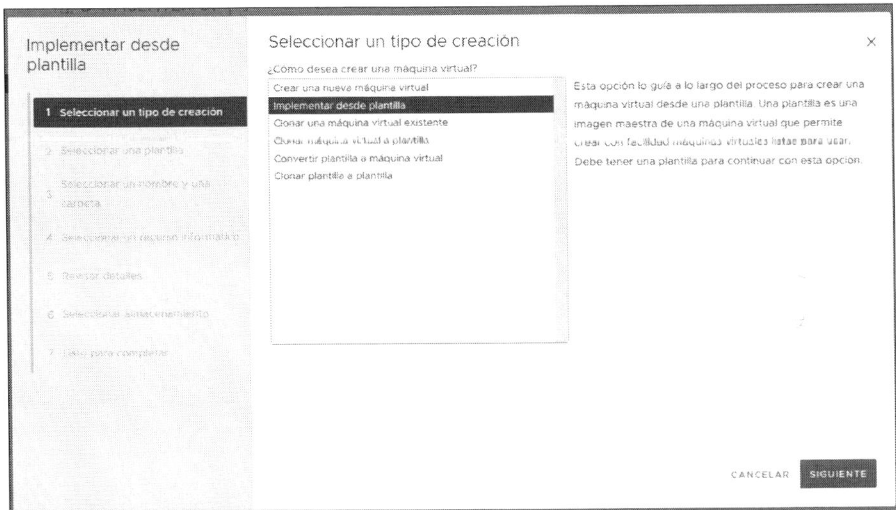


▶ Para seleccionar el modelo, pulse **Plantillas de máquina virtual** y elija la plantilla. Pulse **SIGUIENTE**.

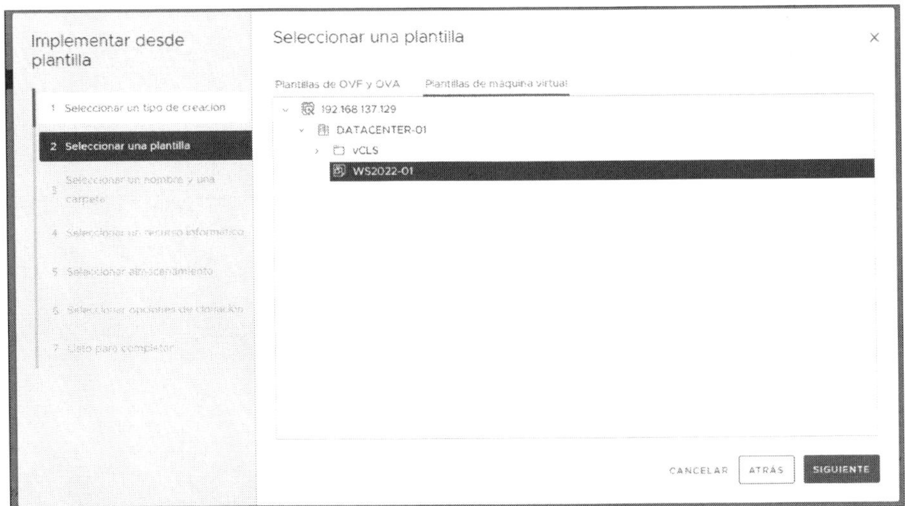

▶ Asigne un nombre a la nueva máquina virtual y pulse **SIGUIENTE**.

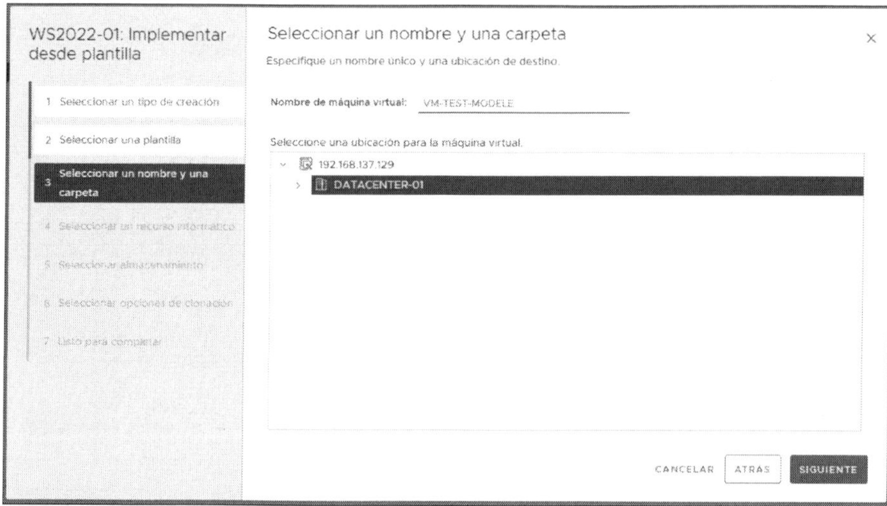


▶ Seleccione un host y pulse **SIGUIENTE**.

- Seleccione un almacén de datos para almacenar los archivos de la máquina virtual y pulse **SIGUIENTE**.

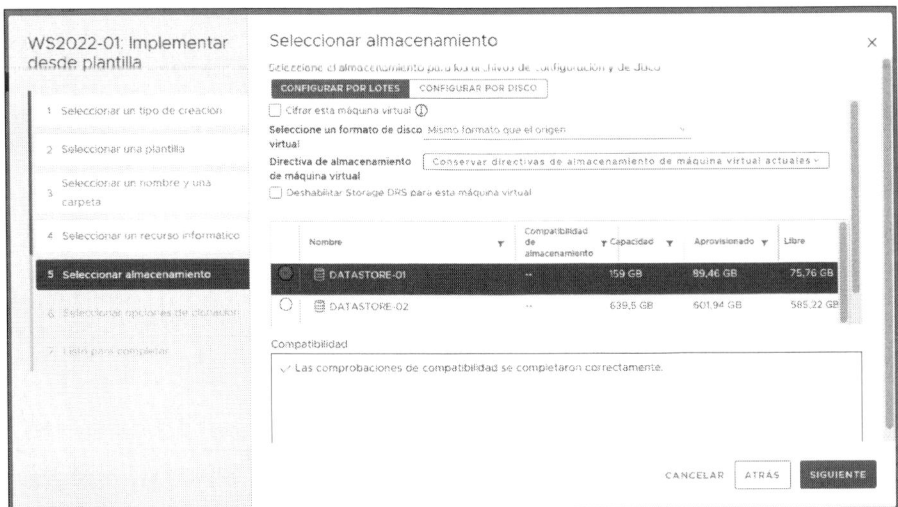


- Existen opciones de personalización (sistema operativo o hardware). Si desea encender la máquina inmediatamente, marque la casilla correspondiente. Pulse **SIGUIENTE**.

▶ En **Listo para completar**, compruebe la información de despliegue y pulse **FINALIZAR**.

Una nueva máquina virtual lista para usar aparece en el inventario.

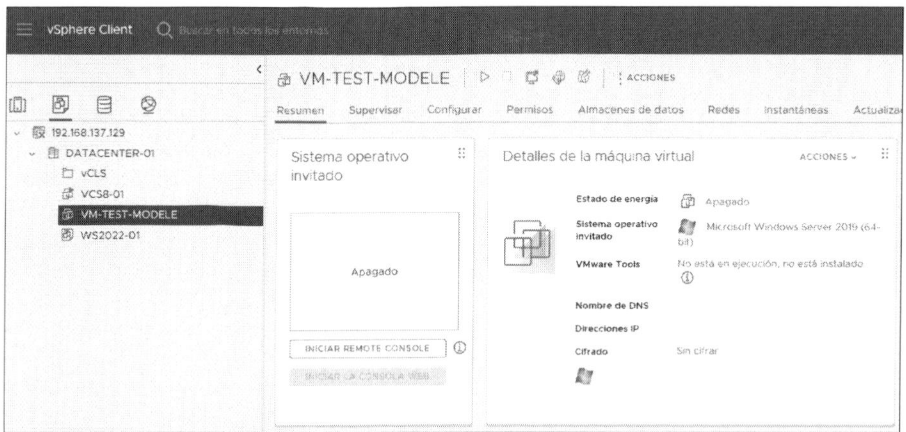

## 4.5 Eliminar una máquina virtual

En un entorno vSphere, hay dos opciones para eliminar una máquina virtual, que es importante conocer.

- **Eliminar del inventario**: esta opción simplemente elimina el objeto máquina virtual del inventario. Los archivos de la máquina virtual permanecerán en el almacén de datos donde está almacenada. En cualquier momento, la máquina virtual se puede reintegrar al inventario desde el almacén de datos.
- **Borrar del disco**: esta opción borra permanentemente los archivos de una máquina virtual. Una vez eliminados, no se pueden restaurar desde vSphere.

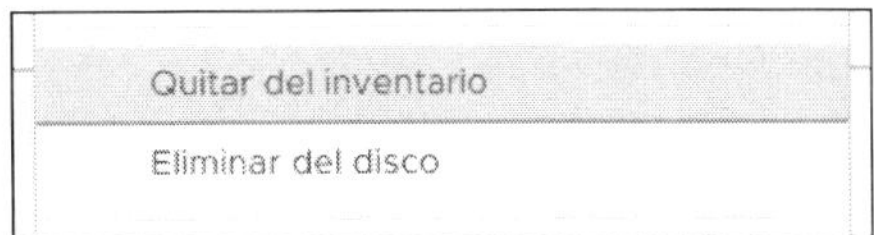


# 5. Las funcionalidades de almacenamiento

No nos detendremos aquí en las funcionalidades de almacenamiento, ya que son muy similares a las que ya hemos visto en la consola ESXi Host Client. La principal diferencia es que los almacenes de datos se comparten entre los hosts de un clúster, lo que permite activar la gestión automatizada del almacenamiento.

La funcionalidad *Storage Distributed Resource* Scheduler (SDRS) es el equivalente a vSphere DRS descrito anteriormente, pero en lugar de balancear la carga de los recursos de los hosts (RAM, CPU), SDRS balancea la carga de almacenamiento entre los almacenes de datos compartidos.

SDRS supervisa constantemente la capacidad y el rendimiento de los almacenes de datos para hacer recomendaciones o migrar automáticamente los discos de las máquinas virtuales, para rebalancear la carga de almacenamiento.

## 5.1 Creación de un clúster de almacenes de datos

Para activar SDRS, primero hay que crear un clúster de almacenes de datos. Esto permite clasificar jerárquicamente los almacenes de datos en función de las necesidades o los entornos.

▶ Para crear un nuevo clúster de almacén de datos, abra las propiedades del objeto centro de datos, seleccione **Almacenamiento** y pulse **Nuevo clúster de almacén de datos**.

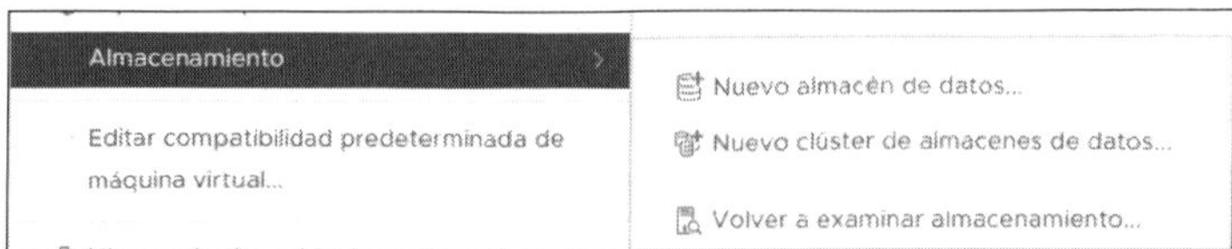


▶ En **Nombre y ubicación**, asigne un nombre a su nuevo clúster, elija **VMFS** como **Tipo de almacén de datos** y pulse **SIGUIENTE**.

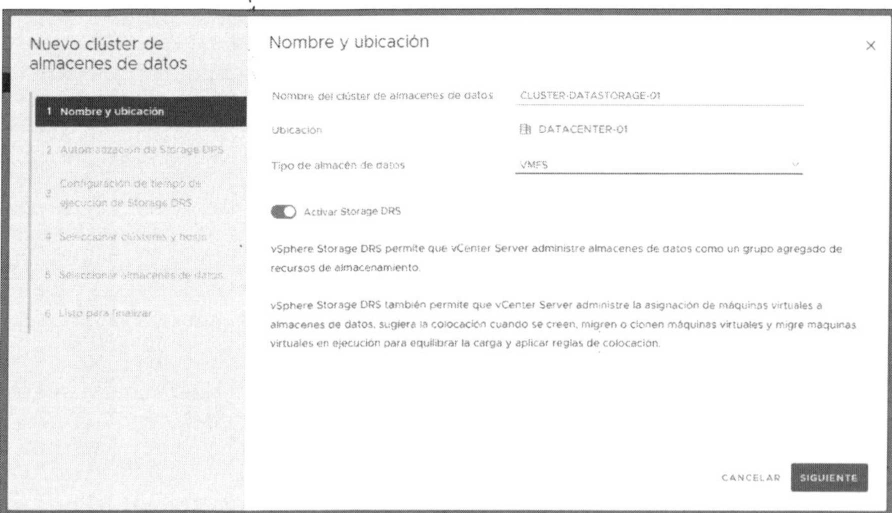

▶Su entorno no tiene el rendimiento necesario para automatizar SDRS, así que déjelo en modo manual. Pulse **SIGUIENTE**.

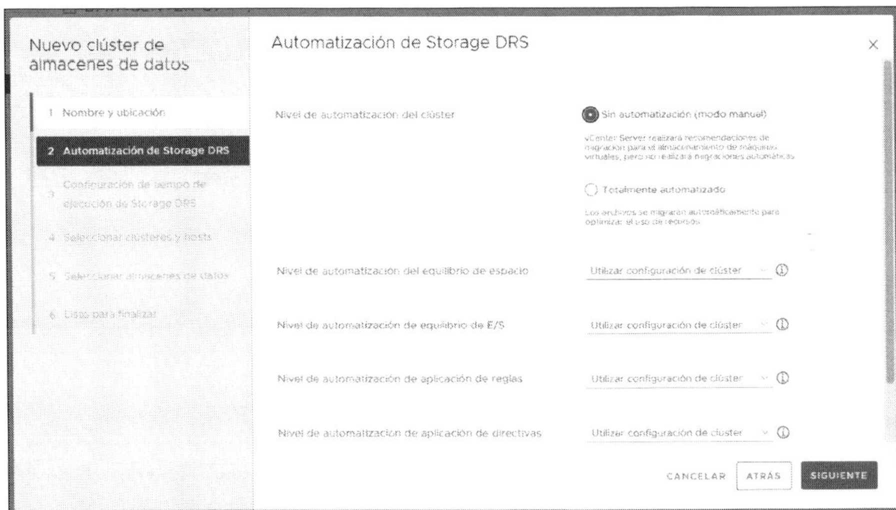


▶Deje las opciones por defecto y pulse **SIGUIENTE**.

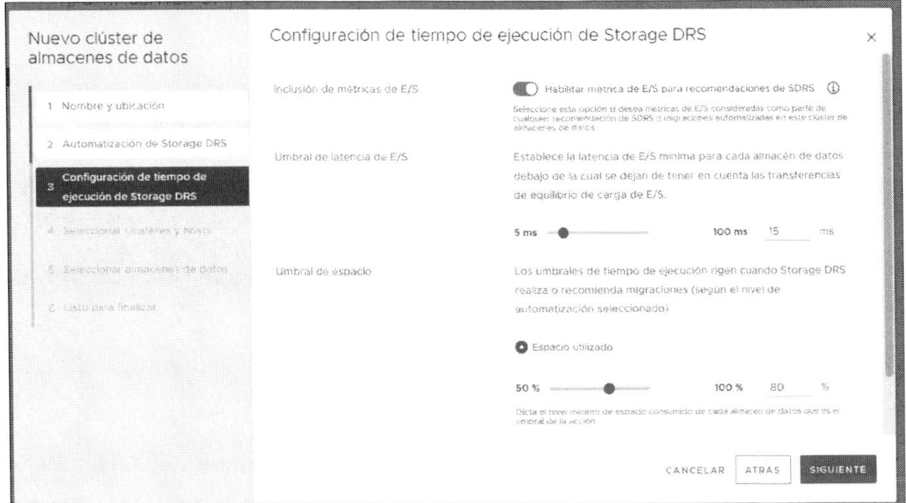

Seleccione el clúster creado anteriormente y pulse **SIGUIENTE**.

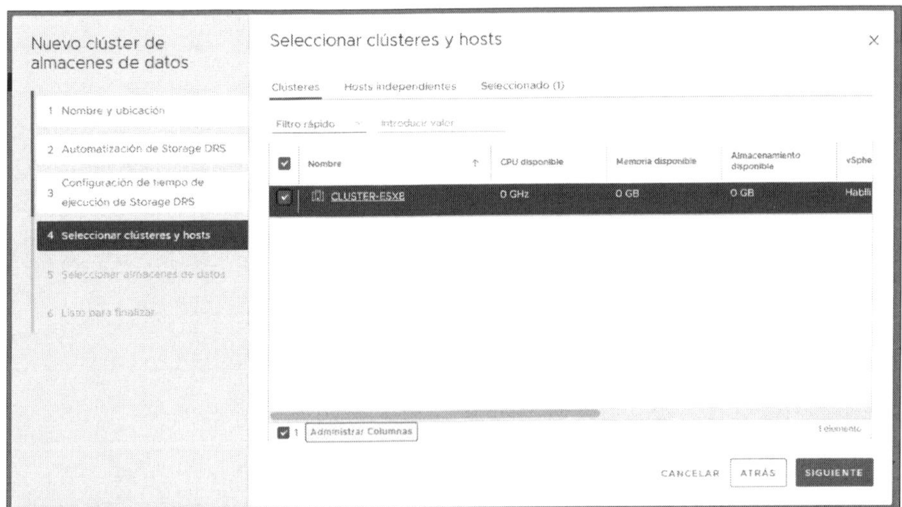


Seleccione **Mostrar almacenes de datos conectados a todos los hosts** y marque todos los almacenes de datos disponibles. Pulse **SIGUIENTE**.

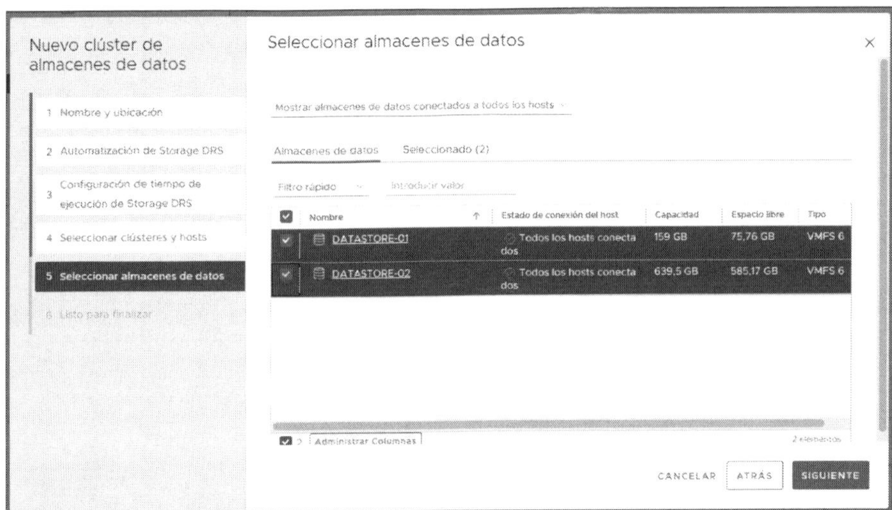

- En **Listo para finalizar**, confirme los ajustes y pulse **FINALIZAR**.

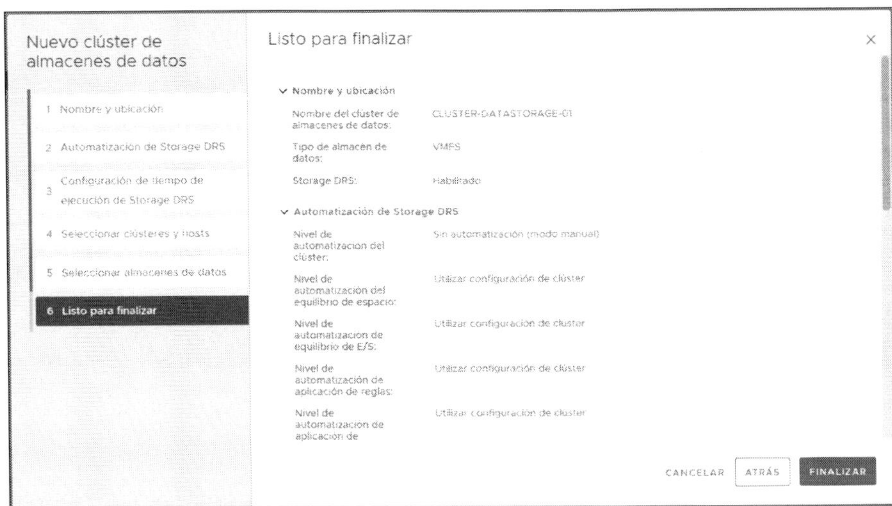


El nuevo clúster de almacenes de datos está disponible en el inventario bajo el centro de datos. Basta con arrastrar y soltar los almacenes de datos para añadirlos al clúster.

- Vaya a la vista **Almacenamiento** del inventario ( ) y seleccione el objeto del centro de datos para ver los hosts que comparten el pool de almacenamiento.

▶ Para descubrir las opciones disponibles para el clúster de almacén de datos, seleccione la pestaña **Configurar**.

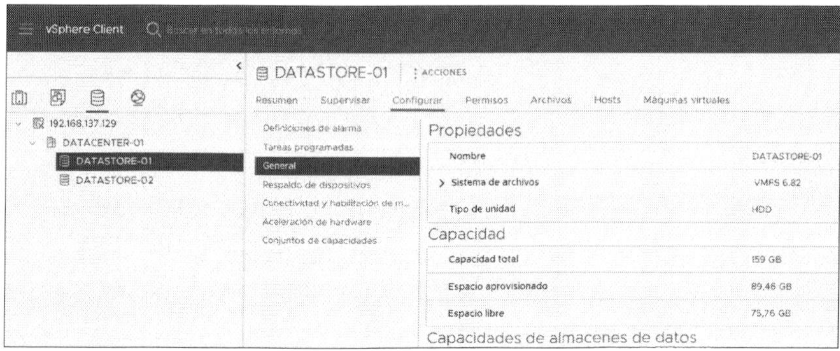

## 5.2 Reanalizar el almacenamiento

Si añade un nuevo almacén de datos, tiene la opción de volver a escanear el almacenamiento para que se detecte correctamente.

▶ Seleccione el centro de datos y haga clic con el botón derecho para ver las propiedades. Seleccione **Almacenamiento** y, a continuación, **Volver a examinar almacenamiento**.

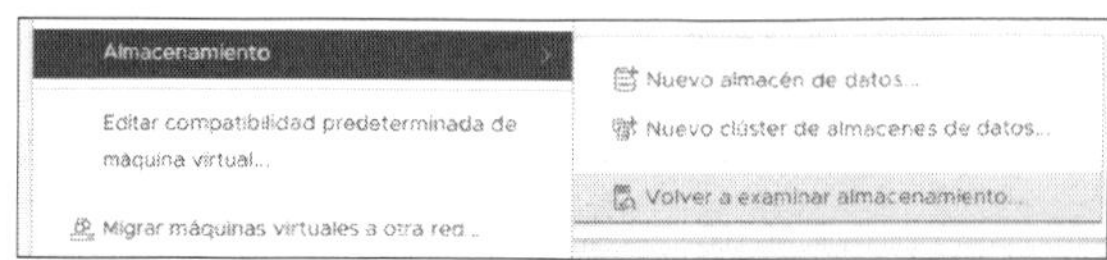

▶En la ventana **Volver a examinar almacenamiento**, puede analizar todos los nuevos dispositivos de almacenamiento o realizar un análisis completo que incluya los nuevos volúmenes VMFS. Haga clic en **ACEPTAR**.

Las demás opciones de almacenamiento disponibles, como cambiar el tamaño de un almacén de datos, son las mismas que en ESXi Host Client y se encuentran en las propiedades del almacén de datos.

## 5.3 Configurar el Storage I/O Control

Una última opción digna de mención es *Storage I/O Control* (SIOC), que permite gestionar y priorizar los recursos de almacenamiento en un entorno vSphere. SIOC puede evitar la degradación del rendimiento asignando dinámicamente recursos de almacenamiento a las máquinas virtuales, en función de sus necesidades.

▶Para configurar el SIOC, seleccione un almacén de datos, haga clic con el botón derecho para mostrar las propiedades y pulse **Storage I/O Control**.

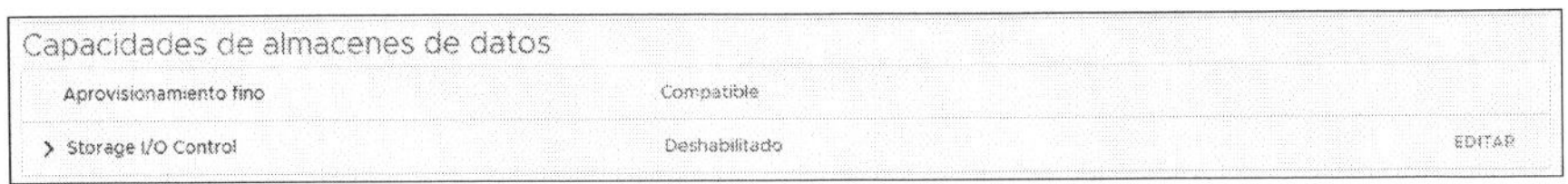

Los ajustes por defecto ya están establecidos para SIOC.

- **Umbral de congestión de E/S de almacenamiento**: este parámetro define el porcentaje, a partir del cual se considera que un almacén de datos está "congestionado". Si se alcanza este umbral, SIOC se activará e intentará asignar recursos y priorizar la E/S (entrada-salida) del almacén de datos en consecuencia.
- **Porcentaje de capacidad máxima**: este ajuste representa el porcentaje de la capacidad total de E/S (entrada-salida) de almacenamiento, que se garantiza para una máquina virtual durante los periodos de máximo rendimiento, para que tenga un nivel mínimo de rendimiento.

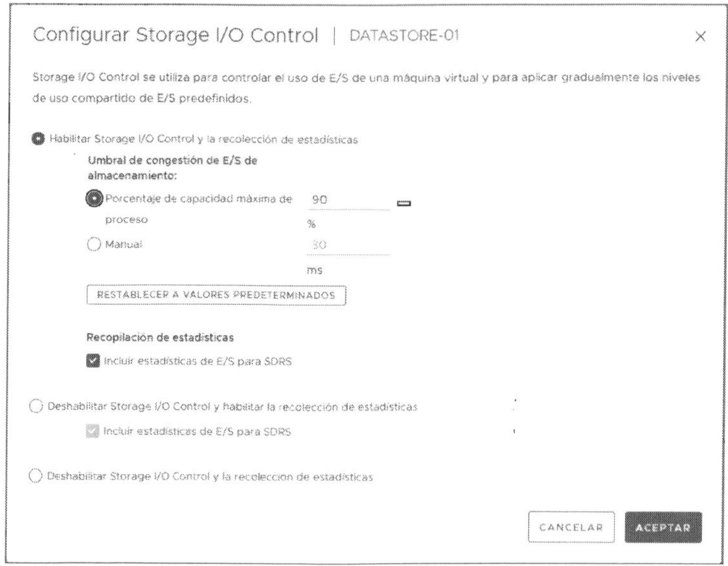


Es preferible dejar estos ajustes por defecto y, si es necesario, ajustarlos tras un cierto periodo de uso, en función de las estadísticas generadas para SIOC.

# 6. Funcionamiento de la red

Cuando se despliega un host ESXi, ya hemos visto que se crea por defecto un switch estándar (Standard vSwitch). Este incluye dos redes: una para gestionar el hipervisor y otra para las máquinas virtuales, llamada VM Network. Para aprovechar todas las funcionalidades de compartición de recursos de vSphere, es necesario crear un switch distribuido (*Distributed Switch* ou vDS), que pueda ser utilizado por varios hosts de un clúster.

Este tipo de switch virtual se utiliza tanto para crear redes compartidas entre los hosts de un clúster, como para configurar los grupos de puertos (*Port Groups*) en los que se pueden definir VLANs. Un switch distribuido también es un componente esencial para mantener la conectividad de red al migrar máquinas virtuales (vMotion) entre hosts de un clúster.

## 6.1 Creación de un switch distribuido

- Seleccione la vista de **Red** del inventario, haga clic con el botón derecho en el centro de datos, seleccione **Distributed Switch** y pulse **Nuevo Distributed Switch**.

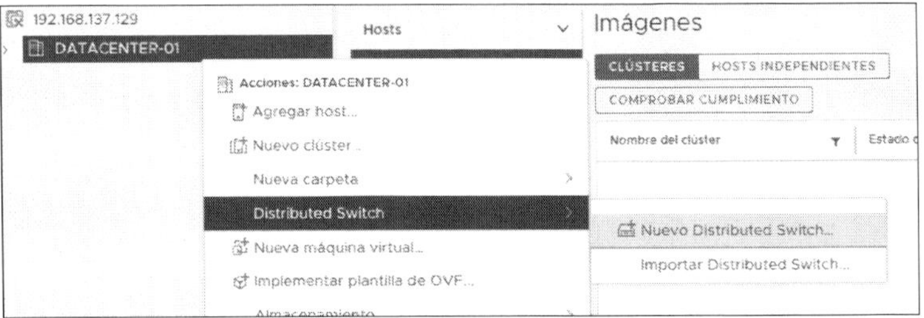

▶En **Nombre y ubicación**, asigne un nombre a su vDS y pulse **SIGUIENTE**.

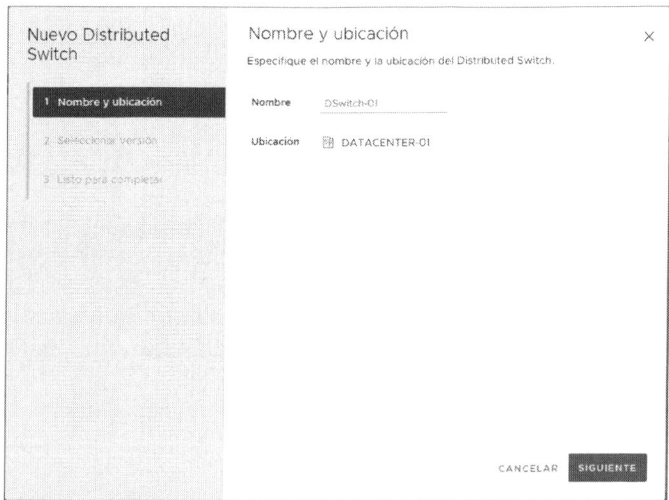


▶En **Seleccione una versión**, deje **8.0.0** por defecto y pulse **SIGUIENTE**.

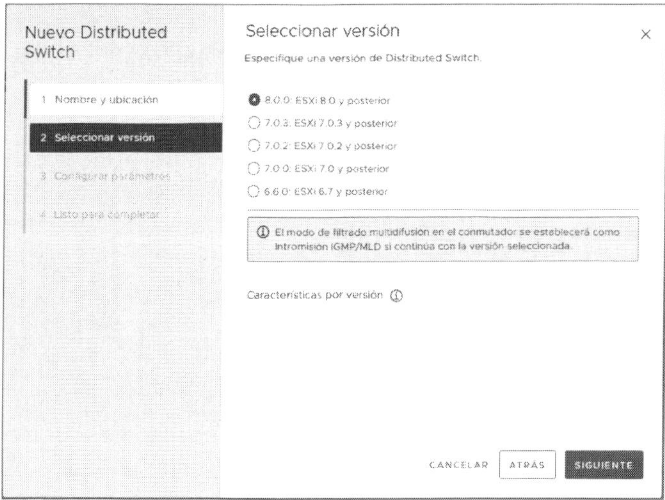

◘ En **Configurar parámetros**, deje los valores por defecto y pulse **SIGUIENTE**.

◘ En **Listo para completar**, confirme la información de configuración y pulse **FINALIZAR**.

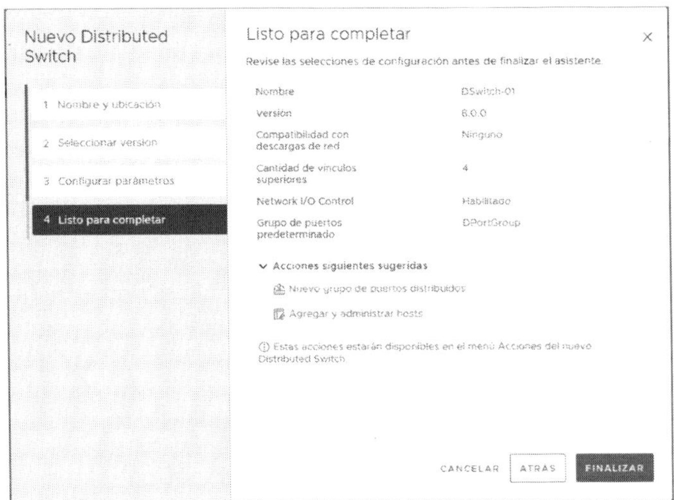

El nuevo switch se añade al árbol del centro de datos en la vista de **Red** ().

## 6.2 Adición de hosts ESXi al switch distribuido

Ahora que se ha creado el switch distribuido, necesitamos añadir los hosts que podrán compartir la conectividad del equipo y los grupos de puertos.

- Seleccione el objeto del nuevo vDS, haga clic con el botón derecho para mostrar las propiedades y pulse **Agregar y administrar hosts**.

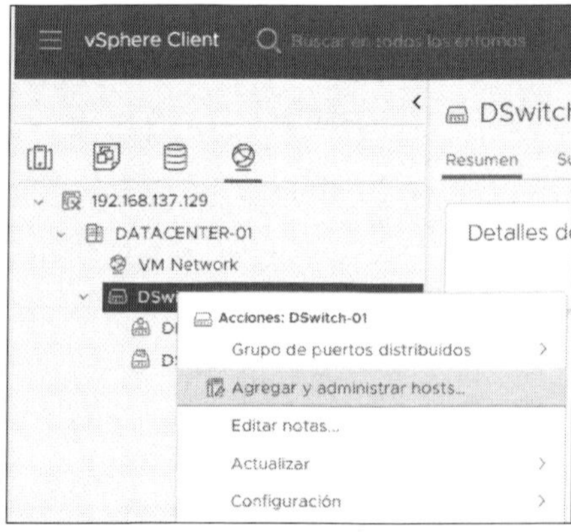

- En **Seleccionar tarea**, deje la opción **Agregar hosts** por defecto y pulse **SIGUIENTE**.

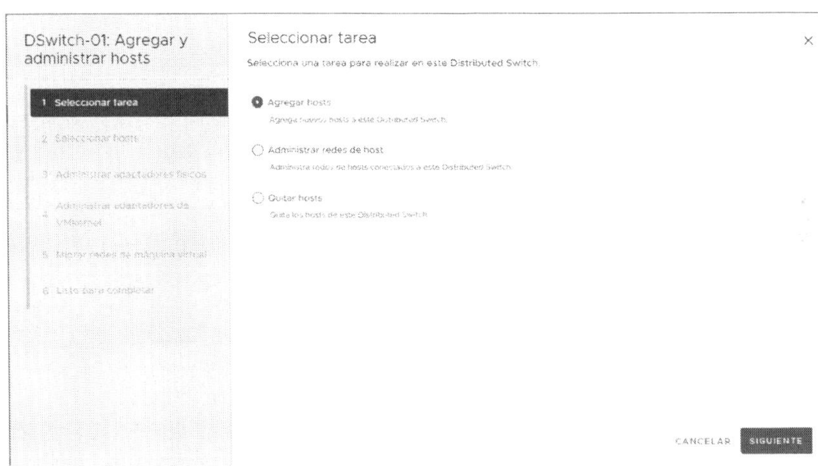


- En **Seleccionar hosts**, marque los hosts que desea añadir al vDS y pulse **SIGUIENTE**.

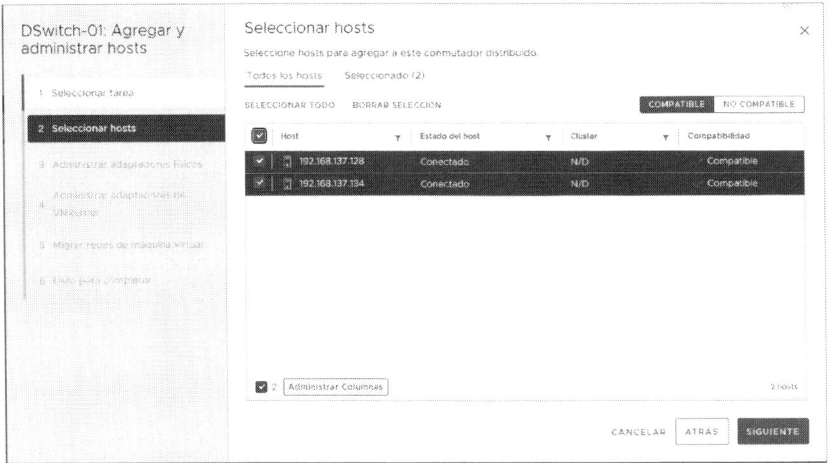

- En **Administrar adaptadores físicos**, seleccione la opción **Asignación automática** en la columna **Asignar vínculo superior** si sus hosts sólo tienen una tarjeta de red. Pulse **SIGUIENTE**.

- En **Administrar adaptadores de VMkernel** desplácese a la sección **Adaptadores en todos los hosts**.

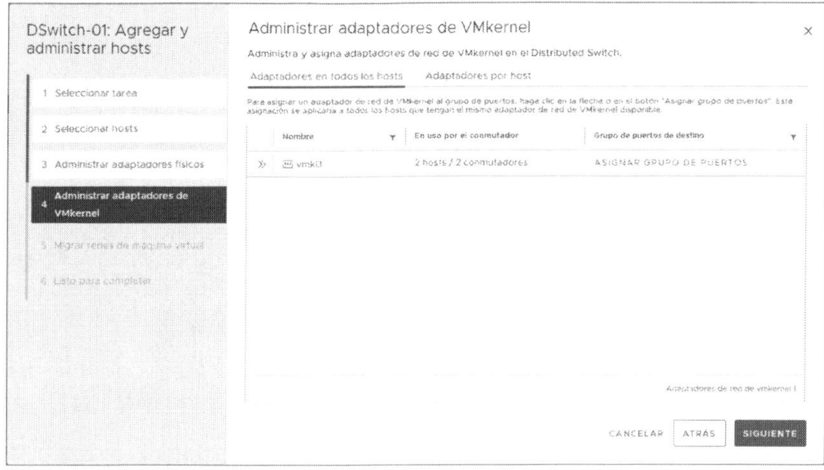

- Para cada adaptador VMkernel (vmk0), pulse **ASIGNAR GRUPO DE PUERTOS** en la columna **Grupo de puertos de destino**.
- En la ventana vmk0 que se abre, seleccione **DPortGroup** y pulse **ASIGNAR**.

## Observación

*Un adaptador VMkernel es una interfaz de red virtual asociada al sistema operativo VMkernel de un host ESXi. Este adaptador gestiona la comunicación entre el host ESXi y diversos servicios del sistema, como vMotion, el almacenamiento en red y el tráfico de red de gestión.*

- De vuelta en el asistente, en el paso 5, marque **Migrar la red** para integrar las máquinas virtuales que son los switches estándares de los hosts con el vDS. Pulse **SIGUIENTE**.

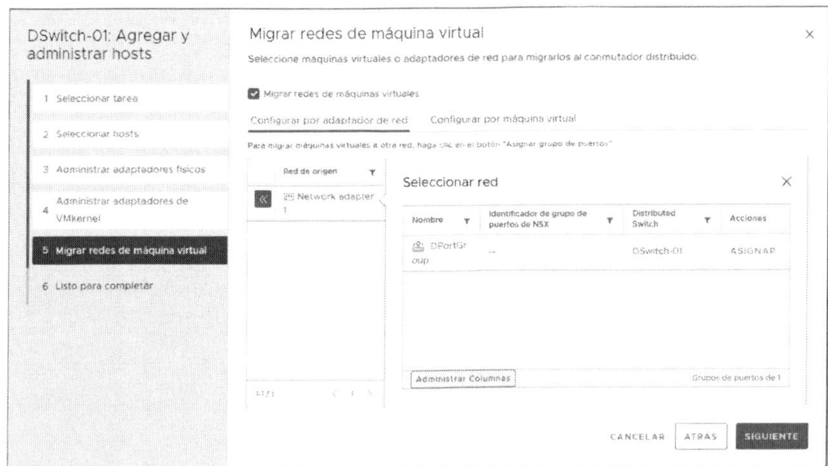


En **Listo para completar**, confirme los ajustes y pulse **FINALIZAR**.

## 6.3 Añadir un grupo de puertos distribuidos

Un grupo de puertos distribuidos es una entidad lógica dentro de un switch distribuido, que define la configuración de red para las máquinas virtuales. Los grupos de puertos proporcionan una configuración de red compartida a través de múltiples hosts ESXi, dentro de un clúster. La asociación de adaptadores de red de máquinas virtuales con un grupo de puertos distribuidos, facilita la gestión y garantiza la conectividad a través de un clúster de hosts.

Cuando se crea el switch distribuido, se añade por defecto un grupo de puertos llamado DPortGroup. Para definir nuevas redes o VLAN, se deben crear nuevos grupos de puertos distribuidos para segmentar el tráfico.

➤ Seleccione el vDS creado anteriormente en el inventario, haga clic en **Grupo de puertos distribuidos** y pulse **Nuevo grupo de puertos distribuidos**.

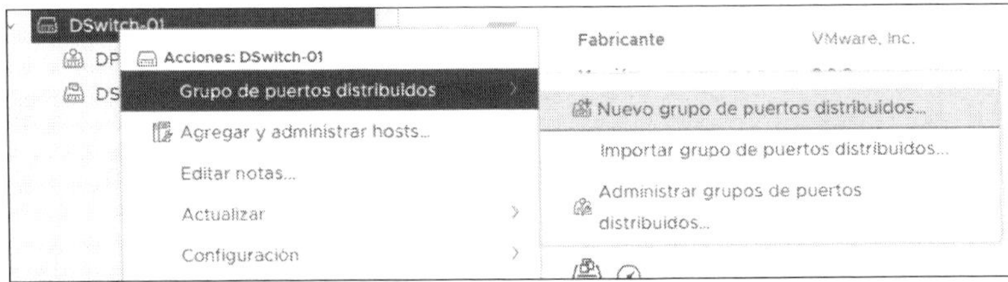

- En **Nombre y ubicación**, asigne un nombre al grupo de puertos y pulse **SIGUIENTE**.

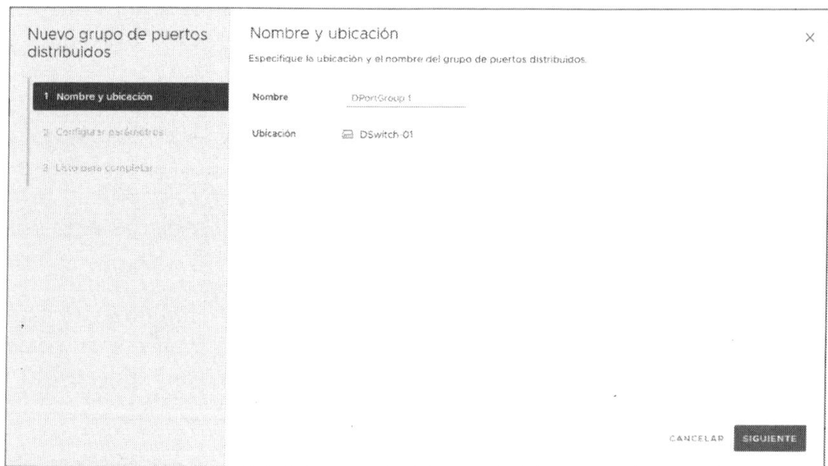


- En **Configurar parámetros**, deje las opciones por defecto y pulse **SIGUIENTE**. Observe que en esta fase ES cuando podría especificar un número de VLAN.

▶En **Listo para completar**, confirme la configuración y pulse **FINALIZAR**.

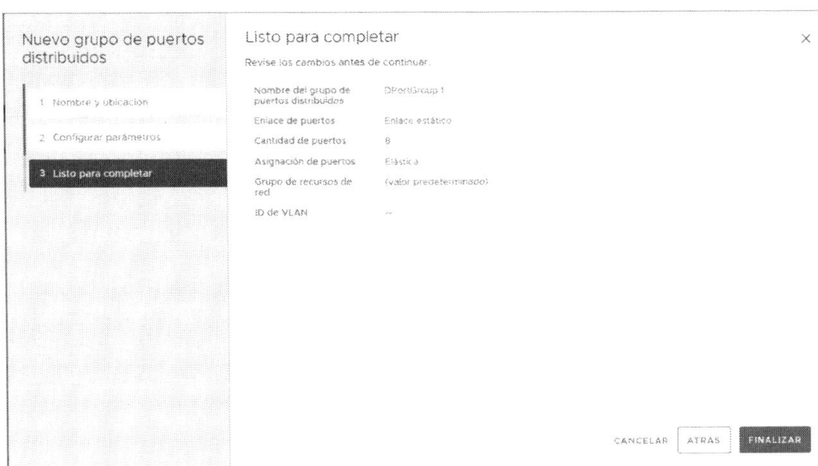


El nuevo grupo de puertos distribuidos se añade bajo el switch en el inventario.

## 6.4 Asignar un grupo de puertos a una máquina

■ Cuando cree o modifique una máquina virtual, haga clic con el botón derecho en el objeto para acceder a las propiedades y elija la opción **Buscar adaptador de red**.

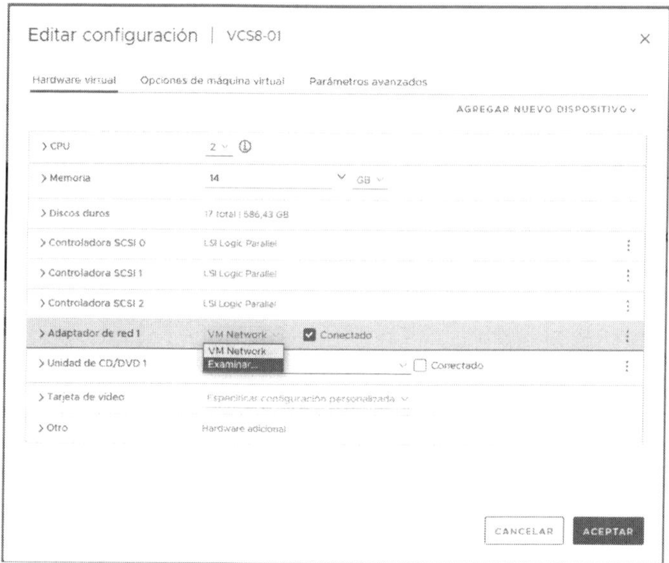

▶ A continuación, seleccione el grupo de puertos que desea para la máquina virtual y pulse **ACEPTAR**.

## 7. Conclusión

En este capítulo, hemos explorado las principales funciones disponibles en un entorno vSphere. Mediante la creación de un objeto de centro de datos, hemos podido desplegar un clúster y añadir hosts al mismo. A continuación, hemos analizado DRS y los distintos escenarios de migración de máquinas virtuales.

Después de revisar algunas opciones de almacenamiento en vSphere, exploramos algunos componentes de red nuevos, como el switch virtual y los grupos de puertos. Hay muchas otras características en vSphere que le animamos a explorar, incluyendo todas las opciones de monitorización y análisis del rendimiento.

En el próximo capítulo, veremos las distintas etapas de diseño y planificación de un entorno de virtualización.

# Capítulo 9
# Planificar un proyecto de virtualización

## 1. Introducción

Hoy en día, la mayoría de las organizaciones utilizan la virtualización de servidores total o parcialmente, ya sea in situ o en la nube. En pocos años, el hipervisor se ha convertido en el eje del centro de datos moderno, que ahora es híbrido y dinámico.

En consecuencia, la virtualización ya no es un destino, como podía serlo durante la era de la consolidación de los servidores físicos en la década de 2000, sino un punto de partida para diversos proyectos de modernización de infraestructuras. En efecto, un entorno virtualizado facilita la implantación de una nube privada o híbrida, así como la migración de cargas de trabajo a una o varias plataformas de nube pública. Del mismo modo, una infraestructura de virtualización se presta bien al despliegue de una solución de ejecución de contenedores como Kubernetes.

Sea cual sea el proyecto previsto, la definición de su alcance debe tener en cuenta estos diferentes escenarios, que implican a un gran número de actores que no existían cuando se trataba de un simple proyecto de consolidación de servidores físicos.

**Observación**

*En gestión de proyectos, la noción de "alcance" se refiere a todos los elementos necesarios para completar un proyecto: tareas, recursos (humanos, materiales, tecnológicos), plazos, presupuestos, etc. La gestión del alcance del proyecto es el proceso de supervisar, organizar y regular todos estos elementos para que el proyecto se complete dentro de las limitaciones iniciales.*

El objetivo de este capítulo es ofrecer orientación para la planificación y el diseño de distintos tipos de proyectos de virtualización, como la implantación de un nuevo entorno, su mejora, una migración a otro entorno o una consolidación de servidores físicos P2V (*Physical to Virtual*).

Antes de profundizar en estos escenarios, presentaremos algunos enfoques metodológicos que se pueden adoptar para llevar a cabo un proyecto de virtualización. Entre ellos, prestaremos especial atención al enfoque recomendado por VMware para el despliegue de vSphere.

## 2. El proyecto de virtualización

### 2.1 Establecer un proceso de mejora continua

Todo proyecto informático implica una organización que va más allá de la tecnología. La fase de planificación no sólo se debe centrar en la arquitectura de la solución, sino que también debe incluir los procesos y el personal que participará en el proyecto.

En todas las fases del proyecto hay que tener en cuenta a las personas, los procesos y las tecnologías mediante un enfoque iterativo que permita una rápida retroalimentación. Es importante poner en marcha un ciclo de mejora continua desde el inicio del proyecto para garantizar una colaboración eficaz entre todos los agentes implicados. Este enfoque se ha probado en muchos campos desde la década de 2010, y su adopción se debe considerar desde las fases iniciales del proyecto.

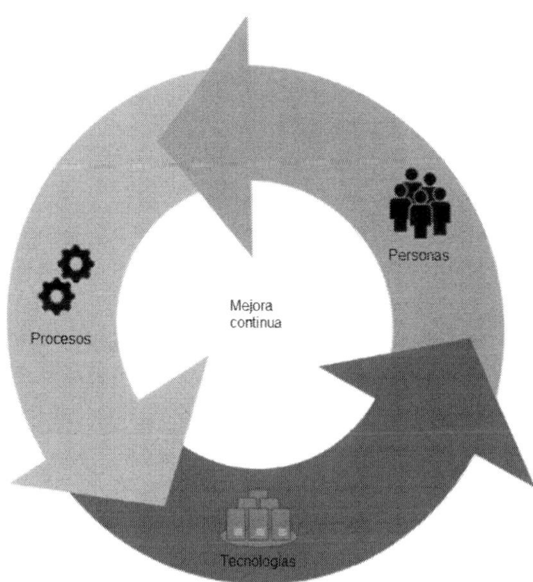


*Mejora continua*

En los raros casos en que la virtualización no esté ya establecida en una organización, la implantación de este tipo de infraestructura puede requerir la gestión del cambio. La virtualización conlleva un cambio de paradigma y una redefinición de las funciones del administrador de sistemas tradicional. Este aspecto se debe tener en cuenta desde las primeras fases del diseño del proyecto y formar parte del ciclo de mejora continua para facilitar el proceso de transición.

## 2.2 Gestión del cambio

Incluso antes de que el proyecto se ponga en marcha, es necesario anticiparse al cambio cultural que supone la virtualización si la organización aún no ha experimentado con esta tecnología, utilizando un entorno completo como vSphere. La forma tradicional de los equipos de informática divididos en "silos" ya no se adapta a las estrategias de virtualización actuales, que exigen una mayor agilidad.

**Observación**

*La agilidad en las tecnologías de la información se refiere a la capacidad de una infraestructura o unos procesos informáticos para adaptarse, es decir, para reaccionar rápida y eficazmente a las necesidades cambiantes de las empresas y a las demandas del mercado. La noción de agilidad hace hincapié en la capacidad de desplegar y ofrecer soluciones informáticas flexibles y abiertas a la innovación, manteniendo al mismo tiempo un alto nivel de capacidad de respuesta.*

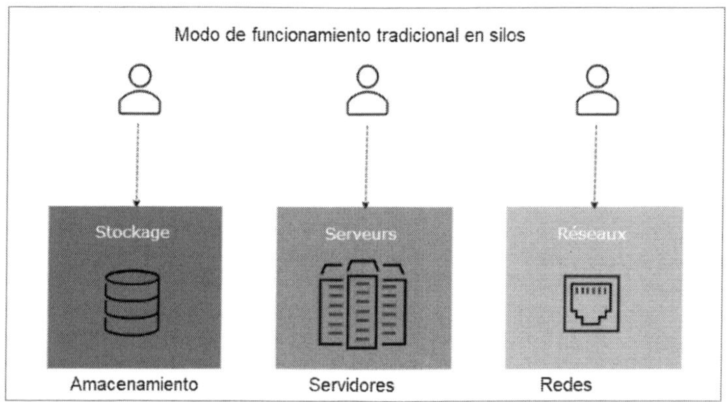


*Funcionamiento en silos*

Los equipos demasiado especializados ya no responden a las necesidades de las infraestructuras actuales, que tienden a hacer converger todos los ámbitos tradicionalmente aislados (almacenamiento, red, servidores). Desde hace unos diez años, la división entre operaciones y desarrollo tiende a difuminarse en favor de equipos multidisciplinares y, cualquier nuevo proyecto de virtualización, se debe contemplar desde esta perspectiva.

Ignorar este movimiento hacia la agilidad y DevOps -un concepto al que volveremos más adelante (véase el capítulo sobre virtualización y computación en la nube)- puede ser perjudicial para una organización que tiene que competir y adaptarse rápidamente a las nuevas tendencias del mercado. Gestionar en modo ágil permite acelerar los despliegues de software que son, literalmente, los que dan valor a las empresas digitales de hoy en día.

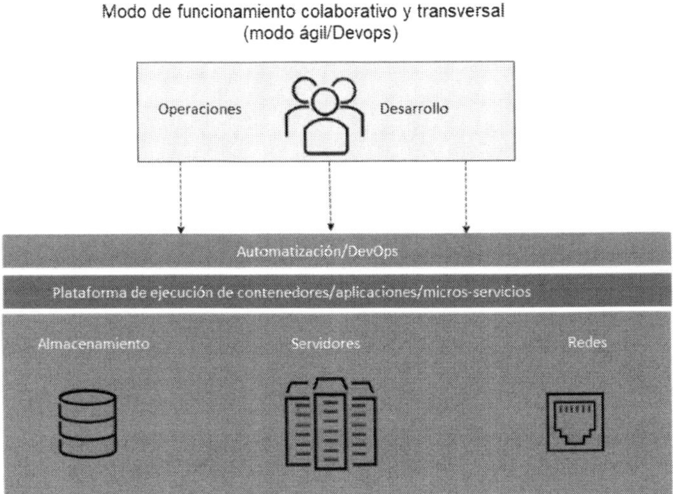


*Modo de funcionamiento Ágil/DevOps*

A lo largo de un proyecto de virtualización, nunca hay que perder de vista al personal que se encargará de hacer funcionar y supervisar la solución en el día a día. Con demasiada frecuencia, los administradores no participan (o participan demasiado poco) durante el proyecto. Hay que implicar desde el principio a los responsables del funcionamiento de la solución, para conocer sus reacciones e identificar las limitaciones de la infraestructura existente.

Otro aspecto que los equipos operativos suelen pasar por alto es la formación: las tecnologías cambian rápidamente y dominarlas exige revisar constantemente nuestros conocimientos. Asignar un presupuesto a la formación no es superfluo, como algunos podrían tener la tentación de creer. Es más bien una inversión y no hay que esperar al final del proyecto para iniciar este proceso.

## 2.3 Creación de un equipo de proyecto

Antes de iniciar un proyecto de virtualización, hay que reunir un equipo interdisciplinar que incluya un director de proyecto, arquitectos de soluciones, administradores informáticos, propietarios de aplicaciones, personal financiero y miembros de otras partes interesadas.

El arquitecto de la solución desempeña un papel fundamental en el proyecto, ya que debe planificar muchos aspectos de la infraestructura que se va a implantar. De hecho, el arquitecto debe adoptar una visión estratégica a largo plazo de la solución para garantizar que pueda satisfacer las necesidades, sea cual sea la evolución futura. También debe prever posibles ampliaciones para hacer frente al aumento de la carga de trabajo. La solución elegida debe gestionar adecuadamente la carga de trabajo actual de los usuarios (o clientes) y responder a los retos cotidianos de la empresa, como el aumento del número de clientes.

El papel del arquitecto no se limita a diseñar y ofrecer una solución. También debe tener una visión de conjunto que abarque todos los aspectos de un sistema, como infraestructura, redes, seguridad, requisitos de conformidad, costes, escalabilidad, etc.

He aquí un diagrama que muestra los puntos que un arquitecto debe tener en cuenta a la hora de aportar una solución:

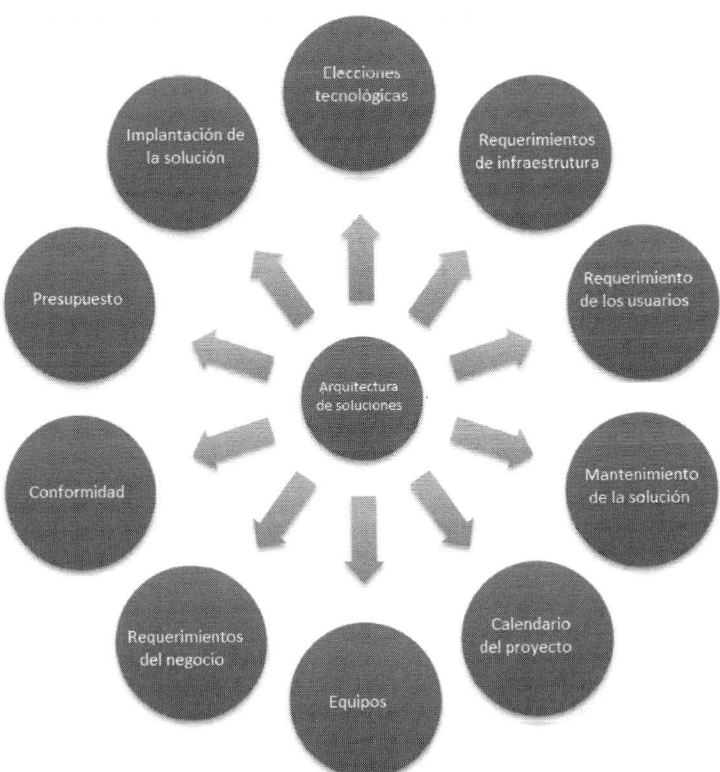


*Los distintos aspectos de la arquitectura de soluciones*

Por eso, a la hora de diseñar la arquitectura de una solución de virtualización, es importante contar con un amplio abanico de perspectivas para garantizar que la estrategia adoptada se ajusta a las prioridades y objetivos de la organización, a todos los niveles. En algunos casos, puede ser necesario recurrir a los servicios de una empresa especializada para asegurarse de contar con las personas adecuadas para llevar a cabo el proyecto con éxito.

## 2.4 Consideración de los aspectos financieros (TCO y ROI)

Desde las primeras fases del proyecto, es esencial implicar a los responsables financieros para evaluar el coste total de propiedad (TCO) de la infraestructura de virtualización que se va a implantar y calcular el retorno de la inversión (ROI), en función del ciclo de vida previsto de la solución.

**Observación**

*El coste total de propiedad (Total Cost of Ownership, TCO), es una medida de los costes directos e indirectos asociados a la adquisición y explotación de un activo informático a lo largo de su ciclo de vida. Incluye hardware, software, licencias, mantenimiento, asistencia, energía, refrigeración, espacio y mano de obra.*

Por ejemplo, en el caso de un proyecto de consolidación de servidores físicos, el CTP de una infraestructura de virtualización se calcula estimando los costes de los servidores físicos existentes y los costes de estos servidores una vez virtualizados, teniendo en cuenta el número, tipo, capacidad, uso y vida útil de cada uno. Se puede hacer un cálculo similar para un proyecto de virtualización en modo cloud, en el que el TCO ya no se referirá a la adquisición de hardware, sino a los costes incurridos por los servidores (físicos o virtuales) que se migrarán o reimplantarán en la plataforma cloud.

VMware pone a disposición de sus clientes una calculadora del coste total de propiedad para ayudarles a evaluar el coste de implantación de una solución de virtualización. Esta herramienta está disponible en la siguiente dirección https://blogs.vmware.com/cloud-foundation/2021/02/24/test-drive-the-new-vmware-cloud-foundation-tco-calculator/

**Observación**

*El rendimiento de la inversión (ROI) es una medida de la eficacia de una inversión, que compara sus beneficios con sus costes a lo largo de un periodo de tiempo, que suele corresponder al ciclo de vida de un activo tecnológico. Se expresa en porcentaje o ratio.*

Para calcular el rendimiento de la inversión en virtualización, hay que restar el coste inicial de la solución elegida, de los beneficios totales que aportará a todos los niveles y dividir el resultado por el coste inicial de la solución de virtualización. Cuanto mayor sea el retorno de la inversión, más valor aportará la solución de virtualización a la organización.

Existen varias herramientas en línea que se pueden utilizar para evaluar el ROI, incluida la calculadora de ROI de virtualización de Microsoft Azure, a la que se puede acceder en la siguiente dirección:

https://azure.microsoft.com/en-us/pricing/tco/calculator/

## 2.5 Evaluación de los gastos (CAPEX y OPEX)

Los gastos de capital (CAPEX) y los gastos operativos (OPEX), también son medidas utilizadas habitualmente para evaluar el coste de un proyecto de virtualización en las instalaciones o en la nube.

**Observación**

*Los gastos de capital (Capital Expenditures ou Expanses, CAPEX) son los costes de adquisición de equipos fijos, como servidores físicos, dispositivos de almacenamiento, centros de datos y edificios. El CAPEX también incluye el gasto de capital en piezas de repuesto, reparaciones, mantenimiento y asistencia para equipos e instalaciones. Se trata de una inversión a largo plazo, que se puede reducir considerablemente en el caso de un proyecto de virtualización en una plataforma cloud. Esto se debe a que un proyecto de este tipo no requiere la compra de hardware, y el gasto se realiza en servicios a la carta y costes operativos.*

La virtualización y las soluciones de cloud computing pueden reducir considerablemente los gastos de capital, pero requieren una planificación en profundidad para limitar los gastos operativos y evitar, por ejemplo, el fenómeno *del VM sprawl*, es decir, la multiplicación de las máquinas virtuales porque pueden desplegarse rápida y fácilmente. La aplicación de normas de gestión es esencial para evitar este tipo de prácticas, que pueden llegar a ser muy costosas, sobre todo en la nube si estas máquinas virtuales están sometidas a un estrés permanente.

Observación

*Los gastos de explotación (Operational Expenditures ou Expanses, OPEX), se corresponden con los costes de funcionamiento incurridos para mantener la continuidad de las operaciones. Incluyen los salarios del personal responsable del funcionamiento y mantenimiento de los sistemas, los costes recurrentes de funcionamiento de los programas informáticos, como licencias y soporte, y el coste de los servicios de internet. Los costes operativos OPEX también incluyen los costes de los servicios de Infraestructura como Servicio (IaaS) basados en la nube.*

Es importante evaluar correctamente los gastos de capital y operativos de un proyecto de virtualización, ya que el gasto en nuevo hardware se puede compensar con ahorros en otras áreas, como el mantenimiento o los costes operativos.

## 3. Enfoques metodológicos

Un proyecto de virtualización es similar a cualquier otro proyecto empresarial y debe seguir el mismo tipo de metodologías y procesos para llevarse a cabo con éxito.

Existen varios enfoques metodológicos para llevar a cabo un proyecto de este tipo, pero en general, incluyen las cuatro fases siguientes:

- **1. Evaluación**: esta fase consiste en recopilar toda la información necesaria para implantar la solución, es decir, los objetivos del proyecto, los requisitos de los procesos empresariales, los niveles de servicio que se deben prestar, las limitaciones y los riesgos potenciales. Es esencial comprender y tener en cuenta toda la información recopilada, porque sobre esta base se creará el diseño y la arquitectura de la solución.
- **2. Diseño**: en esta fase se diseña la solución a partir de la información recopilada en la etapa anterior. Debe tener en cuenta todos los requisitos, necesidades y objetivos de la organización. En esta fase se elaboran los documentos de arquitectura de la solución.

- **3. Implantación**: en esta fase se realizan pruebas de concepto (POC) y ensayos. Una vez aceptadas, la solución se despliega en el entorno de producción de acuerdo con los documentos de arquitectura elaborados en la fase anterior.

**Observación**

*Una prueba de concepto (Proof of Concept, POC), es una demostración diseñada para validar la viabilidad de una idea o solución. Suele consistir en probar una solución a pequeña escala para determinar si satisface las necesidades y expectativas.*

- **4. Verificación**: esta fase final sigue a la puesta en producción de la solución. Consiste en poner en marcha una serie de pruebas y comprobaciones para asegurarse de que la solución que se ha implantado cumple los objetivos, requisitos y acuerdos de servicio que se establecieron en la fase de diseño. Esta fase puede requerir varias iteraciones, y se pueden introducir cambios en la infraestructura si determinados aspectos de la solución no responden a los resultados esperados.

## 3.1 El modelo en cascada

El modelo en cascada (*waterfall*) es el enfoque tradicional de la gestión de proyectos. A veces se denomina "modelo lineal-secuencial". Es un enfoque sencillo y directo, ya que implica completar cada fase del ciclo antes de pasar a la siguiente.

Aunque este modelo no se concibió dentro de un marco ágil, se puede adaptar para aspirar a la mejora continua, en particular reevaluando cada etapa a la luz de la anterior, de forma iterativa.

Este modelo comprende seis fases secuenciales que pueden variar, pero que en general se resumen del siguiente modo:

- **1. Requisitos o evaluación (*evaluation, requirements*)**: esta fase consiste en recopilar las necesidades y requisitos relativos al proyecto, así como los objetivos empresariales. Durante esta fase se documentan todos los datos recopilados.

- **2. Análisis (*analysis*)**: a partir de los datos recogidos en la fase anterior, se elabora una especificación funcional en la que se detallan las características y funcionalidades previstas de la solución.
- **3. Diseño (*design*)**: es la fase de diseño de la solución, durante la cual se elaboran los documentos de arquitectura e implementación.
- **4. Implementación, desarrollo (*implementation, developement*)**: esta etapa consiste en implantar la solución de acuerdo con los documentos de diseño.
- **5. Validación (*testing*)**: en esta fase, la solución se prueba en función de los requisitos y el comportamiento esperado de la solución.
- **6. Puesta en marcha (*operations*)**: en esta última fase se despliega la solución en el entorno de producción.

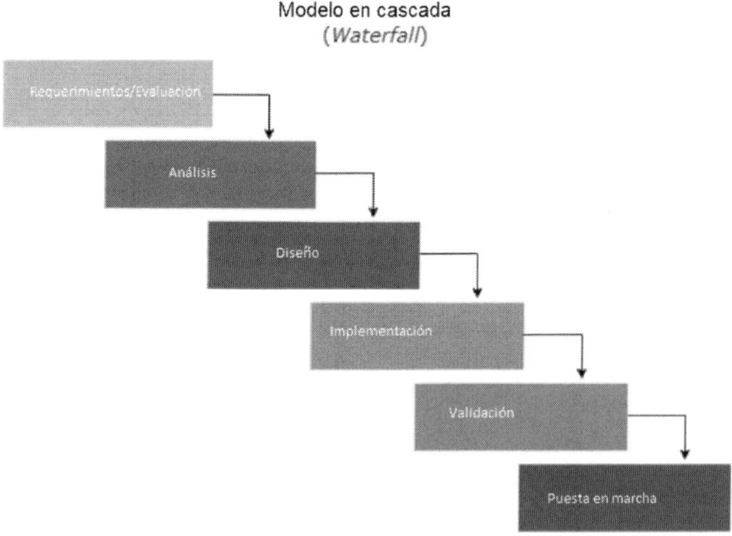


*El modelo en cascada*

El modelo en cascada ha evolucionado con el tiempo para adaptarse mejor a entornos en constante cambio, pero tiende a permanecer fijo en un planteamiento lineal y estático porque se basa en el principio de que cada paso se debe completar antes de poder iniciar siguiente.

Este planteamiento ha demostrado su eficacia en organizaciones estructuradas en silos, donde cada equipo se debe encargar por turnos de las tareas de implantación, pero hoy tiende a abandonarse en favor de planteamientos más ágiles.

## 3.2 Metodología Plan-Do-Check-Act (PDCA)

Plan-Do-Check-Act (PDCA) es una metodología general para todo tipo de proyectos. Este modelo ofrece un marco más moderno para llevar a cabo proyectos de infraestructuras, como la creación de un centro de datos o una solución de virtualización.

El enfoque PDCA consiste en un ciclo de cuatro fases: tras cada iteración de un ciclo, se inicia un nuevo ciclo hasta completar el proyecto. Cada iteración nos acerca a los objetivos que hay que alcanzar y optimiza los procesos a medida que avanza el proyecto.

Las cuatro etapas de este modelo son las siguientes:

- **Plan (planificar)**: durante esta primera fase se establecen los objetivos y procesos necesarios para ofrecer una solución acorde con los procesos empresariales. En esta fase se elaboran los documentos de diseño y arquitectura.
- **Do (implementar/ejecutar)**: esta etapa consiste en desarrollar la solución de acuerdo con el plan elaborado en la fase anterior. Implica llevar a cabo el proyecto en iteraciones sucesivas, seguidas de pruebas, y mejorarlo a medida que avanza.
- **Check (comprobar)**: esta fase consiste en recopilar los resultados y datos de la fase de ejecución para evaluarlos. Estos datos se comparan con el plan inicial y se analizan, para garantizar que se han cumplido las expectativas y los objetivos identificados en la fase de planificación. Si es necesario, se introducen mejoras para garantizar que la solución satisface las necesidades de la empresa.

- **Act (actuar)**: durante esta fase es cuando se realizan los ajustes finales para garantizar que la solución satisface las necesidades y objetivos planteados inicialmente. Puede que se considere necesario repetir todo el ciclo antes de entregar la solución, o determinar si es conveniente una nueva iteración durante el ciclo de vida de la solución y con qué frecuencia.

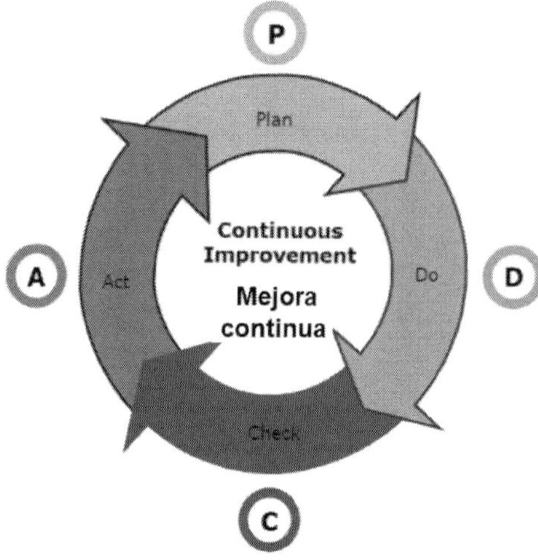


*El modelo PDCA*

Este enfoque presenta una serie de ventajas en relación con las tendencias actuales de las tecnologías de la información. Comparte muchas similitudes con los métodos ágiles y DevOps. Implementarlo puede ser una oportunidad para que una organización inicie un cambio cultural.

El DevOps valora el trabajo iterativo, la automatización, la retroalimentación (*feedback*) y los equipos interdisciplinarios, en lugar de una organización en silos. Esta forma de trabajar fomenta vínculos más estrechos entre desarrollo y operaciones, basados en una cultura de experimentación y aprendizaje continuo. Un proyecto de virtualización requiere varios ámbitos de especialización y se presta bien a la automatización.

## 3.3 El método del estándar ITIL 4

Durante todas las fases del proyecto, el uso de un método de orientación como ITIL 4 (*Information Technology Infrastructure Library*) puede ser muy útil para hacerse una idea de las mejores prácticas a la hora de implantar la solución.

ITIL 4 no es una metodología como tal, sino un conjunto de prácticas para la prestación de servicios informáticos descritos en cinco libros, escritos por especialistas del sector.

Los siete principios rectores de ITIL son recomendaciones que guían a una organización, sean cuales sean sus objetivos, estrategias, tipo de trabajo o estructura de gestión.

*Los 7 principios rectores del TIL*

No se trata de adoptar todos los procesos propuestos por este método, sino de identificar los que mejor se adapten a los equipos de implantación. ITIL es un modelo flexible que ofrece una buena visión de conjunto de las distintas etapas del ciclo de un proyecto informático.

## 4. El modelo conceptual VMware VCDX

El modelo conceptual VCDX se ha desarrollado para la virtualización de centros de datos (*Data Center Virtualization*) como parte de la certificación *VMware Certified Design Expert* (VCDX). El enfoque propuesto se encuentra entre el modelo en cascada y el PDCA. Se basa en tres pasos conceptuales básicos:

- **Diseño conceptual (*Conceptual Design*)**
- **Diseño lógico (*Logical Design*)**
- ***Diseño físico (Physical Design)***

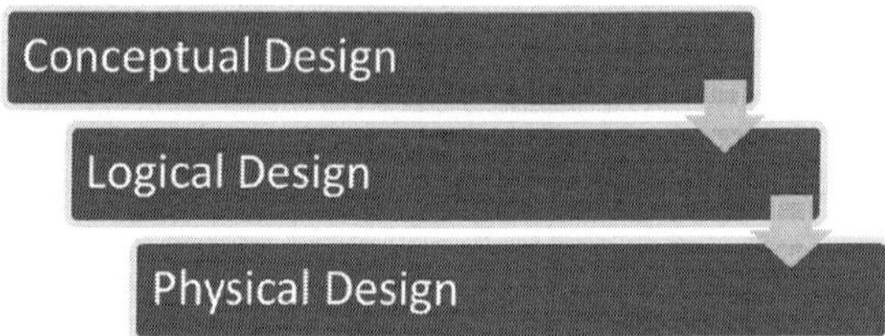


*El modelo VCDX de VMware*

Este modelo tiene la ventaja de estar diseñado para proyectos de virtualización y más concretamente, para el despliegue de VMware vSphere. Por tanto, no es un método "agnóstico", pero los principios que propone son pertinentes para todos los proyectos de virtualización, independientemente del proveedor de la solución.

**Observación**

*En las secciones siguientes, utilizaremos el término "diseño" como sinónimo de "concepción" para respetar la terminología adoptada por VMware. Esto también nos permitirá evitar dificultades de traducción que podrían dar lugar a una tautología como "concepción conceptual" (conceptual design).*

## 4.1 Evaluación o auditoría preliminar

La fase de "diseño conceptual" va precedida de una etapa preliminar que consiste en el "descubrimiento" (*discovery*) o evaluación de los elementos que se deben tener en cuenta para la solución. Se trata de reunir la información necesaria sobre la empresa y los objetivos del proyecto de virtualización.

Si el proyecto incluye la modernización de esta solución, se debe realizar una auditoría preliminar de la infraestructura existente. A continuación, la información recopilada se debe analizar para diseñar la solución y determinar la elección de los componentes necesarios para implantar vSphere.

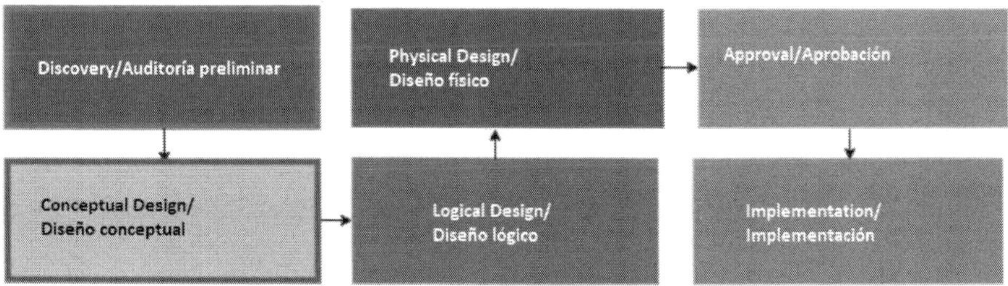


*Auditoría preliminar y diseño conceptual*

La auditoría preliminar es un requisito previo para las distintas situaciones que se plantean en un proyecto de virtualización. He aquí las principales situaciones encontradas y lo que justifica una evaluación preliminar:

- **Antes de planificar un proyecto de virtualización**, es esencial entender la infraestructura existente y su impacto en el proceso de virtualización. Lo primero que hay que hacer es evaluar si la virtualización es posible, en un entorno determinado. Si no es así, hay que ver si el entorno existente se puede transformar para dar cabida al proyecto.
- **Antes de cualquier migración**: ya se trate de una migración completa de la plataforma de virtualización, de una migración de un hipervisor a otro entorno o de una migración a una plataforma en la nube, se debe realizar una evaluación de la infraestructura existente para dimensionar y planificar correctamente el entorno de destino.

- **Antes de una actualización**: en el caso de una actualización, el sistema suele estar ya dimensionado, pero las nuevas versiones de software suelen requerir espacio adicional, que es necesario evaluar de antemano.
- **Antes de la consolidación (P2V)**: incluso en el caso de consolidación de servidores físicos (conversión a máquinas virtuales), es necesario realizar evaluaciones, en particular de las plataformas de origen y destino. Se deben evaluar herramientas como vCenter Converter o PlateSpin Migrate para elegir la mejor solución para el entorno de destino.

Si el proyecto de virtualización implica la mejora de un entorno existente, se puede utilizar una herramienta de evaluación como la vSphere Assesment Tool, para realizar una auditoría preliminar.

Una vez instalada la utilidad, basta con añadir la cuenta de vCenter para iniciar el análisis y obtener toda la información de compatibilidad necesaria para mejorar el entorno.

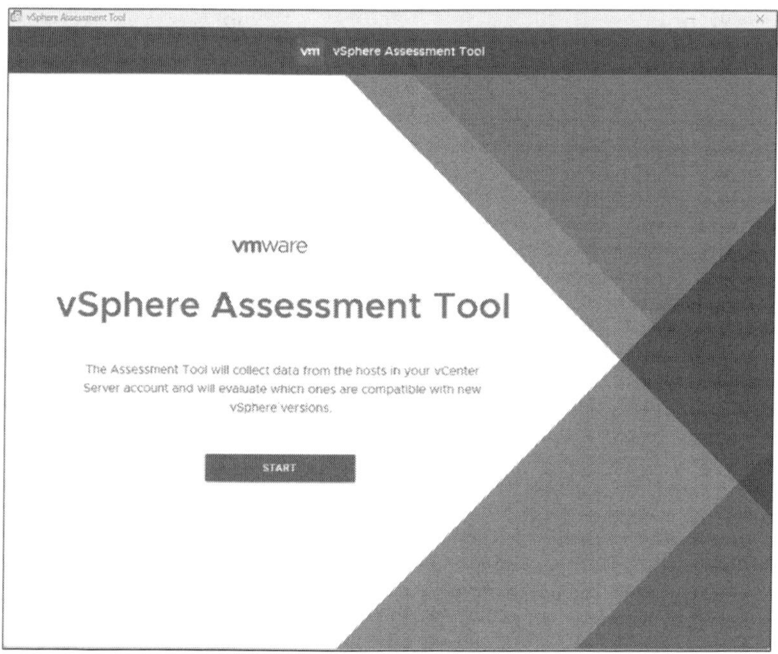


*Herramienta de evaluación de vSphere*

La herramienta está disponible en la siguiente dirección http://discovery-help.vmware.com/en/articles/6156795-vsphere-assessment-tool-walkthrough

En la fase de evaluación se identifican los requisitos, las limitaciones y los riesgos para formular hipótesis en las que basar el diseño de la solución. Los elementos vinculados a la lógica empresarial y las consideraciones técnicas se identifican en la fase de diseño conceptual y se asocian a los recursos necesarios del proceso de diseño lógico, como veremos a continuación.

En la fase de evaluación, es importante identificar a las principales partes interesadas e interactuar con ellas para ofrecer un diseño conceptual que satisfaga las necesidades de todos los clientes y de la empresa.

### 4.1.1 Tareas en la fase de evaluación

La fase de evaluación suele incluir las siguientes tareas:

- Identificar todas las necesidades y objetivos de la empresa en relación con la solución que se va a implantar.
- Examinar el estado actual del entorno existente (si procede).
- Identificar los objetivos de la solución en términos de requisitos y limitaciones.
- Hacer suposiciones sobre lo que no se puede confirmar durante la fase de evaluación.
- Examinar los riesgos en relación con toda la información recopilada.
- Documentar los requisitos, las limitaciones, las hipótesis y los riesgos.

Los requisitos describen, en términos empresariales o técnicos, las propiedades, funcionalidades y características de la solución requerida. El cliente debe proporcionar todos los requisitos que se deben tener en cuenta a la hora de diseñar la solución. Esto significa hablar con las personas adecuadas para obtener la mejor imagen de los requisitos que formarán la base del diseño conceptual. Es posible que algunos de ellos entren en conflicto con otros o que cambien durante las conversaciones y negociaciones preliminares.

### 4.1.2 Requisitos funcionales y no funcionales

Los requisitos se pueden dividir en dos grandes categorías:

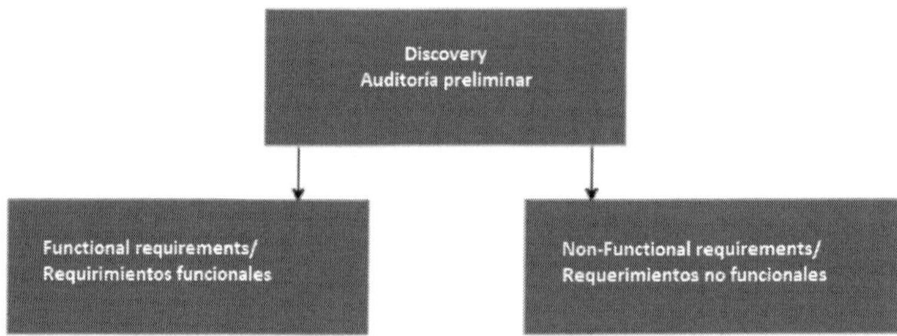


*Requisitos funcionales y no funcionales*

- **Requisitos funcionales**: describen la(s) funcionalidad(es) que debe proporcionar un sistema. Estos requisitos no son técnicos; corresponden a lo que la solución debe ser capaz de lograr.

En general, estos requisitos son los siguientes:

  - objetivos empresariales
  - normas empresariales
  - requisitos legales, reglamentarios o de cumplimiento
  - requisitos del sistema de aplicación
  - funciones administrativas

- **Requisitos no funcionales**: describen cómo se debe comportar un sistema para cumplir los objetivos identificados.

Estos requisitos suelen incluir los siguientes puntos:

- Rendimiento
- Seguridad
- Capacidad
- Disponibilidad
- Administración/supervisión
- Plan de recuperación

### 4.1.3 Limitaciones de diseño

Una vez identificadas las restricciones funcionales y no funcionales, las restricciones no funcionales se convierten en **limitaciones de diseño**, que se deben tener en cuenta a la hora de diseñar la solución.

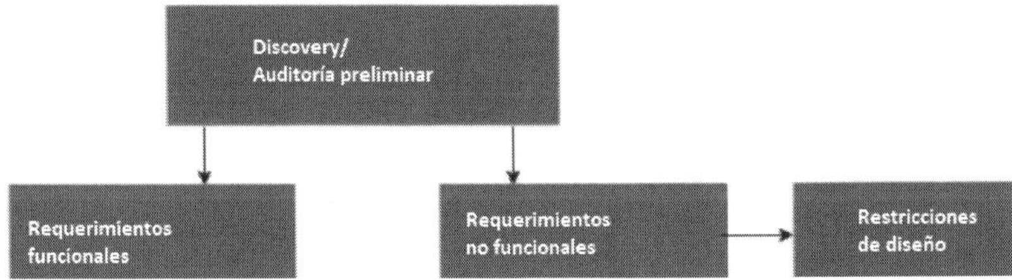


*Limitaciones de diseño*

Estas **limitaciones de diseño** son:

- limitaciones tecnológicas, como proveedores de hardware y soluciones de software
- limitaciones operativas como el rendimiento y la accesibilidad
- limitaciones financieras, como presupuestos limitados

## 4.2 Diseño conceptual

El diseño conceptual consiste en utilizar los datos recogidos en la evaluación preliminar para elaborar documentos de diseño y una arquitectura de la solución.

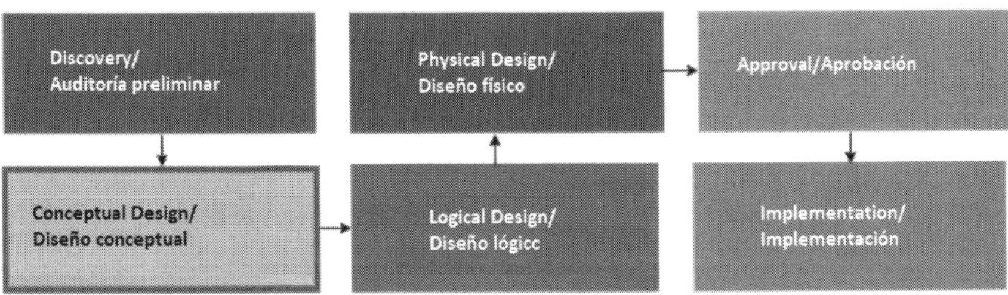


*Diseño conceptual*

Todos los requisitos funcionales recogidos durante la evaluación se clasifican en distintas categorías:

- **Requisitos**: se corresponde con los requisitos empresariales que debe cumplir la solución.
- **Restricciones**: son los elementos que limitan el diseño.
- **Hipótesis**: son elementos plausibles, pero que no se han confirmado y se deben confirmar antes de su despliegue.
- **Riesgos**: son factores que pueden afectar negativamente al diseño.

Los requisitos no funcionales describen el comportamiento o el aspecto cualitativo de la solución que se debe tener en cuenta:

- **Disponibilidad**: todo lo que pueda afectar a la disponibilidad de la solución e impedir su funcionamiento. Por ejemplo, garantizar que no haya puntos únicos de fallo (*Single Point of Failure*, SPOF).
- **Administración/supervisión**: todos los requisitos relativos a la forma en que se debe gestionar un sistema están cubiertos por este punto.
- **Rendimiento**: cubre el rendimiento deseado del sistema o la velocidad con la que el sistema debe reaccionar.
- **Recuperación**: los requisitos de recuperación dictan la rapidez con la que el sistema debe volver a estar en línea tras un fallo. RPO (*Recovery Point Objective*) y RTO (*Recovery Time Objective*) son requisitos típicos de recuperación no funcional.
- **Seguridad**: todo lo relacionado con la protección del sistema y su seguridad. El inicio de sesión único (SSO) y el control de acceso basado en roles (*Role-Based Access Control*, RBAC) son ejemplos típicos de requisitos de seguridad no funcionales. Describen cómo debe conectarse un usuario al sistema y cómo puede utilizarlo.

Una vez identificados y aceptados correctamente los elementos del diseño conceptual, el proceso de diseño continúa con el diseño lógico.

## 4.3 Diseño lógico

El diseño lógico debe ser un diseño abstracto e independiente del proveedor que especifique los requisitos funcionales de la solución que se va a implantar. No debe contener referencias a tecnologías o proveedores concretos, ya que el diseño lógico se puede utilizar como parte de las solicitudes de ofertas a la hora de seleccionar un proveedor para la solución.

Un diseño lógico debe incluir una visión general de la solución antes de abordar cada componente de la infraestructura que se va a implantar:

- recursos de procesamiento
- red
- almacenamiento
- protección de la solución (copia de seguridad y restauración)
- plan de recuperación en caso de catástrofe
- seguridad

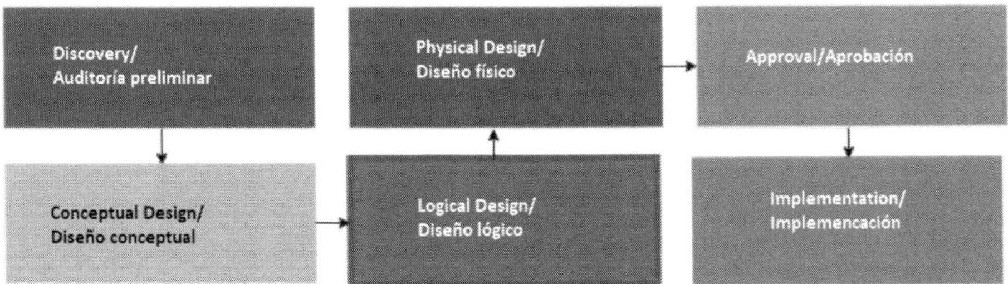


*Diseño lógico*

Los detalles del diseño lógico se deben documentar en los documentos de arquitectura. El diseño de la solución de supervisión, almacenamiento, red y procesamiento, también se debe incluir en estos documentos.

## 5. Las etapas del diseño lógico

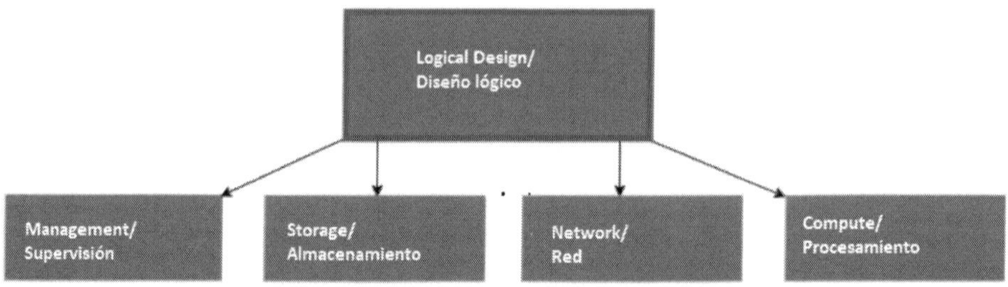


*Los cuatro aspectos del diseño lógico*

### 5.1 Administración o supervisión de la solución

En una infraestructura de virtualización, el componente que proporciona la gestión centralizada de los servidores ESXi y las máquinas virtuales, es el servidor vCenter. El propio servidor vCenter incluye una serie de componentes y funciones que se deben examinar para dimensionar correctamente los recursos de hardware y garantizar la compatibilidad entre los productos VMware desplegados en el entorno.

El diseño lógico de la plataforma de gestión también debe tener en cuenta la disponibilidad, la capacidad de realizar copias de seguridad y restaurar el vCenter y la seguridad de sus componentes.

El siguiente diagrama muestra cómo se integra el diseño de gestión en el proceso de diseño lógico:

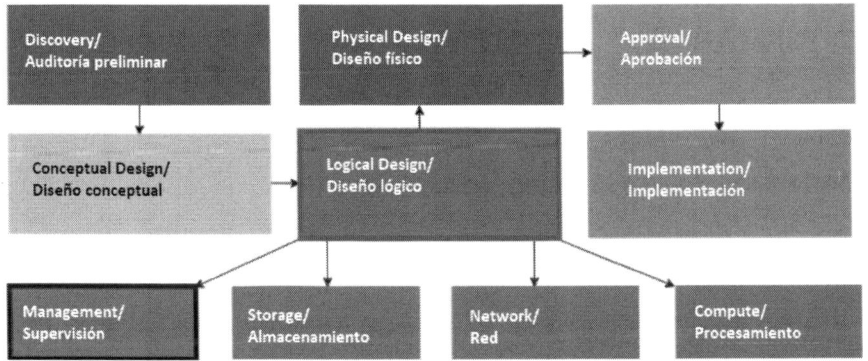


*Diseño lógico: supervisión*

He aquí algunos ejemplos de preguntas que se deben plantear durante el proceso de diseño de la infraestructura de gestión:

- ¿Qué componentes son necesarios para gestionar el entorno de virtualización?
- ¿Cómo se desplegarán los componentes de gestión?
- ¿Qué recursos son necesarios para apoyar los componentes de gestión?
- ¿Qué impacto podría tener en el medio ambiente la pérdida o el mal funcionamiento de un elemento de gestión?
- ¿Cómo recuperarse de la pérdida o el mal funcionamiento de un componente de gestión?
- ¿Cómo actualizo y aplico parches a los componentes de gestión?

Para el dimensionamiento de componentes, VMware proporciona datos sobre configuraciones máximas para cada tipo de entorno que puede ser útil consultar, sobre todo para implantaciones muy grandes. Esta información está disponible en la siguiente dirección:

https://configmax.esp.vmware.com/

Los aspectos más específicos del despliegue de un servidor vCenter también se deben evaluar durante la fase de diseño lógico:

- Identificar los componentes y dependencias de vCenter
- Seleccione una opción de despliegue de vCenter
- eterminar los requisitos de recursos de vCenter
- Elección de una topología de despliegue para el vCenter
- Implementación de una solución de alta disponibilidad para vCenter
- Planificar una solución de copia de seguridad para los componentes de vCenter

## 5.2 Recursos de procesamiento

Antes de proceder con el diseño lógico de los recursos de procesamiento, primero echaremos un vistazo a algunas plataformas de hardware que nos ayudarán a elegir los servidores que se pueden utilizar para los hosts ESXi.

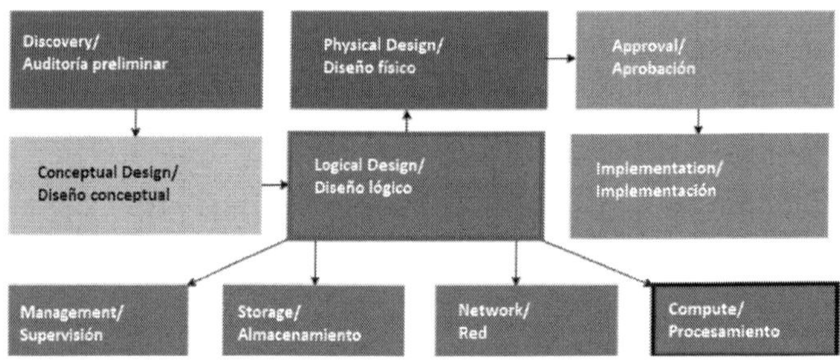


*Diseño lógico: procesamiento*

Es importante comprender las ventajas e inconvenientes de las distintas soluciones de hardware, así como algunas consideraciones sobre los factores de forma (*form factor*).

Hoy en día, existen varios factores de forma o dimensionamientos físicos para los servidores, que se pueden utilizar para un proyecto de virtualización in situ. Los principales son: servidores estándares (*rack servers*), chasis de servidores (*blades*) y soluciones hiperconvergentes.

### 5.2.1 Servidores estándar

Los servidores estándar (*rack servers*) son los más utilizados en los centros de datos. Pueden variar en tamaño (número de U), una medida que generalmente define el número máximo de discos que se pueden instalar en el servidor.

**Observación**

*Una unidad de rack (rack unit, también conocida como "U", se refiere a la altura estándar de los equipos diseñados para ser instalados en un rack, normalmente de 19 pulgadas de ancho y 42 U de alto.*

La principal característica de un servidor estándar es que cada unidad física equivale a un servidor individual: todos los módulos de entrada/salida (almacenamiento, red) se instalan directamente en el servidor. Además, cada servidor tiene su propia fuente de alimentación, que suele constar de dos fuentes independientes para redundancia.

*Servidor estándar 2U HPE Proliant Gen 11*

Aunque hay servidores estándar con uno o cuatro sockets, la mayoría son de doble socket y se pueden equipar con dos procesadores.

Como estos sistemas son independientes, se pueden instalar en cualquier lugar de un rack de 19 pulgadas. Los servidores estándar son más baratos que los chasis de servidores *blade*, que describiremos en breve.

La instalación y gestión a gran escala de servidores estándar puede resultar compleja y costosa. A diferencia de los chasis de servidores blade, no existe una gestión centralizada (a menos que se adquiera una solución de terceros), lo que puede acarrear importantes costes operativos. Estos servidores también son difíciles de manejar y mover debido al cableado individual que conllevan.

Los servidores estándar también generan mucho calor y consumen mucha energía, en comparación con los chasis de servidores blade.

### 5.2.2 Chasis de servidor blade

Un servidor blade es un factor de forma especial en el que se ha retirado parte del hardware (tarjetas de red, *power supply*, ventiladores) y se ha colocado dentro de una carcasa o chasis blade. El chasis contiene los recursos de hardware compartidos para alimentación, ventilación, redes y gestión.

*Chasis de servidor blade Dell EMC PowerEdge M1000e Blade Enclosure*

El principio en el que se basan los chasis de servidores blade es minimizar el espacio ocupado en un centro de datos y ofrecer un único punto de gestión para varios servidores. En un bastidor de 42U se pueden instalar hasta cuarenta y dos servidores *rack mount*. En cambio, el tamaño de los chasis de servidores blade permite instalar cuatro en un rack de 42U y cada chasis puede alojar dieciséis servidores, para un total de 64.

Otra gran ventaja de los servidores blade es la gestión centralizada a través del chasis blade. Puede configurar todo el sistema desde una única interfaz y gestionar todos los servidores blade del chasis, por no mencionar el hecho de que varios chasis del mismo proveedor pueden estar conectados entre sí y gestionados a través de la misma interfaz.

Al haberse eliminado algunos componentes, el consumo eléctrico es menor que en los servidores tradicionales. En los sistemas de servidores blade, las fuentes de alimentación forman parte de la carcasa y dan servicio a todos los servidores.

La interconexión de redes también tiene lugar a nivel de chasis. Los servidores blade están equipados con un módulo de entrada/salida que se conecta a la parte trasera del chasis cuando se inserta. Se pueden instalar varios módulos de interconexión en la parte trasera (*backplane*) del chasis y los servidores blade se conectan a ellos desde el interior sin necesidad de cableado. Este dispositivo de conectividad interna es similar a un switch multipuerto. Algunos de los puertos son externos y permiten al chasis conectarse a la red física.

Existen numerosos módulos de interconexión para redes Ethernet y para redes y SAN *Fibre Channel*.

La mayor desventaja de los sistemas *blade* es que su tecnología es exclusiva de un solo proveedor.

Otra desventaja es que los servidores blade suelen tener un espacio de almacenamiento limitado a dos discos. Hay blades de almacenamiento que contienen discos, pero esta opción consume ubicaciones que se podrían haber utilizado para otros servidores. La mayoría de los chasis de servidores blade, están conectados a una bahía de almacenamiento o a un controlador SAN.

Desde hace algunos años, los fabricantes de hardware han ido abandonando progresivamente las carcasas de servidores blade, en favor de soluciones hiperconvergentes.

### 5.2.3 Infraestructuras hiperconvergentes

Las infraestructuras hiperconvergentes (*hyperconverged infrastructure*, HCI) son una combinación de los dos factores de forma que acabamos de explorar. Además, están diseñadas para la implantación de un centro de datos definido por software (SDDC), que presentamos en el capítulo Los distintos tipos de virtualización.

Los sistemas hiperconvergentes son soluciones modulares en las que cada unidad proporciona los tres recursos básicos de un centro de datos: procesamiento, almacenamiento y redes. Se componen de varios sistemas que forman una única unidad física.

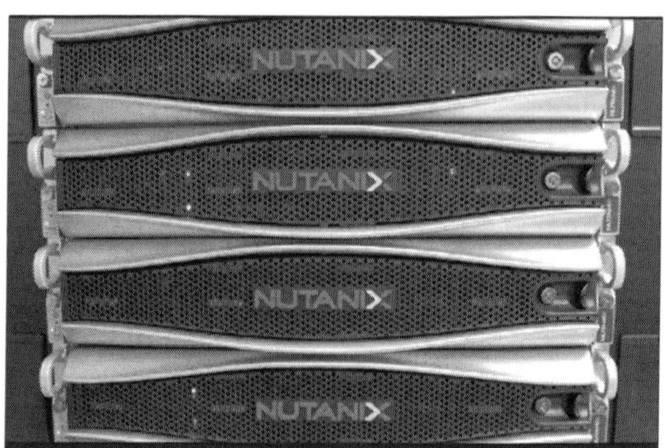


*Infraestructura hiperconvergente Nutanix*

Visto de frente, un módulo de sistema hiperconvergente parece un servidor servidor estándar de 2U. Sin embargo, si se mira por detrás, el equipo está formado por cuatro sistemas totalmente independientes. En este contexto, "independiente" significa que cada unidad es un servidor autónomo con su propia CPU, memoria, discos, tarjeta de red y tarjetas de E/S. El único recurso compartido dentro de la unidad física es la fuente de alimentación.

Para servidores hiperconvergentes, una configuración de cuatro nodos en un único chasis de 2U, proporciona una capacidad de almacenamiento total de veinticuatro discos SFF (*Small Form Factor*).

Con los servidores hiperconvergentes es posible obtener el doble de recursos informáticos y un 50% más de recursos de almacenamiento que con los servidores estándar en el mismo espacio.

Como ya se ha mencionado, los servidores hiperconvergentes se implantan generalmente para soluciones SDDC, en las que todos los componentes básicos (procesamiento, almacenamiento y redes) se gestionan por software. Como resultado, ofrecen una mayor simplicidad y flexibilidad de gestión que antes en el caso de los servidores estándar o los chasis de servidores blade.

Con VMware, existen varias opciones de soluciones hiperconvergentes en función de las distintas alianzas de la empresa con proveedores de hardware, pero siempre incluyen tres componentes principales:
vSphere, vSAN y NSX-T.

Existen dos enfoques posibles para adquirir un sistema hiperconvergente:

- **Soluciones integradas**: algunos proveedores pueden ofrecer una solución SDDC completa llave en mano. Todos los componentes están preconfigurados y verificados y lo único que falta por hacer es enchufar los cables. Esta solución puede ser ideal cuando el tiempo de despliegue es limitado o cuando el personal no tiene conocimientos avanzados, sobre todo en el despliegue de vSAN y NSX-T.

Un ejemplo de este tipo de producto es el sistema VxRack de Dell EMC. Toda la solución está diseñada por el departamento técnico del proveedor y contiene todos los componentes necesarios para el funcionamiento del sistema: racks, recursos físicos de red, switches, servidores y todos los componentes de software para la gestión centralizada. Esta solución se entrega en forma de uno o varios armarios.

(09EI21.png)

*Sistema hiperconvergente Dell EMC VxRack suministrado como armario*

- **Construir su propio sistema**: construir su propio sistema requiere un análisis en profundidad del entorno de destino, incluida la garantía de compatibilidad de los componentes de hardware y software. Su implantación es más compleja, ya que requiere conocimientos en varias áreas para configurar los componentes. Esta opción ofrece una mayor flexibilidad, ya que puede decidir por si mismo cómo combinar y configurar los recursos para adaptarlos a sus necesidades. Esto permite establecer un sistema mejor adaptado a los requisitos de la organización y calibrar adecuadamente los recursos necesarios para garantizar la escalabilidad de la solución.

También hay otros actores en el mercado de soluciones HCI que no utilizan VMware como plataforma de control para SDDC, como Nutanix o SimpliVity de HPE. Sin embargo, VMware sigue teniendo la mayor cuota del mercado hiperconvergente, y su solución SDDC es una de las más maduras.

## 5.3 Almacenamiento

Una vez que haya decidido qué plataforma de servidor utilizar, tiene que analizar las distintas soluciones de almacenamiento y las ventajas que ofrecen para su proyecto de virtualización. Las principales soluciones de almacenamiento son las bahías de almacenamiento, las SAN y las soluciones de tipo SDS.

### 5.3.1 Zonas de almacenamiento y SAN

Las bahías de almacenamiento estándar tienen distintos tamaños. Los más pequeños se asemejan a un servidor tradicional (2 o 4 U) y los más grandes pueden formar un sistema de almacenamiento que abarque varios racks.

*Bahía de almacenamiento estándar 4U Lenovo Storage D3284 HD Expansion Enclosure*

En general, cuando se trata de un proyecto de virtualización, las bahías de almacenamiento se utilizan en un entorno SAN compuesto por un sistema de doble controlador, debido a su mayor disponibilidad y resistencia. Para entornos más pequeños, se pueden utilizar bahías de discos individuales, pero estas soluciones no incluyen software de virtualización del almacenamiento.

Los controladores SAN funciones avanzadas de virtualización que permiten segmentar el almacenamiento en LUN y opciones de distribución del almacenamiento por niveles jerárquicos (tiering) y replicación entre dos o más sistemas de almacenamiento, para la continuidad de las actividades y la recuperación ante siniestros graves.

*Controlador SAN IBM FlashSystem 5035 con bahía de almacenamiento integrada*

El inconveniente de las bahías de almacenamiento estándar y las SAN es su gran dependencia del proveedor. En general, no es posible utilizar discos o módulos de expansión de otros proveedores. Además, los costes de licencia pueden aumentar al utilizar determinadas funciones avanzadas de almacenamiento.

### 5.3.2 Almacenamiento definido por software

El almacenamiento definido por software (SDS) es lo contrario de las bahías de almacenamiento estándar. Esta solución, que ya hemos mencionado en un capítulo anterior, permite utilizar cualquier hardware (habías de almacenamiento o discos), ya que toda la gestión se realiza a nivel de la capa de software, independientemente de las tecnologías y los proveedores seleccionados.

Las principales ventajas del SDS son las siguientes:

- Es posible utilizar componentes básicos no propietarios que permiten diseñar sistemas de almacenamiento propios.
- Una solución de almacenamiento definido por software puede consumir tanto discos duros estándares como SSD, y funciona tanto en un chasis de servidor estándar como en una bahía de almacenamiento. SSD, y funciona igual de bien en un chasis de servidor estándar que en una bahía de almacenamiento.
- Con SDS, puede cambiar las plataformas de hardware a voluntad, sin añadir complejidad ni riesgo a la migración de datos, porque los datos se gestionan en la capa de software y se desvinculan del hardware.
- Estas soluciones permiten cambiar de proveedor de almacenamiento sin afectar a la solución.
- Con SDS, se puede empezar poco a poco y, a medida que se añaden recursos de almacenamiento, es muy fácil hacer crecer la solución.
- Es posible gestionar una solución SDS como una bahía de almacenamiento distribuido desde un único punto de gestión o incluso a través de API o una interfaz de línea de comandos (CLI).

## 5.4 La red

El diseño de la red también se debe realizar en la fase de diseño lógico. A menos que se trate de un nuevo entorno a todos lós niveles, un proyecto de virtualización se basa en una topología de red existente. A veces, el proyecto es también una oportunidad para mejorar o modernizar la arquitectura de la red.

Veamos brevemente las arquitecturas de red que pueden considerarse para un proyecto de virtualización.

### 5.4.1 Arquitectura en tres niveles

Hasta la década de 2010, la arquitectura de red de tres niveles era el enfoque dominante en los centros de datos. Esta arquitectura se diseñó principalmente para el tráfico "norte-sur", es decir, el tráfico originado en el centro de datos.

Como su nombre indica, esta arquitectura se compone de tres capas principales:

- **Kernel (*Core*)**
- **Distribución (*Distribution*)**
- **Acceso (*Access*)**

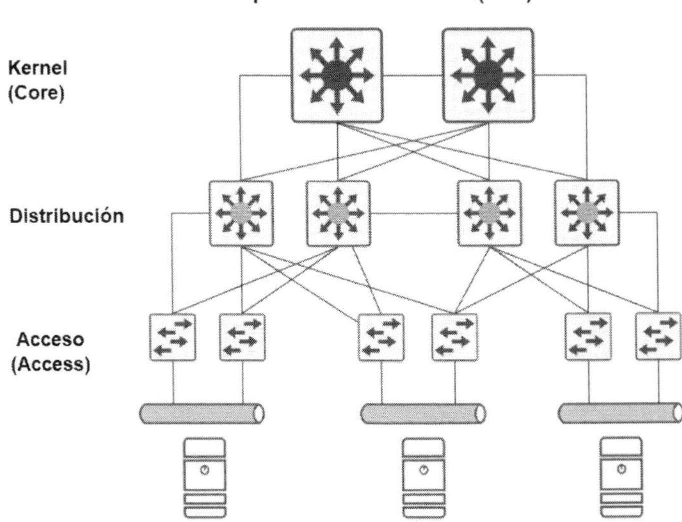


*Arquitectura de tres niveles (tiers)*

### Kernel

En la arquitectura de tres niveles, la capa central es el kernel de la red (también conocido como *backbone*). Ésta interconecta todas las capas de distribución.

Es en el kernel de la red donde encontrará los switches con las funciones más avanzadas. En comparación con la capa de acceso y a veces con la de distribución, estos switches tienen varios componentes redundantes y, a veces, incluso un factor de forma modular. Todas las funciones L3 avanzadas (*layer 3, capa 3* del modelo OSI: enrutamiento, direccionamiento IP), como el enrutamiento BGP (*Border Gateway Protocol*), son proporcionadas por la capa kernel de la red.

### Distribución

La capa de distribución enlaza la capa de acceso con el kernel de la red. En la mayoría de los despliegues, las pasarelas por defecto (enrutadores) para todas las VLAN residen en la capa de distribución.

Esta capa está formada por switches L2/L3, que también se utilizan para proporcionar las funciones básicas de la capa 3: enrutamiento y direccionamiento IP.

Los switches apilables (*stackable switches*) o las tecnologías de agregación de enlaces multichasis, se suelen utilizar en la capa de distribución para proporcionar una capa escalable para los switches de acceso.

### Acceso

La capa de acceso es la más cercana a los equipos. El objetivo principal de esta capa es conectar usuarios y servidores a la propia red.

Esta capa suele estar formada por switches L2 (*Layer 2*, capa 2 del modelo OSI o "enlace de datos") con un factor de forma (*form factor*) fijo, ya que las funciones avanzadas las proporcionan equipos de capas superiores.

### 5.4.2 Arquitectura Spine-Leaf

La arquitectura *spine-leaf* es una de las topologías de red más extendidas en la actualidad y está sustituyendo, cada vez más, a la arquitectura tradicional. En comparación con la topología de tres niveles, esta arquitectura comprende varias conexiones entre los y los switches de acceso soportan redes de alto rendimiento y baja latencia.

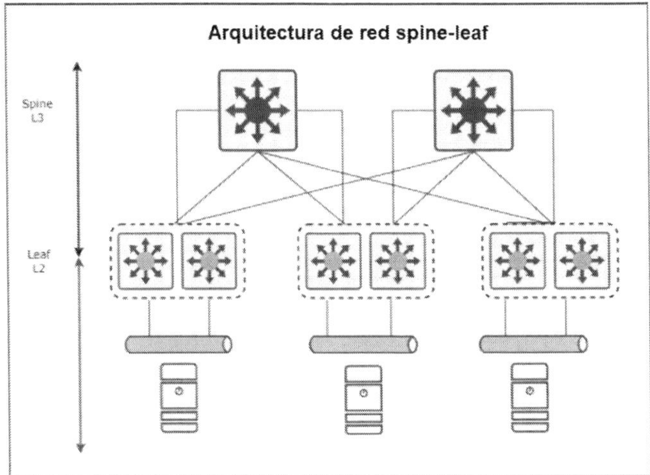


*Arquitectura spine-leaf*

La función de los switches *leaf* es proporcionar conectividad a los puntos finales de la red, incluidos servidores, dispositivos de almacenamiento o cualquier otro dispositivo de red, ya sea físico o virtual. La función de los switches spine es proporcionar interconectividad entre los *Leaves*:

Los requisitos de la topología *spine-leaf* son los siguientes:

- Cada *leaf* se conecta a todas las *spines* de la red.
- Las *spines* no están conectadas entre sí.
- Las *leaves* no están conectadas entre sí.

Una red *spine-leaf* se compone de dos capas de equipos de red. La columna vertebral (kernel) de la red es la capa primaria, mientras que la capa *leaves* es la capa secundaria. Cada enrutador de la capa *spine* se conecta a cada switch (o punto de conexión entre dispositivos de una red) de la capa *leaf*. Con este diseño de red, cada switch *leaf* de la red se encuentra a la misma distancia.

En comparación con la arquitectura tradicional de tres niveles, el diseño de la arquitectura *leaf* reduce la latencia y ofrece un rendimiento predecible.

Un proyecto de virtualización también puede ser una oportunidad para desplegar una topología de red más moderna del tipo *software-defined networking*, como NSX-T, que ofrece un mejor rendimiento. Ya hemos presentado estas soluciones en el capítulo Los distintos tipos de virtualización.

## 6. Las etapas del diseño físico

El diseño físico sigue al diseño lógico, identificando cada componente principal de la infraestructura de virtualización.

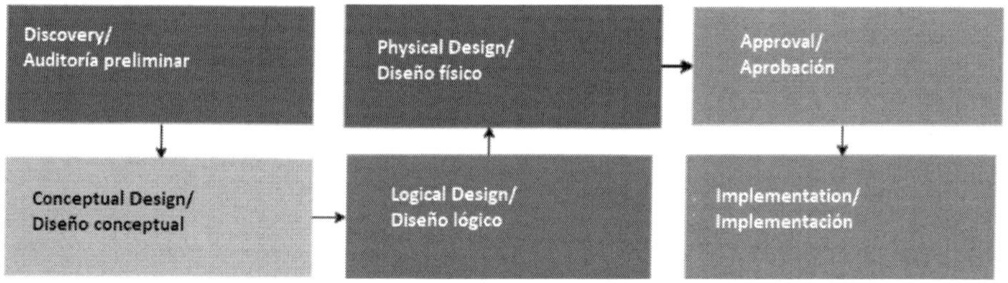


*Diseño físico*

El dimensionamiento de los equipos, tanto en términos de capacidad como de rendimiento, puede ir acompañado de una evaluación inicial de la infraestructura existente.

En el diseño físico, el objetivo es ofrecer una solución precisa que incluya las tecnologías y los proveedores de hardware seleccionados. Al igual que en el diseño lógico, el documento de arquitectura debe ofrecer una visión general del diseño físico y asignar una sección a cada componente principal seleccionado.

Estos componentes son:

- recursos de procesamiento
- recursos de almacenamiento
- recursos de red

También hay que tener en cuenta los dos factores siguientes:

- los recursos necesarios para la copia de seguridad y la restauración
- los recursos necesarios para la recuperación en caso de siniestro grave

Los documentos de diseño físico contienen detalles del hardware físico elegido, así como las configuraciones de hardware físico y virtual.

En ellos se detallan los proveedores y modelos elegidos y la justificación de su elección. El diseño físico también debe incluir diagramas de arquitectura que describan la configuración de los recursos físicos, como la conectividad de red y la disposición del almacenamiento.

Como cada entorno tiene sus requisitos particulares, nos limitaremos a dar algunas pautas para la elección del equipo.

## 6.1 Recursos físicos de procesamiento

Para los hosts ESXi, hay una serie de consideraciones de tamaño y configuración. Dependiendo de las necesidades de la organización y de las cargas de trabajo previstas, hay una serie de aspectos a tener en cuenta, a la hora de elegir servidores.

### Tratamiento

Por procesamiento, nos referimos aquí al procesador y memoria (RAM). Para los hosts, se pueden utilizar diferentes enfoques para diseñar los clústeres:

- ***Scale-out* (adición horizontal de unidades)**: varios hosts en un único clúster, cada uno de tamaño medio.
- ***Scale-up* (adición vertical de recursos)**: menos hosts en un único clúster, pero cada host suele disponer de más recursos.

Los procesadores ahora tienen muchos núcleos y, dado que ESXi se licencia generalmente por socket (salvo en algunos casos específicos), es más ventajoso adquirir procesadores con varios núcleos. La configuración de doble núcleo es la más común para los hosts de virtualización.

Normalmente, los servidores desplegados oscilan entre 128 GB de memoria y unos 512 GB. Es esencial conocer bien las cargas de trabajo y establecer la correlación entre los requisitos de procesador y memoria.

Los dispositivos de almacenamiento son discos duros estándar (HDD) SSD o dispositivos NVMe. Estos dispositivos están conectados a adaptadores RAID SATA o adaptadores RAID SAS (cada tipo ofrece una latencia y un ancho de banda máximo diferentes) o directamente al bus PCIe (dispositivos NVMe).

## 6.2 Almacenamiento físico

Para el almacenamiento de hosts ESXi, hay que tener en cuenta dos aspectos:

- Almacenamiento para la instalación de ESXi.
- Almacenamiento dedicado a máquinas virtuales.

Para el disco de instalación del software ESXi, es importante proporcionar un almacenamiento fiable y redundante, ya que si el VMkernel se ve afectado, todo el servidor ESXi dejará de estar disponible.

Para garantizar una buena capacidad de recuperación, el servidor ESXi se instala generalmente en un volumen RAID1 en el que dos discos individuales idénticos forman un único disco lógico. Si un disco falla, el sistema sigue estando disponible a través del segundo disco. Para conseguir esta configuración se necesita una tarjeta RAID física para el servidor.

Todos los hosts ESXi deben tener acceso al subsistema de almacenamiento para el almacenamiento compartido de las máquinas virtuales. Por lo tanto, no es posible utilizar discos locales directamente, a menos que disponga de la solución vSan.

El almacenamiento compartido mejora la disponibilidad y permite a los hipervisores aprovechar funciones (como vMotion) para migrar máquinas virtuales en ejecución entre hosts o realizar tareas de mantenimiento sin tiempo de inactividad. Existen varias soluciones de almacenamiento compartido (SAN, NAS) que ya hemos presentado en el capítulo Los distintos tipos de virtualización.

## 6.3 La red física

Una recomendación general es utilizar tarjetas de red de 10 Gbps para el servidor ESXi servidor ESXi. Puede haber casos de uso específicos en los que las tarjetas de red de 1 Gbps serían suficientes, pero es preferible elegir tarjetas de red de 10 Gbps, en particular para configurar vMotion.

Una vez más, el número de NIC se debe determinar en función de la topología de la red y las cargas de trabajo previstas. Es preferible proporcionar pares de tarjetas de red para redundancia y conectarlas a dos switches individuales e independientes, para eliminar cualquier punto único de fallo.

Hay casos de uso específicos en los que se requiere una conectividad de red de más de 10 Gbps. En esos casos, puede merecer la pena investigar la posibilidad de configurar una red con conmutadores de 40 Gbps o 100 Gbps, pero estas opciones son más caras.

## 7. Aprobación y aplicación

Antes de presentar un proyecto de virtualización, también hay que tener en cuenta las licencias que se aplican tanto al entorno virtual (vCenter, hosts ESXi) como a las aplicaciones y los sistemas operativos.

Aunque no hemos mencionado este punto, puede haber hardware que pueda reutilizarse en el entorno existente. Si no sirve para la virtualización, se puede considerar para la recuperación ante desastres, por ejemplo.

La seguridad, la supervisión y la protección del medio ambiente también son puntos cruciales que hay que tener en cuenta antes de aprobar y ejecutar el proyecto. Estos aspectos se tratan en el capítulo siguiente.

Una vez concluidas las fases de evaluación, diseño lógico y diseño físico y redactados los documentos de arquitectura, la solución se puede someter a la aprobación de los responsables de la toma de decisiones. El apoyo del arquitecto de soluciones es esencial en esta fase para justificar las opciones tecnológicas elegidas y los costes asociados, ya que a menudo se considera que la informática es un "pozo sin fondo" de gastos.

Es de esperar que se cuestionen algunos aspectos de la solución o que sea necesario introducir cambios. Estas limitaciones forman parte del proceso iterativo de mejora continua.

Una vez aceptada la solución, los equipos encargados de aplicarla pueden ponerla en producción y probarla a medida que se integran nuevos componentes. También en este casola mejora continua es fundamental para el éxito del proyecto, aunque esta noción no siempre se destaque en los distintos marcos metodológicos.

## 8. Conclusión

En este capítulo hemos intentado ofrecer algunas pautas para planificar y diseñar un proyecto de virtualización. Las metodologías que hemos examinado se pueden aplicar a distintos tipos de proyectos: despliegue de un nuevo entorno de virtualización, actualización, migración a la nube o consolidación de servidores físicos existentes.

Hemos hecho especial hincapié en el método VCDX de VMware, que es sencillo porque se estructura en tres etapas principales (evaluación, diseño lógico y diseño físico) y procede planteando preguntas generales que se ponen en práctica a lo largo del diseño del proyecto.

La seguridad y la alta disponibilidad también son aspectos esenciales de la planificación y el diseño de un proyecto de virtualización, pero no nos hemos centrado en ellos aquí porque merecen una presentación más detallada. El próximo capítulo nos permitirá profundizar en estos conceptos.

# Capítulo 10
# Alta disponibilidad y seguridad

## 1. Introducción

Como hemos mencionado antes, la virtualización de servidores ofrece muchas opciones de seguridad que no estaban disponibles para los servidores físicos. La propiedad de aislamiento de las máquinas virtuales es su primera línea de defensa, ya que son independientes entre sí y están completamente aisladas del host.

En la mayoría de los demás ámbitos de la seguridad informática, la protección de un entorno de virtualización se debe aplicar a todos sus componentes. Como mínimo, asegurar vSphere significa asegurar los siguientes componentes:

- Hosts ESXi
- máquinas virtuales
- el entorno vSphere
- Servidor vCenter

En este capítulo, presentaremos algunas estrategias de alta disponibilidad y seguridad para los componentes de vSphere. También veremos una serie de soluciones de protección de datos, que permiten realizar copias de seguridad de estos componentes y restaurarlos en caso de avería, fallo de hardware o desastre.

Aunque no nos hemos centrado específicamente en la seguridad en el capítulo Planificación de un proyecto de virtualización, la seguridad y el refuerzo (*hardening*) de una plataforma como vSphere se deben considerar pasos importantes en un proyecto de virtualización.

## 2. Protección y seguridad de los hosts ESXi

Los hosts ESXi son una clase aparte, ya que tienen dos componentes de seguridad: física y de software. Como se trata de servidores físicos, hay una serie de elementos que tienen más que ver con la redundancia que con la seguridad, que merece la pena examinar aquí.

### 2.1 Soluciones de redundancia y tolerancia a fallos

#### 2.1.1 Tecnología RAID

En primer lugar, el almacenamiento del host, ya sea local o en red, debe aprovechar las tecnologías RAID de las que hablamos en el capítulo Introducción a los conceptos de virtualización, de este libro. Los servidores deben tener controladores que les permitan agregar discos para crear soluciones tolerantes a fallos. Por ejemplo, el software ESXi se puede instalar en dos discos en RAID 1 (mirroring).

El almacenamiento dedicado a las máquinas virtuales se debe configurar, como mínimo, en RAID 5 o RAID 6 para que pueda perder uno o dos discos respectivamente. Las unidades NAS y SAN incorporan funciones que permiten utilizar ambas tecnologías RAID y, en caso necesario, designar discos de repuesto en un clúster. Esta opción permite que estos discos se activen automáticamente cuando falla otro.

### 2.1.2 Multipathing

Un controlador SAN también puede aprovechar el multipathing ("multiacceso"), que ofrece una solución tolerante a fallos mediante la creación de varias "rutas" (paths), desde el host a la bahía de almacenamiento.

**Observación**

*En las tecnologías de almacenamiento, multipathing se refiere al uso de varias rutas físicas entre un servidor y sus dispositivos de almacenamiento (como discos o bahías de almacenamiento). Esta técnica proporciona redundancia, equilibrio de carga y mayor disponibilidad.*

### 2.1.3 Asociación de tarjetas de red

Desde una perspectiva similar, lo ideal es que un host esté equipado con dos adaptadores de red. Esta configuración permite crear una asociación de tarjetas de red para equilibrar la carga de tráfico pero, sobre todo, para evitar que los servicios de red se interrumpan si falla uno de los adaptadores.

**Observación**

*La asociación de tarjetas de red (Network Interface Card teaming o NIC teaming), es una técnica que permite combinar varias interfaces de red en una única interfaz virtual. Se puede utilizar para aumentar el rendimiento de la red (configuración de dos interfaces activas), proporcionar redundancia y mejorar la tolerancia a fallos. Esta técnica permite equilibrar la carga del tráfico de red a través de varios enlaces físicos e incluye un mecanismo de conmutación por error para garantizar una conectividad de red ininterrumpida, en caso de fallo de un enlace.*

Desde el punto de vista de la infraestructura de red, las tarjetas de host se deben conectar a dos switches distintos para garantizar la redundancia del equipo de red.

ESXi proporciona una serie de opciones de asociación de tarjetas de interfaz de red (NIC), que ofrecen soluciones de redundancia y equilibrio de carga. Estas opciones están disponibles tanto para switches estándares (*standard vSwitch*) como distribuidos (*distributed vSwitch*, DVS).

**Observación**

*El balanceo de carga (load balancing), que consiste en distribuir el tráfico de red entre varios recursos (en particular, tarjetas o puertos de red), no es una medida de protección propiamente dicha, pero esta técnica se aplica a menudo con una combinación de tarjetas de red. Su objetivo es optimizar el uso de los recursos, mejorar el rendimiento y evitar los cuellos de botella, distribuyendo uniformemente el tráfico de red.*

Vamos a echar un vistazo a las opciones de balanceo de carga de un switch estándar en un host ESXi.

- d Conéctese a la interfaz **ESXi Host Client** y abra la sección **Redes**. Seleccione **vSwitch0** (creado por defecto anteriormente) y haga clic con el botón derecho para acceder a las propiedades. Haga clic en **Editar configuración**.

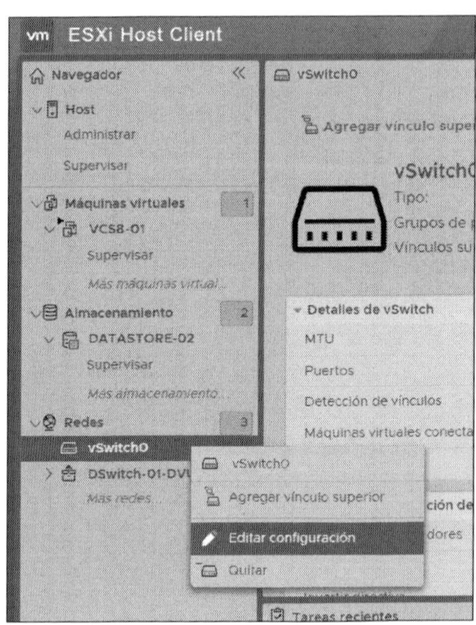


- En la ventana **Editar conmutador virtual estándar**, abra la sección **Asociación de tarjetas de red** y haga clic en el menú desplegable.

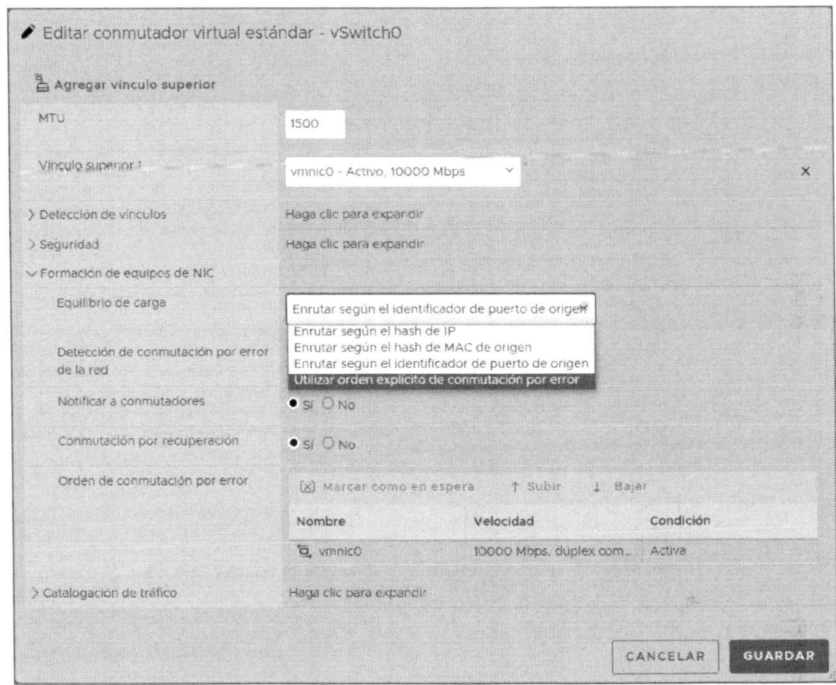


Hay cuatro modos de equilibrio de carga disponibles de forma nativa. Vamos a dedicar un momento a describirlos, porque es difícil entender cómo funcionan solo por sus nombres:

- **Enrutar según el hash de IP**: Esta opción requiere el uso de switches de red compatibles con la agregación de enlaces (*EtherChannel* o *port channeling*), una técnica que permite combinar varios enlaces Ethernet físicos en un único enlace lógico. Cuando esta opción está activada, el host ESXi y el switch físico forman un grupo de agregación de enlaces (*Link Aggregation Group*, LAG), que combina varios enlaces físicos en un único enlace lógico.

El balanceo de la carga se consigue mediante el hash de las direcciones IP de origen y destino y la asignación del tráfico al enlace físico adecuado. Este proceso se puede describir en tres etapas:

- 1. Cuando una máquina virtual envía un paquete, las direcciones IP de origen y destino del paquete se utilizan para calcular un valor hash.

**Observación**

*Un valor hash es una representación numérica obtenida mediante un algoritmo aplicado a los datos de entrada, como un fichero o una cadena de caracteres. Se utiliza para identificar o verificar la integridad de los datos originales.*

- 2. A continuación, el valor hash se utiliza para seleccionar uno de los enlaces ascendentes físicos disponibles del host ESXi, conectado al switch distribuido vSphere (VDS) o al switch físico.
- 3. El enlace físico ascendente seleccionado se encarga de transmitir el paquete a su destino.

- **Enrutar según el hash de MAC de origen**: esta opción también requiere que los switches admitan la agregación de enlaces. Es similar a la técnica anterior y esta opción utiliza la dirección MAC de origen de los paquetes de red para calcular un valor hash. Este valor se utiliza para determinar el enlace ascendente físico al que se enviará el tráfico.

  El enrutamiento basado en el hash MAC de origen es útil en escenarios en los que el orden de envío de los paquetes es importante (*packet sequencing*), en particular para aplicaciones de videoconferencia o "Voz sobre IP" (*Voice over IP* ou VoIP), para la transmisión de voz humana a través de una red IP.
- **Enrutar según el identificador del puerto de origen**: esta política distribuye el tráfico de red por los enlaces ascendentes disponibles en función del ID del puerto virtual de la máquina virtual de origen.

**Observación**

*En el contexto de los hosts ESXi, un enlace ascendente se refiere a la conexión de red que enlaza un host con una red externa. Representa la interfaz física o el adaptador de red del host que proporciona conectividad a redes externas, como la de un centro de datos o Internet.*

El enrutamiento basado en el ID del puerto de origen garantiza que el tráfico de red de una máquina virtual se enrute a través del mismo enlace ascendente.

- **Utilizar orden explícito de conmutación por error**: esta última opción permite definir un orden específico de conmutación por error entre enlaces ascendentes. Cuando se activa esta política, el tráfico de red se envía inicialmente en el enlace ascendente principal y cambia al siguiente enlace ascendente disponible según el orden que se haya definido.

### 2.1.4 Modos de detección de fallos de red

Además de ofrecer varias opciones de balanceo de carga en configuraciones de asociación de NIC, los switches virtuales disponen de dos modos de detección de fallos de red.

**Observación**

*En informática, la conmutación por error se refiere a la transferencia automática de un componente primario a un componente secundario o redundante, cuando falla el componente primario. La conmutación por error garantiza la continuidad del servicio y minimiza el tiempo de inactividad, transfiriendo rápidamente las operaciones a un componente secundario.*

▶ En la ventana **Editar conmutador virtual estándar**, en la sección **Asociación de tarjetas de red**, haga clic en el menú desplegable Detección de conmutador por error de la red para ver las opciones.

- **Sólo por estado de vínculo (*Link status only*)**: este modo de detección de fallos de red se basa en la monitorización del estado de los enlaces ascendentes. Cuando está activado, el vSwitch detecta si el enlace está activo o inactivo. Si un enlace deja de estar activo, el vSwitch inicia automáticamente una conmutación por error a otro enlace ascendente.
- **Sólo por señal (*Beacon only*)**: Este modo de detección de fallos de red utiliza tramas de red (*Beacon frames*) emitidas periódicamente por el switch virtual, para detectar fallos en el enlace ascendente. Si el switch virtual no recibe una respuesta después de un cierto tiempo, considera que el enlace ascendente está caído y activa una conmutación por error a otro enlace ascendente.

La elección de un método de detección de fallos de red depende de la infraestructura existente y de las opciones disponibles en los switches físicos.

## 2.2 Autenticación y gestión de accesos

Incluso con vSphere, sigue existiendo la necesidad de autenticarse en un servidor ESXi, ya sea para realizar operaciones de mantenimiento o para desplegar parches. Existen varias opciones de autenticación para controlar el acceso a los hosts ESXi.

Puede dejar la configuración por defecto basada en usuarios locales, integrar un servicio de directorio o utilizar autenticación multifactor:

- **Usuarios locales**: los hosts ESXi pueden gestionar una base de datos de usuarios locales, que permite crear cuentas de usuario. Este modo de autenticación es adecuado para entornos de virtualización pequeños con un número limitado de hosts y usuarios.

- **Integración del servicio Active Directory**: los hosts ESXi se pueden integrar con un dominio Active Directory (AD) para la gestión de la autenticación. Esto permite utilizar cuentas de usuario y grupos para controlar el acceso a los hosts ESXi. Una vez más, esta estrategia es adecuada para entornos pequeños, como los despliegues en oficinas remotas (*Remote Office Branch Office*, ROBO).

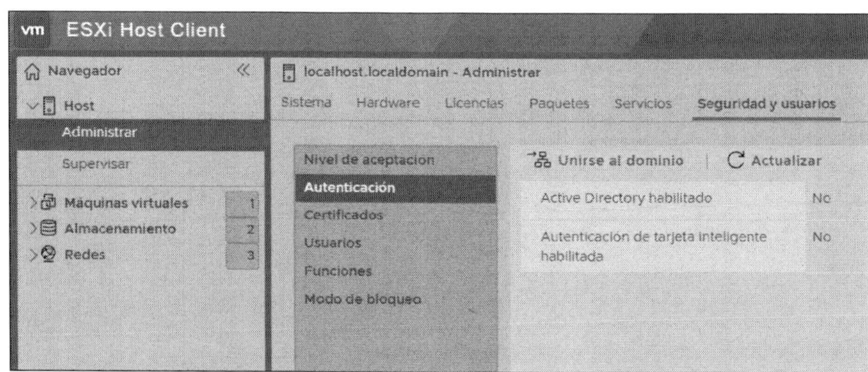


- **Autenticación multifactorial**: los hosts ESXi ofrecen varias opciones de autenticación multifactorial. Por ejemplo, es posible autenticarse con una tarjeta inteligente que, además de la autenticación básica, requiere introducir un NIP (número de identificación personal) para acceder a la interfaz de gestión. ESXi también admite la autenticación con un token físico (RSA SecurID, por ejemplo) o el uso de una aplicación de autenticación en un dispositivo móvil.

Además de estos métodos de acceso, ESXi genera logs que recogen eventos relacionados con la autenticación. Sin embargo, esta funcionalidad se gestiona mejor con vSphere, que dispone de herramientas de log y supervisión más potentes para todos los hosts de un entorno VMware.

## 2.3 Modo de bloqueo

Una última característica de seguridad de ESXi que vale la pena mencionar es el "modo de bloqueo" (*lockdown mode*). Al activar este modo, se desactiva el acceso directo a un host ESXi, lo que obliga a los usuarios a gestionar los hosts de forma remota desde la consola de vSphere.

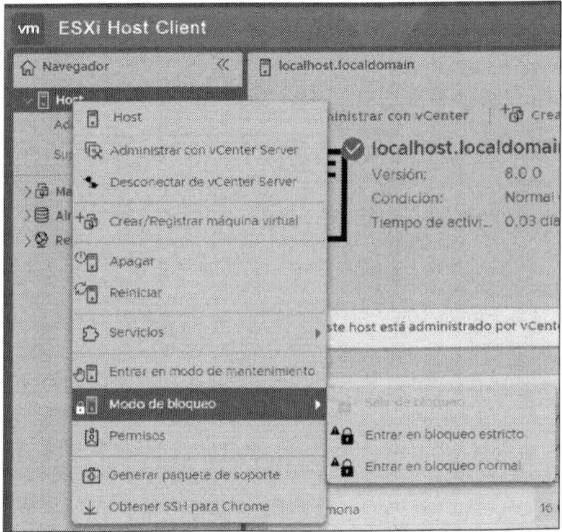


El *lockdown mode* garantiza que siempre se apliquen los roles de usuario y los controles de acceso definidos a nivel de vCenter. Esta estrategia limita la superficie de ataque y protege frente a cualquier cambio no autorizado en el host.

Hay dos modos de bloqueo disponibles:

- **Modo de bloqueo estricto**: en este modo, todos los modos de acceso directo al host ESXi a través de DCUI (*Direct Console User Interface*) y SSH (*Secure Shell*) están completamente deshabilitados, incluso para los usuarios con permisos de administración.
- **Modo de bloqueo normal**: en este modo, todos los modos de acceso directo al host ESXi a través de DCUI y SSH están deshabilitados para los usuarios que no tienen permisos de administración. Los usuarios con permisos de administración pueden seguir accediendo al host a través de herramientas de gestión remota, como vCenter Server o vSphere Web Client.

## 3. Soluciones de alta disponibilidad

Ya hemos tratado el concepto de alta disponibilidad (HA) en el capítulo Entender las máquinas virtuales, destacando el carácter crítico de los hosts de virtualización, ya que albergan varias máquinas virtuales. Determinados mecanismos deben garantizar que el fallo de un host no afecte a todas las máquinas virtuales de un entorno de virtualización.

**Observación**

*La alta disponibilidad se refiere a la capacidad de una infraestructura o sistema informático para funcionar sin interrupciones. Los mecanismos de alta disponibilidad garantizan que los servicios o recursos en cuestión, sigan siendo accesibles a los usuarios o aplicaciones en todo momento. La alta disponibilidad utiliza mecanismos de redundancia y conmutación por error, para que un sistema vuelva a funcionar rápidamente tras una avería o un mal funcionamiento.*

A diferencia de las infraestructuras físicas, las plataformas de virtualización ofrecen opciones más baratas y flexibles para proteger todo un centro de datos contra interrupciones debidas a desastres o fallos del host.

Dado que el almacenamiento del host es compartido, la función de alta disponibilidad de vSphere tiene acceso a los archivos de las máquinas virtuales y puede reiniciar todas las máquinas virtuales en otros hosts del clúster. Los algoritmos que miden el rendimiento, determinan qué hosts recibirán máquinas virtuales en función de sus recursos. Cuando vSphere HA está activado, este mecanismo supervisa continuamente los hosts y, cuando detecta un fallo, activa la migración y el reinicio de las máquinas virtuales afectadas.

Al planificar el despliegue de un entorno de virtualización, hay que tener en cuenta el número de hosts y su dimensionamiento, para que puedan garantizar una alta disponibilidad.

## 3.1 Configuración de vSphere High Availability

Anteriormente vimos cómo crear un clúster de hosts en vSphere para habilitar la funcionalidad DRS (*Distributed Resource Scheduler*) y las opciones de migración de máquinas virtuales. La opción vSphere *High Availability* se puede habilitar desde la página de configuración del clúster.

- Conéctese a **vSphere Client**. En la vista **Hosts y Clústeres** (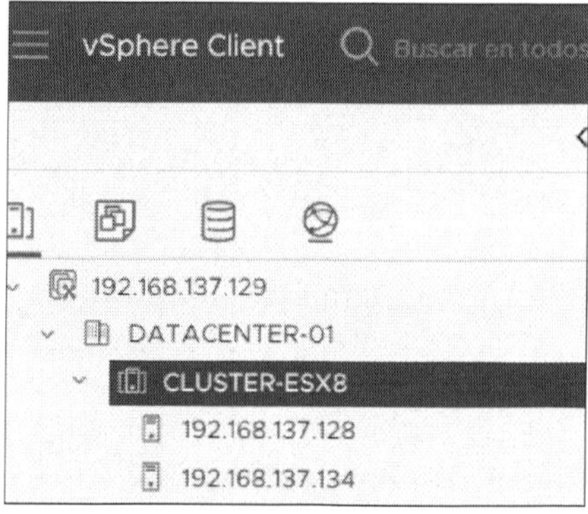) del inventario, busque el objeto clúster que creó anteriormente.



- Seleccione la pestaña **Configurar**. En la sección **Servicios** del menú de la izquierda, haga clic en **Disponibilidad vSphere**.
- Pulse el botón **EDITAR**, situado a la derecha de la indicación **vSphere HA está desactivado**.

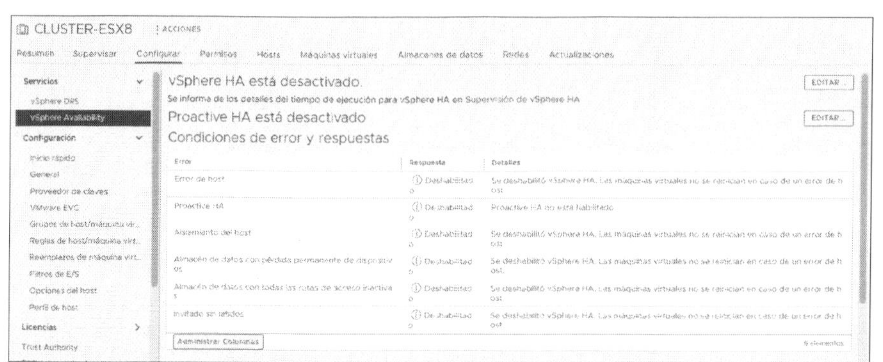

- En la ventana **Editar configuración del clúster**, haga clic en el botón **vSphere HA** para activar la función.

La opción de **monitorización de host** también se activa automáticamente. Esto permite a los hosts ESXi generar señales periódicas (*Heartbeat*) dentro del clúster.

**Observación**

*En las soluciones de alta disponibilidad, una señal heartbeat es un mecanismo utilizado para controlar la disponibilidad e integridad de los componentes de un sistema o infraestructura. Funciona mediante el intercambio periódico de señales entre componentes primarios y secundarios, designados para tomar el relevo en caso de fallo. Si un componente secundario deja de recibir señales del componente primario, asume que éste ha fallado y activa una conmutación por error para garantizar la continuidad del servicio.*

Este mecanismo permite a VMware vSphere HA detectar la no disponibilidad de uno o más miembros del clúster y activar una migración de máquinas virtuales, si es necesario. Durante una operación de mantenimiento, es preferible desactivar esta opción para evitar migraciones y conmutaciones por error no deseadas de máquinas virtuales.

La configuración por defecto (*Respuesta de error de host*) permite reiniciar las máquinas virtuales en caso de fallo.

- Pulse **ACEPTAR**.

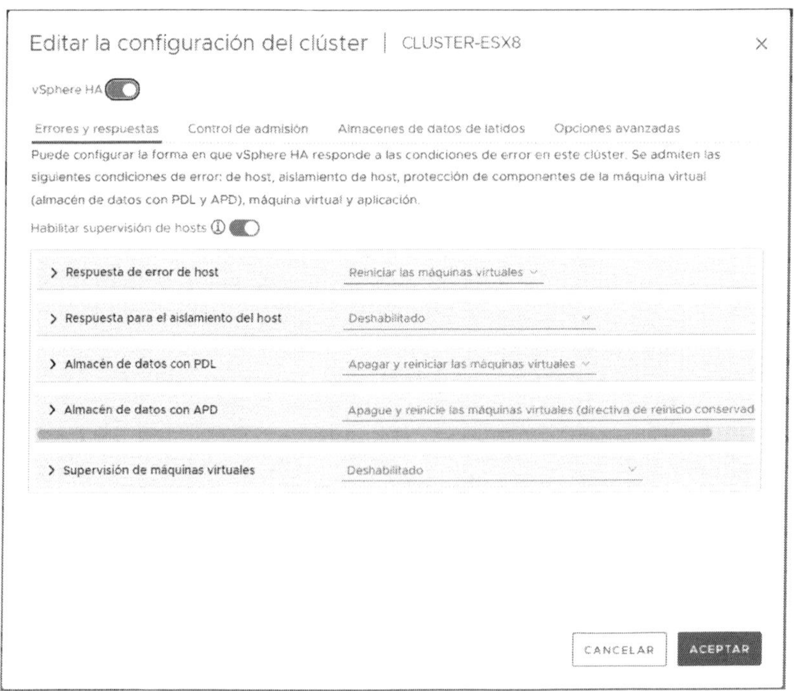


## 3.2 Configuración de Proactive HA

También se puede activar otra opción de alta disponibilidad llamada Proactive HA. La "alta disponibilidad proactiva" permite que un clúster reaccione antes de que se produzca un fallo en el host ESXi (fallo de disco, fallo de la fuente de alimentación, fallo del ventilador, fallo de la memoria, etc.), mediante la integración con el sistema de supervisión de un proveedor de servidores. Esta opción no está disponible en todos los proveedores y requiere el uso de una extensión (*plugin*) que permita al DRS recibir alertas del hardware del host.

Por ejemplo, se puede informar a Proactive HA de un problema de alimentación en un servidor ESXi y activar una migración de máquinas virtuales a otros hosts ESXi de un clúster. Esta función anticipa un posible problema de hardware y evita la necesidad de reiniciar las máquinas virtuales, que de otro modo sería necesario solo con vSphere HA.

- Para activar la **Proactive HA**, pulse el botón **EDITAR** situado a la derecha de la indicación **Proactive HA está desactivado**.

Para activar la función, haga clic en el botón **Proactive HA**.

El nivel de automatización puede ser manual o totalmente automatizado. En el primer caso, las recomendaciones sobre el movimiento de máquinas virtuales en un host las proporciona el DRS, mientras que en el segundo la acción correctiva configurada se activa automáticamente.

Las acciones de "corrección" disponibles con Proactive HA incluyen los siguientes modos:

- **Modo cuarentena**: los hosts en cuarentena no se utilizarán para ejecutar nuevas máquinas virtuales, pero las máquinas virtuales que se ejecuten en estos hosts seguirán funcionando.
- **Modo mixto**: los hosts sometidos a un fallo menor continúan ejecutando máquinas virtuales, pero no se ejecutarán nuevas máquinas virtuales en ellos. En caso de fallo grave, todas las máquinas virtuales se migrarán a otros miembros del clúster.

- **Modo de mantenimiento**: todas las máquinas virtuales de un host se migrarán a otros miembros del clúster, independientemente de si el fallo es menor o grave.

## 4. Protección y seguridad de las máquinas virtuales

Las funciones vSphere HA y Proactive HA son soluciones de alta disponibilidad que se configuran a nivel de clúster, para compensar el fallo de un host. Aunque estas opciones mejoran la disponibilidad de las máquinas virtuales, lo cierto es que, en caso de fallo grave, hay que reiniciarlas en otro host, lo que provoca una interrupción del servicio.

## 4.1 Tolerancia a fallos y replicación

Para garantizar la disponibilidad continua de las máquinas virtuales, vSphere habilita la funcionalidad de tolerancia a fallos *Fault Tolerance (FT)*, que replica una máquina virtual en tiempo real de un host a otro. Si el host principal falla, el host secundario toma el relevo sin problemas, de modo que las máquinas virtuales configuradas con FT siguen funcionando sin interrupción.

Cuando se activa FT, se instala una segunda máquina virtual en un host diferente al host primario. Las máquinas virtuales primaria y secundaria se sincronizan en tiempo real mediante una tecnología denominada vLockstep. De este modo, cada acción realizada en la máquina virtual primaria se refleja en la máquina virtual secundaria.

Utilizando el mismo principio que los hosts HA, ambas máquinas virtuales monitorizan las señales de pulsación (*heartbeat*) de la otra y, si el host primario falla, el secundario asume inmediatamente el papel de primario. A continuación, se designa un nuevo host secundario y la máquina virtual vuelve a estar protegida.

La implementación de la funcionalidad FT requiere que los recursos del host se planifiquen en consecuencia, ya que una máquina virtual tolerante a fallos consume el doble de recursos. También se necesitan recursos de red adicionales para transmitir los cambios de la máquina virtual en modo síncrono. Debido al consumo adicional de recursos, FT se configura a nivel de máquina virtual y se utiliza mejor para cargas de trabajo críticas.

### 4.1.1 Configuración de vSphere Fault Tolerance (FT)

- Para activar **Fault Tolerance**, seleccione una máquina virtual en la vista **Hosts y Clústeres** del inventario y haga clic con el botón derecho para acceder a sus propiedades. Haga clic en **Fault Tolerance** y, a continuación, en **Activar Fault Tolerance**.

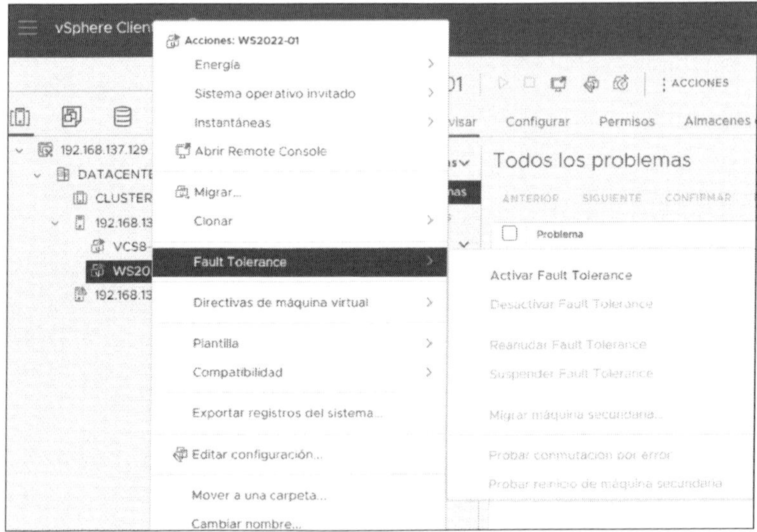


Nuestra configuración actual no permite activar FT. Aunque esta funcionalidad ofrece el máximo nivel de disponibilidad, es compleja de configurar debido a las numerosas condiciones que se deben cumplir para implementarla. He aquí las principales:

- **Edición de vSphere**: FT sólo está disponible en determinadas ediciones de vSphere, en particular Enterprise Edition y Enterprise Plus Edition.
- **Compatibilidad de host**: los hosts que ejecutan las máquinas virtuales primaria y secundaria deben formar parte de un clúster vSphere con hardware y procesadores compatibles. Cada host debe tener procesadores pertenecientes a la misma familia y deben ser de la misma generación.
- **Almacenamiento compartido**: FT requiere un almacenamiento compartido accesible tanto al host primario como al secundario, para permitir que ambas máquinas virtuales accedan a los mismos archivos de disco virtual.
- **Configuración de la red**: el host primario y el secundario deben tener acceso a la misma red de alto rendimiento y a los mismos recursos de red. Deben estar conectados a la misma VLAN o segmento de red para garantizar una sincronización eficaz. La latencia se debe mantener al mínimo para evitar que afecte a la replicación.

También hay límites en el número de máquinas virtuales que pueden utilizar FT en un host ESXi en clúster. Otras limitaciones, como el número de CPU permitidas por máquina virtual, se aplican en función de la licencia de vSphere.

### 4.1.2 Replicación basada en almacenamiento

Cuando una organización tiene múltiples entornos de virtualización, la solución vSphere Replication de la que se habla en el capítulo Entender las máquinas virtuales, se puede implementar para la protección de datos y la recuperación ante fallos graves. Esta solución replica datos de máquinas virtuales a nivel de disco virtual. Captura y transfiere bloques de datos modificados desde la máquina virtual de origen hasta una ubicación de destino, normalmente otro entorno vSphere.

**Observación**

*La replicación basada en el almacenamiento es una técnica que se basa en la duplicación de datos de un dispositivo o conjunto de almacenamiento a otro. Los cambios realizados en el almacenamiento primario se replican en el secundario para proporcionar una copia coherente de los datos que se pueda utilizar con fines de recuperación, en caso de desastre o fallo del almacenamiento primario.*

vSphere Replication se instala como un *appliance* virtual y no requiere una licencia adicional. La solución está integrada a nivel de hipervisor y funciona independientemente de la tecnología de almacenamiento utilizada. Permite la replicación asíncrona, lo que significa que los cambios realizados en la máquina virtual de origen no se duplican en tiempo real en la ubicación (a diferencia de FT).

Estas son las principales características y ventajas de vSphere Replication:

- **Configuración de múltiples puntos de recuperación (*multiple point in time* o MPIT)**: esta opción permite volver a un estado específico en el tiempo para la recuperación de la máquina virtual, manteniendo varias instantáneas (snapshots). Por ejemplo, en caso de corrupción de datos, se puede recuperar una máquina virtual desde un punto específico anterior al evento.
- **Movilidad de máquinas virtuales**: vSphere Replication facilita la migración y movilidad de máquinas virtuales entre distintos entornos vSphere.
- **Optimización del ancho de banda**: vSphere Replication incluye funciones para optimizar el uso del ancho de banda al replicar datos. Utiliza técnicas como la compresión y la deduplicación para reducir el uso de la red y el tiempo de replicación.

También es posible realizar configuraciones más robustas utilizando vSphere Replication con vSAN.

## 4.2 Cifrado de máquinas virtuales

Para añadir una capa de seguridad a las máquinas virtuales, es posible cifrar los archivos de disco virtual VMDK para que los datos almacenados sean ilegibles. Para implantar esta solución, un servidor de gestión de claves (*Key Management Server*, KMS) se debe conectar al vCenter a fin de proporcionar las claves necesarias para cifrar y descifrar las máquinas virtuales a través del protocolo KMIP (*Key Management Interoperability Protocol*).

Cuando el cifrado (*encryption*) de la máquina virtual está activado, vSphere utiliza el algoritmo estándar AES-256 para cifrar los datos de la máquina virtual.

**Observación**

*AES-256 (Advanced Encryption Standard 256-bit) es un algoritmo de cifrado utilizado habitualmente para proteger datos sensibles. Funciona con bloques de datos de 128 bits que se cifran y descifran mediante una clave secreta. Este algoritmo se considera altamente seguro debido a la longitud de su clave y a la complejidad de su mecanismo de cifrado.*

El KMS genera una clave de cifrado de datos (*Data Encryption Key*, DEK) única, para cada máquina virtual configurada con la opción de cifrado. La DEK se almacena en los archivos de disco cifrados de la máquina virtual y el vCenter es el único componente que se puede conectar al KMS para obtener las claves y transmitirlas a los hosts ESXi.

Una vez activada la encriptación para una máquina virtual, todas las operaciones de lectura y escritura en los discos, están totalmente protegidas. El proceso de cifrado es transparente para la máquina virtual y sus aplicaciones.

### 4.2.1 Añadir un servidor proveedor de claves

- Para añadir un servidor proveedor de claves (KMS), vaya al inventario en la vista **Hosts y Clústeres** y seleccione el objeto vCenter Server. Haga clic en la pestaña **Configurar** y, en la sección **Seguridad**, pulse **Proveedores de claves**.

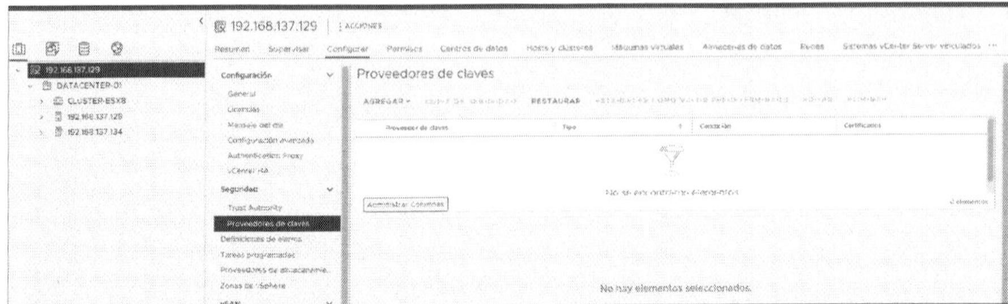

▶Pulse **AGREGAR** para abrir las opciones de adición de proveedores clave.

Hay dos opciones disponibles:

- **Añadir un proveedor de claves nativo**: VMware proporciona su propia solución KMS integrada en vCenter Server. Esta opción permite gestionar las claves de cifrado de forma centralizada en el entorno vSphere. No se requiere ningún servidor de terceros para añadir un proveedor de claves nativo.
- **Añadir un proveedor de claves estándar**: vSphere también admite la integración con servidores de gestión de claves de terceros, como KMS en Windows o Linux. Estas soluciones KMS de terceros suelen ofrecer funciones avanzadas de gestión de claves y se pueden integrar con vSphere para proporcionar servicios seguros de claves de cifrado.

Como no tenemos un servidor KMS de terceros, vamos a añadir un servidor de claves nativo.

▶Pulse **Agregar proveedor de claves nativo** para acceder a las opciones de configuración.

◘Asigne un nombre al proveedor de claves nativo, deje marcada la opción **TPM** y pulse **AGREGAR PROVEEDOR DE CLAVES**.

Los hosts ESXi se pueden proteger mediante TPM (*Trusted Platform Module*), un componente de hardware instalado en la mayoría de los ordenadores actuales. TPM es un chip que proporciona funciones seguras mediante claves de cifrado. En concreto, permite al vCenter verificar la autenticidad de un host y activar el arranque seguro (*secure boot*).

Esta última función de TPM garantiza la integridad del proceso de arranque del host ESXi, mediante la comprobación de las firmas digitales de cada componente que interviene en la secuencia de arranque.

- El nuevo servidor KMS se añade a la sección **Proveedores de claves**. Se proporciona una opción de copia de seguridad que se debe utilizar, ya que si el KMS falla o se elimina, es posible que las máquinas virtuales cifradas dejen de funcionar.

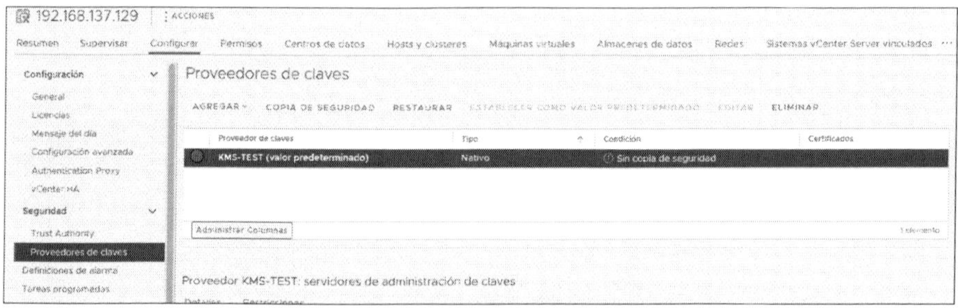


## 4.2.2 Activación del cifrado de máquinas virtuales

Una vez que se ha añadido un KMS a vCenter, es posible crear nuevas máquinas virtuales cifradas o habilitar la funcionalidad en las máquinas virtuales existentes.

### Activación del cifrado al crear una máquina virtual

Durante la ejecución del asistente de creación de máquinas virtuales, el paso 4 (**Seleccionar almacenamiento**) habilita el cifrado marcando la opción **Cifrar esta máquina virtual**.

Hay dos estrategias de cifrado disponibles para las máquinas virtuales:

- **Management Storage Policy - Encryption**: esta política se aplica a la infraestructura de almacenamiento en vSphere. Permite definir el cifrado a nivel de política de almacenamiento.

**Observación**

*En vSphere, se pueden crear políticas de almacenamiento para definir, habilitar características o aplicar reglas al almacenamiento de máquinas virtuales. Estas políticas se pueden utilizar para especificar atributos como el cifrado o el tipo de aprovisionamiento, con el fin de colocar de forma inteligente y automática las máquinas virtuales en los recursos de almacenamiento adecuados.*

*Nuestra sandbox no le permite aprovechar estas características, pero puede explorar las políticas de almacenamiento desde el menú principal en* ***Políticas y Perfiles****, luego* ***Políticas de Almacenamiento VM****.*

Con esta política, se cifran los discos de máquina virtual (VMDK) y otros archivos de máquina virtual almacenados en un almacén de datos. Esta política también incluye el cifrado de instantáneas (*snapshots*), clones y copias de seguridad.

- **VM Encryption Policy**: esta política se ocupa más específicamente del cifrado de máquinas virtuales individuales. Permite la encriptación de discos virtuales (VMDKs) asociados con una VM en particular. Esta política proporciona un control granular sobre la encriptación de máquinas virtuales encriptadas.

Seleccionar almacenamiento
Seleccione el almacenamiento para los archivos de configuración y de disco
Cifrar esta máquina virtual
Directiva de almacenamiento de máquina virtual
VM Encryption Policy
Deshabilitar Storage DRS pa
Directivas de cifrado
Management Storage policy - Encryption
VM Encryption Policy
Nombre
de
Capacidad

## Activación del cifrado para una máquina virtual existente

▶d Para activar el cifrado de una máquina virtual existente, abra las propiedades de la máquina virtual y pulse **Editar configuración**. En la pestaña **Opciones de máquina virtual**, en la sección **Cifrado**, encontrará las mismas opciones que en el asistente de creación de máquinas virtuales.

Las opciones que hemos explorado hasta ahora permiten el cifrado de datos 'en reposo' (*at rest*). En la sección **Cifrado**, también puede activar el cifrado de datos "en vuelo" (*in flight*) al migrar una máquina virtual con vMotion.

Esta opción sólo funcionará si los hosts de origen y destino admiten cifrado (véase más abajo).

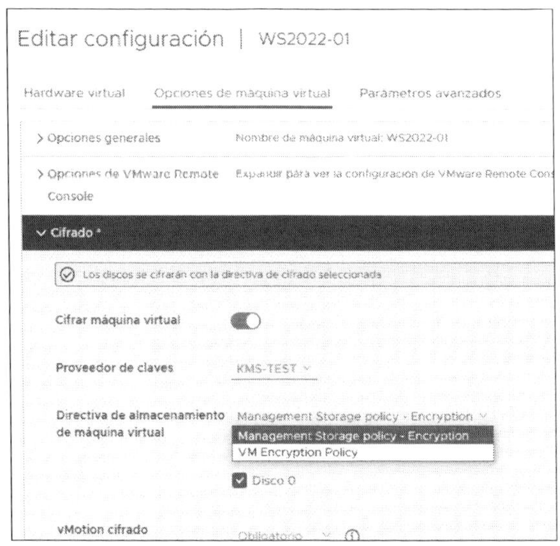


- Para activar el modo de cifrado para un host, seleccione un objeto host y, en la pestaña **Configurar**, vaya a **Sistema** y, a continuación, a **Perfil de seguridad**.
- En la parte inferior de la página central, en **Modo de cifrado del host**, pulse **EDITAR** para activar esta opción.

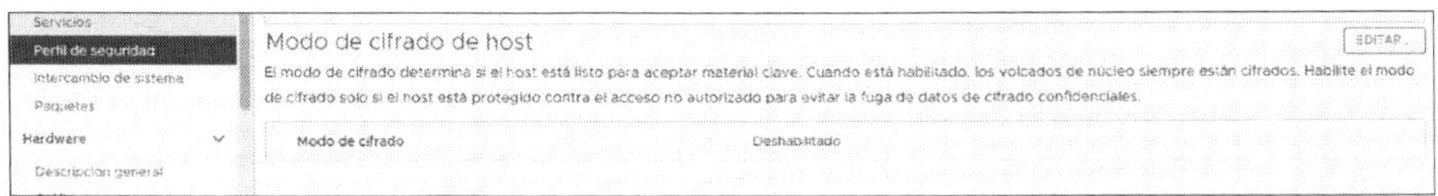

## 4.3 Reglas de afinidad

Continuemos nuestro recorrido por la protección de máquinas virtuales con las reglas de afinidad. Esta función se utiliza para controlar la ubicación de las máquinas virtuales y sus recursos asociados dentro de un clúster de hosts.

### 4.3.1 Funcionamiento de las normas de afinidad

Las reglas de afinidad (*affinity rules*) definen las relaciones y dependencias entre máquinas virtuales y hosts para asegurar que se mantienen juntos (afinidad) o separados (antiafinidad). Por ejemplo, para un clúster de base de datos formado por dos máquinas virtuales, es deseable que cada nodo se ejecute en un host diferente. En caso de fallo de uno de los dos hosts, el clúster de máquinas virtuales sigue funcionando, ya que se producirá una conmutación por error cuando uno de los nodos deje de detectar al otro. Otro ejemplo podría ser colocar Controladores de Dominio Windows (DCs) (u otros servicios de infraestructura críticos como DNS o DHCP) en diferentes hosts.

Estas reglas también pueden ayudar a distribuir las máquinas virtuales en función de su rendimiento y del uso de los recursos de los hosts de un clúster.

### 4.3.2 Configuración de reglas de afinidad

- Para crear una regla de afinidad, vaya a la vista **Hosts y Clústeres** del inventario y seleccione un clúster. En la pestaña **Configurar**, en la sección **Configuración**, pulse **Reglas de host/máquina virtual** y pulse **AGREGAR** en la sección central bajo **Reglas de host/máquina virtual**.

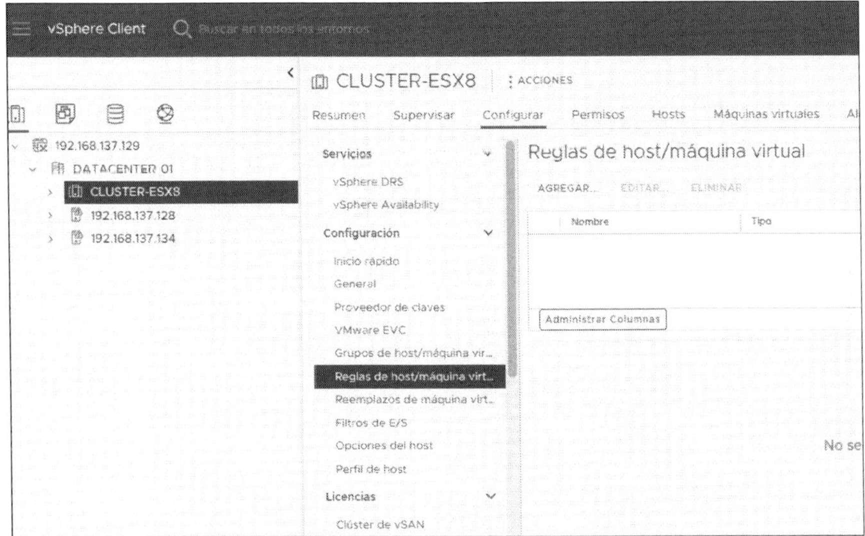


▶ Asigne un nombre a la regla y seleccione el tipo de regla que desea:

- **Mantener juntas las máquinas virtuales (afinidad)**: esta regla garantiza que determinadas máquinas virtuales se ejecuten juntas en el mismo host. Esta opción puede ser útil en casos en los que las máquinas virtuales son interdependientes y requieren una comunicación de baja latencia desde el mismo host. Por ejemplo, un servidor web que depende de un servidor de base de datos.
- **Separar las máquinas virtuales (antiafinidad)**: esta regla garantiza que las máquinas virtuales especificadas estén separadas y se ejecuten en hosts diferentes. Como se ha mencionado anteriormente, esta regla puede ser útil para mejorar la tolerancia a fallos y la disponibilidad al evitar que ciertas máquinas virtuales críticas coexistan en el mismo host.
- **Máquinas virtuales a hosts**: esta regla obliga a las máquinas virtuales a ejecutarse en hosts específicos. Permite establecer una relación de afinidad entre máquinas virtuales y hosts. Por ejemplo, una máquina virtual que requiera más recursos de procesamiento, se puede asociar a un host que tenga más procesadores. Esta regla también se puede utilizar si una licencia de software que se ejecuta en una máquina virtual requiere el uso de un único host (o un número limitado de CPU).

- **Máquinas virtuales a máquinas virtuales**: esta regla garantiza que determinadas máquinas virtuales no se ejecuten en uno o varios hosts designados. Se trata de una relación antiafinidad, que puede ser relevante cuando existen problemas de compatibilidad o limitaciones de recursos en los hosts, que se deben evitar para determinadas máquinas virtuales.

▶ Una vez definido el tipo de regla, haga clic en **AGREGAR**, debajo de **Tipo**, para seleccionar los objetos a los que se aplicará esta regla y pulse **ACEPTAR**.

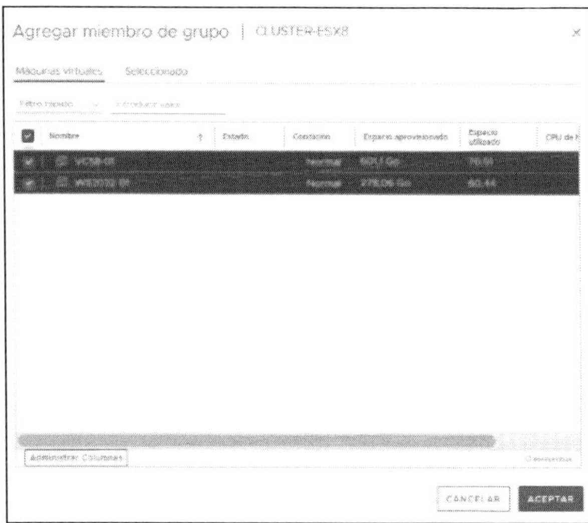


La regla se añadirá a la sección **Reglas de host/máquina virtual**. Una vez activada, la regla se ejecutará y ubicará en consecuencia.

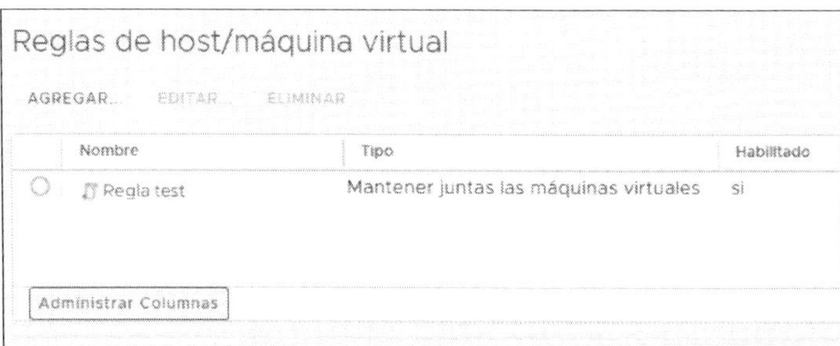


## 4.4 Copia de seguridad de máquinas virtuales

Como ya se ha mencionado, una instantánea (*snapshot*) no es una copia de seguridad y no se debe confiar en ella para proteger las máquinas virtuales. Si el disco virtual original se corrompe, la instantánea también se corromperá. Por lo tanto, las instantáneas pueden ser seguras a corto plazo, pero no sustituyen a las copias de seguridad.

Es preferible utilizar soluciones de copia de seguridad de terceros que permitan gestionar las copias de seguridad en función de políticas y retenciones específicas.

Soluciones como Veeam Backup & Replication, Commvault, Rubrik y Cohesity ofrecen tecnologías avanzadas de backup para máquinas virtuales y capacidades de deduplicación.

**Observación**

*La deduplicación es un método que elimina los datos redundantes identificando y almacenando sólo bloques de datos únicos. Optimiza el uso del espacio de almacenamiento reduciendo la cantidad de datos de los que hay que hacer copia de seguridad. La deduplicación funciona comparando bloques de datos entre sí y almacenando sólo los bloques únicos. Las apariciones posteriores se sustituyen por referencias a los bloques almacenados, lo que supone un importante ahorro de almacenamiento.*

### 4.4.1 Tipos de copias de seguridad

Estas soluciones ofrecen una mayor flexibilidad y, en particular, permiten realizar copias de seguridad de los tres tipos clásicos:

- **Completa**: es una copia de seguridad que realiza una copia de todo el contenido de un sistema o de un conjunto de directorios específicos. La ventaja de una copia de seguridad completa es que es autónoma, pero puede ocupar mucho espacio y llevar mucho tiempo.
- **Diferencial**: es una copia de seguridad que sólo captura las diferencias entre el estado actual de un sistema o contenido específico y la última copia de seguridad completa. La restauración a partir de una copia de seguridad diferencial requiere que tanto la última copia de seguridad completa como la diferencial, sean válidas. La ventaja de este tipo de copia de seguridad es que es mucho más rápida que una copia de seguridad completa. La desventaja es que ocupa más espacio que una copia de seguridad incremental y requiere la lectura de, al menos, dos archivos de copia de seguridad para la recuperación.

- **Incremental**: se trata de una copia de seguridad que sólo captura las diferencias entre el estado actual y la última copia de seguridad diferencial, incremental o completa. La ventaja de una copia de seguridad incremental es que es muy pequeña y muy rápida. La desventaja es que la restauración con una copia de seguridad incremental puede llevar más tiempo y requiere que todos los datos de la última copia de seguridad completa y de cada copia de seguridad incremental sucesiva, hasta el objetivo de recuperación sean válidos. La mayoría de los programas de copia de seguridad permiten consolidar las copias incrementales, lo que mejora considerablemente la fiabilidad y el tiempo de recuperación.

### 4.4.2 Copias de seguridad con y sin agente

Las soluciones de copia de seguridad pueden acceder a los datos del sistema de dos maneras:

- **Con agente**: en este caso, se instala un pequeño software llamado "agente" en cada servidor físico o virtual, para comunicarse con la solución de copia de seguridad para las copias de seguridad basadas en archivos.

**Observación**

*Una copia de seguridad en modo archivo copia todos los archivos y directorios de los datos actuales a un soporte de copia de seguridad. El proceso es similar a copiar archivos personales a una memoria USB u otro directorio. Dado que los sistemas de archivos llevan un registro de cuándo se crea y modifica un archivo, una copia de seguridad en modo archivo sólo puede copiar archivos y carpetas que se hayan modificado desde la última copia de seguridad.*

- **Sin agente**: esta opción se utiliza principalmente en entornos de virtualización para las copias de seguridad en modo imagen. Se trata de instantáneas de máquinas virtuales que el software de copia de seguridad puede consultar de forma granular o simplemente restaurar en su totalidad.

**Observación**

*Una copia de seguridad basada en imágenes no se basa en sistemas de archivos, simplemente copia los bloques de los que hay que hacer una copia de seguridad en orden de principio a fin, creando un registro completo en el disco. Las soluciones de copia de seguridad basadas en imágenes están diseñadas para determinar qué bloques han cambiado desde la última copia de seguridad y copiar sólo esos bloques. Este proceso da como resultado copias de seguridad muy rápidas.*

La copia de seguridad sin agente sigue utilizando agentes, pero sólo un número reducido, por lo que el proceso es más fácil de gestionar. Por regla general, se instala un agente por cada host de virtualización. Esta funcionalidad también puede ser soportada por una máquina virtual dedicada a este tipo de copia de seguridad.

En casos especiales, sobre todo para aplicaciones de bases de datos, es preferible instalar un agente en una máquina virtual para garantizar la integridad de los datos. La copia de seguridad en modo imagen utiliza un proceso de puesta en reposo del sistema operativo (*quiescing*), que detiene temporalmente las operaciones de entrada/salida durante la copia de seguridad y este mecanismo no se recomienda para todas las aplicaciones.

### 4.4.3 La funcionalidad Changed Block Tracking

*Changed Block Tracking (CBT)* es una función nativa de VMware que rastrea los bloques modificados en una máquina virtual. CBT se introdujo en vSphere 4.0 para permitir que las aplicaciones de protección de datos de terceros aprovecharan esta tecnología para hacer más eficiente el proceso de copia de seguridad.

Esta función se activa en el nivel de almacenamiento de los hosts ESXi y permite a las soluciones de copia de seguridad de terceros copiar únicamente los bloques de datos que han cambiado desde la última copia de seguridad. Este proceso crea copias de seguridad incrementales de los bloques utilizados en lugar de copiar toda la máquina virtual.

Esto reduce considerablemente la cantidad de datos que hay que proteger y acelera el proceso de copia de seguridad, especialmente en entornos grandes con cientos de máquinas virtuales.

CBT también se utiliza en la función Storage vMotion que, como ya se ha mencionado, permite mover los archivos de disco de una máquina virtual de un almacén de datos (*datastore*) a otro, mientras la máquina virtual está en ejecución.

### 4.4.4 Plan de copias de seguridad y recuperación en caso de fallo grave

La implantación de una solución de copia de seguridad requiere la elaboración de un plan que describa los datos que hay que proteger y el alcance de las copias de seguridad. Un plan de copias de seguridad se basa, en particular, en los conceptos de recuperación en casos de fallos graves, RPO y RTO.

- **Recuperación en caso de siniestro (*Disaster Recovery*)**: se refiere al proceso de restauración y recuperación de sistemas informáticos, datos e infraestructuras tras una interrupción o siniestro grave.
- **RPO (*Recovery Point Objective*)**: es una medida que define la cantidad aceptable de pérdida de datos en caso de fallo grave, determinando cuándo se deben recuperar los datos.
- **RTO (*Recovery Time Objective*)**: es el plazo en el que los sistemas y servicios se deben recuperar y volver a estar operativos.

Juntos, el RPO y el RTO ayudan a guiar la planificación y la implementación de estrategias de recuperación ante siniestros graves para garantizar la integridad de los datos y minimizar el tiempo de inactividad durante los esfuerzos de recuperación. La recuperación ante siniestros graves para un entorno de virtualización, puede ir más allá de las soluciones de copia de seguridad desplegando, por ejemplo, otro entorno de recuperación dedicado que puede estar en las instalaciones o en la nube.

## 5. Protección del servidor vCenter

Existen varias opciones de seguridad para proteger un *appliance* vCenter. Entre ellas se incluyen la configuración de reglas de cortafuegos y la realización de copias de seguridad de la configuración *del appliance*. Otra opción de alta disponibilidad permite desplegar otro nodo vCenter, listo para tomar el relevo en caso de fallo del servidor principal.

Dado que el vCenter es el componente más crítico del entorno de virtualización, es importante prestar especial atención a su seguridad.

### 5.1 Configuración del cortafuegos

- Conéctese a la interfaz web de **Administración de vCenter Server** (la misma dirección que vSphere, pero especificando el puerto 5480).
- En el menú de la izquierda, pulse **Firewall**.

- Para crear una nueva regla, haga clic en **AGREGAR**.

A continuación, puede elegir a qué interfaz de red desea aplicar la regla y prohibir o permitir una dirección IP específica.

- **Aceptar**: esta opción autoriza los paquetes con la dirección que corresponde a la especificada en **Dirección IP**.
- **Omitir**: esta opción rechaza el paquete con la dirección que corresponde a la indicada en **Dirección IP**.

- **Rechazar**: esta opción rechaza el paquete con la dirección que corresponde a la indicada en **Dirección IP** y devuelve una respuesta "destino no accesible ".
- **Regresar**: esta opción aplica las reglas por defecto (o las específicas del puerto) al paquete con la dirección que corresponde a la especificada en **Dirección IP**.

## 5.2 Configuración de la copia de seguridad

Para configurar la copia de seguridad del vCenter, se requiere un servidor de destino que debe soportar uno de los siguientes protocolos: FTPS, HTTPS, SFTP, FTP, NFS, SMB o HTTP.

Esta función de copia de seguridad únicamente copia la configuración de vCenter que, en caso de fallo o avería, se puede importar para recuperar el estado de la configuración inicial. Para una copia de seguridad completa de la *appliance*, es posible clonar la máquina virtual y dejarla apagada, pero esta operación se debe realizar regularmente para disponer de un estado representativo del entorno vSphere. Como veremos más adelante, la solución vCenter HA es más eficaz para garantizar la continuidad de los servicios de la *appliance*.

▶ En el menú de la izquierda de **vCenter Server Management**, pulse **Copia de seguridad**.

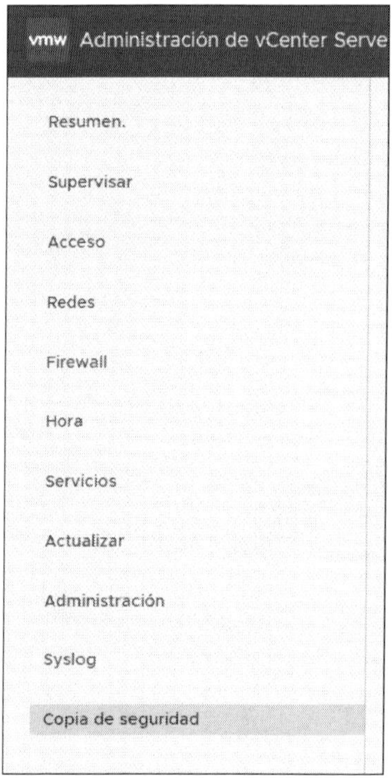


▶ En la sección **Programación de copia de seguridad**, pulse **CONFIGURAR** a la derecha.

| Programación de copia de seguridad | CONFIGURAR |
|---|---|
| Condición | Sin configurar |

La ventana **Crear programación de copia de seguridad** ofrece distintas opciones, en función del protocolo utilizado.

Se debe crear un recurso compartido de red con los permisos adecuados para enviar la configuración de vCenter.

Puede programar sus copias de seguridad directamente desde esta ventana y añadir una capa extra de seguridad encriptando los datos que envía.

Crear programación de copia de seguridad

Ubicación de la copia de seguridad * — protocolo://dirección-de-servidor<:número-de-puerto>/carpeta/subcarpeta

Credenciales del servidor de copia de seguridad — Nombre de usuario / Contraseña

Programación — Diariamente 11 : 59 P. M. Etc/UTC

Cifrar copia de seguridad — Contraseña de cifrado / Confirmar contraseña

Cantidad de copias de seguridad que se conservarán * — Conservar todas las copias de seguridad / Conservar la más reciente 0 copias de seguridad

Datos — Stats, Events, and Tasks 47 MB / Inventory and configuration 95 MB

Tamaño total (comprimido) 142 MB

CANCELAR CREAR

## 5.3 Configuración de vCenter HA

La función vCenter HA garantiza la disponibilidad y resistencia del servidor vCenter. Esta opción crea un clúster de tres nodos compuesto por un nodo activo, un nodo pasivo y un nodo testigo (*witness*) y proporciona mecanismos de conmutación por error para la reanudación automática de los servicios en caso de fallo del nodo principal.

Nuestra sandbox no nos permite implementar esta solución, que requiere mucho espacio en disco. Pero veamos dónde se puede activar esta función.

- Vaya a la vista **Hosts y Clústeres** y seleccione el objeto vCenter en la raíz del inventario. Seleccione la pestaña **Configurar** en el centro y pulse **vCenter HA**.

La sección central incluye un diagrama que muestra cómo funciona cada nodo del clúster:

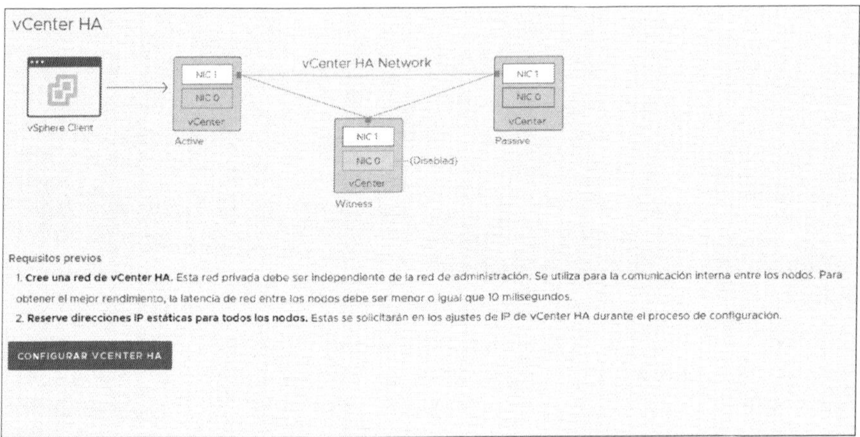


Se debe crear una red dedicada para gestionar las comunicaciones dentro del clúster y cada nodo debe tener una dirección IP estática.

Una vez configurado vCenter HA, funciona principalmente a través de la máquina virtual testigo que supervisa el vCenter Server activo. Si este nodo detecta un fallo, como un problema de software o una pérdida de conectividad de red, el componente vCenter HA activa una conmutación por error de los servicios del nodo activo al nodo pasivo. Cuando el nodo pasivo se convierte en el nuevo vCenter activo, reinicia los servicios necesarios y asume la última configuración y sincronización de la base de datos del nodo que ha fallado, para garantizar una transición fluida. Una vez completado el proceso de failover, el nuevo servidor vCenter activo asume la gestión del entorno vSphere.

Para ver los pasos de configuración, pulse **CONFIGURAR VCENTER HA**. La configuración consiste principalmente en asignar la nueva red de HA a las máquinas virtuales y asignarles un banco de datos.

## 6. Protección y seguridad en vSphere

Existen varias soluciones para proteger y asegurar un entorno vSphere, que se deben planificar e implantar cuando se despliega la solución.

Un buen punto de partida para la seguridad informática es el modelo AAA (*AAA model*):

- **Authenticación (Authentification)**
- **Autorización (Autorisation)**
- **Accounting (Registro)**

Este modelo describe cómo se debe **autenticar** a los usuarios (identificarlos correctamente como la persona que dicen ser), **autorizarlos** (otorgarles los permisos adecuados para realizar determinadas tareas) y **registrarlos** (todas sus acciones deben quedar registradas en logs para futuras consultas).

El uso del modelo AAA garantiza la implementación de los aspectos de seguridad más importantes de un entorno de virtualización. En esta sección del capítulo, proponemos inspirarnos en este modelo para presentar las principales características de seguridad ofrecidas para todo un entorno vSphere.

Para llevar a cabo configuraciones que afectan a la seguridad, se debe conectarse a vSphere Client con la cuenta SSO (administrator@vsphere.local) que tenga los permisos adecuados para realizar estas operaciones.

## 6.1 Autenticación y gestión de identidades

Como ya hemos visto para los hosts ESXi, es posible integrar un servicio de directorio Active Directory (AD) en Windows Server como proveedor de identidades (*Identity Provider*, IDP) para soportar la autenticación.

Se pueden utilizar otros proveedores de identidad (servidores Open LDAP) o soluciones SAML externas, pero sólo es necesario seleccionar uno de ellos como IDP predeterminado.

**Observación**

*LDAP (Lightweight Directory Access Protocol) es un protocolo de acceso y gestión de datos en un servicio de directorio. Este protocolo se utiliza habitualmente para la gestión de identidades y la autenticación centralizada de usuarios, en una aplicación cliente.*

*SAML (Security Assertion Markup Language) es un protocolo basado en XML (Extensible Markup Language) para intercambiar datos de autenticación y autorización entre proveedores de identidad y aplicaciones o proveedores de servicios. SAML permite la función de inicio de sesión único (Single Sign On, SSO), que permite a los usuarios autenticarse una vez y acceder a varios servicios o aplicaciones, sin tener que introducir cada vez sus datos de autenticación.*

También existe un servicio de gestión de identidades llamado VMware Identity Manager (vIDM). Este producto de VMware se instala como dispositivo virtual y se puede integrar con vSphere como origen de identidades.

### 6.1.1 Añadir un proveedor de identidad

- En el menú principal de **vSphere Client**, pulse **Administración**.

- En el menú **Administración**, vaya a la sección **Single Sign On** y seleccione **Configuración**.
- Elija la pestaña **Proveedor de identidad**, pulse **Orígenes de identidad** y haga clic en **AGREGAR** en la sección central.

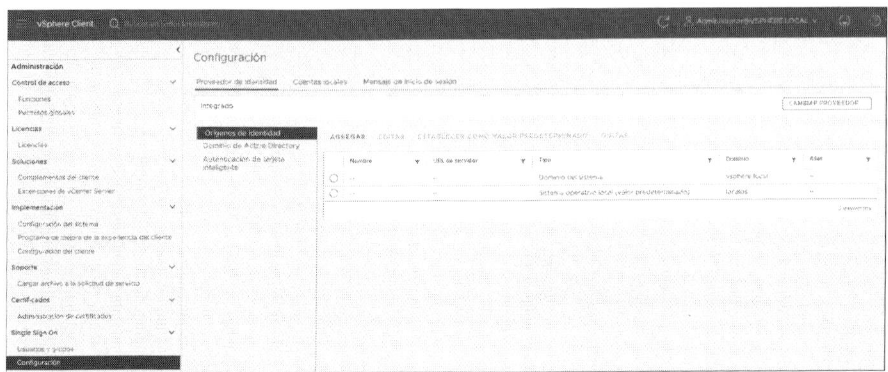

En **Tipo de origen de identidad**, puede seleccionar el IDP deseado. Están disponibles las siguientes opciones:

- **Active Directory (autenticación integrada de Windows)**: esta opción permite añadir un dominio Active Directory como IDP de forma integrada, es decir, utilizando lOs API y los protocolos proporcionados por el AD. Esta configuración no utiliza un protocolo intermedio como LDAP. Esta opción ya no se debe utilizar, ya que será eliminada en una futura versión de vSphere.
- **Active Directory en LDAP**: esta opción también utiliza Active Directory como origen de identidad. A diferencia de la opción anterior, utiliza el protocolo LDAP para interactuar con AD durante el proceso de autenticación de usuarios. La configuración de esta opción es más compleja que la anterior, pero ofrece mayor seguridad, especialmente con la opción LDAPS (LDAP asegurado por encriptación).
- **OpenLDAP**: esta opción admite varios orígenes de identidad Open LDAP (implementación de código abierto de LDAP). Este protocolo se utiliza sobre todo en entornos Linux.

- **Sistema operativo local del servidor SSO**: esta opción se puede utilizar para entornos pequeños que no dispongan de servidores IDP. Por ejemplo, se puede utilizar un host ESXi como servidor SSO. En este caso, las cuentas locales configuradas en el host se utilizarán para la autenticación en vSphere. Para esta opción, sólo se permite un origen de identidad "sistema operativo local".

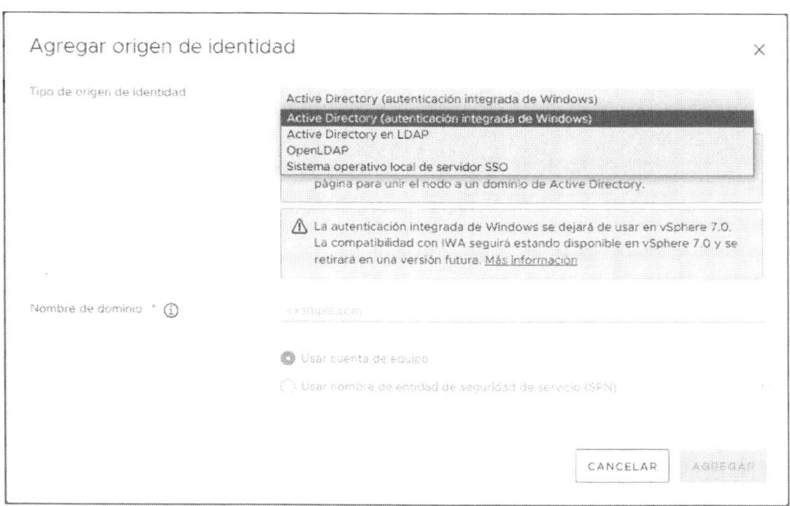


## 6.1.2 Añadir un dominio de Active Directory

▶ Para añadir un dominio de Active Directory a vSphere como IDP, permanezca en la pestaña Proveedor de **identidad** de la sección **Single Sign On**, haga clic en Dominio de **Active Directory** y pulse **UNIRSE A AD** en la sección central.

- Si dispone de un controlador de dominio (*Domain Controller*, DC), introduzca el nombre completo (*Fully Qualified Domain Name*, FQDN) del dominio, sus datos de autenticación y pulse **UNIRSE**.

Uno de los servidores DNS que ha especificado para el vCenter también debe ser DC para que esta operación funcione.

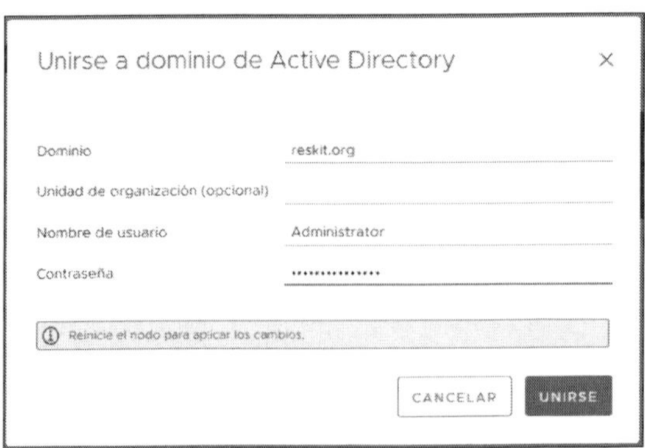


Una vez que se haya unido al dominio de Active Directory, será necesario reiniciar vCenter Server para que se apliquen los cambios.

## 6.2 Control de acceso

En vSphere existe una solución de control de acceso basado en roles (*Role-Based Access Control*, RBAC). Su objetivo es limitar los permisos de los usuarios individuales en función de su función dentro de una organización mediante la asignación de cuentas de usuario a funciones predefinidas o personalizadas.

En vSphere, la solución RBAC consta de tres componentes principales:

- **Roles**: un rol es un subconjunto específico de permisos que corresponde a los derechos que puede tener un usuario en función de su rol en la organización. Por ejemplo, un usuario puede tener un rol de "Administrador", "Sólo lectura", "Usuario de máquina virtual", etc.
- **Autorizaciones**: cada tarea que se puede realizar está vinculada a una autorización. Por ejemplo, se necesita una autorización para detener una máquina virtual, otra para crear instantáneas, acceder a los datos de rendimiento, etc. Los roles se componen de un conjunto de autorizaciones.
- **Usuarios y grupos**: se puede asignar un rol a un usuario específico o a un grupo. A continuación, este rol se puede asignar a uno o varios objetos específicos de vSphere o a todo el entorno de virtualización.

▶ Para ver los roles disponibles, vaya a la sección **Control de acceso** del menú **Administración** y pulse **Funciones**.

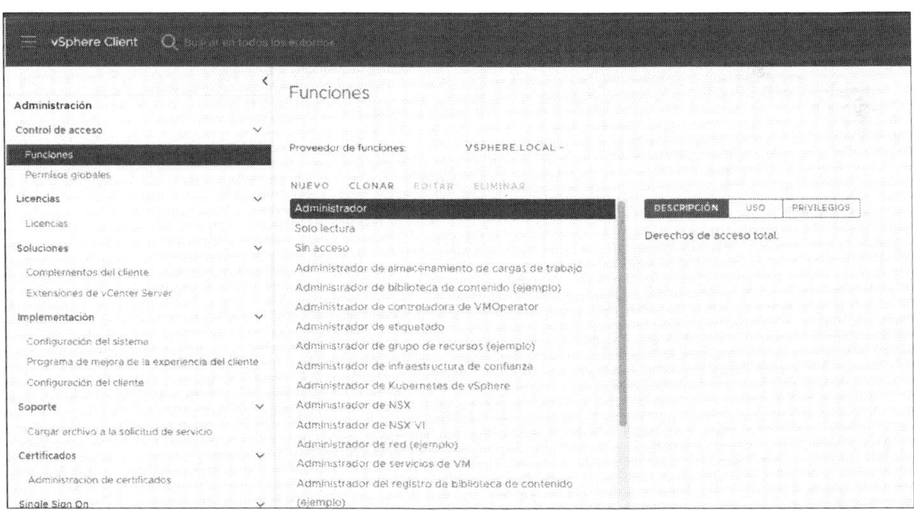

▶ Para visualizar los permisos asociados a los roles, pulse el botón **PRIVILEGIOS** de la sección derecha.

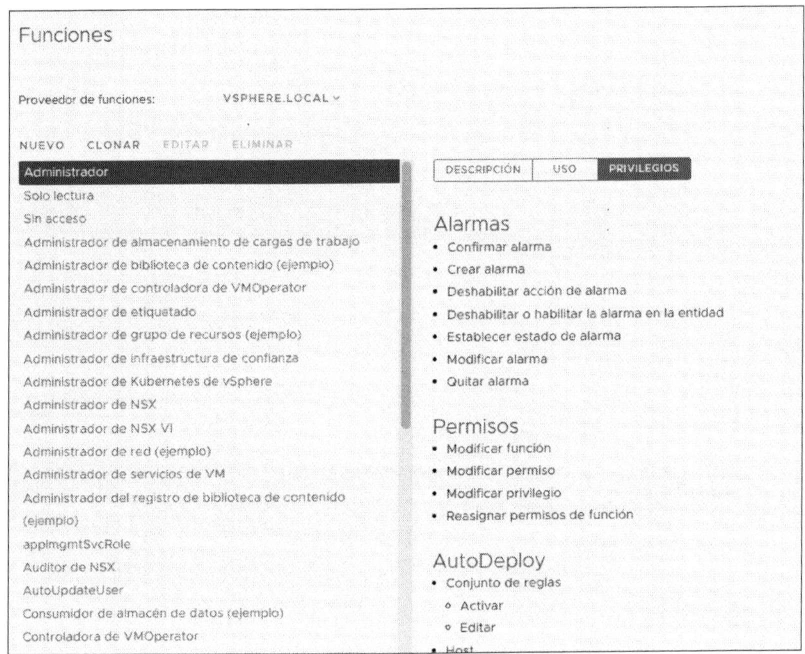

### 6.2.1 La creación de un nuevo rol

Puede crear un nuevo rol pulsando **NUEVO**. En este caso, deberá seleccionar individualmente las autorizaciones, que se enumeran por temas en la columna de la izquierda.

La opción **CLONAR**, situada encima de la lista de roles, le permite copiar un rol existente y modificarlo a su gusto para personalizarlo.

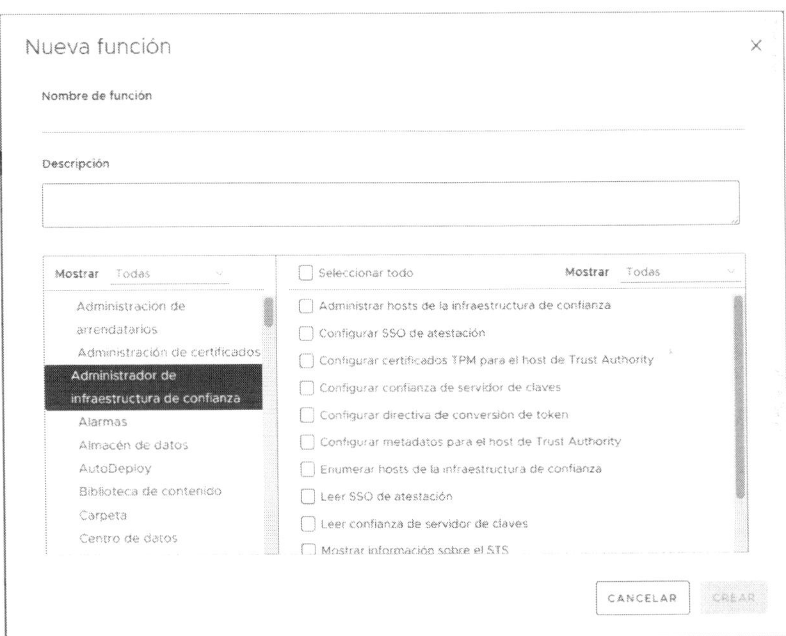


### 6.2.2 Asignación de roles a los objetos

En un entorno vSphere son posibles dos tipos de asignación de roles: global y granular.

- Para realizar asignaciones globales, vaya a **Permisos globales** en la sección **Control de acceso** del menú **Administración**.

Desde esta sección, puede añadir, modificar o eliminar roles cuyos permisos se aplican a todo el entorno vSphere.

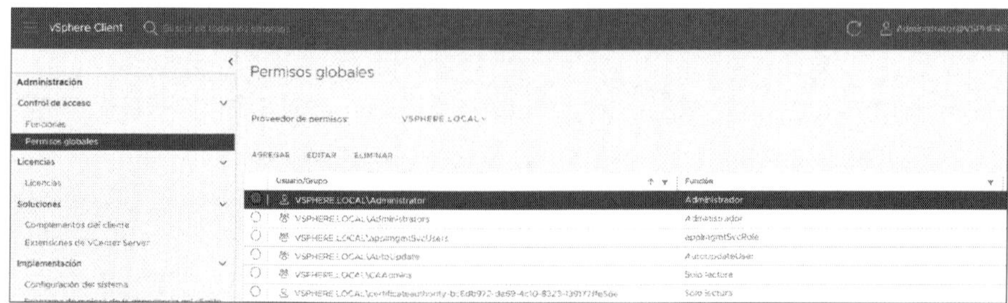


Las asignaciones granulares se realizan desde la pestaña **Permisos** de cualquier objeto del inventario de vSphere.

He aquí un ejemplo de una máquina virtual:

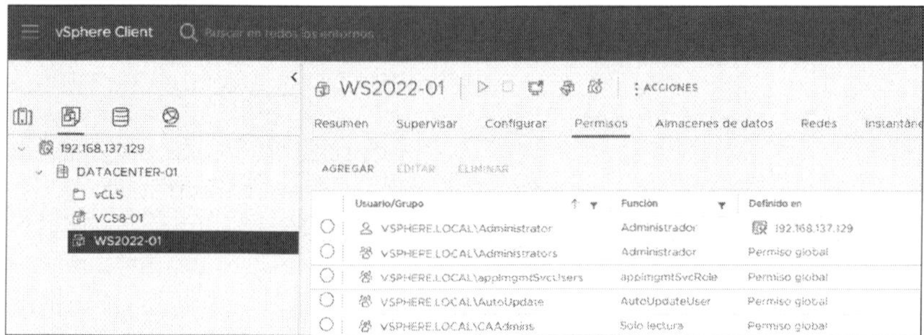


Pulsando **AGREGAR**, en la sección central, puede seleccionar el dominio (SSO por defecto) o Active Directory, si se ha unido un dominio a vSphere. Un menú desplegable permite elegir el rol deseado.

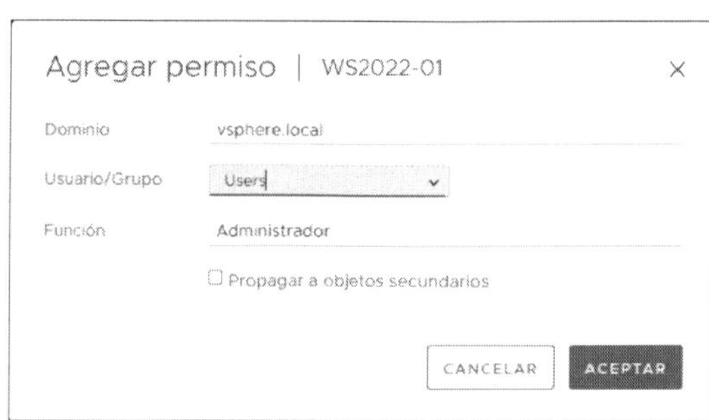

## 6.3 Utilización de certificados

En vSphere, los certificados se utilizan para establecer comunicaciones seguras y verificar la autenticidad de los componentes del entorno. Una autoridad de certificación (*Certificate Authority*, CA) llamada VMCA, es responsable de la emisión de certificados digitales.

Las opciones de gestión de certificados son las siguientes:

- ***VMware Certificate Authority* (VMCA)**: este componente actúa como autoridad de certificación en el entorno vSphere para gestionar y emitir certificados para varios componentes como vCenter Server y hosts ESXi. VMCA autentica y garantiza una comunicación segura entre los componentes de vSphere proporcionando certificados de confianza dentro de la infraestructura de vSphere.
- **Certificado SSL de máquina**: estos certificados son específicos para cada componente individual de un entorno vSphere. El VMCA los genera por defecto, pero lo pueden firmar una autoridad de certificación externa, como un servicio de certificados de Windows. Los certificados de máquina se utilizan para asegurar la comunicación entre los distintos componentes de un entorno vSphere.
- **Certificado de firma STS**: este certificado de firma lo utiliza el componente *Security Token Service* (STS) en vSphere. Se encarga de firmar los tokens de seguridad utilizados con soluciones externas de gestión de identidades. Este certificado garantiza la autenticidad e integridad de los tokens, estableciendo una relación de confianza entre los componentes de vSphere y los IDP externos.
- **Certificados raíz de confianza**: estos certificados los emite una CA de confianza que está autorizada a nivel raíz, dentro de la infraestructura de vSphere.

Es posible utilizar su propia autoridad de certificación, como un servicio de certificación de Windows, para emitir certificados para su uso en vSphere. Una vez emitido el certificado, se debe instalar en los componentes vSphere adecuados. Este proceso implica importar el certificado al almacén de claves del componente, que almacena certificados y claves privadas de confianza.

- Para ver la funcionalidad de gestión de certificados en vSphere, vaya a **Administración** en el menú vSphere Client y pulse **Administración de certificados** en la sección **Certificados**.

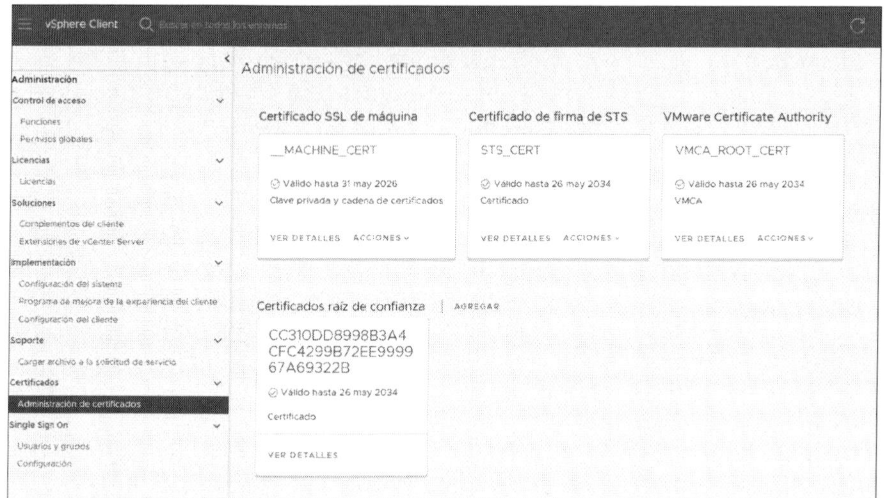

## 7. Conclusión

En este capítulo, hemos revisado las distintas opciones de seguridad, la alta disponibilidad y protección de un entorno VMware. Hemos explorado las diferentes características que se aplican a los hosts ESXi, a las máquinas virtuales y al entorno vSphere en general.

Este recorrido no es exhaustivo. También podríamos haber presentado las herramientas de supervisión, alerta y gestión del ciclo de vida de las máquinas virtuales, pero nuestra sandbox no nos permitió explorar estas funciones en detalle y verlas en acción. Ahora que está más familiarizado con el entorno vSphere, puede descubrirlas por sí mismo y probarlas fácilmente.

El capítulo Virtualización y cloud computing concluye este libro examinando el lugar de la virtualización en la cloud computing. También veremos algunas soluciones de automatización y herramientas DevOps que se pueden utilizar en un entorno vSphere.

# Capítulo 11
# Virtualización y cloud computing

## 1. Introducción

La aparición de la cloud computing no es sólo un punto de inflexión en la informática, sino también un cambio de percepción en el que el software y el hardware se ven como un "paquete de software". En la década de 2000, la virtualización ya había establecido una nueva división entre la informática "tradicional" y la "moderna", pero el aumento de la popularidad de la cloud computing marca realmente una nueva era, la de la informática como servicio.

El enfoque tradicional gira en torno a la noción de propiedad de la infraestructura necesaria para hacer funcionar el software, mientras que el modelo introducido por el cloud se refiere a un modelo de externalización en el que los recursos de hardware (procesamiento) se consumen a demanda de uno o varios proveedores terceros.

La virtualización de servidores desempeña un papel crucial en la cloud computing al proporcionar la base para la abstracción, aislamiento y asignación eficiente de recursos. Permite a los proveedores del cloud maximizar el uso de sus recursos de hardware, mientras que los usuarios pueden disfrutar de una serie de ventajas como el despliegue de máquinas virtuales con un sistema operativo preinstalado en cuestión de minutos. Por supuesto, esta flexibilidad tiene un coste, que se debe evaluar adecuadamente antes de utilizar aplicaciones en la nube o migrar de un entorno de virtualización a una plataforma en la nube.

Este capítulo concluye el libro examinando el papel que desempeña la virtualización de servidores en la cloud computing que, como hemos mencionado al principio, son vastas plataformas de virtualización. También diremos unas palabras sobre la automatización y, de manera más amplia, sobre DevOps, que son esenciales cuando se trata de cloud computing.

Para concluir nuestra visión general de la virtualización, presentaremos brevemente una última forma de virtualización que, desde hace unos diez años, se ha convertido en uno de los métodos preferidos para desplegar aplicaciones: la virtualización del sistema operativo, más conocida como "contenedorización". la virtualización del sistema operativo, más conocida como "contenedorización".

## 2. Virtualización y cloud computing

Para entender el papel de la virtualización de servidores en el mundo de la cloud computing, primero tenemos que ofrecer una visión general de cómo funciona y de los modelos de servicio que ofrece. modelos de servicio que ofrece la cloud computing.

Para explicar qué es la cloud computing, proponemos recurrir a las definiciones dadas por dos autoridades en la materia: Gartner y el *National Institute of Standards and Technology* (NIST).

## 2.1 Definición de cloud computing de Gartner

Según Gartner, la cloud computing es un enfoque de la informática en el que los recursos de procesamiento se caracterizan por su elasticidad (*elasticity*) y escalabilidad (*scalability*) y por el hecho de que se ofrecen como servicio (*as a Service*) utilizando tecnologías de Internet.

https://www.gartner.com/en/information-technology/glossary/cloud-computing

Esta definición pone de relieve dos conceptos importantes de la cloud computing: elasticidad y escalabilidad. El primer concepto se refiere a un objeto elástico, es decir, que puede estirarse y volver a su forma inicial por sí solo. Un objeto así se caracteriza por su adaptabilidad y flexibilidad. Por ejemplo, una aplicación web se puede considerar altamente adaptable o elástica si es capaz de asumir una carga de peticiones inesperadas.

### 2.1.1 Los conceptos de elasticidad y escalado

La elasticidad se refiere a la capacidad de una aplicación para aumentar o disminuir dinámicamente sus instancias de procesamiento (máquinas virtuales o contenedores) en respuesta a un aumento o disminución repentinos del tráfico web. Un sistema elástico se adapta automáticamente para ajustar los recursos a la demanda en tiempo real.

Este enfoque se denomina escalado horizontal (*horizontal scaling*).

Esta forma de escalado no es específica de la cloud comp ting, pero es una de sus principales ventajas, ya que los recursos se utilizan bajo demanda.

Por el contrario, el escalado vertical (*vertical scaling*) consiste en añadir más recursos y aumentar la capacidad de los servidores añadiendo procesadores, RAM, discos duros o tarjetas de red. Este tipo de escalado no es específico de las infraestructuras "in situ", pero es donde se da con más frecuencia porque suele ser más barato y sencillo añadir recursos a un servidor que comprar uno nuevo.

**Observación**

*Con la cloud computing, el término "on-premises" u on-prem) ha pasado a utilizarse para diferenciar la infraestructura física o los centros de datos de una empresa, por oposición a los recursos desplegados en una plataforma de nube pública.*

Desde el punto de vista de una aplicación, el escalado vertical puede parecer más sencillo e interesante a primera vista. Al trasladar una aplicación a una máquina de mayor rendimiento con más CPU o memoria, el software puede aprovechar estos recursos inmediatamente o tras un rápido reinicio. En la mayoría de los casos, no es necesario reconfigurar la aplicación. Sin embargo, este enfoque tiene un inconveniente: un servidor no se puede ampliar indefinidamente. Siempre habrá un límite en términos de disponibilidad de hardware porque las máquinas físicas y los pools de recursos virtualizados tienen límites.

En cambio, el escalado horizontal es casi ilimitado. Esta ventaja del horizontal scaling tiene un coste, por lo que hay que aprovechar las capacidades de *autoscaling* que ofrecen las plataformas de nube pública, que añaden o eliminan recursos automáticamente en función de la carga.

### 2.1.2 La noción de escalabilidad

Aunque escalabilidad y elasticidad parecen referirse a lo mismo, son dos conceptos diferentes. En efecto, la evolutividad o escalabilidad de un sistema, se refiere a su capacidad para aumentar la carga de trabajo con los recursos de hardware existentes.

Una solución evolutiva permite un crecimiento estable a largo plazo y planificado de antemano, mientras que una solución elástica responde a cambios más inmediatos y variables de la demanda. Tanto la elasticidad como la escalabilidad en la cloud computing son características importantes de un sistema, pero la prioridad de una sobre la otra depende del tipo de cargas de trabajo, si son predecibles o muy variables.

### 2.1.3 Recursos ofrecidos "como servicio

La definición de Gartner indica que los recursos del cloud se ofrecen "*como* un servicio" (*as a service*). En el contexto de la cloud computing, un servicio se refiere a una oferta o funcionalidad específica proporcionada por una plataforma en nube a usuarios u organizaciones.

Los servicios ofrecidos por la nube pública son recursos que se consumen bajo demanda, del mismo modo que un alquiler o una propiedad. Sin embargo, los recursos consumidos son virtuales, como máquinas virtuales, almacenamiento o capacidad de procesamiento, en lugar de propiedades físicas o espacio.

Echemos un vistazo a la definición de nube del NIST, que se centra en los modelos de servicios en la nube.

## 2.2 Definición de cloud computing del NIST

El NIST propuso una definición mucho más completa de cloud computing en 2011, que sigue siendo la definición autorizada en la actualidad. La siguiente información es una adaptación de "The NIST Definition of Cloud Computing", de Peter Mell y Timothy Grance.

https://nvlpubs.nist.gov/nistpubs/legacy/sp/nistspecialpublication800-145.pdf

Para el NIST, la cloud computing es un modelo informático que proporciona acceso en red a recursos de autoservicio bajo demanda (*on-demand self-service*) y a un conjunto compartido de recursos (redes, servidores, almacenamiento, aplicaciones y servicios) que se pueden asignar rápidamente con un esfuerzo y una interacción mínimos con el proveedor de servicios en la nube.

Según la definición del NIST, la cloud computing se compone de cinco características esenciales, tres modelos de servicio y cuatro modelos de despliegue.

### 2.2.1 Las cinco características esenciales

Las características esenciales de la cloud computing son las siguientes:

- **Autoservicio bajo demanda (*on-demand self-service*)**: un cliente puede consumir automáticamente recursos informáticos (servidor, almacenamiento, red, etc.) según sus necesidades, sin necesidad de interacción humana con cada proveedor de servicios en la nube.
- **Acceso a la red de gran cobertura (*broad network access*)**: los servicios y funcionalidades del cloud están disponibles en la red y accesibles a través de mecanismos estándar que permiten su uso en diversas plataformas (estaciones de trabajo, ordenadores portátiles, teléfonos móviles, tabletas).
- **Puesta en común de recursos (*resource pooling*)**: los recursos informáticos del proveedor del cloud se ponen en común para servir a varios consumidores mediante un modelo multiarrendatario. Los distintos recursos físicos y virtuales se pueden asignar o retirar de manera dinámica en función de la demanda de los clientes.

  Los recursos en el cloud son geográficamente independientes en el sentido de que el cliente no suele tener control ni conocimiento de la ubicación exacta de los recursos proporcionados. Sin embargo, puede especificar la ubicación a un nivel superior de abstracción (por ejemplo, un país, un estado o un centro de datos).
- **Rápida elasticidad (*rapid elasticity*)**: los recursos del cloud se pueden asignar de forma elástica, de modo que se puedan aumentar o reducir rápidamente en función de la demanda. Para el consumidor, los recursos disponibles parecen ilimitados y se pueden asignar en cualquier momento en función de la cantidad requerida.
- **Prestación de servicios a medida (*measured service*)**: los sistemas en nube controlan y optimizan automáticamente el uso de recursos utilizando unidades de medida adecuadas al tipo de servicio (por ejemplo, almacenamiento, recursos de procesamiento, ancho de banda y cuentas de usuario activas).

  El uso de los recursos se puede supervisar, controlar y registrar para ofrecer transparencia tanto al proveedor como al consumidor del servicio. Por regla general, los recursos se consumen en función del pago por uso.

## 2.2.2 Modelos de servicio

Además de estas cinco características, el NIST divide la oferta de cloud computing en tres modelos de servicio.

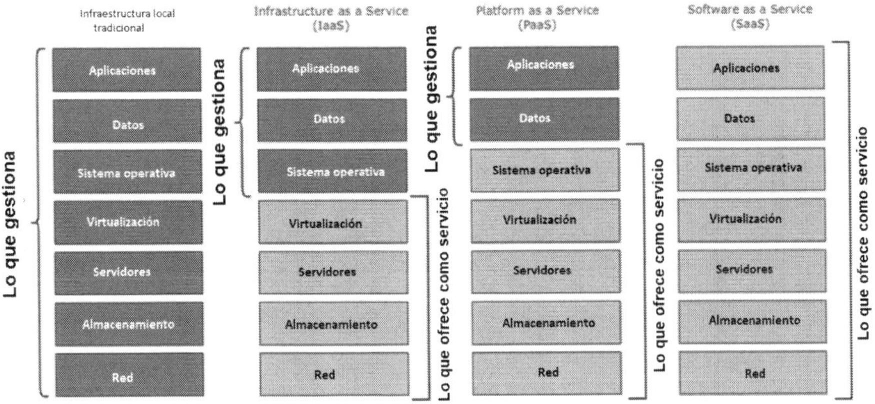


*Los tres modelos de servicio de la cloud computing*

- **Software como servicio (*Software as a Service*, SaaS)**: este modelo se refiere a la capacidad ofrecida al cliente para consumir las aplicaciones del proveedor que se ejecutan en una infraestructura en la nube.

La infraestructura cloud se refiere a todos los recursos de hardware y software que hacen posibles las cinco características esenciales de la cloud computing, expuestas anteriormente. Se puede considerar que una infraestructura de nube contiene tanto una capa física como una capa de abstracción:

- La capa física comprende los recursos de hardware necesarios para soportar y prestar servicios en la nube y, por lo general, incluye componentes de procesamiento (servidores), almacenamiento y red.
- La capa de abstracción consiste en el software desplegado en la capa física que permite implementar las cinco características esenciales del cloud. Conceptualmente, la capa de abstracción se sitúa por encima de la capa física.

En el modelo SaaS, las aplicaciones son accesibles desde distintos tipos de cliente, como un navegador web o una interfaz de programación de aplicaciones (API).

**Observación**

*En el contexto del cloud y la Web en general, un API (Application Programming Interface) es un conjunto de reglas y protocolos que permiten a diferentes aplicaciones interactuar y comunicarse entre sí. En concreto, un API permite a los desarrolladores acceder a los recursos (funciones y datos) de una aplicación o servicio web y manipularlos.*

En el modo SaaS, el consumidor no tiene control ni capacidad para gestionar la infraestructura subyacente del cloud, incluida la red, los servidores, los sistemas operativos, el almacenamiento e incluso la funcionalidad de las aplicaciones. Solo puede parametrizar los servicios y realizar ciertas configuraciones específicas.

- **Plataforma como servicio (*Platform as a Service*, PaaS)**: este modelo permite a los consumidores desplegar aplicaciones o servicios en la infraestructura del cloud. En el modo PaaS, los consumidores pueden comprar aplicaciones o crearlas ellos mismos, utilizando los lenguajes de programación y las librerías de software que deseen o los que soporten al proveedor cloud.

Como en el modelo anterior, el consumidor no gestiona ni controla la infraestructura cloud subyacente. Es responsable y tiene el control de las aplicaciones que ha desplegado y, en su caso, de los parámetros de configuración del entorno que ha establecido.

- **Infraestructura como servicio (*Infrastructure as a Service*, IaaS)**: este modelo permite a los consumidores asignar sus propios recursos de procesamiento (máquinas virtuales), almacenamiento, redes o cualquier otro servicio de infraestructura. A continuación, pueden desplegar y ejecutar el software de su elección, que puede incluir sistemas operativos y aplicaciones. Con IaaS, el consumidor no tiene control ni opciones de gestión sobre la infraestructura cloud subyacente. Tiene responsabilidad y control sobre los sistemas operativos, el almacenamiento, la red y las aplicaciones desplegadas.

### 2.2.3 Modelos de implantación

Según el NIST, la cloud computing comprende cuatro modelos principales de despliegue:

- **Nube privada (*Private Cloud*)**: en este modelo, la infraestructura cloud la crea una organización para su uso exclusivo y el de sus consumidores (departamentos, oficinas remotas, etc.). En el modo de nube privada, la infraestructura puede ser propiedad de una organización, ser gestionada y operada por un tercero o una combinación de ambos. Se puede desplegar dentro o fuera de las instalaciones.

**Observación**

*Las infraestructuras hiperconvergentes con SDDC son buenos ejemplos de plataformas para configurar una nube privada. Varios proveedores de hardware ofrecen sistemas HCI que integran Microsoft Azure Stack, una solución de nube privada que permite beneficiarse de muchas de las funcionalidades básicas de la nube pública Azure. Estas plataformas también están diseñadas para nubes híbridas.*

- **Nube compartida (*Community Cloud*)**: en este modelo, la infraestructura del cloud se despliega para uso exclusivo de una comunidad específica de consumidores pertenecientes a una serie de organizaciones con una misión común, como instituciones gubernamentales u organizaciones responsables de políticas de cumplimiento.

  En el modo de nube compartida, la infraestructura puede ser propiedad de una o varias organizaciones de la comunidad, de un tercero o de una combinación de ellas, y puede estar desplegada in situ o fuera de las instalaciones. Este modelo es menos habitual y se suele confundir con la nube privada.

- **Nube pública (*Public Cloud*)**: en este modelo, la infraestructura de la nube se despliega para su uso por el público en general. Puede ser propietaria, estar gestionada y operada por una empresa, universidad, organización gubernamental o una combinación de éstas. En el modo de nube pública, la infraestructura está en las instalaciones del proveedor.

**Observación**

*Este modelo es el más conocido e incluye a los principales proveedores como Amazon Web Services, Microsoft Azure, Google Cloud Platform, Alibaba Cloud, OVH Cloud, Oracle Cloud Infrastructure, IBM Cloud, etc. Las alternativas de código abierto incluyen OpenStack, Apache CloudStack, Eucalyptus, OpenNebula y AppScale.*

- **Nube híbrida (*Hybrid Cloud*)**: en este modelo, el entorno de nube combina los recursos de un centro de datos local, con los de un proveedor de nube pública. Este enfoque permite la movilidad de los datos y el uso compartido de recursos entre las dos plataformas.

**Observación**

*La nube híbrida se utiliza a menudo para el "cloud bursting", una práctica mediante la que una organización escala sus aplicaciones de nube privada a una nube pública, para soportar periodos de alta demanda. Esta estrategia permite aprovechar las capacidades de la nube pública para aumentar las de una infraestructura de nube privada, sin tener que adquirir recursos adicionales.*

Hoy se podría añadir a esta lista otro modelo: el multicloud. Este enfoque consiste en utilizar varios proveedores de servicios en la nube para satisfacer las necesidades informáticas de una organización. Multicloud implica el consumo simultáneo de servicios de diferentes plataformas en la nube, lo que no excluye el uso de una infraestructura híbrida.

Esta práctica permite aprovechar las características, servicios y modelos de precios ofrecidos por distintos proveedores, reduciendo al mismo tiempo la dependencia de un único proveedor (*cloud lock-in*). El multicloud también permite implantar soluciones de recuperación ante desastres (*disaster recovery*) o ante el fallo de otro proveedor de cloud. Veremos más adelante que VMware ofrece varias soluciones para simplificar la gestión de entornos multicloud.

## 2.3 Virtualización e IaaS

Según los modelos de servicio presentados anteriormente, la virtualización no la gestiona los consumidores de servicios en la nube. En IaaS, el nivel de gestión del cliente empieza por el sistema operativo. sistema operativo, lo que significa que la plataforma de virtualización, que incluye hipervisores, servidores físicos, pools de almacenamiento y la red, la gestiona el proveedor de la nube.

Sin embargo, ciertas funciones que ofrece una plataforma de virtualización como vSphere (creación de máquinas virtuales, dimensionamiento de recursos, supervisión, seguridad y protección) son responsabilidad del consumidor.

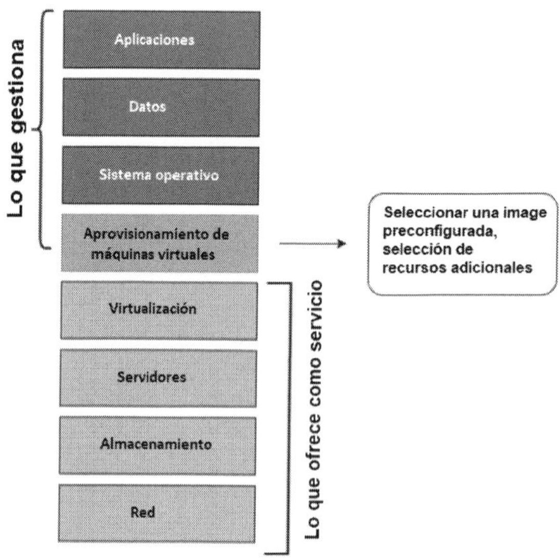


*Infraestructura como servicio (IaaS) y virtualización*

En las ofertas de IaaS, las dos tareas principales que quedan por realizar en relación con la virtualización, se pueden resumir en dos opciones: la de una imagen preconfigurada de un sistema operativo (que también se puede crear a medida) y la de una instancia (máquina virtual con recursos preconfigurados en parte o en su totalidad).

### 2.3.1 Imágenes preconfiguradas

Al crear una máquina virtual en una plataforma de cloud computing, se dispone de una amplia selección de imágenes preconfiguradas del sistema operativo. Por ejemplo, el servicio Elastic Compute Cloud (EC2) de estas imágenes preconfiguradas se denominan Amazon Machine Image (AMI). Estas imágenes encapsulan el sistema operativo y las configuraciones necesarias para lanzar y ejecutar una instancia en la nube de AWS.

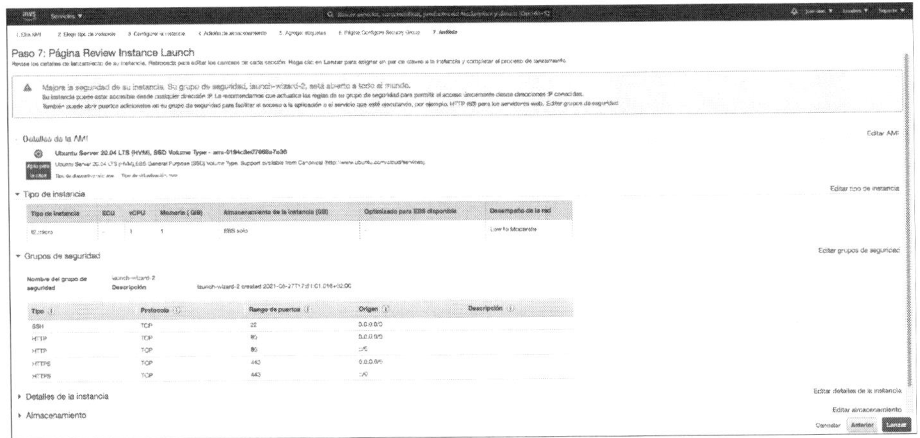


*Seleccionar una AMI y un tipo de instancia en AWS*

Las imágenes preconfiguradas admiten la gestión de versiones, lo que permite realizar un seguimiento de las distintas iteraciones de una imagen. Esta opción facilita la reversión a versiones anteriores o el despliegue de nuevas instancias con la última versión de la imagen.

Se pueden seleccionar otras imágenes en el *cloud marketplace*, un catálogo de soluciones de terceros disponibles en la mayoría de las plataformas de nube pública. Estas pueden incluir tanto el sistema operativo como una aplicación preconfigurada, siguiendo el mismo principio que una *appliance* virtual.

### 2.3.2 Las instancias

El término "instancia" se utiliza sobre todo en el contexto de AWS, pero la misma noción existe en la mayoría de las plataformas en nube. Se trata simplemente de una máquina virtual.

Es posible desplegar varias instancias a partir de la misma imagen, lo que facilita el escalado horizontal (*horizontal scaling*) y la replicación de un entorno. También veremos que el despliegue de instancias se presta bien a la automatización. De hecho, una vez conocidas la imagen y el tamaño de la máquina virtual, es fácil desplegarlas utilizando herramientas como Terraform.

## 3. Ofertas de cloud computing de VMware

VMware cuenta con una serie de ofertas y servicios que permiten a las empresas aprovechar las ventajas de la computación en la nube, pero la empresa no dispone de una plataforma pública unificada como AWS, Azure o Google Cloud Platform. En 2008, VMware puso en marcha una oferta de nube pública llamada vCloud, que cambió de nombre varias veces hasta que fue adquirida por OVH en 2017.

Algunos argumentarían que VMware no ha sabido aprovechar la oportunidad de convertirse en proveedor de nube pública, a pesar de contar con una amplia gama de productos que ya están lo suficientemente maduros para hacerlo. Sea como fuere, la oferta de nube del proveedor de vSphere ha dado un giro diferente, al ofrecer integraciones de sus productos con otras plataformas o recursos cloud para crear un servicio de nube privada, híbrida o pública. Las últimas innovaciones de VMware en cloud computing pasan por el desarrollo de soluciones de gestión multicloud, con especial atención a la automatización.

Estas son algunas de las principales ofertas cloud de VMware.

### 3.1 Ofertas propias de VMware

#### 3.1.1 vSphere +

VMware vSphere+ es ferta de nube híbrida que combina el entorno vSphere de una organización, con componentes de VMware Cloud suministrados en modo SaaS. Es una solución basada en suscripción que utiliza hosts ESXi y servidores vCenter hosts ESXi y servidores vCenter, existentes para conectarlos a VMware Cloud y beneficiarse de servicios adicionales.

Así pues, no se trata de una nueva versión de vSphere, sino de un entorno vSphere híbrido dirigido a clientes que desean mantener una infraestructura local, al mismo tiempo que aprovechan las ofertas SaaS, una consola de gestión centralizada (Cloud Console) y un entorno Kubernetes nativo.

Esta solución reduce considerablemente las tareas de actualización de un entorno vSphere tradicional, ya que la capa cloud se encarga de ellas y permite realizarlas con unos pocos clics. Para una organización que dedica mucho esfuerzo al desarrollo, vSphere+ es una opción interesante, ya que ofrece una solución llave en mano para la contenedorización de aplicaciones (una tecnología que veremos más adelante).

### 3.1.2 VMware Cloud Director

VMware Cloud Director (vCD) es una plataforma de prestación de servicios en la nube que permite a los proveedores de servicios crear y ofrecer entornos de nube multiinquilino. vCD proporciona todas las herramientas y recursos necesarios para implementar soluciones de IaaS que permitan a los proveedores de servicios ofrecer a sus clientes servicios cloud basados en tecnologías de VMware.

*Logotipo de VMware Cloud Director*

VMware Cloud Director permite transformar uno o varios centros de datos físicos en centros de datos virtuales (VDC).

**Observación**

*Un centro de datos virtual es una abstracción de software de un centro de datos físico, que proporciona una serie de componentes de infraestructura cloud, como servidores, grupos de almacenamiento y otros componentes de red. En otras palabras, es la virtualización aplicada a la totalidad de uno o varios centros de datos. Un VDC se puede desplegar in situ o en varios entornos de nube (privada, híbrida o pública).*

Una solución VMware Cloud Director permite aplicar los conceptos de elasticidad y escalabilidad de la cloud computing a los recursos de procesamiento, almacenamiento y red, que los proveedores pueden ofrecer a sus clientes a través de un catálogo de servicios.

### 3.1.3 VMware Cloud Foundation

VMware Cloud Foundation (VCF) es una solución que reúne las tecnologías de virtualización de servidores, almacenamiento y redes de VMware en una única solución. VCF proporciona una infraestructura definida por software (*software-defined infrastructure*, SDI), unificada para crear plataformas de nube privada e híbrida. Esta solución incluye vSphere vSAN y NSX-T y se ofrece como un sistema hiperconvergente (HCI) preconfigurado construido por varios socios, entre ellos Dell EMC, Fujitsu, HPE e Hitachi Vantara.

*Logotipo de VMware Cloud Foundation (VCF)*

El *software-defined data center* (SDDC) VMware incluye las mismas tres tecnologías que VCF, pero es una solución para un centro de datos local, cuyos componentes no están necesariamente integrados con equipos HCI.

A diferencia de un SDDC, donde las funcionalidades de gestión y automatización las proporciona el vCenter, una solución VCF se basa en una consola de gestión llamada SDDC Manager, que sirve como componente principal para la supervisión.

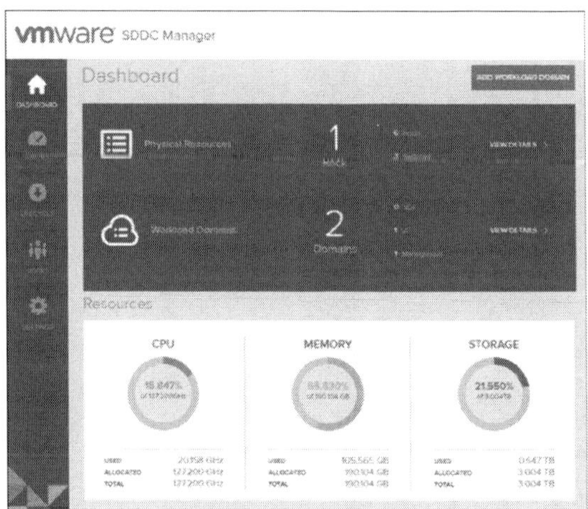


*Dashboard de SDDC Manager*

SDDC Manager sirve como plano de gestión (*management plane*) para VMware Cloud Foundation e incluye una serie de servicios mucho más completos que vCenter Server, como un servicio DNS y la capacidad de crear dominios.

### 3.1.4 VMware HCX (Hybrid Cloud Extension)

VMware HCX (*Hybrid Cloud Extension*) no es un servicio cloud como tal, sino una solución de software proporcionada por VMware para simplificar y acelerar la migración de un entorno vSphere, un centro de datos local o un entorno de nube, a otra plataforma cloud.

*Logotipo de VMware HCX*

En concreto, HCX ofrece capacidades de migración y replicación sin interrupción para la recuperación ante fallos graves. Además de estas funciones, HCX permite extensiones de red y facilita la interconectividad híbrida para movimientos de un centro de datos local a un entorno clould. HCX se presta bien a las migraciones de grandes entornos y al contexto de nubes múltiples.

## 3.2 Las ofertas VMware en asociación

Existen varias soluciones de VMware diseñadas en colaboración con plataformas de nube pública, como VMware Cloud on AWS, una solución diseñada en colaboración con AWS. Permite a las organizaciones ampliar sus entornos VMware locales a la plataforma en la nube de AWS. Por ejemplo, es posible migrar todo un SDDC local y ejecutarlo en AWS.

Otras ofertas similares son VMware en IBM Cloud, Azure VMware Solution, Oracle Cloud VMware Solution o Google Cloud VMware Engine.

*Logotipo de la solución Azure VMware*

Estos son solo algunos ejemplos de las ofertas cloud de VMware en asociación. VMware sigue ampliando su cartera para abordar diversos modelos de implantación del cloud, como la nube pública, la nube privada, la nube híbrida y los entornos multicloud. Estas ofertas permiten a las organizaciones aprovechar su inversión y experiencia en tecnologías de VMware.

## 4. DevOps y automatización

DevOps (concatenación de las tres primeras letras de Development Operations) es una cultura y filosofía informática que hace hincapié en la colaboración, la automatización y la mejora continua en la entrega de soluciones.

Este enfoque tiende un puente entre los equipos de y los equipos operativos responsables de la gestión de la infraestructura. DevOps promueve una cultura de responsabilidad compartida y colaboración entre los dos equipos tradicionales de TI, rompiendo los silos y fomentando la comunicación entre ambos. En esta cultura, las tareas de desarrollo y operativas se entrelazan y forman parte del mismo proceso de mejora continua.

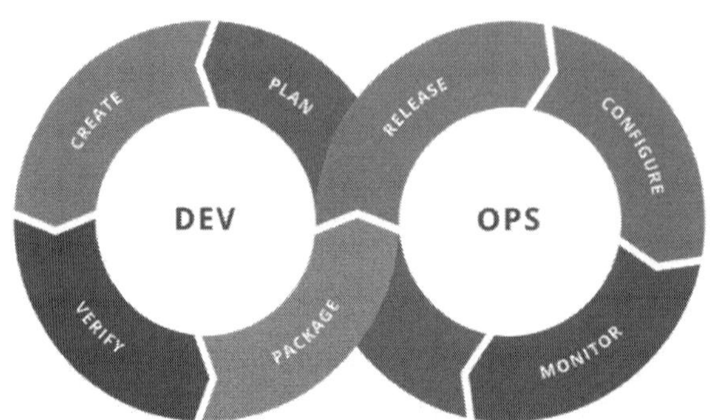


*Cadena de herramientas DevOps (DevOps Toolchain)*

https://commons.wikimedia.org/w/index.php?search=devops&title=Special:MediaSearch&go=Go&type=image

La filosofía DevOps anima a los equipos a desarrollar perfiles en "T": cada miembro tiene una cierta especialidad, pero tiende a adquirir conocimientos transversales para aspirar a la polivalencia.

La automatización es un elemento clave de DevOps, ya que permite desplegar software de forma rápida, iterativa y con mayor frecuencia, aprovechando diversas herramientas que facilitan estas tareas.

La integración continua (*Continuous Integration*, CI) y la entrega/despliegue continuo (*Continuous Delivery/Deployment*, CD), son parte integrante de DevOps, ya que permiten que el código se despliegue sin problemas en entornos de producción. Al adoptar los principios de DevOps, las organizaciones pueden acelerar los ciclos de despliegue y reducir el tiempo de comercialización de nuevas funcionalidades.

**Observación**

*La noción de "pipeline" es un aspecto fundamental de CI/CD. Se refiere a una serie de pasos automatizados que facilitan la creación, prueba y despliegue de aplicaciones de software. Los pipelines permiten definir las etapas y acciones necesarias para desplegar el código en varias fases de pruebas y de aceptación, hasta el entorno de producción. Las soluciones que ofrecen un servicio de pipeline se suelen basar en software de control de versiones de código como Git. Esto se puede configurar, por ejemplo, para activar un despliegue de código en una aplicación en la nube cuando se realiza un cambio. Muchas soluciones como Azure DevOps, GitLab, Jenkins o CircleCI se pueden utilizar para configurar canalizaciones.*

Además de diversas soluciones para mejorar el desarrollo, DevOps también se basa en la *infrastructure as code* (IAC) para automatizar las implantaciones.

**Observación**

*IAC es una práctica basada en el uso de herramientas de automatización que permiten desplegar componentes de infraestructura de forma programable. Este enfoque utiliza lenguajes declarativos para describir los recursos que se deben desplegar o para establecer un estado de configuración deseado a través de los API de una plataforma cloud o de un entorno de virtualización como vSphere. IAC garantiza la reproducibilidad y uniformidad de los componentes desplegados.*

La seguridad también es una consideración clave y se debe integrar en cada etapa del ciclo de vida del desarrollo de software, para garantizar una protección sólida contra vulnerabilidades y amenazas. En este contexto, hablamos más a menudo de DevSecOps, un término que hace mayor hincapié en la seguridad.

Los equipos de DevOps suelen adoptar tecnologías de cloud computing que suelen tener herramientas de automatización nativas, pero las mismas herramientas y principios se aplican a los entornos locales.

Aunque los principios de DevOps se formularon en la década de 2000, la estructura de silos de la informática tradicional aún persiste en la actualidad. Adoptar DevOps es un proceso a largo plazo que requiere que la parte operativa aprenda a codificar y que la parte de desarrollo aprenda a gestionar la infraestructura. En ambos casos, este proceso requiere apoyo y gestión del cambio. La eficacia de DevOps se ha demostrado una y otra vez, permitiendo a las empresas adaptarse mejor a las condiciones del mercado y acelerar el despliegue de software.

## 4.1 Soluciones de automatización de VMware

VMware ofrece una serie de soluciones de automatización nativas que facilitan la implantación de prácticas DevOps y el despliegue de recursos en la nube.

### La interfaz de línea de comandos PowerCLI

PowerCLI es un conjunto de herramientas en línea de comandos suministradas en forma de PowerShell (una interfaz en línea de comandos desarrollada por Microsoft, que incluye un lenguaje de scripting).

Este módulo permite interactuar con vSphere y realizar diversas tareas sobre los componentes del entorno de virtualización. PowerCLI proporciona un conjunto de comandos (*cmdlets*) específicos para las diferentes tecnologías VMware. Los comandos son funciones predefinidas que se pueden utilizar para realizar tareas como gestionar máquinas virtuales y almacenamiento, crear instantáneas, añadir recursos a las máquinas virtuales, etc.

*Logotipo de PowerCLI*

PowerCLI es especialmente útil en grandes entornos vSphere, en los que las tareas de gestión manual resultarían tediosas y propensas a errores. Permite escribir scripts para automatizar tareas repetitivas o aprovisionar máquinas virtuales completas, sin tener que utilizar el asistente gráfico de creación.

La instalación de PowerCLI es muy sencilla: basta con abrir una interfaz de línea de comandos PowerShell y ejecutar el siguiente comando:

```
Install-Module VMware.PowerCLI-Scope CurrentUser
```

Una vez finalizada la instalación, se deberá conectar a vCenter Server mediante el siguiente comando y podrá interactuar con el entorno vSphere:

```
Connect-VIServer-Server <nombre del vCenter> – Credential <nombre
del usuario>
```

- Por ejemplo, para listar las máquinas virtuales de su entorno, ejecute el comando `Get-VM`.
- Para obtener más información sobre los cmdlets de PowerCLI, visite el siguiente sitio web:

https://developer.vmware.com/docs/powercli/latest/products/

## 4.2 Paquete VMware Aria Automation

VMware Aria Automation (anteriormente vRealize Automation) es una plataforma de gestión y orquestación del cloud que permite el aprovisionamiento autoservicio y la automatización de los recursos de infraestructura, incluidas las máquinas virtuales en vSphere.

**Observación**

*Un software de orquestación es una herramienta o plataforma que permite gestionar y coordinar distintos procesos en los que intervienen varios sistemas, servicios y aplicaciones. Este tipo de solución permite centralizar las tareas de automatización o crear secuencias de tareas para todos los componentes de un entorno informático.*

Aria Automation es una solución "cloud agnostic", lo que significa que se puede utilizar para gestionar una o varias plataformas en la nube, independientemente del proveedor de servicios. La suite incluye una serie de herramientas y funcionalidades que se ofrecen a través de un portal y se integra con la mayoría de herramientas DevOps del mercado, para automatizar los despliegues.

Ofrece un amplio catálogo de APIs y una solución CI/CD para acelerar el proceso de desarrollo y entrega de software.

*Logotipo de VMware Aria Automation*

VMware Aria Automation se puede complementar con una serie de soluciones complementarias, como Aria Migration para mover cargas de trabajo de un entorno de nube a otro o Aria Operations, para realizar tareas más específicas de la infraestructura.

## 4.3 Herramientas DevOps e Infrastructure as Code (IaC)

### 4.3.1 Terraform

Terraform es una herramienta de d'Infrastructure as Code (IaC) desarrollada por HashiCorp, que permite definir y aprovisionar recursos de infraestructura utilizando archivos de configuración declarativos, basados en el lenguaje HCL *HashiCorp Configuration Language*.

*Logotipo de Terraform*

**Observación**

*Como ya se ha mencionado brevemente, un lenguaje declarativo se centra en "declarar" o especificar lo que hay que hacer en lugar de cómo hay que hacerlo (como los lenguajes de programación convencionales). Permite definir el estado o resultado deseado y el sistema o plataforma de destino se encarga de desplegar los recursos especificados o aplicar la configuración deseada.*

Terraform funciona con plugins conocidos como "proveedores" (providers), que permiten interactuar con los APIs de numerosos sistemas, plataformas de virtualización o servicios en la nube. Existen varios proveedores para vSphere, que permiten desplegar un gran número de componentes de forma programable (máquinas virtuales, clústeres, hosts ESXi hosts ESXi, almacenes de datos, etc.).

### 4.3.2 Ansible

Ansible es una herramienta de tipo **desired state** (declaración de una configuración o de un estado deseado), que se puede utilizar para automatizar diversas tareas. Esta solución de Red Hat (filial de IBM) ofrece funcionalidades de gestión de la configuración y orquestación.

*Logotipo de Ansible*

Ansible funciona con *runbooks*, que se pueden describir como un conjunto de instrucciones escritas en formato YAML que definen el estado y la configuración deseados de los sistemas gestionados por la solución. YAML que definen el estado y la configuración deseados de los sistemas gestionados por la solución. Esta herramienta permite especificar configuraciones y operaciones que se deben ejecutar en hosts remotos, según un principio de idempotencia.

**Observación**

*Idempotencia significa que ejecutar el mismo playbook varias veces, debería tener siempre el mismo resultado final, independientemente de cuántas veces se ejecute. Esto ayuda a mantener la coherencia y la estandarización de los sistemas.*

Para configuraciones más complejas en las que intervienen varios sistemas, Ansible también ofrece *playbooks* diseñados para realizar varias tareas.

Existen *playbooks* de Ansible para automatizar diversas tareas en vSphere, incluido el aprovisionamiento y la configuración de máquinas virtuales y hosts ESXi, la configuración de parámetros de recursos, la realización de instantáneas (*snapshots*), etc. Dada su naturaleza idempotente, Ansible garantiza que las configuraciones se apliquen de forma coherente e idéntica cada vez, independientemente del estado de la máquina virtual o el recurso de destino.

## 5. Virtualización del sistema operativo

La virtualización de servidores fue la tecnología revolucionaria de la década de 2000. Con el tiempo, una nueva forma de virtualización -la virtualización del sistema operativo- tiende a revolucionar la virtualización de servidores o, al menos, a transformarla y ampliar sus capacidades.

La virtualización a nivel de sistema operativo (o contenedorización) se utiliza para crear contenedores. Los contenedores son entornos ligeros y aislados que se ejecutan en un sistema operativo anfitrión y comparten su núcleo. Proporcionan un medio para agrupar y distribuir aplicaciones y sus dependencias, haciéndolas portables y fáciles de desplegar en distintos entornos.

Para crear contenedores, la virtualización a nivel de sistema operativo aprovecha las capacidades que ofrecen tecnologías de contenedorización como Docker y Kubernetes.

## 5.1 Docker

Docker es una plataforma de código abierto introducida en 2013 que automatiza el despliegue y la gestión de aplicaciones en contenedores. La solución también se conoce como "motor de contenedores" porque proporciona un entorno de ejecución para crear y gestionar contenedores.

*Logotipo de Docker*

Docker ofrece funciones para agrupar una aplicación y sus dependencias en una imagen de contenedor, haciéndola portátil y fácil de desplegar en distintos entornos.

Esta solución está diseñada para trabajar con el núcleo de Linux, del que aísla determinados recursos como el procesador, la memoria o la red, que presenta a la aplicación en contenedores. Docker desempeña un papel similar al de un hipervisor, pero en lugar de distribuir los recursos de hardware de un host entre máquinas virtuales, comparte los recursos de un sistema operativo con contenedores.

En general, Docker simplifica el proceso de despliegue y escalado de aplicaciones, por lo que es una opción popular para la contenedorización en el desarrollo de aplicaciones y desarrollo de aplicaciones y DevOps.

La proliferación de contenedores ha llevado a la creación de soluciones de orquestación que permiten gestionarlos a gran escala.

## 5.2 Kubernetes

Las plataformas de orquestación de contenedores como como Kubernetes, ofrecen funciones avanzadas para gestionar, conectar en red y escalar aplicaciones en contenedores.

En particular, se pueden utilizar para automatizar el despliegue de contenedores y realizar el equilibrio de carga para facilitar la gestión de entornos complejos y arquitecturas de microservicios, un enfoque en el que una aplicación se compone de pequeños servicios independientes que trabajan juntos para realizar funciones específicas.

Kubernetes es una solución popular para gestionar infraestructuras nativas del cloud, es decir, aquellas formadas por aplicaciones diseñadas, desarrolladas y desplegadas específicamente para entornos de nube.

VMware ofrece una plataforma de orquestación llamada Tanzu, que se integra con vSphere para crear, ejecutar y gestionar aplicaciones en contenedores.

*Logotipo de VMware Tanzu*

Además de proporcionar un servicio Kubernetes, Tanzu ofrece una amplia cartera de funcionalidades para simplificar el desarrollo de aplicaciones y la integración continua y el despliegue (CI/CD).

Con Tanzu, VMware da un giro decididamente moderno, en línea con las tendencias DevOps actuales.

## 6. Conclusión

La virtualización de servidores ha experimentado grandes transformaciones a lo largo de los años y sigue evolucionando para satisfacer las necesidades cambiantes de las infraestructuras de procesamiento.

Con la creciente importancia de las tecnologías de contenedorización, las plataformas de virtualización de servidores están integrando aún más estas tecnologías. Esta integración permite gestionar y desplegar sin problemas máquinas virtuales y contenedores dentro del mismo entorno de virtualización, creando una plataforma unificada para ejecutar diversas cargas de trabajo.

Del mismo modo, el aumento de la popularidad de la cloud computing ha dado lugar a una serie de innovaciones en la virtualización de servidores para dar soporte a soluciones de nube híbrida y avanzar más hacia soluciones multicloud.

En un futuro próximo, la virtualización aprovechará sin duda la inteligencia artificial y el *machine learning* para optimizar la asignación de recursos, automatizar las tareas de gestión y mejorar el rendimiento. Se podrían desarrollar algoritmos para analizar las cargas de trabajo, prever las demandas de recursos y ajustar dinámicamente la asignación de recursos para maximizar la eficiencia de los entornos de virtualización.

A pesar del auge del cloud pública, la tendencia actual parece orientarse hacia la informática híbrida: algunos recursos se mantienen in situ, mientras que otros se trasladan a la nube, para aprovechar las ventajas que ofrecen PaaS y SaaS. Sea cual sea la tendencia y el tipo de plataforma, el dominio de las tecnologías de virtualización de servidores sigue siendo una competencia muy solicitada en el panorama informático actual y muchos retos aguardan a quienes la adopten manteniendo un espíritu de apertura y colaboración.

Esperamos que este libro le haya servido de guía en el camino de la mejora y el aprendizaje continuos.

!

# B



# C

# D

## E

# F



# G

# J



# K



# L



# M

## N



## O

## S

# T



# U

# V

# W

Para poder acceder durante un año
a la versión online de este libro,
envíenos su justificante de compra a

**librodigital@ediciones-eni.com**

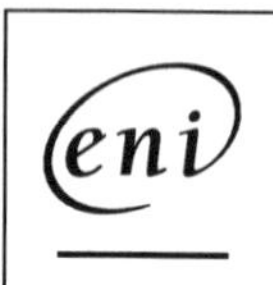